조선 유교지식인의
꿈과 실천

조선 유교지식인의
꿈과 실천

황의동 지음

무실務實 · 의리義理 · 성리性理

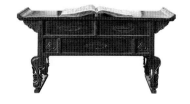

이 책을 내면서

우리 대한민국은 참으로 자랑스런 나라다. 한반도 작은 나라가 일제에게 나라를 빼앗기고 또 6.25 전쟁의 폐허 속에서도 산업화와 민주화를 이룩해 냈다. 이러한 성과는 남의 나라, 외국인들도 칭찬해 마지않는다. 오늘날 우리나라는 세계 10위권의 경제대국으로 우뚝 섰고, 예술문화, 스포츠, 과학기술 등 많은 분야에서 세계의 눈부신 찬사를 받는다. 방탄소년단이 그렇고 봉준호 감독의 기생충이 그렇고 김연아가 그렇고 손흥민, 유현진이 그렇다.

단 하나 이 나라의 정치만이 후진국이다. 정치지도자들이 국민을 걱정해야 하는데, 이 나라는 국민들이 정치인들을 걱정한다. 국민들은 총명하고 바르게 사는데, 정치인들이 걱정을 끼치고 있다.

이 책은 조선조 유교지식인들의 이상과 실천을 탐구한 것이다. 유교는 오늘날 역사의 골동품으로 별 인기가 없지만, 실은 감추어진 보배다. 대통령, 국회의원, 장관들이 《논어》를 읽고 《대학》을 읽고 《맹자》를 한 번 읽어 본다면 생각이 달라지고 뜻이 달라질 것이다. 조선조의 세자나 임금은 엄청난 제왕학의 교육을 받아야만 했다. 한 나라 지도자로서의 인성과 국가관, 가치관, 도덕관을 세워야 하기 때문이다.

나라가 발전하느냐 백성이 잘 사느냐 하는 것은 결국 인간이 하는 것이다. 백성의 수준과 교양도 중요하지만 지도자의 인품과 역량, 의지와 실천은 더욱 중요하다. 그래서 리더십이 중요한 것이다. 우리 역사를 보아도 나라가 발전할 때는 훌륭한 지도자가 있었다. 반대로 나라가 가난하고 백성들이 못살 때는 지도자가 무능하였다. 유교는 본래가 제왕학이요 정치철학이다.

그리고 정치 이전에 먼저 인간이 되어야 한다. 이 점에서 성리학은 인간 내면을 철학적으로 성찰하는 학문이다.

유교는 수기치인을 그 내용으로 삼고 있으며, 다른 한편으로는 경제적 실용과 도덕적 의리를 이상적 가치로 추구한다. 그 바탕에 인간의 심성을 알고 깨닫고 실천하는 성리의 탐구가 요청된다. 이 책은 조선조 유교 지식인들의 꿈 즉 무실(務實), 의리(義理), 성리(性理)의 이념적 지향을 탐구하는 동시에, 그들의 관료적 삶에 투영된 유교지식인의 실천적 지성의 발자취를 더듬어 본 것이다.

오늘의 시대적 난국에서 조선조 유교지식인들의 고뇌와 죽음을 각오한 삶은 하나의 처방이 되고 교훈이 될 것이다. 오늘날 우리는 한쪽은 도덕적 가치에 매몰되어 실용을 망각하고 있고, 다른 한쪽은 실용에 매몰되어 도덕적 가치를 간과하고 있다. 경제와 도덕, 실리와 의리는 어느 하나도 없어서는 안 된다. 유교는 경제와 도덕의 조화를 이상으로 삼는다. 이 책은 이러한 유교의 철학을 생각하고 실천한 대표적인 유학자들의 이야기를 엮은 것이다.

여기에 소개된 논문들은 필자가 학계에 발표한 것들로 주제에 맞게 재구성한 것이다. 온고지신(溫故知新)의 마음으로 21세기 유교철학의 진가를 재평가하는 동시에, 조선조 유교지식인들의 나라사랑과 실천적 지성의 본보기를 배운다면 기쁘지 않겠는가? 어려운 여건에서도 이 책을 기꺼이 출판해 주신 책미래 정재승님과 편집진 여러분께 깊이 감사드린다.

2020년 6월 20일
성동산(聖東山) 태암도장(台巖道莊)에서 지은이 황의동 드림

차 례

제1부 | 나라와 백성을 위한 무실(務實)

제1장 | 토정 이지함의 애민의식과 자활복지 실험

1. 시작하는 말

토정 이지함(土亭 李之菡: 1517~1578)은 조선조 16세기의 처사형(處士型) 유학자로서 《토정비결(土亭秘訣)》의 작자로 더욱 유명하다. 그러나 오늘날 학계에서는 토정 이지함과 《토정비결》과는 전혀 무관한 것으로 알려져 있다.1) 그는 충남 보령 출신으로 자는 형백(馨伯), 호는 토정(土亭), 또는 수산(水山), 본관은 한산(韓山)이며, 고려 말 거유 가정 이곡(稼亭 李穀), 목은 이색(牧隱 李穡) 부자의 후예가 된다. 그는 분명 유학자였고 또 유학자로서 살았지만 천문, 지리, 의약, 복서(卜筮), 율려(律呂), 산수, 지음(知音) 등 다방면에 능통했던 통유(通儒)였다. 그는 가난하고 고통받는 백성들의 민생을 걱정하고 나라의 부국강병을 모색했던 유학자였지만, 다른 한편으로는 시대를 조롱하며 그 무엇에도 구애받지 않고 살았던 처사였다. 특히 바다를 좋아하고 해양의 가치를 일찍이 깨달은 선각자로서 그 스스로 '해상에 사는 광민(狂民)'이라 했고, 율곡은 제문에서 '수선(水仙)'이라 일컫기도 했다.

토정은 어린 시절 형 이지번(李之蕃)에게 학문의 기초를 배웠고, 화담 서경덕(花潭 徐敬德)을 찾아가 그의 문인이 되었다. 그는 책상 앞에 앉아 현학(玄學)을 논하는 학자가 아니라, 온 강산을 돌아다니며 보고 듣고 체

---

1) 이웅규, 〈토정비결의 현대적 활용〉, 《토정 이지함 선생 탄신 500주년 학술 세미나》, 순천향대, 2017. 9. 19.

험한 속에서 진리를 탐구하고 경세의 대안을 제시한 실사구시형(實事求是型)의 학자였다. 그에게 중요한 것은 이론이 아니라 실천이었고 말이 아니라 행동이었다. 유학의 이상이 수기치인(修己治人)에 있고 왕도에 있다고 할 때 토정은 실천을 통해 몸소 모범을 보였다. 그는 주색(酒色)에 흔들리지 않을 만큼 자기관리가 철저했고, 가난과 추위, 그리고 질병에 신음하는 민초들의 아픔을 보고 옷을 벗어 주는가 하면 소금을 만들어 식량을 도와주기도 하였다. 그가 아산현감과 포천현감으로 있으면서 시행한 여러 정책과 그의 생각은 한 나라를 살리고 부흥시키는 데 부족함이 없었다.

그런데 토정은 기인(奇人)으로 널리 알려져 있고 그의 기행(奇行)에 얽힌 일화들도 많다. 그것은 토정이 민중과 소통했던 흔적이며 그를 통해 민중의 한을 풀고자 했던 단면이라고 보아도 좋을 것이다.

토정에 관한 연구는 많은 편은 아니다. 신병주의《이지함 평전》2)은 토정에 관한 대표적인 연구서라 할 만하고, 그 밖에 여러 분야의 연구 성과가 있다. 토정에 관한 연구는 주로 사회경제사상이나《토정비결》을 비롯한 민속학적 연구가 대부분이다. 토정의 성리학이나 순수 철학사상을 연구한 논문은 없는 것 같다. 그것은 애당초 그의 문집이 매우 적기 때문이며, 또 그 스스로가 글을 쓰는 것을 좋아하지 않았기 때문이다. 본고는 기존 연구 성과를 참고로 하여3) 토정의 삶을 통해 그의 인품과 학문적 특성에 관해 고찰해 보고자 한다.

---

2) 신병주,《이지함평전》, 글항아리, 2008.
3) 신병주의 〈토정 이지함의 학풍과 사회경제사상〉(《규장각》, 19, 서울대규장각한국학연구원, 1996)을 주로 참고하였음.

2. 토정의 삶과 우환의식

　토정은 1517년 아버지 이치(李穉)와 어머니 광주김씨 사이에서 충청
도 보령 청라에서 태어났다. 아버지 이치는 1504년 갑자사화가 일어나
자 이미 사망한 종조부 이파(李坡)의 성종 때의 폐비사건에 연루되어 진
도에 유배되었다가 1506년 중종반정이 일어나자 유배에서 풀려났다. 그
는 1507년 사마시에 합격했으며 의금부도사, 수원통판(水原通判) 등의
관직을 지냈다. 토정의 아내는 종실(宗室)인 모산수(毛山守) 정랑(呈琅)
의 딸이었다.

　그는 14세 때 부친이 별세하자 형인 이지번에게서 학문을 배웠다. 이
지번은 인종 때 천거를 받을 때 '백의재상(白衣宰相)'이라고 불릴 만큼 청
렴한 학자였으며, 그의 아들 이산해(李山海: 1538~1609))는 북인의 영수
였는데, 계부(季父)인 토정에게 학문을 배웠다. 1543년 조카 이산해를 가
르치고 약관(弱冠)의 서기(徐起: 1523~1591)를 데리고 한라산 등지를 유
람하였다. 1559년 동주 성제원(東洲 成悌元: 1506~1559))이 은거하는 속
리산에 서경덕(徐敬德: 1489~1546)과 함께 방문하였고, 1571년에는 배움
을 청하는 중봉 조헌(重峰 趙憲: 1544~1592)에게 이이(李珥: 1536~1584),
성혼(成渾: 1535~1598), 송익필(宋翼弼: 1534~1599)을 스승으로 삼도록
권유하였다. 1573년 5월 탁행지사(卓行之士)로 천거되어 6품관에 오르게
되는데, 조목(趙穆: 1524~1606), 성혼, 최영경(崔永慶: 1529~1590), 정구
(鄭逑: 1543~1620), 김천일(金千鎰: 1537~1593), 유몽정(柳夢井: ?~1593),
유몽학(柳夢鶴), 김면(金沔: 1541~1593) 등과 함께 천거되었다. 이때 토정
은 포천현감이 되어 부임하였다. 1574년 8월 그는 포천의 활민책(活民
策)을 조정에서 받아들이지 않자 병을 핑계로 현감을 사직하고 서울 남
소문동에 우거하였다. 1575년 형 이지번의 상을 당하여 보령에서 서울

로 올라와 심상(心喪) 3년을 행하였다. 그 이듬해 겨울 마포에 토정(土亭)을 짓고 잠시 기거하였는데 여기서 그의 호가 되었다. 이때 이항복(李恒福: 1556~1618), 한준겸(韓浚謙: 1557~1627)이 왕래하며 강화(講話)하였고, 보령에 머물다가 순천으로 가서 정철(鄭澈)의 서하루(棲霞樓)를 거쳐 증심사(證心寺)에 유숙하고 고경명(高敬命: 1533~1592)을 만나 '불이(不已)'란 재명(齋名)을 지어 주기도 하였다.

1578년 3월 대사간 이이의 사직을 적극 만류하였다. 그해 5월 아산현감이 되어 걸인청(乞人廳)을 만들어 노약자와 고통받는 백성들의 구호에 힘을 기울였으며, 자신이 현감으로 경험한 시무책(時務策)을 담은 상소를 올렸다.

그러나 7월 17일 서울 마포 토정에서 62세의 나이로 세상을 마치고 보령현 서쪽 고만(高巒) 선영에 묻히었다. 토정은 1713년(숙종 39) 이조판서에 증직되고, '문강(文康)'의 시호를 받았다.

그런데 토정이 상업, 어업, 유통경제 등 사회경제에 눈을 뜨게 된 것은 그가 활동하던 마포가 바로 물산의 집산지였으며, 또 그의 주된 근거지가 충청도 서해안 지역이었던 점과 무관하지 않다.

또한 토정은 그의 생애에서 볼 때 민중과 매우 밀접히 소통한 인물이었다. 물론 그것은 사실과는 관계없이 《토정비결》의 작자가 이지함이라는 풍문에서 더욱 유명해지기도 했지만, 오히려 토정 자신의 삶 속에 드러난 민중에 대한 뜨거운 사랑과 애민의식 그리고 신분을 초월한 인간미에 기인하는 것이기도 하다. 그러므로 토정에 관한 기이한 이야기들은 야사류의 책에 많이 등장한다. 《대동기문(大東奇聞)》에는 토정이 스스로 상업행위에 종사한 일과 거지 아이에게 옷을 벗어 준 일화 등이 소개되어 있다. 《동패낙송》에는 그가 괴상한 행동을 하다가 노인의 놀림을 받았다는 이야기와 계집종의 유혹을 물리친 일화, 간질병에 걸린 사람을 치료했다는 이야기, 음률(音律)을 아는 이인(異人)과 장도령을 만난 이야기, 서기(徐起), 성제원(成悌元)과 함께 한라산에 올라가 남극노인성(南極老人星)을 구경한 일 등이 기록되어 있다.4)

또 하나 특이한 것은 토정과 바다라는 배경의 관련성이다. 그는 바다를 좋아했고 해양의 가치를 일찍이 깨달은 선각자였다. 부국강병, 민생의 안정이 바다에 있음을 알았다. 그는 제주도를 몇 번이나 갔다 왔고, 여러 섬을 자주 드나들었다. 조카 이산해가 쓴 그의 〈묘갈명〉에 의하면 "배타기를 좋아하여 큰 바다를 마치 평지처럼 밟고 다녔다. 나라 안 산천을 멀다고 가보지 않은 곳이 없으며, 험하다고 건너지 않은 곳이 없었다. 간혹 여러 차례 추위와 더위가 지나도록 정처 없이 돌아다니기도 하였다"5)고 한다. 그래서 토정 스스로 '해상에 사는 광민(狂珉)'6)이라 칭하였고, 실록에서도 이지함은 "안명세(安明世)의 처형을 보고 해도(海島)를 주유(週遊)하며 미치광이로 세상을 피했다"7)고 적고 있다. 이지함은 어렸을 때 어머니의 장지가 해안에 가까이 있어 조수가 밀려 옴을 걱정하여 옮기려 했다.8) 성품이 배타기를 좋아하고, 항해 중에 조수의 흐름을 미리 알아 위험을 피했으며 어염(漁鹽) 등 해상의 경제활동에 대한 대책을 제시하기도 하였다. 그러므로 율곡은 그의 제문에서 토정을 가리켜 '수선(水仙)'이라 표현하기도 했던 것이다.

---

4) 신병주, 〈토정 이지함의 학풍과 사회경제사상〉, 《규장각》, 19, 서울대규장각한국학연구원, 1996, 6쪽.

5) 《鵝溪遺稿》, 卷6, 〈叔父墓碣銘〉.

6) 《土亭遺稿》, 卷上, 〈莅包川時上疏〉

7) 《宣祖修正實錄》, 卷20, 宣祖19年, 10月 壬戌條.

8) 《宣祖修正實錄》, 卷6, 宣祖6年, 5月 庚辰條.

3. 학문적 교유와 문인

토정은 요즘 말로 말하면 '마당발'이었던 것 같다. 그는 전국을 순회하는 방랑벽과 신분에 구애 없이 민중에게 다가서는 친숙한 이미지로 인해 폭넓은 교유관계를 형성하고 있었다.

대곡 성운(大谷 成運: 1497~1579), 남명 조식(南冥 曹植: 1501~1572), 동주 성제원, 안명세(安明世: 1518~1548) 등 사화기 처사형의 유학자들과 교유관계를 맺었다. 그의 교유범위는 주로 북학계 학자들과 서인계의 학자들이었다. 정호(鄭澔: 1648~1736)가 쓴 《토정유고(土亭遺稿)》 서문에서는 토정의 교유관계에 대해 박순(朴淳: 1523~1589), 고경명, 이이, 성혼, 윤두수(尹斗壽: 1533~1601), 정철(鄭澈: 1536~1593) 등 서인계 인물과의 교류가 주축이었던 것처럼 기록하고 있지만, 북인학풍의 원류가 되는 조식, 서경덕과 교분이 깊었을 뿐 아니라 이발(李潑: 1544~1589), 최영경 등 후대에 북인으로 활동하는 그들의 문인들과도 교유가 깊었다.9)

토정의 〈졸기〉에서는 그가 율곡 이이와 가장 친했다고 기록하고 있고, 토정은 이이를 당시 시국을 해결할 인물로 평가했다. 토정은 또 조식과 기질이 비슷했고, 모두 과거를 기피하고 저술을 즐기지 않았다. 토정이 남방을 유람할 때 은거 중이던 조식을 찾았으며, 특히 조식이 멀리서 찾아온 토정을 극진히 대접하고 '자네의 풍골(風骨)을 어찌 모르겠는가'라고 하였다. 기축옥사(己丑獄事) 정여립(鄭汝立) 모반사건은 1589년(선조 22) 동인이 남인과 북인으로 갈라지는 계기가 되었는데, 토정은 이 사건 전에 이미 세상을 떠났지만 정여립을 비롯하여 최영경, 조종도(趙宗道: 1537~1597), 정개청(鄭介淸: 1529~1590), 이발 등 조식이나 서경덕의 문

---

9) 신병주, 〈토정 이지함의 학풍과 사회경제사상〉, 《규장각》, 19, 서울대규장각한국학연구원, 1996, 10쪽.

인들이 많이 연루되었고, 이들 북인계 학자들이 많이 희생되었다.[10] 토정은 백사 이항복(白沙 李恒福: 1556~1618), 유천 한준겸(柳川 韓浚謙: 1557~1627), 건재 김천일(健齋 金千鎰: 1537~1593), 월정 윤근수(月汀 尹根壽: 1537~1616) 등과도 교유하였고, 구봉 송익필과도 교유하였다. 이렇게 볼 때, 토정의 학문적 교유 범위는 서인계는 물론 남인계와 북인계까지 폭넓은 것임을 알 수 있다. 이는 곧 그의 학문적 개방성과 함께 인품의 훌륭함 그리고 어느 정파나 사상에 구애됨 없는 자유분방한 기질에 연유한 것이라고 보아야 할 것이다.

다음은 토정의 문인에 대해 검토해 보기로 하자. 토정 스스로가 가르치기를 좋아하였고 그의 명성을 듣고 많은 사람들이 몰려왔다. 그중에 특히 주목되는 인물이 조헌과 서기이다. 조헌은 상소문에서 "이산보(李山甫)의 효우충신(孝友忠信)과 박춘무(朴春茂)의 염정자수(恬靜自守)가 모두 이지함에게서 근원하였으며, 심지어 서기 같은 사람은 하천(下賤) 출신으로 가난하여 학문에 전념하지 못하자 재물을 아끼지 않고 도와주어 성취시켰다"고 적고 있다.[11]

조헌은 율곡의 문인이기도 하지만 이지함을 가장 존경하는 스승으로 생각하였다. 이지함 또한 조헌이 동인과 서인의 분립기에 과격한 언론으로 말미암아 정치적인 어려움을 겪을 때 조헌에 대해 "지금 세상에 초야에서 인재를 보기가 드문데, 조헌만은 안빈락도(安貧樂道)하며 명예와 이익을 버리고 지극한 정성으로 임금을 사랑하며 나라를 걱정하고 있으니, 옛날 사람 중에서 찾는다 해도 실제로 그와 짝할 만한 이가 드물다.

---

10) 신병주, 〈토정 이지함의 학풍과 사회경제사상〉, 《규장각》, 19, 서울대규장각한국학연구원, 1996, 12쪽.

11) 《宣祖修正實錄》, 卷48, 宣祖19年 10月條.

이 사람을 빼놓고 나는 다른 사람을 모른다"[12]고 평하였다. 토정의 조헌에 대한 기대와 평가가 어떠한가를 잘 짐작할 수 있다.

또한 고청 서기(孤靑 徐起: 1523~1591)는 토정과 가까운 지역에 살면서 그의 명성을 듣고 찾아와 그의 제자가 되었다. 서기는 보령 남포에서 출생했으며 홍주에 거주할 때 토정의 집과는 20여 리밖에 떨어지지 않았다. 그는 제자백가와 선학(仙學)에 경도되었으나 토정을 사사하면서 유학이 정도임을 깨닫게 되었다. 서기는 토정과 함께 한라산에서 돌아온 후 토정의 소개로 천인 출신 이중호(李仲虎)의 문하에 들어갔다. 또한 조카 명곡 이산보(明谷 李山甫: 1539~1594)와 그가 인물로 소개했던 서치무(徐致武)를 비롯해 안제민(安濟民), 박춘무(朴春茂), 김응천(金應天), 정엽(鄭曄), 김광운(金光運), 유복흥(柳復興) 등이 있다.

4. 인품과 일화

토정의 인품과 사람됨을 가장 잘 표현하고 있는 것이 그의 〈졸기〉인데, 그 내용을 검토해 보기로 하자.

아산현감 이지함이 졸하였다. 지함의 자는 형중(馨仲)인데 그는 기품이 신기하였고 성격이 탁월하여 어느 격식에도 얽매이지 않았다. 모산수(毛山守) 정랑(呈琅)의 딸에게 장가들었는데, 초례를 지낸 다음날 밖에 나갔다가 늦게야 돌아왔다. 집사람들이 그가 나갈 때 입었던 새 도포를 어디에 두었느냐고 물으니, 홍제교를 지나다가 얼어서 죽게 된 거지 아이들을 만나 도포를 세 폭으로 나누어 세 아이들에게 입혀 주

---

12) 《宣祖修正實錄》, 卷26, 25年 8月 戊子條.

었다고 하였다. 그는 어려서 글을 배우지 않았었는데, 그의 형 이지번의 권고를 받고 마침내 분발하여 학문에 주력하면서 밤을 새워 날이 밝도록 공부하곤 했다. 그리하여 경전을 모두 통달하고 온갖 사서와 제자백가의 책까지도 섭렵하였다. 이윽고 붓을 들어 글을 쓰게 되면 평소에 익혀 온 것처럼 하였다. 그래서 과거에 응시하려고까지 하였는데, 마침 이웃에 신은(新恩)을 받고 연회를 베푼 자가 있었다. 그것을 본 그는 마음속으로 천하게 여기고 마침내 그만두었다. 하루는 그 부친에게 고하기를, "아내의 가문에 길할 기운이 없으니 떠나지 않으면 장차 화가 미칠 것입니다" 하고는 마침내 가솔을 이끌고 떠났는데, 그 다음날 모산수 집에 화가 일어났다. 그는 사람들을 관찰할 때 그들의 현부(賢否) 길흉(吉凶)을 이따금 먼저 알아맞히곤 하였는데, 사람들은 그가 무슨 수로 알아 맞히는지 아무도 몰랐다.

그는 평소에 형제와 우애를 돈독히 하여 따로 거처한 적이 없고 상사(喪事)와 제례(祭禮)에 있어서 전부 고례(古禮)대로만 하지 않았다. 죽은 사람 섬기기를 살아 있는 이 섬기듯이 하였는데, 형이 죽자 심상(心喪) 3년의 복을 입으면서 "형님이 실상 나를 가르쳤으니 이것은 형님을 위한 복이 아니고 스승을 위해 입는 복이다"라고 하였다. 그리고 그는 처신하기를 확고히 하되 여색을 더욱 조신하였다. 젊은 시절에 주군을 유람한 적이 있는데 수령과 군수가 이름 난 기생을 시켜서 온갖 수단을 다하여 시험해 보았지만, 그는 끝내 마음을 움직이지 않고 극기(克己)로 색욕을 끊었다. 그는 열흘을 끊고도 견딜 수 있었으며 무더운 여름철에도 물을 마시지 않았다. 초립(草笠)을 쓰고 나막신을 신은 채 구부정한 모습으로 성시(城市)에 다니면 사람들이 서로 손가락질하며 웃었으나 그는 아무렇지 않게 여겼다. 어떤 때는 천리 먼 길을 걸어서 가기도 하였으며, 배를 타고 바다에 떠다니기를 좋아하여 자주

제주도에 들어가곤 하였는데, 바람이 일어날 것을 미리 알고 조수의 시기를 알았기 때문에 한 번도 위험한 고비를 겪지 않았다.

또 선친의 산소를 위하여 바닷물을 막아 산을 만들려고 수천 석의 곡식을 마련하여 모았지만 끝내 이루지 못하고 말았다. 교우관계로는 이이가 가장 친했는데 이이가 성리학을 공부하라고 권하자 지함이 말하기를, "나는 욕심이 많아서 할 수가 없다" 하니, 이이가 말하기를, "공은 무슨 욕심이 있는가?" 하자, 지함이 말하기를, "사람 마음의 향하는 바가 천리가 아니면 모두 인욕인데, 나는 스스로 방심하기를 좋아하고 승묵(繩墨)으로 단속하지 못하니 어찌 욕심이 아니겠는가?"하였다. 그는 항상 말하기를, "내가 100리 되는 고을을 얻어서 정치를 하면 가난한 백성을 부자로 만들고 야박한 풍속을 돈독하게 만들고 어지러운 정치를 다스리게 하여 나라의 보장(保障)으로 만들 수 있을 것이다" 하였는데, 말년에 아산군에 부임하여 정치를 하게 되었다. 그의 정치는 백성 사랑하는 것으로 주장을 삼아서 해를 없애고 폐단을 제거하는 것으로써 한창 시설을 갖추어 나갔는데, 갑자기 병으로 졸하니 고을 사람들은 친척이 죽은 것처럼 슬퍼하였다. 지함은 일찍이 용산의 마포 항구에 흙을 쌓아 언덕을 만든 다음, 그 아래에는 굴을 만들고 위에는 정자를 지어 자호(自號)를 '토정(土亭)'이라 하였다. 그 뒤에 비록 큰 물이 사납게 할퀴고 지나갔지만 흙 언덕은 완연하게 그대로 남아 있었다.13)

장문의 글이지만 토정의 인품과 행적을 잘 표현한 글이므로 소개하였다. 그는 초례 다음날 추위에 떠는 거지를 보고 자신의 도포를 벗어 주었다는 얘기에서 신분을 떠난 인간애를 엿볼 수 있다. 또한 형 이지번의 권

13) 《선조수정실록》, 11년 무인(1578, 만력 6), 7월 1일(경술), 아산현감 이지함의 졸기

유로 늦게서야 학문에 입문 발분하여 유학의 깊은 경지에 이르는가 하면, 이웃집의 저속한 행태를 보고 과거시험을 포기하고 평생 여색을 멀리한 데서 도학자로서의 토정을 볼 수 있다. 아울러 열흘 동안 굶기도 하고 무더운 여름에 물을 마시지도 않는 극기의 모습을 볼 수도 있다. 또한 전국을 유람하며 호연지기(浩然之氣)를 기르고 바다와 섬을 드나들며 걸림 없는 대자유인의 기개를 보여 준 것은 그의 개방적이고 호방한 자태를 짐작게 한다. 유학에만 머물지 않고 도가, 병법, 의약, 천문, 지리, 복서, 산수, 음률 등 다방면에 능통했던 그에게서 통유(通儒)의 면모를 연상케 한다.

다음은 율곡의 《석담일기(石潭日記)》에 나오는 그의 죽음에 관한 기사다. 위와 중복되지만 그의 인품과 사람됨을 알 수 있는 자료이므로 소개한다.

아산현감 이지함이 죽었다. 이지함은 어렸을 때부터 욕심이 적어 외물에 인색하지 않았다. 기질을 이상하게 타고나 추위, 더위, 주림, 갈증을 능히 참았다. 어떤 때는 알몸으로 거센 바람에 앉았고, 혹은 열흘을 음식 하나 먹지 않아도 병들지 않았다. 천성으로 효성이 있고 우의가 있어 형제간에 재물을 함께 나누어 쓰고 사사로이 감추는 것이 없었으며, 재물을 가벼이 여겨 남의 급한 사정을 잘 도왔으며, 세상의 분화(芬華)와 성색(聲色)은 담담하여 좋아하는 바가 아니었다. 성질이 배를 타는 것을 좋아하여 바다에 떠서 위험을 당하여도 놀라지 않았다. 하루는 표연(飄然)히 제주에 들어갔었는데 제주 목사가 그 이름을 듣고 객관(客館)으로 환영하고, 아름다운 기생을 선택하여 같이 자게 하고 창고의 곡식을 가리키며 기생에게 말하기를, "네가 만약 이군(李君)에게 사랑을 받으면 이 광 하나를 상으로 주겠다" 하였다. 기생이 이지함의 위인을 이상하게 여기고 꼭 그를 유혹하려고 밤에 갖은 애교를 다 부렸으나 이지함이 끝끝내 끌리지 않으니 목사가 더욱 경중(敬重)하였다. 젊었을때 공부를 하지 않더니 장성한 뒤에 그의 형 이지번이 독서하라 권하니, 그때야 발분하여 배우기를 부지런히 하여 침식을 잊기까지 하더니 얼마 되지 않아 문의(文義)를 통하였다. 과거를 일삼지 않고 구속 없이 스스로 방종하는 것을 좋아하였다. 이이와 매우 친숙하게 알았다. 이이가 성리학에 종사할 것을 권하였더니 이지함이 말하기를, "나는 욕심이 많아 성리학을 못한다" 하였다. 이이가 말하기를, "명리(名利)와 성색(聲色)은 존장(尊丈)이 좋아하지 않으니, 무슨 욕심으로 학문에 방해가 되겠소?" 하니, 이지함이 말하기를, "어찌 명리성색(名利聲色)만 욕심인가. 마음이 가는 곳이 천리가 아니면 모두 욕심인 것이다. 내가 스스로 방종하는 것을 좋아하여 규칙으로 단속하지 못하니 이것은 물욕이 아닌가?"하였다. 그 형 이지번이 세상을 떠나자 이지함이 부모상을 당한 것처럼 애통해 하고 기년복(朞年服)을 입은 뒤에도 또 심상(心喪)을 지냈다. 혹 예가 과하다고 의심하는 사람이 있자, 이지함이 말하기를, "형은 나의 스승이니 내가 스승을 위하여 심상 3년을 한 것이다" 하였다. 이해에 아산현감을 시키니 친한 사람들이 부임할 것을 권하였다. 이지함이 홀연히 부임하여 백성들의 질고(疾苦)를 물으니, 아산에 어지(魚池)가 있어 괴로운 것이 된다 하였다. 대개 읍에는 양어지(養魚池)가 있으며, 인민을 시켜 돌려가며 고기를 잡아들이게 하므로 영세민들이 심히 괴로워하였다. 이래서 이지함이 그 못을 없애버리니 후환이 영영 끊어졌다. 명령을 내리는 것은 백성을 사랑하는 것을 위주로 하니 백성들이 바야흐로 그를 애모하였으나, 문득 이질을 얻어 오래지 않아 세상을 버렸다. 나이 62세였다. 읍민이 애도하기를 친척의 상을 당한 것같이 하였다. 전에 김계휘(金繼輝)가 이이에게, "형중(馨仲)이 어떤 사람인가? 누가 제갈량(諸葛亮)에게 비하니 과연 어떠한가?" 묻기에 이이가 답하기를, "토정은 적용될 인재가 아니다. 어찌 제갈량에게 비하리오. 물건에 비유하면 기화이초(奇花異草)와 진금괴석(珍禽怪石)과 같고 포백(布帛)이나 숙속(菽粟)은 아니다" 하였다. 이지함이 이 말을 듣고 웃으며 말하기를, "내가 비록 도토리나 밤 등속은 못되랴. 어찌 전혀 쓸 곳이 없단 말인가" 하였다. 대개 이지함이 내구성(耐久性)이 없어 일을 하는데 시작은 있으나 끝이 없는 일이 많아 오래 일할 수 있는 재목이 못되었으며, 또 기이한 것을 좋아하고 상도(常道)로 일을 이루려는 사람이 아니므로 이이의 말이 이러하였다.14)

여기서도 토정의 성품과 인격이 잘 묘사되어 있다. 어려서부터 욕심이 적어 재물을 탐하지 않고 오히려 불쌍한 사람들에게 베푸는 모습을 볼 수 있다. 또한 여색을 멀리하고 세속의 부귀영화를 가볍게 보는 초탈한 선비의 기상을 엿볼 수 있다. 제주목사가 기생을 시켜 그의 인품을 시험했지만 흔들리지 않았다는 일화도 소개하고 있다. 율곡은 토정의 사람됨을 기이한 화초나 진기한 짐승 그리고 괴이한 돌로 표현하고 있다. 토정의 인품, 기상의 탁월함을 짐작게 한다. 또한 우암 송시열(尤庵 宋時烈: 1607~1689)은《토정유고(土亭遺稿)》발문(跋文)에서 토정의 인품과 사람됨에 대해 다음과 같이 묘사하고 있다.

내가 세상에 늦게 나서 선생의 문하에 쇄소(灑掃)하지는 못했으나 선배와 장자(長者)들에게 풍성(風聲)과 행한 일을 듣고는 흠앙(欽昻)하고 사모하지 않은 적이 없었다. 그중에도 가장 징빙(徵憑)이 될 수 있

---

14)《국역 율곡전서》Ⅵ, 권30, 〈경연일기〉, 3, 한국정신문화연구원, 1988, 231쪽.

는 것은 중봉(重峰) 조(趙)선생이 일찍이 선조대왕에게 고하기를, "신이 스승으로 섬기는 이가 세 사람이온데, 이지함(李之菡), 이이(李珥), 성혼(成渾)입니다. 세 사람의 성덕(成德)은 비록 같지 않으나 그 마음을 맑게 하고 욕심을 적게 하여 지극한 행실이 세상에 표준이 되는 것은 모두가 동일합니다. 아, 상세(上世)의 성현으로부터 정호(程顥), 정이(程頤), 장재(張載) 등 대유(大儒)에 이르기까지 사람을 가르치고 스스로 행함에 있어 어느 누가 마음을 맑게 하고 욕심을 적게 하는 것으로 요도(要道)를 삼지 않겠습니까. 그 마음이 맑지 않으면 본원이 병들고 욕심이 적지 않으면 물루(物累)가 행하여지므로 사람이 비록 외모를 억지로 수식하고 스스로 선한 체하려 하지만, 물욕이 날로 마음속에 쌓여서 마침내 천리가 사라지고 인욕이 극성하기에 이릅니다" 하였다. 그렇다면 세 선생의 도(道)와 학(學)은 그 요체를 알았다고 할만하고 조 선생도 잘 관찰해서 잘 배웠다고 할 만하다. 대저 네 선생은 사람은 같지 않으나 도를 같이하여 나란히 세상에 빛남으로써 나라의 융성함을 크게 천양하였으니, 어찌 아름답지 않은가. 세상에서 선생을 일컫는 이가 혹 기괴(奇怪)한 유에 가깝다 하는데, 이는 선생의 재주가 높고 기질이 많아서 항상 사물 밖에 초탈하였거나, 혹은 포백숙속(布帛菽粟)이나 규구준승(規矩準繩)에 구속받지 않았으므로 선생을 모르는 이가 은을 철이라고 하는 것이다. 오직 율곡 선생이 선생을 기화이초(奇花異草)에 비유하였으니, 어찌 가장 정확한 표현이 아니겠는가.

선생은 평생에 저술을 좋아하지 아니하여 지금 남아 있는 몇 편은 대개 어찌할 수 없어서 저술한 것이다. 이번에 그 현손 몇 사람과 외현손 조세환(趙世煥) 의망이 힘을 모아 수집하여 겨우 한 책을 만들었다. 그러나 봉황의 깃 하나만 보아도 오채(五彩)의 무늬가 이루어졌음을 충분히 알 수 있는 것과 마찬가지이니, 그 근본을 따져 보면 모두 마음

을 맑게 하고 욕심을 적게 한 데서 나온 것이다. 아, 세도(世道)가 쇠미
(衰微)하고 사람들이 이욕(利欲)에 분쟁하는 이때에 '청심과욕(淸心寡
欲)' 네 글자를 이 책을 말미암아 세상에 밝혀서, 배움에 뜻을 둔 자가
맛난 음식과 호화로운 생활에서 우뚝 벗어난다면, 사물의 이치를 연구
하여 바른 지식을 얻고 본심을 보존하여 본성을 길러서 실천 확장함으
로써 날로 고명광대(高明廣大)한 지경에 이를 것이다. 조정에서 벼슬하
는 자도 염결(廉潔)을 숭상하고 치욕(恥辱)을 멀리하며, 인(仁)에 뜻을
두고 의(義)를 행하며, 한결같이 일에 부지런하고 백성을 비호하며, 임
금을 사랑하고 나라를 근심하는 것을 도리로 삼음으로써, 감히 곁눈질
하면서 사리(私利)를 영위할 뜻을 두지 못하게 된다면, 세상의 풍교(風
敎)가 만에 하나라도 밝아질 수 있을 것이다. 이는 내가 이 점에 대해
간절히 기대할 뿐 감히 속인과는 말할 수 없는 바이다. 은진(恩津) 송
시열(宋時烈)은 삼가 쓴다.15)

여기서도 우리는 우암의 글을 통해 토정의 인품과 사람됨을 파악할
수 있다. 우암은 중봉 조헌이 선조에게 올린 글을 통해 토정의 훌륭한 인
품에 대해 논하고 있다. 자신이 스승으로 섬기는 이가 이지함, 이이, 성혼
인데, 이들 세 사람의 덕은 비록 같지 않으나 그 마음을 맑게 하고 욕심
을 적게 하여 지극한 행실이 세상에 표준이 되는 것은 모두가 동일하다
하였다. 그리고 율곡이 토정을 가리켜 '기이한 꽃, 특이한 풀(奇花異草)'
에 비유한 것은 가장 정확한 표현이라 하였다. 조헌은 토정이 거짓 미치
광이로 행세하며 자신을 은폐한 것은 화를 피하기 위함이었고, 밝은 시
대에는 벼슬길에 나아가 쓰였으니, 오로지 세상을 숨어서 산 것은 아니

---

15)《宋子大全》, 第148卷, 跋,〈土亭先生遺稿跋〉.

라 하였다.16) 또한 율곡은 제문에서 "이해득실(利害得失)과 영욕(榮辱)에
는 끓는 물에 눈 녹듯이 관심이 없었으며, 말과 안색에도 또한 콩새가 좁
쌀을 쪼듯이 욕심이 없으셨습니다"라고 존숭하였다.

　이상의 여러 문헌들과 문인 그리고 지인들의 말과 글을 통해 토정의
인품과 기상을 어느 정도 파악할 수 있었다. 자기 자신에게는 엄격하여
도학의 표본이 되면서도 일상의 행색에서는 평범한 중인의 면모로 민중
과 소통하고 또 다른 한편으로는 세상의 명리(名利)와 여색을 초탈한 구
도자의 면모를 보여 주고 있다. 비록 현실정치에 깊숙이 참여하지 않고
처사로서의 일생을 살았지만, 포천현감, 아산현감으로 보여 준 그의 애
민의식과 목민(牧民)행정은 전형적인 유학자의 길, 도학자의 길을 걸었
던 것이다.

5. 토정의 학문적 특징

　토정이 살던 시대는 기묘사화와 을사사화로 얼룩진 난세였다. 조광조
(趙光祖), 기준(奇遵), 김정(金淨), 김식(金湜) 등 수많은 기묘명현(己卯名
賢)들이 희생을 당하고, 또 송인수(宋麟壽), 안명세(安明世), 유관(柳寬),
유인숙(柳仁淑) 등 훌륭한 학자들이 귀양을 가고 죽임을 당하는 시대였
다. 이러한 사화시대의 격랑에서 출사(出仕)를 포기하고 산림에 은거하
여 학문에 전념한 학자들이 나오게 되었는데 이들을 은일(隱逸), 유일(遺
逸), 처사(處士), 일사(逸士) 등으로 불렀다. 정도전(鄭道傳)이《조선경국
전(朝鮮經國傳)》에서 제시한 유일 등용의 기준은 법률과 산학(算學)에 정
밀하고 이치(吏治)에 통달하여 백성을 다스리는 일에 합당한 사람, 지모

---

16)《宣祖修正實錄》, 卷48, 19年 10月 壬戌條.

(智謀)나 도략(韜略)이 깊고 용기가 삼군(三軍)에 가히 장수가 될 만한 사람, 사어(射御)에 능숙하고 돌멩이를 던지는 일에 솜씨가 있어 군무(軍務)를 담당할 만한 사람, 그리고 천문, 지리, 복서(卜筮), 의약 중 혹 한 가지 재주를 가진 사람이었다. 이러한 기준으로 보면 유일이라는 인재 등용의 성격은 매우 실용적인 인재 등용책이었음을 알 수 있다.

토정은 1573년(선조 6) 5월 조목(趙穆), 성혼, 최영경, 정구, 김천일, 유몽정, 유몽학(柳夢鶴), 김면(金沔) 등과 함께 탁행지사(卓行之士)로 천거되어 벼슬에 나아가게 되었다. 이처럼 토정은 처사형의 학자다.17) 그렇지만 나라와 백성을 외면한 채 개인의 안심입명(安心立命)이나 명철보신(明哲保身)만을 추구한 그러한 학자가 아니었다. 한편으로는 나라의 안위(安危)를 걱정하고 민생을 걱정하는 우환의식이 투철하면서도 벼슬에 연연하지 않고 당파에 거리를 두고 개인적 명리(名利)를 초월한 실천적 지성이었다.

조헌은 상소문에서 "항상 한 사람이라도 제 살 곳을 잃게 될까 두려워하였으니 이윤(伊尹)이 뜻한 바를 지향한 것이고, 털끝만큼이라도 자신의 오욕(汚辱)을 허용하지 않았으니 참으로 동방의 백이(伯夷)라 할 수 있습니다"18)라고 했는데, 처사형이면서도 도학자형인 토정의 양면성을 잘 표현한 것이라 하겠다. 즉 이윤과 같이 세상에 대한 무거운 책임감을 가지면서도 백이처럼 깨끗한 선비의 자태를 잃지 않고자 한 것을 볼 수 있다.

토정의 학맥과 학풍은 남다른 면이 있다. 우선 무엇보다 그는 화담 서경덕(花潭 徐敬德)의 문인으로 규정된다. 화담은 16세기 퇴율시대 이전

---

17) 신병주, 〈토정 이지함의 학풍과 사회경제사상〉, 《규장각》, 19, 서울대규장각한국학연구원, 1996, 1쪽.
18) 《宣祖修正實錄》, 卷48, 19年 10月 壬戌條.

기학(氣學)의 학풍을 여는 데 중심이 되었고, 조식(曺植), 성운(成運: 1497~1579), 성수침(成守琛: 1493~1564), 성제원(成悌元: 1506~1559), 이지함(李之菡), 이항(李恒: 1499~1576), 정렴(鄭磏: 1505~1549) 등과 함께 '은거자수 성현자기(隱居自守 聖賢自期)'의 은둔학풍을 여는 데 중심이 되었다.

그런데 이들 처사형 학자들의 공통점은 박학하고 자유분방한 학풍을 견지하고 있으며, 실용적 학풍에 눈을 뜨고 있었다. 토정은 서경덕, 정렴과 친밀한 교유를 하고 있었으며, 토정은 조선시대 도가의 대표적인 학자이며 의학, 예언에도 일가견이 있었던 정렴과 비슷한 경향을 지닌 인물이었다.[19]

또 당색으로 보면 북인에 가깝다. 정파로서 북인의 학문적 연원은 대개 처사적 삶을 지향한 서경덕, 조식에게 두고 있으며, 대체로 북인은 학파로서의 결집성이 다른 당색에 비해 떨어진다.[20] 토정의 조카인 이산해가 북인의 영수였는데, 토정에게서 학문을 배우고 사회경제사상에서도 토정과 유사하다.[21]

이렇게 볼 때 이지함, 서기, 조헌, 이남(李楠)의 토정그룹과 서경덕, 박지화(朴枝華: 1513~1592)의 화담그룹, 정렴, 정작(鄭碏), 정초(鄭礎)의 북창(北囱)그룹이 정통 성리학과는 거리를 두고 16세기의 한 사상조류를 형성하였다고 볼 수 있다. 방외인(方外人) 학자들은 관료와 사림을 함께 비판하고 체제 밖에서 방랑하면서 기인(奇人)의 행적을 남겼다. 이들은 사상적으로 도가와 민간신앙에 경도되었으며, 체제 비판적인 시나 소설을 즐겨 썼다. 이러한 흐름은 이미 15세기 김시습(金時習)에게서 나타났

19)《土亭遺稿》, 卷下, 〈遺事〉, "鄭北囱李土亭 皆以異人見稱."

20) 고영진, 《조선중기예학사상사》, 한길사, 1995, 255-257쪽.

21) 신병주, 〈토정 이지함의 학풍과 사회경제사상〉, 《규장각》, 19, 서울대규장각한국학연구원, 1996, 7쪽.

으며, 16세기 들어서서는 정희량(鄭希亮), 성운(成運), 정렴(鄭磏), 정작(鄭碏) 형제, 서기(徐起), 임제(林悌), 박지화(朴枝華), 곽재우(郭再祐), 이지함(李之菡) 등의 학자들이 이에 속한다.22) 심지어는 서경덕, 남효온, 조식까지도 방외인의 부류에 포함하기도 한다.23)

이관명(李觀明: 1661~1733))은 토정의 〈시장(諡狀)〉에서 "선생의 뜻은 화담의 조예고명(造詣高明)과 남명의 입지뢰확(立志牢確)과 가히 백중(伯仲)이라 이를 만하다"24)고 하여, 토정과 화담, 남명의 학문적 유사성을 말하고 있고, 정호(鄭澔: 1648~1736)는 《토정유고》서문에서 토정을 소옹(邵雍)과 대비시켜 설명하고 있다. 즉 그의 기인적인 면모, 도교적 요소, 역학, 상수학(象數學) 등 이러한 제 학풍이 송대 소강절(邵康節)의 학풍과 흡사하다고 보는 것이다. 이와 같이 토정의 학풍은 다양성과 개방성으로 특징된다.25)

또한 토정의 학풍은 실용, 실천을 중시하는 실학풍을 지니고 있는데, 윤태현은 토정을 실학사상의 개조26)라 불렀고, 김용덕은 토정의 경제사상이 박제가(朴齊家) 등 북학파 실학자들의 원류가 된다고 보았다.

이러한 그의 실학사상은 그가 1573년에 포천현감, 1578년에 아산현감에 부임하여 자신의 정치이상을 실현할 기회가 있었는데, 그때 포천현감, 아산현감으로 있으면서 올린 상소문에 그의 사회경제사상이 잘 나타나 있다.

---

22) 신병주, 〈토정 이지함의 학풍과 사회경제사상〉, 《규장각》, 19, 서울대규장각한국학연구원, 1996, 17쪽.

23) 조동일, 《한국문학통사2》, 지식산업사, 1983, 303쪽.

24) 《土亭遺稿》, 附錄, 〈諡狀〉.

25) 신병주, 〈토정 이지함의 학풍과 사회경제사상〉, 《규장각》, 19, 서울대규장각한국학연구원, 1996, 21쪽.

26) 윤태현, 〈토정의 사회개혁사상연구〉, 동국대대학원(석사), 1992, 55쪽.

토정은 맨손으로 생업을 경영하여 수 년 안에 수만 섬의 양곡을 축적하였으며, 섬으로 들어가 박을 심어서 쪼개어 바가지를 만들어 수천 섬의 양곡을 사서 모두 빈민에게 흩어 주었는데, 처자식은 한상 굶주린 기색이 있었다. 또 철관(鐵冠)을 쓰고 다니다가 벗어서 밥을 지어 먹고 씻어서는 관으로 썼다. 남에게 인색하거나 구애되는 일이 없었다(〈명신록〉).27)

토정은 유민(流民)들이 해진 옷으로 걸식하는 것을 불쌍히 여겨 큰 집을 지어 관사로 삼고, 수공업을 가르치며 간절하게 타이르고 지도하여 각기 그 의식을 자급하게 하였다. 그중에 가장 무능한 자는 볏 짚을 주어 짚신을 삼게 하되, 그 일을 독려하여 하루에 10켤레를 삼아서 팔게 하니, 하루의 일로 한 말의 쌀을 마련할 수 있고, 먹고 남는 것으로는 의복을 해 입게 한즉, 수개월 사이에 의식이 모두 충분하게 되었다. 간혹 그 노고를 견디지 못하여 아뢰지 않고 도망하는 자가 많았으나, 백성들이 게으르기 때문에 굶주리는 것을 알 수 있었다. 그가 백성을 보살피고 쉽게 효력을 거두는 방법이 묘하다(〈명신록〉).28)

토정이 아산현감이 되었을 때 백성의 질병과 고통을 물으니, 어지(魚池)가 고통이 된다고 하는 이가 있었다. 이것은 고을에 양어(養魚)하는 연못이 있어 백성으로 하여금 번갈아 물고기를 잡아 바치게 하므로 백성들이 매우 괴로워하였던 것이다. 토정은 곧 그 연못을 메워 버려 영구히 뒷근심을 없게 하였다.29) 이처럼 그의 애민의식은 백성들의 고통을 해결해주는 실천으로 나타났던 것이다.

토정은 포천현감으로 있을 때 올린 상소에서 국부(國富)의 증대와 민

27)《연려실기술》, 제18권, 선조조 고사본말, 선조조의 유현.
28)《연려실기술》, 제18권, 선조조 고사본말, 선조조의 유현.
29)《牧民心書》, 〈工典6條〉, 第2條 川澤: "土亭李之菡爲牙山縣監 問民疾苦 有以魚池爲苦 蓋邑有養魚池 使民輪回捉魚以納 民心苦之 之菡乃塞其池 永絶後患."

생의 안정을 위한 구체적인 대안을 다음과 같이 제시하였다.

　　땅과 바다는 백 가지 재용(財用)의 창고입니다. 이것은 형이하(形而下)의 것입니다. 그러나 이것에 의존하지 않고 능히 국가를 다스린 이는 아직 없습니다. 진실로 이것을 개발하면 사람에게 주는 그 이로운 혜택이 끝이 없습니다. 또한 씨 뿌리고 거두고 나무 심는 일은 진실로 백성을 살리는 근본입니다. 따라서 '은은 부릴 만하고 옥은 캘 만하며, 고기는 건질 만하며, 소금은 구울 만하다'에 이르게 됩니다. 사(私)를 경영하여 이익을 좋아하고 남는 것을 탐내 후한 것에 인색함은 소인들이 알 바요, 군자가 탐탁히 여길 바 아니지만, 마땅히 취할 것을 취하여 백성들의 목숨을 구제하는 것 또한 성인의 방편입니다.[30]

　이와 같이 토정은 땅과 바다를 온갖 재용의 창고라 하여 토지와 해양의 경제적 가치에 주목하였다. 그리고 땅과 바다의 자원개발을 통해 취할 수 있는 이익의 유용성에 대해 논하고, 이것을 통해 백성을 살리고 나라를 부강하게 하는 것은 성인의 권도(權道)라 하였다.

　그는 또 바다에 물고기가 많고 아직 사람이 살지 않는 무인도가 바다에 저렇게 많이 떠 있는데, 그리고 해만 뜨면 소금이 만들어지는 이 넓은 바다를 두고 굶주림으로 죽는 사람이 있다는 게 말이나 되느냐 묻고, 포천현감인 자신에게 소금 염전 사업을 준다면 온 나라에 굶주림으로 죽는 사람이 없게 할 것이라 하였다.[31] 이처럼 그는 무인도에 주목하고 고기잡이와 염전사업을 통해 백성들의 민생문제를 해결할 수 있다고 자신하였다. 아울러 자신에게 소금 염전사업의 권리를 준다면 온 나라 백성들

---

30)《土亭遺稿》, 卷上, 〈莅抱川時上疏〉.
31)《土亭遺稿》, 卷上, 〈莅抱川時上疏〉.

을 굶주림으로부터 해방시킬 것이라 자신하였다.

토정은 또《대학》의 덕본재말론(德本財末論)을 인용해 다음과 같이 양자의 보완과 구비를 강조하였다.

덕(德)은 근본이고 재물은 말단이지만 본과 말이 상호보완하고 견제해야 사람의 도리가 궁해지지 않습니다. 재물생산에도 본과 말이 있으니 농사가 근본이고 염철(鹽鐵: 산업생산)은 말단입니다. 포천의 실정은 근본이 이미 부족하니 말단을 취해 보충해야 합니다. … 고기잡이와 소금 굽는 일에서 지원자를 모집하여 그 이익을 백성과 나누면 국가는 한 섬의 곡식도 소비하지 않고 한 사람의 인력도 번거롭게 하지 않고 만 사람의 삶을 건질 수 있으며 현(縣)은 백년을 보존할 수 있습니다.32)

토정은《대학》에서 도덕은 근본이고 재물은 말단이라 한 말을 인용하여 당시 포천의 현실적인 문제의 해결 방안을 제시하였다. 즉 도덕윤리가 근본이고 경제가 말단이라고 하지만 이 양자는 서로 보완되어야만 사람의 삶이 행복해질 수 있다고 보았다. 도덕이 근본이라 하지만 먹을 것이 없고 의식이 족하지 않으면 윤리도덕조차 유지하기가 어렵기 때문이다. 그러므로 토정은 윤리도덕과 경제는 마땅히 상호 보완되어야 한다고 보았다. 아울러 재물의 생산에도 본말(本末)이 있는데, 농사는 근본이라면 소금을 굽는 일이나 쇠를 만드는 일은 말단이라 하였다. 당시 포천의

32)《土亭遺稿》, 卷上, 〈莅包川時上疏〉: "大抵德者 本也 財者 末也 而本末不可偏廢 以本制末 以末制本 然後人道不窮 生財之道 亦有本末 稼穡爲本 鹽鐵爲末 以本制末 以末補本 然後 百用不乏 以包川之事言之 則本旣不足 尤當取末以補之 此豈得已而不已者乎 至於漁鹽赴 役之人 則募其自願 與民分利 國家不費一石之穀 不煩一夫之力 命可活萬人 縣可保百年 何憚而莫之爲也."

경우는 이미 농사 자체가 부족한 현실이므로 고기잡이나 소금사업을 통해 경제를 보완해야 한다고 보았다. 예나 지금이나 소금은 매우 중요한 재물인데 그 당시로는 소금의 경제적 가치는 매우 높았다고 볼 때, 염전 소금사업을 통해 민생의 곤궁을 해결하고 나아가 국부의 증진을 꾀하고자 한 것은 매우 높이 평가되어야 할 일이다.

이처럼 그는 당시 유교사회가 무시했던 말업(末業)을 중시하였는데,[33] 어느 날 한준겸(韓浚謙)이 토정에게 일사(逸士)를 본 적이 있느냐고 묻자, 그는 자신이 외방(外方)으로 다니다가 만난 인물 가운데 최고가 될 만한 두 사람이 있다고 소개하였다. 한 사람은 충청도, 전라도 해상에서 어업에 종사한 인물이었으며, 다른 한 명은 은둔자락(隱遁自樂)하면서 나이 60이 넘어 자신에게 배울 것을 청한 서치무(徐致武)라는 사람이었다. 그리고 그 다음으로 서기(徐起: 1523~1591)를 꼽았다. 토정이 인물이라 한 그들은 어업과 배를 다루는 기술에 능숙한 인물들로서 토정이 상업, 수공업, 어업 등 당시 말업으로 천시되던 경제활동을 중시했던 점에 주목할 필요가 있다.

토정은 백리가 되는 고을을 얻어서 정치를 하면 가난한 백성을 부자로 만들고 야박한 풍속을 돈독하게 만들고 어지러운 정치를 다스려 나라의 보장(保障)을 만들 수 있다[34]고 하였다. 토정은 유민들이 헤진 옷으로 걸식하는 것을 불쌍히 여겨 큰 집을 지어 수용하고, 수공업을 가르치며 간절하게 타이르고 지도하여 각자 그 의식을 자급하게 하였다.[35]

토정은 전라도 만경현의 양초(洋草)라는 곳을 임시로 포천현에 소속

---

33) 신병주, 〈토정 이지함의 학풍과 사회경제사상〉, 《규장각》, 19, 서울대규장각한국학연구원, 1996, 23쪽.

34) 《宣祖修正實錄》, 卷12, 11年 7月 戊寅條.

35) 《燃藜室記述》, 宣祖朝故事本末, 宣祖朝儒賢, 李之菡.

시켜 이곳에서 고기를 잡아 곡식과 바꿀 수 있도록 해 줄 것을 청하였으며, 황해도 풍천부 초도(椒島)의 염전을 임시로 포천현에 소속시켜 염전으로 활용하여 소금을 곡식과 바꿀 수 있도록 해 줄 것을 요청하기도 했다.36) 토정은 또 민생문제에 관심을 갖고 그가 돌아다니던 곳의 주민들에게 장사하는 방법과 생산기술을 가르쳐 무엇보다 자급자족의 능력을 기를 것을 강조했다.37)

이러한 토정의 경세론이 이산해(李山海: 1538~1609), 유몽인(柳夢寅: 1559~1623), 이덕형(李德馨: 1561~1613) 등에게 일정한 영향을 미쳤다고 볼 수 있다. 이산해는 토정의 조카이며 이덕형은 이산해의 사위이며, 유몽인 또한 한산이씨 집안과 세교를 맺고 있었다. 당시 이들 학자들의 상업관은 상당히 선진적인 것으로 전란 직후의 민생피폐와 재정의 궁핍을 타개하기 위하여 소금과 해산물의 무역, 은광의 개발, 수레와 선박의 이용, 화폐의 사용, 목축의 강조, 점포의 설치 등 유통경제의 활성화에 깊은 관심을 가졌는데 마치 18세기의 북학론을 연상시킨다.38) 박제가의 북학사상에는 이지함이 제시한 부국의 논리가 포함되어 있고,39) 이규경(李圭景: 1788~?)은 유형원(柳馨遠)의 논저를 인용하여 이지함이 해외 통상론을 제시한 것을 높이 평가하기도 하였다.40)

---

36)《土亭遺稿》, 卷上,〈莅包川縣監時上疏〉.

37)《土亭遺稿》, 卷下,〈遺事〉.

38) 한명기,〈유몽인의 경세론 연구〉,《한국학보》, 67, 1992.

39) 김용덕,〈박제가의 경제사상〉,《진단학보》, 52, 1981.

40)《五洲衍文長箋散稿》, 卷32,〈與蕃舶開市辨證說〉.

제2장 | 우계학파의 무실학풍

1. 시작하는 말

조선유학이 성리학을 중심으로 발전해 온 측면이 있지만 간과하지 않
으면 안 될 것이 무실(務實)학풍이다. 본래 유학은 성리(性理)와 실사(實
事)를 아울러 보아야만 온전하다 할 수 있다. 성리문제는 인간 내면의 형
이상학적 과제라면 실사의 문제는 인간의 현실적 삶에 대한 것으로 정
치, 경제, 국방, 사회, 교육 등 경세 전반을 의미한다. 조선조의 유학은 대
체로 성리학적 사변에 치우쳐 실용의 문제를 외면하거나 소홀히 한 측면
이 없지 않다. 그러나 그 당시에도 뜻있는 유학자들은 나라의 부강과 민
생의 안정을 위해 힘이 중요하고 그 힘의 원천을 실용(實用), 실사(實事)
에서 찾았던 것이다. 이렇게 개인의 역량이나 국가의 힘을 배양하기 위
해 진실성, 실천성, 실용성을 강조하고 적극적으로 추구했던 실학적 학
풍을 무실학풍이라 한다.

'무실(務實)'이란 말은 '실(實)을 힘쓴다'는 말로, 이미 여말 선초 선유
들에 의해 폭넓게 사용되어 왔다.1) 이는 당시 유학이 허례와 형식에 빠
지고 또 공리공론을 일삼는 데서 온 반성의 표현이기도 했으며, 도가나
불교를 허무적멸지도(虛無寂滅之道)로 규정하면서 유학을 실학으로 자
부한 표현이다.

조선유학사에서 볼 때 무실은 여말 선초에는 하나의 강조어로 사용된

---

1) 맹현주, 〈율곡철학에 있어서 실학적 성격에 관한 연구 -무실론을 중심으로-〉, 충남대대
학원(박사), 2006, 25~31쪽 참조.

감이 없지 않으나, 16세기 율곡 이이(1536~1584), 우계 성혼(1534~1598) 등에 의해 하나의 사상체계로 심화되었고, 이후 17세기 지봉 이수광(芝峰 李睟光: 1563~1628), 노서 윤선거(魯西 尹宣擧: 1610~1669), 명재 윤증(明齋 尹拯: 1629~1714) 등에 의해 계승되어, 마침내 한말 개화기 도산 안창호(島山 安昌浩: 1878~1938)에 의해 다시 재 강조되었다.

필자는 이미《우계학파 연구》에서 우계학파의 학문적 특성을 무실학풍이라고 지적한 바 있는데,[2] 여기서는 이를 보완하여 우계학파의 무실학풍에 관해 논구하고자 한다. 먼저 무실학풍의 연원에 대해 검토해 보고, 우계의 무실론에 대해 설명해 보고자 한다. 아울러 우계학파 여러 유학자들의 무실론을 검토해 본 후에 조선유학사에서 무실학풍이 어떻게 전승되어 갔는지 논구하고자 한다. 특히 율곡은 이 무실학풍의 대표적인 인물이었지만, 이 무실학풍이 율곡 직계가 아닌 우계학파에서 전승된 것은 매우 특이한 일이다.

2. 무실학풍의 연원

무실(務實)이란 실(實)의 추구인데, 그 무실의 실은 유가 경전에서의 성(誠)에서 연원한다.[3]《맹자》에서는 "성(誠)은 천도(天道)요 성을 생각하는 것은 인도(人道)다"[4]라고 했고,《중용》에서는 "성(誠)은 사물의 끝이요 시작이니, 성이 아니면 어떤 사물도 존재할 수 없다"[5], "성(誠)은 천

---

2) 황의동,《우계학파 연구》, 서광사, 2005, 86~89쪽.

3) 황의동, 〈노서 윤선거의 무실사상〉,《유학연구》, 제18집, 충남대유학연구소, 2008, 12, 40쪽.

4)《孟子》,〈離婁 上〉, "誠者 天之道也 思誠者 人之道也."

5)《中庸》, "誠者 物之終始 不誠無物."

도요 성 하고자 하는 것은 인도다"[6]라고 했다. 이러한 선진경전의 성(誠)은 송대에 와서 실(實)로 해석되었다. 정자(程子)는 성(誠)을 '거짓이 없는 것'이라 하였고,[7] 또 성(誠)은 실(實)일 뿐[8]이라 하였다. 또 장재(張載)도 성(誠)은 실(實)이라 하고, 태허(太虛)는 천(天)의 실(實)이라 하였다.[9] 마찬가지로 주자(朱子)도 성(誠)을 '진실하여 거짓이 없는 것'으로 해석하였다.[10] 또 "성(誠)은 도(道)에 있어서는 실유지리(實有之理)가 되고, 사람에 있어서는 실연지심(實然之心)이 된다"[11]고 하였다.

성(誠)은 여러 가지 해석이 가능하지만 '참'으로 해석된다. 즉 '진실하여 거짓이 없는 것'이다. 성은 천도의 본질로서 참된 것이다. 우주자연은 진실 그 자체다. 이 진실한 천도를 본받아 실천하는 것이 인간이 가야 할 길이다. 그것은 우주자연의 진실한 이법을 인간의 도덕으로 삼아 실천해야 한다는 의미다. 여기서 인간이 밟아가야 할 윤리규범은 곧 자연의 이법에 근거함을 알 수 있고, 천도가 그대로 인도로 규정되는 데서 천인합일의 체계를 이해할 수 있다.

선진경전에서의 성(誠)은 대체로 진실하여 거짓이 없는 참으로 해석되어, 우주자연의 본질이면서 진실한 인간본심으로 설명되었다. 다시 말하면 선진경전에서의 성(誠)이 실(實)로 해석된 것은 송대 유학자들에 의해서라고 할 수 있다. 정자를 비롯하여 장재, 주희 등 송유들은 성(誠)을 실(實)로 해석하였는데, 이는 성을 고원(高遠)한 형이상학적 차원에서

---

6)《中庸》, "誠者 天之道也 誠之者 人之道也."

7)《性理大全》, 卷37, 〈誠〉, "程子曰 無妄之謂誠 不欺其次也."

8)《性理大全》, 卷37, 〈誠〉, "誠之爲言 實而已矣."

9)《性理大全》, 卷37, 〈誠〉, "張子曰 誠則實也 太虛者 天之實也."

10)《孟子》, 〈離婁 上〉, 朱子註, "誠者 理之在我者 皆實而無僞 …"
   《中庸》, 第20章, 朱子註, "誠者 眞實無妄之謂 天理之本然也."

11)《性理大全》, 卷37, "誠字 在道則爲實有之理 在人則爲實然之心."

현실의 지평으로 끌어내린 의미가 있다.

송유들이 성을 실로 해석한 바탕 위에서 여말선초의 유학자들은 다양한 의미의 실학적 용어를 사용하게 된다. 앞서 언급했듯이 여말선초의 유학자들이 '무실(務實)'이란 용어를 직접 사용하거나 또 무실적 의미의 언사를 사용하게 된 것은, 무엇보다 당시 유학의 관념적인 병폐나 허식, 공론적 폐단에 대한 반성의 뜻이 강하다. 그리고 불교나 도가의 비인륜적, 비현실적 성격에 대해 유가를 실학으로 보아 차별화하고자 한 의도도 없지 않다.

양촌 권근(陽村 權近: 1352~1409)은 "천지만물은 본래 하나의 이치이니, 나에 있는 실심(實心)으로서 저에 있는 실리(實理)에 닿으면 묘합(妙合)에 사이가 없어 영향이 빠르다"[12] 하고, "군자의 학문은 덕이 그 실(實)을 힘쓰고자 하고, 마음은 겸허하고자 하는 데 있다"[13]고 하였다. 여기서 권근은 실리(實理)와 실심(實心)을 말하고, 군자의 학은 실덕(實德)에 있다 하였다. 그리고 "군신(君臣), 부자(父子), 부부(夫婦), 장유(長幼), 붕우(朋友)가 모두 가는 바에 따라 각각 그 직책을 다하는 것이 곧 유자(儒者)의 실학이다"[14]라고 하였다. 이처럼 권근은 유학을 곧 실학이라 규정하고, 실심(實心), 실리(實理), 실덕(實德)을 강조하였다.

또한 춘정 변계량(春亭 卞季良: 1369~1430)은 '궁리지실학(窮理之實學)'[15]이라 하였고, 정암 조광조(靜庵 趙光祖: 1482~1519)는 성(誠)을 강조하면서 실천(實踐), 실공(實功)을 말하고 있고,[16] 사재 김정국(思齋 金

---

12) 《陽村集》, 卷14, 〈信齋記〉, "天地萬物本一理也 以在我之實心 觸在彼之實理 妙合無間 捷於影響."

13) 《陽村集》, 卷21, 〈子虛說〉, "君子之學 德欲其務實 而心欲其謙虛."

14) 《陽村集》, 卷14, 〈永興府學校記〉.

15) 《春亭集》, 卷8, 〈策問題〉.

16) 《靜庵集》, 卷3, 〈侍讀官時啓〉, 6, 16.

正國: 1485~1541)은 성(誠)과 함께 무실(務實)을 정치의 도리로 강조하였다.17)

또한 규암 송인수(圭庵 宋麟壽: 1487~1547)는 '무기성실(務其誠實)',18) 퇴계 이황(退溪 李滉: 1501~1570)은 '무본실(務本實)',19) 하서 김인후(河西 金麟厚: 1510~1560)는 '무기실덕(懋其實德)',20) '무실(務實)'21), 미암 유희춘(眉巖 柳希春: 1513~1577)은 '무실이진덕(務實而進德)',22) 소재 노수신(蘇齋 盧守愼: 1515~1590)은 '무실(務實)이 귀하다'23)고 하였다. 이와 같이 여말 선초 유학자들은 다양하게 무실(務實)을 말하고 있는데,24) 어떤 체계를 갖고 말하는 것은 아니고 간헐적으로 언급하고 있는 것이 특징이다.

그런데 율곡 이이(栗谷 李珥: 1536~1584)에 이르면 이제까지와는 달리 본격적으로 무실(務實)을 말하게 되고, 그 체계와 심화된 이론을 볼 수 있다. 율곡이 실(實)을 강조하는 빈도는 그의 전 저술에 걸쳐 있으며,25) 매우 철저하게 강조되고 있다는 점에서 율곡사상의 특징이라고 해도 지나치지 않는다. 그가 사용한 무실의 용례를 보면 다음과 같다.

實德, 實行, 實心, 實理, 實功, 實學, 實效, 實惠, 實事, 務實, 實踐, 實

---

17)《思齋集》, 卷3,〈策題〉.
18)《圭庵集》, 卷2,〈因災救弊疏〉, 辛丑 11月.
19)《退溪集》, 卷37,〈答柳希范〉.
20)《河西集》, 卷11,〈弘文館箚子〉, 癸卯.
21)《河西集》, 卷12,〈策〉.
22)《眉巖集》,〈經筵日記〉.
23)《蘇齋集》, 上篇,〈侍講錄〉.
24) 맹현주, 위 논문, 26~31쪽 참조.
25)《栗谷全書》 가운데에서도〈東湖問答〉과〈萬言封事〉가 가장 대표적이며,〈聖學輯要〉와 그의 수많은 疏箚文에도 다양하게 언급되고 있다.

用,實利, 務敦實, 實德之士, 修省之實, 躬行之實, 修己之實, 改過遷善之
實, 修己治人之實 修己治人之實功, 任賢使能之實 好賢之實, 嫉惡之實,
明德之實效, 新民之實迹, 格致之實, 誠意之實, 正心之實, 修身之實, 孝
親之實, 治家之實, 用賢之實, 去姦之實, 保民之實, 敎化之實, 保國安民
之實, 上下無交孚之實, 臣隣無任事之實, 經筵無成就之實, 招賢無收用
之實, 遇災無應天之實, 群策無救民之實, 人心無向善之實

선진유학에서의 성(誠)의 개념이 실(實)로 구체화된 것은 주자에 의해
서라고 할 수 있다. 흔히 성실(誠實)이라는 용어를 쓰는데, 성(誠)이 곧
실(實)이며, 실(實)은 진실(眞實)의 실로서 참의 의미라고 볼 수 있다. 물
론 실(實)은 율곡의 용례에서 보듯이, 착실(着實), 실용(實用), 실천(實踐),
실질(實質), 실효(實效), 실공(實功), 실사(實事) 등 많은 용례로 사용되지
만, 근본적으로는 진실(眞實, 참)을 기초로 하고 있다.

율곡은 그의 저술 곳곳에서 다양하게 실(實)을 강조하고 있는데, 그의
대표적인 상소문인 〈만언봉사(萬言封事)〉 서두에서 '정귀지시 사요무실
(政貴知時 事要務實)'26)이라 하여, "정치를 하는 데 있어서는 때를 아는
것이 귀하고, 일을 하는데 있어서는 실(實)을 힘쓰는 것이 중요하다"고
하였다. 그는 여기에서 7가지의 무실(無實)현상을 지적하였고,27)〈동호문
답(東湖問答)〉에서는 격치지실(格致之實), 성의지실(誠意之實), 정심지실
(正心之實), 수신지실(修身之實), 효친지실(孝親之實), 치가지실(治家之實),
용현지실(用賢之實), 거간지실(去姦之實), 보민지실(保民之實), 교화지실

---

26)《栗谷全書》, 卷5, 〈萬言封事〉.
27)《栗谷全書》, 卷5, 〈萬言封事〉, "今之治效靡臻 由無實功 而所可憂者有七 上下無交孚之實
一可憂也 臣鄰無任事之實二可憂也 經筵無成就之實三可憂也 招賢無收用之實四可憂也
遇災無應天之實五可憂也 群策無救民之實六可憂也 人心無向善之實七可憂也."

(敎化之實)을 강조하기도 하였다. 이러한 율곡의 다양한 용례의 실(實)의 추구를 종합 정리해 보면, 무실(務實)의 실(實)은 진실성(實心), 실천성(實功), 실용성(實效)을 의미한다고 볼 수 있다.[28] 인간 주체의 진실성 확보는 가장 중요한 문제로 실심(實心)으로 표현된다. 진실한 마음으로 어떤 일을 행하면 그것이 곧 실천(實踐)이 되어 실공(實功)으로 드러난다. 실심(實心)을 가지고 실공(實功)을 통해 드러난 진실한 효과가 실효(實效)라고 할 수 있다. 실심은 아직 관념적 단계인데, 실공(實功) 즉 실천을 통해 구체적 실사(實事)로 구현되고 이루어진다.[29] 마침내 이루어진 그것은 진실한 성과, 진실한 효과를 가져 실용성(實用性), 실질성(實質性), 실리성(實利性)을 담지(擔持)한다. 참된 마음이 실천을 통해 참된 결과를 가져오는 것이다. 그래서 율곡은 "한 마음이 진실하지 못하면 만사가 모두 거짓이니 어디를 간들 행할 것이며, 한 마음이 진실로 참되면 만사가 모두 참이니 무엇을 한들 이루지 못하랴"[30]라고 하였다.

3. 우계 성혼의 무실사상

우계 성혼(牛溪 成渾)의 무실(務實)학풍에 대해 검토해 보기로 하자. 성혼의 학문은 실천을 근본으로 하였고,[31] 우계학의 특징은 실천이 돈

---

28) 황의동, 〈율곡의 무실사상〉, 《인문과학논집》, 제8집, 청주대인문과학연구소, 1989.

29) '實功'에 대한 해석은 두 가지로 생각해 볼 수 있다. 하나는 '진실한 노력'으로 실천성을 의미하는 말이고, 다른 하나는 '진실한 功效'를 의미하는 말이다. 진실한 공효가 실천을 통해 가능하다는 점에서 양자는 상통된다. 율곡이나 노서의 경우 이 양자의 개념을 혼용하고 있다고 보여진다.

30) 《栗谷全書》, 卷21, 〈聖學輯要〉, 3, "一心不實 萬事皆假 何往而可行 一心苟實 萬事皆眞 何爲而不成."

31) 유명종, 〈절충파의 비조 우계의 이기철학과 그 전개〉, 《성우계사상연구논총》, 우계문화재단, 1991, 336쪽.

독하고 확실함에 있었다.32) 그것은 율곡이 성혼에 대한 평에서 "만약 견해의 경지를 다진다면 내가 조금 낫다고 할 수 있으나, 조리(操履)의 독실(篤實)함에 이르러서는 내가 미칠 수 없다"33)고 한 데서도 입증된다. 성혼이 비록 성리의 이론적 측면에서는 율곡에 미치지 못한다고 하더라도 실천적 측면에서는 성혼이 율곡보다 낫다고 평가했던 것이다. 이러한 우계의 진실하고 실천적인 인품은 많은 문인들과 동료들에게 모범이 되고 존경을 받았다.

성혼에 있어서 학문이란 독서만을 말하는 것이 아니라, 궁극적으로 성현이 되는 데 목적이 있었다.34) 성혼에 의하면 학문이란 어버이를 섬기고 형을 좇음에 그 당연함을 얻는 것이다. 다만 마음을 잘 잡고 지니는 노력으로 동정을 관통하여, 행하고 남는 힘이 있을 때 강습(講習)의 방법을 추가할 뿐이다.35) 그리고 그는 선비가 학문을 함은 마음을 진실하게 하고 공부에 각고(刻苦)함에 있다36)고 하였다. '진실심지 각고공부(眞實心地 刻苦工夫)'는 황면재(黃勉齋)37)가 강조한 말인데, 성혼이 이를 원용하고 있다. 성혼은 학문을 단지 독서나 지식의 축적에 있지 않고, 마음을 진실하게 하고 일상생활에서 마땅히 지켜야 할 도리를 실천하는 데 있다고 보았다.

또한 성혼은 '위기(爲己)'로서 마음을 세우는 요령을 삼고, '구시(求是)'

---

32) 유명종, 〈절충파의 비조 우계의 이기철학과 그 전개〉,《성우계사상연구논총》, 우계문화재단, 1991, 337쪽.

33)《牛溪集》, 年譜, 附錄, 〈行狀〉: "栗谷嘗稱曰 若論見解所到 吾差有一日之長 操履篤實 吾所不及云."

34)《牛溪集》, 卷6, 〈書示邊生〉: "古人所謂學者 非但讀書之謂 … 使之爲聖爲賢也."

35)《牛溪集》, 卷5, 〈答崔丕承〉: "… 雖然 學非但讀書之謂 事親從兄 得其當然 乃學也 但使操持之功 貫通動靜 而行有餘力 可加講習之方耳."

36)《牛溪集》, 卷5, 〈答安士彦書〉: "竊見士之爲學 必有眞實心地 刻苦工夫 …"

37) 송나라 때의 성리학자 黃幹을 말함.

로서 일을 처리하는 제도로 삼아야 한다 하였는데,38) 여기에서 '나를 위한 학문'이라는 것은 유학본래의 위기지학(爲己之學)의 정신을 잘 표현한 것으로 자신을 위한 진실한 학문태도를 말하고, '옳음을 추구한다'는 구시(求是)의 정신은 실학의 실사구시(實事求是)와 상통한다. 이렇게 볼때, 성혼이 말하는 '위기(爲己)의 정신'이나 '구시(求是)의 정신'은 그의 실학적 학문태도를 잘 반영하고 있다.

그는 또 한결같이 하학(下學)에 뜻을 두어 반드시 효제충신(孝悌忠信)을 근본으로 삼고, 겸손(謙遜)으로 바탕을 삼으며, 침잠독실(沈潛篤實)로서 공(功)을 삼아, 힘들여 책을 탐구하고 견고하게 마음을 잡고 지니면, 청명(淸明)의 아름다운 뜻이 마침내 반드시 이르게 될 것이라 하였다.39) 여기에서 우리는 형이상학적 사변(思辨)에 대한 탐구가 아니라 일용평상 (日用平常)의 하학공부가 중요하다는 성혼의 실학정신을 볼 수 있다. 이러한 관점에서 그는 "덕(德)에 들어가는 문은《소학》을 근본으로 삼아야 한다"40)하고, "《소학》의 글 가운데 순종하고 공경하는 방법과 몸을 공경하는 노력을 진실로 깊이 음미하여 실천에 옮겨야 할 것이다"41)라고 하였다. 이러한 성혼의 소학공부의 강조는 정암(靜庵) 도학(道學)사상의 연장선상이라 할 수 있지만, 여기에는 고원(高遠)한 현학(玄學)의 탐구가 아니라 비근(卑近)한 일상의 윤리적 실천을 통해 건강한 자아를 실현해야 한다는 성혼의 실학정신이 잘 나타나 있다.

---

38)《牛溪集》, 續集, 卷3, 〈與李叔獻〉: "… 以爲己爲立心之要 以求是爲處事之制."

39)《牛溪集》, 卷5, 〈答安士彦〉: "誠願一意下學 必以孝悌忠信爲本 以謙遜拙納爲質 以沈潛篤實爲功 勉書玩索 堅苦操持 則以淸明之美志 終必有所至矣."

40)《牛溪集》, 卷3, 〈上王世子箚〉: "… 至如入德之門 則小學養其本."

41)《牛溪集》, 續集, 卷5, 〈與全國老〉: "小學書中 順悌之方 敬身之功 苟能深玩而服行焉."

4. 우계학파의 무실사상

  '실(實)을 힘쓰자'는 무실(務實)학풍은 율곡과 우계의 가르침이기도 한
데, 특히 율곡은 무실학풍을 본격적으로 전개하고 체계화하였다. 여말
선초부터 간헐적으로 언급되어 온 무실학풍은 율곡에 의해 강조되고 심
화되었다. 그런데 율곡의 직계 계열에서는 오히려 성리의 이론적 천착에
주력한 반면, 우계학파에서 이 무실학풍이 진작되었다. 이는 아마도 영
남 퇴계학파의 이론적 도전에 대한 대응에 분주한 결과 이런 결과를 가
져 온 것이 아닌가 생각된다. 이제 우계학파 인물들의 무실학풍에 대해
검토해 보기로 하자.

  조헌(趙憲: 1544~1592)의 인품은 천리(踐履)를 위주로 하였고,[42] 그의
학문은 실천을 기약하여[43] 실천적 학풍을 지녔다. 북학파의 실학자 박
제가(朴齊家: 1750~1805)는 〈북학의자서(北學議自序)〉에서 최치원(崔致
遠)과 조헌의 실학풍에 존경과 흠모의 정을 표하고 그를 배우고 싶다고
하였다. 또한 유형원(柳馨遠: 1622~1673)은 《반계수록(磻溪隨錄)》에서 율
곡 다음으로 조헌의 경세책과 개혁론을 인용하고 있다.

  윤황(尹煌: 1572~1639)은 성혼의 사위인데, 자손들에게 경계한 글에서
사족들이라 하더라도 빈둥빈둥 놀아서는 안 된다 하고, 남녀가 모두 각
기 그 할 일을 찾아 농사를 짓거나 장사를 하는 등 생업에 힘써야 한다
하였다.[44]

  또 권시(權諰: 1604~1672)도 부친 권득기(權得己)의 "매사에 반드시 옳
은 것을 구하고, 두 번째로 떨어지지 않도록 하라"는 가훈을 계승하여 무

---

42) 《隱峰全書》, 卷38, 〈重峰先生遺事〉, "先生少力學自立 專以踐履爲主."
43) 《牛溪集》, 〈抗義新編〉, 趙參判一軍殉義碑(尹根壽撰), "趙公 學期實踐 含忠履貞."
44) 윤정중 편저, 《파평윤씨 노종오방파의 유서와 전통》, 선문인쇄사, 1999, 83~88쪽 참조)

실학풍을 보여 주었다.

안방준(安邦俊: 1573~1654)은 말하기를, "오늘의 학자들이 죽도록 강학(講學)하여 만 권의 책을 독파하지만, 하루도 몸소 실행하지 않고 한 글자도 가슴에 새기지 않으니, 이는 아침 내내 밥 먹는 얘기만 하고 하나도 배부름을 얻지 못하는 것과 같다" 하였다. 따라서 사람의 자식된 자가 '효(孝)'자를 배우면 반드시 어버이에게 효도를 실행해 본 뒤에야 비로소 효자(孝子)를 배운 사람이라 부를 만하다 하였다.[45] 그는 인물평이나 역사인식에 있어서도 성리의 이론에 밝았던 양촌 권근(陽村 權近)보다도 의리의 실천에 모범을 보인 포은 정몽주(圃隱 鄭夢周)를 높이 평가하여 그의 평생 학문이 무실을 위주로 하였다.[46]

지봉 이수광(芝峰 李睟光: 1563~1628)은 63세 때 대사헌의 신분으로 인조의 구언(求言)에 의해 쓴 〈조진무실차자(條陳懋實箚子)〉에서 무실사상을 체계적으로 전개하였다. 장유(張維)가 쓴 〈행장〉에 의하면, 그는 19세 경에 문사(文詞)가 뛰어나 율곡으로부터 칭찬을 받았다 하니, 그의 무실사상이 율곡의 영향에서 왔으리라는 짐작을 할 수 있다. 이수광은 "치적(治績)이 이루어짐이 없고, 치효(治效)가 드러남이 없고, 국사(國事)가 날로 위미(委靡)하고, 조정의 기강이 날로 문란한 것은, 이는 다름이 아니라 모두가 부실지병(不實之病) 때문입니다"[47]라고 하여, 당시의 모든 문제가 실(實)이 없는 부실의 병에서 연유한다고 보았다. 그는 말하기를, "무릇 천하의 사무는 지극히 넓으나 이를 잡(부리)는 것은 성(誠)이고, 성

---

45) 《隱峰全書》, 附錄下, 〈遺事(徐鳳翎)〉, "今之學者 終身講學 讀破萬卷 而無一日之躬行 無一字之服膺 是猶終朝設食 不得一飽者也 … 夫爲人子 而學得孝字 則須服行孝親之實 然後方可謂學得孝字人矣."

46) 《隱峰全書》, 附錄下, 〈戊午伸救疏(吳道一)〉, "安邦俊之平生爲學 以務實爲主…"

47) 《芝峰集》, 卷22, 〈條陳懋實箚子, 乙丑〉, "… 以致績用無成 治效蔑著 國事日以委靡 朝綱日以紊亂 是則無他 皆坐不實之病也."

은 곧 실(實)이다. 만약 실을 힘쓰지 않고 한갓 문구(文具)로서 치공(治功)을 이루고자 한다면, 만사가 다 허투(虛套)로 돌아갈 것입니다"[48]라고 하였다. 그는 만사를 다스리는 관건이 성(誠)에 있다 하고, 그 성은 다름 아닌 실(實)이라 하였다. 따라서 실을 힘쓰지 아니하고 거짓과 형식으로 대처하면 만사가 모두 헛된 것이 되고 만다 하였다. 이런 입장에서 그는 임금에게 다음과 같이 무실을 진언하였다.

　진실로 바라건대, 전하께서 이제부터 위에서 성(誠)을 다하시고 아래에서 실(實)을 구하게 하여, 실심(實心)으로써 실정(實政)을 행하시고, 실공(實功)으로써 실효(實效)를 이루소서. 생각마다 실을 생각하고 일마다 실을 일삼으소서. 이것으로써 정치를 함에 정치가 행해지지 않음이 없고, 이것으로써 다스림에 다스림이 이루어지지 않음이 없게 될 것입니다. 그러므로 신이 감히 무실(懋實) 두 글자로써 진언하는 바입니다.[49]

이수광은 〈조진무실차자(條陳懋實箚子)〉에서 근학지실(勤學之實), 정심지실(正心之實), 경천지실(敬天之實), 휼민지실(恤民之實), 납간쟁지실(納諫諍之實), 진기강지실(振紀綱之實), 임대신지실(任大臣之實), 양현재지실(養賢才之實), 소붕당지실(消朋黨之實), 칙융비지실(飭戎備之實), 후풍속지실(厚風俗之實), 명법제지실(明法制之實)[50]을 진언하였는데, 여기서 그

---

48) 《芝峰集》, 卷22, 〈條陳懋實箚子, 乙丑〉, "夫天下之事務至廣 而所以操之者誠也 誠卽實也 若不務實 而徒欲以文具勤成治功 則萬段事爲 實歸虛套."

49) 《芝峰集》, 卷22, 〈條陳懋實箚子, 乙丑〉, "誠願殿下繼自今 盡誠於上 責實於下 以實心而行 實政 以實功而致實效 使念念皆實 事事皆實 則以之爲政而政無不擧 以之爲治而治無不成 故臣敢以懋實二字進言."

50) 《芝峰集》, 卷22, 〈條陳懋實箚子, 乙丑〉.

의 무실사상은 윤리, 수기, 정치, 국방, 인사, 행정 등 각 분야에 두루 적용되고 있음을 알 수 있다.

이수광은 "만약 독서를 하고서도 실천할 수 없고, 도리어 심신에 아무 영향이 없다면, 비록 성현의 글을 다 읽더라도 무슨 유익함이 있겠습니까? 그러므로 종일 경전을 담론해도 실공(實功)에 보탬이 없고 한 해 동안 강학을 해도 한갓 수고일 뿐이니, 오직 성명(聖明)께서는 그 실을 힘쓰소서"51)라고 하였다. 이처럼 이수광이 강조한 실(實)은 진실의 실이고 실천의 실이고 실용, 실질의 실이었다.

경세치용(經世致用) 실학을 선도했던 유형원(柳馨遠)과 이익(李瀷) 등이 이수광의 무실정신을 추앙하면서, 각기《반계수록(磻溪隨錄)》과《성호사설(星湖僿說)》을 지었다는 사실은 곧 이수광의 학문적 성향과 그 학파적 위치를 가늠하게 하는 증거로 보아야 할 것이다.52)

우계학파의 무실학풍은 윤선거(尹宣擧: 1610~1669), 윤증(尹拯: 1629~1714) 부자에 이르러 절정에 달한다. 윤선거가 살았던 17세기는 임진왜란, 병자호란의 큰 전쟁을 겪고, 당쟁으로 인한 지도층의 분열이 심각하고, 가뭄과 질병으로 민생의 위기를 맞고 있었다. 더욱이 병자호란 후 청나라에 당한 굴욕으로 복수설치(復讐雪恥)의 명분론이 고조되어 있었다. 이러한 시대의 변화는 이기심성(理氣心性)의 문제를 철학적으로 심화시켰던 16세기와는 다른 분위기였다. 따라서 철학도 이제 사변적인 성리학만으로는 간난(艱難)의 현실을 결코 구제할 수 없다는 절박한 반성이 싹트고 있었다. 이러한 사상적 변화에서 17세기의 사상적 동향은 실학, 양명학, 예학 등 다양한 모색을 하게 되었다.

---

51)《芝峰集》, 卷22,〈條陳懋實箚子, 乙丑〉, "若讀書而不能踐履 却於身心上 了無干涉 則雖讀 盡聖賢書 顧何益哉 故終日談經 無補實功 彌年講學 是爲徒勞 惟聖明懋其實焉."
52) 윤사순,〈이수광의 무실사상〉,《실학의 철학》, 예문서원, 1997, 65쪽.

윤선거는 말하기를, "금일 근심하는 바는 이름만 힘쓰고 실(實)을 힘쓰지 않는데 있다" 하고, "다스리는 한 가지 일은 단지 문구(文具)일 뿐"[53] 이라 하였다. 마찬가지로 "당세의 폐단은 실사(實事)를 힘쓰지 않는 데 있다" 하고, "오직 문구를 일삼는 것이 큰 폐단이라" 하였다. 그리고 "금일의 인재등용이 또한 문구로 돌아갈 뿐이라"[54] 하여 인사의 형식적 폐단을 지적하였다. 이러한 관점에서 그는 당시의 무실(無實)현상을 다음과 같이 설명하고 있다.

금일 근심할 바는 그 뜻이 없음을 근심하지 않고, 단지 그 실(實)이 없음을 근심한다. 한갓 선하기만 하고 위정(爲政)이 부족하고, 한갓 법제만 있고 스스로 행할 수 없다. 한갓 뜻만 있고 노력하지 않는다면 금일의 급무는 과연 언어에 있을 뿐인져.[55]

이처럼 당시 근심해야 할 문제는 위정자의 의지가 있느냐 없느냐가 아니라 실제 위정을 실현하느냐 하지 않느냐에 있다고 보았다. 위정자의 선의지만 있고 법제를 통해 실현함이 없다면 정치의 실효를 기대할 수 없고, 또 백성의 입장에서도 실익(實益)이 없다는 것이다. 그러므로 당시의 급선무가 바로 공리공론을 배격하고 실천하는 데 있다고 보았다.

윤선거는 또 헛소리만 하고 실이 없는 폐단을 극론(極論)해도 스스로

---

53) 《魯西遺稿》, 卷5, 〈與宋英甫〉(小註), "今日所患 已在於務名不務實 治繕一事 只是文具而已."

54) 《魯西遺稿》, 卷12, 〈上季兄〉, "當世之斃 不務實事 唯事文具 爲大斃也 今日招賢之擧 亦歸於文具耳."

55) 《魯西遺稿》, 卷5, 〈答宋英甫〉, "今日所患 不患無其志 而只患無其實矣 徒善不足以爲政 徒法不能以自行 徒志不可以有爲 則今日之急務 果在於言語而已乎."

그 근본이 어긋남을 깨닫지 못한다[56]고 한탄하고, 조정의 위에서 허명(虛名)을 너무 숭상하여 실심(實心)이 서지 못함을 근심하였다.[57] 〈사진선소(辭進善疏)〉에서는 "진실로 허명(虛名)으로 선비를 구함을 그치지 아니하면, 비록 임금의 두터운 예로 어진 사람을 부르고 날로 초야(草野)에 내리더라도 족히 조가(朝家)의 글을 갖춘 하나의 정사일 뿐이니, 국사에 무슨 보탬이 있겠는가?"[58]라고 하였다. 이처럼 그는 매사에 형식과 헛이름에 치우치는 폐단을 비판하고, 모든 것이 실심에 의한 실공, 실사로 돌아가야 한다고 보았다.

윤선거는 "평상 무사한 때에도 오히려 허명을 숭상 장려하고 부경지풍(浮競之風)을 기를 수 없거늘, 하물며 위급존망(危急存亡)의 때에야 더 말할 것이 있겠느냐"[59]고 하면서, 진심으로 천재에 대한 대응을 해야 한다고 하였다. 천재지변에 군신상하가 진심으로 대응하지 않고 허명으로 실화(實禍)를 구하고자 한다면, 이는 나무에 올라가 고기를 잡고자 하는 것과 다를 바 없다고 하였다. 이처럼 당시 현실에 대해 윤선거가 깊이 우려하는 바는 무실(無實)현상에 있었다. 이름만 있지 실상이 없고, 말만 무성할 뿐 실천이 없으며, 형식만 있지 실제 내용이 없는 현실에 대해 심각히 우려하고, 모든 분야에서 실을 추구하는 무실(務實)의 기풍을 진작코자 하였다.

윤선거는 무실(務實)을 말하면서 가장 먼저 확립해야 할 문제가 바로 실심(實心)의 확립이라고 보았다. 진실한 노력을 통해 진실한 효과, 진실

---

56) 《魯西遺稿》, 卷5, 〈答宋英甫〉, "極論其虛聲無實之弊 而不自各其倒底也."

57) 《魯西遺稿》, 附錄, 上, 〈遺事〉, "… 然先生則猶以朝廷之上 虛名太崇而實心未立爲憂."

58) 《魯西遺稿》, 卷3, 〈辭進善疏(三疏)〉, "苟以虛名求士不已 則雖使弓旌之招日降於草野 適足爲朝家備文之一政而已 其於國事 有何少補哉."

59) 《魯西遺稿》, 卷3, 〈三疏〉, "平常無事之時 尙不可崇獎虛名 以長浮競之風 況當此危急存亡之秋乎."

한 성과를 기대하고자 한다면 가장 근본적인 것이 실심의 확립이다. 인간 주체의 진실한 마음 즉 실심이 서야 한다. 주자나 율곡이 이미 말한 대로 천도는 실리(實理)이고 인심은 실심(實心)이다.60) 즉 진실하여 거짓이 없는 것이 천도의 본래 모습이다. 진실한 천의 이치가 곧 실리이고, 그 실리가 인간의 마음으로 주어졌을 때 실심이 된다. 인간의 본래 마음은 진실하지만, 형기(形氣)로 인해 은폐되는 데서 문제가 야기된다. 그에 의하면 "주자 이후로부터 거경궁리(居敬窮理)의 방법과 정존동찰(靜存動察)의 요령과 성학문호(聖學門戶)의 차례가 찬연히 해와 별과 같이 밝지 않음이 없으니, 학자가 근심하는 바는 단지 실심이 서지 못함에 있고, 궁행이 독실치 못함에 있을 뿐이다. 안으로는 심술(心術)의 은미(隱微)함과 밖으로는 언행의 드러남이, 은미하게는 보이지 않고 들리지 않는 가운데, 현저하게는 사물에 접하는 즈음에, 가깝게는 인륜일용(人倫日用)의 평상과 멀리는 출처진퇴(出處進退)의 변화에, 작게는 물 뿌리고 청소하며 응대하는 절차와 크게는 도덕성명(道德性命)의 쌓임이 한결같이 성현의 유훈(遺訓)으로서 기준 삼지 않음이 없고, 강구(講究)하고 체찰(體察)해서 실천하였다"고 하였다. 또한 "얻지 못하면 분발해서 잠자는 것도 잊고, 이미 얻으면 복응(服膺)해서 잃지 않았다. 그러므로 행동거지의 법칙이 질서정연하여 저절로 이루어진 법도가 있고, 성명박약(性命博約)의 노력이 독실(篤實)하여 조금도 빈틈이 없고, 표리(表裏)가 일치해 서로 길렀다. 대개 그 마음을 학문에 뜻하기 시작하여 종신토록 한 때도 혹 그침이 없었다"고 하였다.61) 이처럼 학자가 근심해야 할 바는 다름 아니

---

60) 《性理大全》, 卷37, "誠者 在道則爲實有之理 在人則爲實然之心."
　　《栗谷全書》, 拾遺, 卷6, 〈四子言誠疑〉: "天道卽實理 人道卽實心也."

61) 《魯西遺稿》, 附錄, 上, 〈遺事〉, "其爲學 嘗曰 自朱子以後 居敬窮理之方 靜存動察之要 聖學門戶工程次序 粲如日星 無有不明 學者所患 只在實心之不立 躬行之不篤耳 內而心術之微 外而言行之著 隱而不覩不聞之中 顯而應事接物之際 近而人倫日用之常 遠而出處進退

라 실심이 서지 못함과 궁행이 독실치 못함이라 하고, 이 양자는 서로 표리가 되고 내외가 되어 하나로 일치되어야 한다고 보았다.

윤선거가 실심의 확립을 중시하는 이유는 율곡의 말대로 한 마음이 진실하지 못하면 만사가 모두 거짓이어서 어디를 가도 행할 수 없고, 한 마음이 진실하면 만사가 모두 참되어 무엇을 해도 이루지 못할 리가 없기 때문이다.[62] 진실한 마음이 전제되지 않으면 하는 일도 진실할 수 없고 그 결과도 거짓일 수밖에 없다. 그러므로 윤선거는 도처에서 실심의 중요성과 실심의 확립을 반복해 강조했던 것이다.[63]

윤선거의 무실(務實)은 실심의 확립을 통해 실덕(實德)을 함양하는 데 있다. 앞에서도 언급했듯이, 인간의 본심은 참되고 착하지만 육신을 가진 존재요 형기를 벗어날 수 없기 때문에 참되고 착한 본심을 잃기 쉽다. 그래서 맹자는 학문의 도는 다름 아닌 '구기방심(求其放心)'에 지나지 않는다고 하였다. 이때 부단한 노력을 통해 본심을 지키고 본심을 찾으려는 수기공부가 중요하다. 진실한 마음을 바탕으로 내면에 얻어진 진실한 덕이 곧 실덕(實德)이요, 이 실덕을 지닌 자가 바로 군자라고 할 수 있다. 그는 이러한 실덕의 함양을 위해 겸양(謙讓), 경(敬), 수약(守約), 하학용공(下學用功) 등 다양한 논의를 하고 있는데, 이에 관해 검토해 보기로 하자.

윤선거에 있어 실덕은 자기를 낮추는 자기겸양에서부터 출발한다. 그

　　之變 小而灑掃應對之節 大而道德性命之蘊 莫不一以聖賢遺訓爲準 講究體察而服行之…
　　未得則憤悱而忘寢 旣得則服膺而不失 是故威儀動止之則 秩秩然自有成法 誠明搏約之功
　　慥慥焉無少間斷 言行相顧而不違 表裏一致而交養 盖其心自志學至終身 未有一時之或息
　　也."

62)《栗谷全書》, 卷21, 〈聖學輯要〉, 3: "一心不實 萬事皆假 何往而可行 一心苟實 萬事皆眞
　　何爲而不成."

63)《魯西遺稿》, 附錄上, 〈遺事〉, "… 然先生則猶以朝廷之上 虛名太崇而實心未立爲憂 …"

는 이를 겸겸(謙謙), 퇴겸(退謙), 자비(自卑), 겸비(謙卑) 등으로 표현하는데, 이는 모두가 진실한 자기반성을 통해 끊임없이 자아완성을 향한 도정(道程)이라 할 수 있다. 실덕(實德)은 자만, 오만에서 결코 이루어지지 않는다. 항상 부족함을 느끼고 자신을 반성하는 참된 마음을 통해 가능하다.

그는 스스로 '죽을 죄를 지은 신 윤선거(死罪臣尹宣擧)'라고 하는가 하면, 실(實)은 없으면서 이름을 훔쳐 세상을 속였다고 고백한다.[64] 물론 강도(江都)사건으로 인한 평생 짊어진 멍에의 표현이기도 하지만, 그의 겸비(謙卑)의 태도, 겸양(謙讓)의 인품이 잘 나타나 있다.

그런데 이러한 겸양의 학풍은 파문(坡門)의 전통이었다. 윤선거는 말하기를, '파문(坡門)의 여구(餘矩)는 실로 겸겸(謙謙)으로 자기 수양하는 것'[65]이라 하고, 대개 파산 문하의 제공들은 모두 퇴겸(退謙)으로 도를 삼아 스스로 스승의 설을 서술하여 어록에 나타남을 볼 수 없어, 우리 후생으로 하여금 상고하고 믿을 바가 없게 되었다고 한다. 그리고 대개 사문(師門)의 유법(遺法)은 오로지 겸비지도(謙卑之道)를 주로한 데서 그러한 것[66]이라 하였다. 이와 같이 자신을 낮추고 겸양하고 물러서는 실덕의 학풍은 파산 문하의 일관된 가르침이요 전통이었다. 윤선거의 겸양의 학풍은 이미 외조부 성혼(成渾)을 통해서도 알 수 있듯이, 파문의 전통이라고 할 수 있다.

남계 박세채(南溪 朴世采: 1631~1695)는 윤선거에게 올린 제문에서 파산(坡山)의 학문은 반드시 자기를 낮추고 마음은 오로지 안을 써서 무실

---

64) 《魯西遺稿》, 卷4, 〈受食物辭召命箋〉, 三月, "死罪臣尹宣擧 … 無實而盜名欺世 …"

65) 《魯西遺稿》, 卷8, 與宋明甫英甫〈論滄浪碣銘〉, "… 坡門餘矩 實以謙謙自牧."

66) 《魯西遺稿》, 卷8, 〈與宋英甫〉, "大抵坡門諸公 皆以退謙爲道 無人自述師說 著見於語錄上 使我後生無所考信 蓋由師門遺法 專主謙卑之道而然也."

(務實)을 주로 하고 독경(篤敬)을 큰 요령으로 삼았다고 하였다.[67]

또한 윤선거의 실덕(實德)은 소학율신(小學律身), 가례종사(家禮從事), 신심체인(身心體認), 제외양내(制外養內) 등 자수(自守), 수약(守約)의 공부를 통해 함양된다. 그는 《소학》으로서 자신을 규율하고, 《가례》로서 종사하며, 규구(規矩)를 엄격히 지키고, 겸손하고 공손하고 부지런하고 삼가하여, 터럭만큼도 부허(浮虛)의 뜻이 없는 스승 신독재 김집(愼獨齋 金集)의 신독(愼獨)정신과 실덕(實德)을 배웠던 것이다. 그리하여 김집은 다른 사람들에게 말하기를, "윤모(尹某)는 행실이 독실하고 생각이 정밀하여 다른 사람이 미치지 못할 바가 있다"고 칭찬했던 것이다.[68]

그런데 윤선거의 이러한 실학풍은 '천리돈확(踐履敦確)'[69]과 '조리독실(操履篤實)'[70] 그리고 실심(實心), 진심(眞心)을 몸소 실천하고 강조한 외조부 우계 성혼의 학풍[71]을 계승한 것이다. 그러므로 박세채는 송시열에게 보낸 글에서 "지금 노장(魯丈)의 학문은 비록 한마디로 말하기 어려우나, 요컨대 그 대체는 스스로 우계의 가르침을 이었고, 신독재(愼獨齋)의 글에 의거했다"[72]고 하여, 윤선거의 무실(務實)학풍이 외조부 성

---

67) 《魯西遺稿》, 附錄下, 〈祭文, 又〉, "惟其坡山流派 始出靜庵 文敬嫡傳 竝綜石潭 其所成就 能承先正之緖 則可謂有所漸矣 學必自卑 心專用內 務實以主 篤敬爲大要 …"

68) 《魯西遺稿》, 附錄 上, 〈年譜〉, "丙戌六月 候愼獨齋金先生 會宋李諸公及從兄龍西公 於遯巖書院(金先生年踰七十 用功不懈 先生在錦峽時 往來參候 事以師禮 自此以後 從游益親 講貫盆切 先生嘗以爲愼齋以小學律身 以家禮從事 守定規矩 謙恭勤謹 無一毫浮虛務外之意 此其實德也 先生之所得於愼齋者盖如此 而愼齋亦語人曰 尹某之篤行精思 諸人所不及也云)."

69) 유명종, 〈절충파의 비조 우계의 이기철학과 그 전개〉, 《성우계사상연구논총》, 우계문화재단, 1988, 336쪽.

70) 《牛溪集》, 年譜附錄, 〈行狀〉, "栗谷嘗稱曰 若論見解所到 吾差有一日之長 操履篤實 吾所不及云."

71) 황의동, 〈우계의 도학사상〉, 《우계학보》, 제16호, 우계문화재단, 1995, 22~25쪽.

72) 《南溪集》, 卷26, 〈答宋尤齋〉, "今魯丈之學 雖難一論 要其大體 自是述牛溪之訓 而依愼齋之文者 …"

혼과 스승 김집에 연원하고 있음을 밝히고 있다.

또한 명재 윤증(明齋 尹拯: 1629~1714)은 박세채(朴世采)에게 답한 글에서, 부친의 학풍을 '내(內)'와 '실(實)'로 특징지어 설명하였다.73) 즉 부친의 학풍은 내성(內聖)의 학이요, 실학(實學)이라 규정하였다. 이러한 관점에서 윤선거는 "〈주문지결(朱門旨訣)〉의 요령은 지경(持敬)과 궁리(窮理)하는 방법이며, 하학용공(下學用功)의 일은 곧 바로 착수하는 것이 진실로 학문하는 지결(旨訣)이다"74)라고 하여, 하학용공의 중요성을 강조하였다.

윤선거의 무실사상은 궁극적으로 실공(實功)을 추구하는 데 목적이 있다. 실공이란 율곡에 의하면 일을 함에 있어 참이 있어, 빈말을 힘쓰지 않는 것을 말한다.75) 즉 진실하여 말로만 하지 않고 실천, 실행함을 말한다. 따라서 실공이란 다름 아닌 진실한 노력, 진실한 행위를 말하는 것이다. 아무리 뜻이 좋고 이론이 훌륭해도 실천하지 않으면 결과는 없다. 윤선거는 당시 사회의 공리공론의 병폐를 비판하고 자기수양은 물론 매사에 실천궁행하는 기풍을 강조했던 것이다.

> 다만 말하는 것이 어려운 것이 아니라 행하는 것이 실로 어렵다. 왜냐하면 모든 일이 하지 않으면 그만이지만 한다면 반드시 성(誠)해야 한다.76)

말하고 주장하는 것이 어려운 것이 아니라 행하기가 어렵다고 한다.

---

73) 《明齋遺稿》, 別集, 卷3, 〈答朴和叔〉, "先人之學 內也實也 尤翁之學 外也名也."

74) 《魯西遺稿》, 〈魯西遺事〉, "朱門旨訣 則大要是持敬窮理之方 而下學用功之事 卽日使可下手 眞爲學旨訣也."

75) 《栗谷全書》, 卷5, 〈萬言封事〉, "所謂實功者 作事有誠 不務空言之謂也."

76) 《魯西遺稿》, 卷12, 〈上仲兄〉, "第念辭之非難 行之實難 何者 凡事不爲則已 爲則必誠."

그 이유는 매사가 참되어야 하기 때문이다. 여기에서 성(誠)은 곧 진실하여 거짓이 없는 것을 말한다. 말로만 하고 실천하지 않는다면 그것이 곧 거짓이다. 언행의 일치가 실공의 길이다. 그는 또 말하기를, "사의(私意)를 제거한 후에 기강을 세울 수 있고, 문구(文具)를 제거한 후에 실공(實功)을 이룰 수 있다"[77]고 하여, 형식적인 태도를 시정한 뒤에야 진실한 공을 이룰 수 있다고 하였다. 이때의 실공은 진실한 성과를 의미하는 말이므로, 앞의 진실한 노력과는 구별되지만, 진실한 노력의 산물이 실공이라는 점에서 보면 상통하는 의미라고 할 수 있다.

이와 같이 윤선거는 먼저 실심을 확립하고 실덕을 함양하여 실공을 이루어야 한다고 하였다. 실심, 실덕, 실공으로 대표되는 그의 무실사상은 유학 본래의 정신으로 돌아가자는 의미가 짙고, 나아가 수기치인(修己治人), 내성외왕(內聖外王)의 진실한 구현을 의미한다고 할 수 있다. 즉 진정한 수기의 실천, 진정한 왕도의 실현이야 말로 윤선거 무실사상의 참뜻이라 할 수 있다.

또 박세당(朴世堂: 1629~1703)도 상소에서 조정의 대신들이 '무실지거(無實之擧)'만을 일삼기를 좋아한다고 비판하고, 이제까지의 미재책(弭災策)도 무실(務實)정책이 아니라 일종의 허문(虛文)에 불과했다고 비판하였다.[78] 이처럼 실심(實心), 실공(實功), 실효(實效), 실덕(實德), 실천(實踐)을 강조해 온 무실학풍은 성혼 이래 전승되어 온 우계학파의 보편적 이념이었고, 이는 윤선거를 통해 더욱 강조되었으며, 송시열과 윤증, 박세채의 결별 이후 송시열을 비롯한 율곡학파와 구별되는 우계학파의 학문적 정체성으로 분명하게 드러났던 것이다.[79]

---

77) 《魯西遺稿》, 附錄上, 〈遺事〉, "又曰 去私意而後 可以立紀綱 除文具而後 可以做實功 …"

78) 《西溪全書》, 卷5, 〈應求言疏〉.

79) 황의동, 《우계학파연구》, 서광사, 1977, 89쪽 참조,

또한 명재 윤증(明齋 尹拯: 1629~1714)도 부친 윤선거를 계승하여 무실(務實)학풍을 표방한다. 그는 입지(立志)와 무실(務實)이 학문하는 자가 가장 먼저 힘써야 하는 것이며, 나머지는 모름지기 책에 있을 따름이라 하였다.80) 이와 같이 윤증에 있어 무실은 입지와 더불어 학문하는 데 가장 먼저 힘써야 할 공부로 제시되었다. 그는 이유태(李惟泰)에게 보낸 편지에서도 무실(務實)하지 않는 것이 학자들의 큰 병폐라고 지적하고 있으며,81) 박세채에게 보낸 편지에서도 '무실(務實)' 두 글자로 학문의 기초를 삼아야 한다고 하였다.82) 그는 또 이세구(李世龜)에게 답한 글에서 실심(實心)이 있으면 저절로 실공(實功)이 있고, 또한 쉼 없는 공부가 있을 뿐이라 하였다.83) 실심은 인간주체의 진실한 마음이다. 이 실심이 있어야 실공이 있게 된다는 것이다. 실심에 의한 실공이 실학의 길이다.

그는 또 하학착실공부(下學着實工夫)를 강조하는가 하면84) 입지와 무실을 학문의 시종(始終)으로 강조하였다. 그는 말하기를, "《격몽요결(擊蒙要訣)》은 실로 학자의 요결(要訣)이니 구하여 모두 읽는 것이 어떤가?"85)하고, "《격몽요결》,《성학집요(聖學輯要)》는 모두 입지로써 수장(首章)을 삼는다. 대개 이 뜻이 있은 연후에 그 일을 할 수 있기 때문이다. 비록 그 일을 하더라도 참되지 아니하면 이룰 수 없다. 그러므로 무

---

80) 《明齋遺稿》, 卷14, 〈答羅顯道〉, 戊辰, 正月 29日, "所叩敎學之術 有何別方 立志務實 最爲 學者之先務 其餘在方冊耳."

81) 《明齋遺稿》, 卷9, 〈上草廬書〉, 己未, "仄聞近地章甫 多有出入門墻者 未知有將來可望者否 近來彌覺不務 實爲學者之大患 須先有眞實根本而後 可以闊得去 隨其高下 而有所成就 未 知如何(己未)."

82) 《明齋遺稿》, 卷11, 〈與朴和叔〉, "… 以務實二字 貼於爲學初頭 庶乎做得基址."

83) 《明齋遺稿補遺》, 〈答李壽翁, 世龜〉, "有實心則 自有實功 亦在不息工夫而已."

84) 《明齋遺稿》, 卷25, 〈答金時濟〉, "今承所示 一念在日用言動 不期於存心 而有不能放過云 者 眞是下學着實工夫 極可喜也."

85) 《明齋遺稿》, 卷25, 〈答宋翼輔〉, "擊蒙要訣 實學者之要訣也 求得畢讀之如何."

실하고자 하는 것이다. 무실로써 학문을 끝마치지 않는다면 또한 학문하는 지극한 공부가 되지 않는다"[86]고 하였다. 윤증은 우리가 근심할 바는 실심을 확충하기 어렵고 실공을 힘쓰기 어려울 뿐이니, 이 실심실공이 없으면 헛소리와 실화(實禍)가 작은 일이 아닐 것이라 하였다.[87] 그리고 소위 입지무실(立志務實) 두 조목은 자신이 양 선생(우계, 율곡)의 뜻을 취하여 첨가한 것이라 하고, 대개 입지가 아니면 시작할 수 없고, 무실이 아니면 마칠 수 없으니, 이는 《격몽요결》과 《성학집요》가 모두 입지로서 수장(首章)을 삼았다고 하였다.[88]

그는 또 수기에 있어서도 실심으로써 실공을 지어 하루에 반드시 하루의 일이 있고 잠시도 방과(放過)하지 않는다면, 비로소 차제(次第)를 말할 수 있어 빈말로 돌아가는 것을 면케 될 것이라 하였다.[89] 또 옛 사람이 학문하는 방법은 책에 갖추어 있는데, 세상의 학자들이 진실한 마음을 가지고 있는 경우가 드물다 하고,[90] 선인(윤선거)께서는 초학자를 보면 반드시 《격몽요결》로써 우선을 삼았으니, 이 책이 비록 약(約)하나 실로 학문하는 지남(指南)이라 하였다. 그리고 그다음 또한 성혼이 기록한 〈위학지방(爲學之方)〉보다 중요한 것이 없으니, 이로써 선인께서는 반드시 학자들로 하여금 반드시 먼저 이 두 책을 읽어야 한다고 강조하였다 한

---

86) 《明齋遺稿》, 卷26, 〈答或人〉, "擊蒙要訣及聖學輯要 皆以立志爲首章 盖有是志 然後方可爲其事故也 雖爲其事 不以誠則不能成 故欲其務實 非以務實爲學之終也 亦非以爲學之極功也."

87) 《明齋遺稿》, 卷29, 〈與子行敎〉, "… 所患者 實心之難充而實功之難辦耳 無此實心實功 則虛聲實禍 非小事也."

88) 《明齋遺稿》, 卷30, 〈題爲學之方圖〉, "所謂立志務實二目 則拯之僭取兩先生之意而添之者也 盖非立志則無以始 非務實則無以終 此擊蒙要訣及聖學輯要 皆以立志爲首章…"

89) 《明齋遺稿》, 卷21, 〈答金龜孫〉, "深源以實心做實功 一日必有一日之事 勿令頃刻放過 則方有次第之可言 而免於擔閣空言之歸矣."

90) 《明齋遺稿》, 卷21, 〈答李彦緯武叔〉, "古人爲學之方 具在方冊 而世之學者 罕有眞實心地."

다.91) 윤증은 말하기를, "금일 우리 무리가 함께 힘써야 할 바는 오직 마땅히 우리의 실학에 나아가 잠구역행(潛究力行)하여 하나의 맥을 전하는데 도와서 단절(斷絶)에 이르지 않도록 할 뿐이다"92)라고 하였다.

윤동원(尹東源)에 의하면, 윤증은 항상 "입지가 독실하면 '성인의 성품이 곧 나의 성품'이라고 말한다. 학문이 성인의 경지에 이르지 못하면 나의 성품에도 미진함이 있는 것이다. 무실(務實)이 지극하면 '모두 실리(實理)'라고 말할 만큼 사물을 전부 체득하게 된다. 무실은 상하의 학문에 일관된 공효를 가져온다"93)고 하였다. 이처럼 윤증은 입지와 무실을 학문의 근본으로 삼았는데, 이것은 곧 가전(家傳)의 지결(旨訣)이었다.94) 이와 같이 윤증은 외조부 성혼과 부친 윤선거를 계승하여 실심이 있은 후에 실공이 있고, 실공이 있은 후에 실덕이 있으며, 실덕이 있은 후에 밖으로 나타나 가는 곳마다 실하지 아니함이 없게 된다고 보았다.95)

양명학의 지행합일설(知行合一說)은 왕양명(王陽明)이 학술사에 남긴 가장 값진 구호로, 그리고 그의 대표적인 학설로 거론될 만큼96) 중핵적 이론이다. 양명에 의하면 "지(知)는 행(行)의 시작이고 행은 지의 성취라고 말한 적이 있다. 만약 이 같은 지행합일의 도리를 이해한다면, 지(知)

---

91) 《明齋遺稿》, 卷21, 〈答李漢游漢泳〉, "先人每見初學者 必以擊蒙要訣爲先 以爲此書雖約 實爲學之指南也 其次又莫要於牛溪所抄爲學之方 以此先人必使學者 必先讀此二書…"

92) 《明齋遺稿》, 卷23, 〈答朴壽岡〉, "今日吾黨之所共勉者 唯當就吾實學 潛究力行 庶幾傳扶 一脉 不至斷絶而已."

93) 《明齋先生年譜》, 附錄, 卷1, 〈家狀〉, "立志之篤 則曰聖人之性亦吾性也 學問不及於聖人 則於吾性有未盡分處 務實之至 則曰 皆實理也 無物不體 務實爲徹上徹下之功."

94) 《明齋先生年譜》, 附錄, 卷1, 17章, "… 又必以立志務實爲本 此乃先生家傳旨訣爾."

95) 《明齋遺稿》, 別集, 卷3, 〈擬與懷川書〉, "夫有實心 而後有實功 有實功而後有實德 有實德 而後發於外者 無往而不實."

96) 梁啓超, 《王陽明知行合一之敎》, 臺灣中華書局, 民國 57, 2~3쪽.
송하경, 〈왕양명의 지행합일설〉, 《왕양명철학연구》, 청계, 2001, 238쪽.

하나만을 말해도 자연히 그 속에 행이 내재하고, 또 행 하나만을 말해도 자연히 그 속에 지가 내재한다"97)고 말한다. 이처럼 양명은 근본적으로 심 밖에서 리(理)를 추구하는 데 반대하고, 오심(吾心)의 리를 추구하는 것이 곧 지행합일의 기초가 된다고 보았다.

이러한 논거를 바탕으로 조선의 양명학자들은 당시 성리학의 지나친 관념화와 사변화에 반대하고, 이를 해결하는 대안의 하나로 양명학을 제시하였던 것이다. 아울러 왕양명이 성(誠)을 심체(心體), 양지(良知)로 규정하고 입성(立誠)과 성의(誠意)를 인도로 강조하는 데서98) 무실(務實)과의 연계논리가 가능하게 되는 것이다. 즉 무실은 인간 주체의 실심을 바탕으로 실천을 강조한다는 점에서 양명학의 정신과 공감대를 갖게 되는 것이다.

조선 양명학의 대표자로 일컬어지는 하곡 정제두(霞谷 鄭齊斗: 1649~1736)는 본체론적인 측면에서 성(誠)을 천도(天道), 실리(實理), 생리(生理), 실심(實心) 등으로 이해하였고, 양명과 마찬가지로 일원의 주체인 심체를 성(誠)으로 인식하고, 실천적 측면에서는 입성(立誠)과 성의(誠意)를 강조하였다.99)

유계(兪棨), 윤증, 박세채의 문인이었던 덕촌 윤득중(德村 梁得中: 1665~1742)은 반계 유형원(磻溪 柳馨遠)이 쓴《반계수록(磻溪隨錄)》을 높이 평가하고 이를 임금에게 권하였으니,100) 이는 양명학을 받아들여 유

---

97)《傳習錄》, 卷上, "知是行之始 行是知之成 若會得時 只說一個知已自有行在 只說一個行已自有知在."

98) 민혜진, 〈정제두의 성사상에 관한 연구〉, 부산대대학원(박사), 2005, 11쪽.

99) 민혜진, 〈정제두의 성사상에 관한 연구〉, 부산대대학원(박사), 2005, 199쪽.

100)《德村集》, 卷2, 〈又辭疏, 辛酉〉, "近世有湖南儒生柳馨遠者 乃能爲之講究法制 粲然備具 始自田制 以至於設敎選擧任官職官祿制兵制 纖微畢擧 毫髮無遺 書旣成而名之曰隨錄 凡十三卷 臣嘗見之於臣之亡師臣尹拯之家 臣之亡師嘗爲臣言 此書乃古聖王遺法而修潤之 不失其本意 國家若欲行王政 則惟在擧而措之而已."

형원의 실사구시(實事求是) 정신을 절충한 것으로 양명학과 실학의 융회(融會)라는 의미를 갖는다.101) 그는 말하기를, "리(理)는 곧 실리(實理)요, 심(心)은 곧 실심(實心)이며, 학(學)은 곧 실학(實學)이요, 사(事)는 곧 실사(實事)이다. 한 털끝만큼도 사위(私僞)가 그 사이에 끼어 있지 아니한 즉, 실심(實心)이 담연허명(湛然虛明)하고 실리(實理)는 결정정미(潔靜精微)하다"102)고 하였다. 그는 또 임금에게 올린 상소에서 "맹자가 제선왕, 양혜왕에게 '여민동락(與民同樂)' 네 글자로 입지의 표준을 삼아야 한다고 하듯이, 신의 생각에는 '실사구시(實事求是)'의 네 글자가 곧 오늘날 성상의 입지하는 표준이 되어야 한다고 생각합니다"103)라고 하였다. 이와 같이 양득중의 경우 양명학을 하면서도 무실사상을 그 속에 접목시켜 깊이 있게 이해하고 있음을 알 수 있다.

또 정제두의 문인인 원교 이광사(圓嶠 李匡師: 1705~1777)는 "내가 하곡(霞谷)선생을 사모한 지는 여러 해가 되었지만, 사시는 곳이 외져서 27세 되던 해 봄에야 비로소 강화로 들어가, 83세의 노선생님을 뵙고 실학을 배웠다"고 하여,104) 자신이 정제두에게 실학을 배웠음을 고백하고 있다.

또 이광사의 아들인 신재 이영익(信齋 李令翊: 1738~1780)은 "아아 불민한 내가 덕에 나아가지 못하는 것은 무슨 까닭인가? 마음에 향하는 바가 있되 건성건성하여 실심이 없고, 행동하려는 바가 있되 억지로 대충하여 실행이 없다. 대개 신실(信實)되지 않음에서 말미암는다"고 하

---

101) 유명종,《한국의 양명학》, 동화출판공사, 1983, 144쪽.

102)《德村集》, 卷2,〈辭別諭召命疏〉, "理則實理 心則實心 學則實學 事則實事 無一毫私僞參錯於其間 則實心湛然虛明 而實理潔靜精微矣."

103)《德村集》, 卷2,〈告歸疏, 辛亥〉, "孟子之於齊宣梁惠 以與民同樂四字爲立志之標準 臣愚竊以爲實事求是四字 卽今日聖上立志之標準也."

104) 이용규 편저,《강화학파 학인들의 발자취》, 수서원, 2007, 112쪽.

여,105) 실심, 실행과 함께 신실(信實)을 강조하였다.

또한 정제두의 문인이며 손자 사위인 원구 신대우(宛丘 申大羽: 1735~1809)는 지행합일의 전내실기지학(專內實己之學)을 추구하여 개아 (個我)의 주체성을 강조하였다.106) 그는 일면 경세에 뜻을 두고 목민론 (牧民論)을 전개하고 국학에도 관심을 보였지만, 진정한 인간 주체인 덕 성아(德性我)의 확립에 더 큰 비중을 두었다.107)

영재 이건창(寧齋 李建昌: 1852~1898)은 "성실이란 진실된 이치요, 진 실한 이치가 안에 있지 아니하면 진실된 사물이 밖에서 이루어지지 못하 며, 성실하지 못하면 사물이 없는 것이다"라고 하였다. 그리고 "이름이란 실(實)의 손님이니, 실(實)을 먼저 하고 명(名)을 뒤에 함은 천하의 바른 길이다"라고 하여, 실리(實理), 실사(實事), 실심(實心)을 강조하여 양명이 본체가 실리, 실심, 실사라고 한 말과 일치시켰다.108)

한말의 독립운동가요 사상가였던 백암 박은식(白巖 朴殷植: 1859~1925)은 최남선(崔南善)이 말하듯이, 조선의 유학을 왕양명으로 일 신하려 했던 한말의 대표적인 양명학자였는데, 다산 정약용(茶山 丁若鏞) 의 제자인 신기영(申耆永), 정관섭(丁觀燮)을 통해 다산실학을 접하였으 며 실사구시(實事求是)의 학풍에 심취하였다.109)

이렇게 볼 때, 무실(務實)사상은 조선 양명학의 흐름에도 분명 영향을 미쳤음을 알 수 있다. 양명학의 지행합일(知行合一), 입성(立誠), 성의(誠意) 의 성(誠)사상과 무실(務實)사상이 자연스럽게 교감되었음을 알 수 있다.

---

105) 이용규 편저,《강화학파 학인들의 발자취》, 수서원, 2007, 217쪽.
106) 이용규 편저,《강화학파 학인들의 발자취》, 수서원, 2007, 166쪽.
107) 이용규 편저,《강화학파 학인들의 발자취》, 수서원, 2007, 179쪽.
108) 이용규 편저,《강화학파 학인들의 발자취》, 수서원, 2007, 137쪽.
109) 이용규 편저,《강화학파 학인들의 발자취》, 수서원, 2007, 432쪽.

5. 조선유학사에서 무실학풍의 전승(傳承)

이러한 율곡, 우계의 무실(務實)사상은 17세기 조선유학의 다기화(多岐化) 현상과 맞물려 다양하게 전개되고 있다. 율곡학파에서는 사계 김장생(沙溪 金長生), 신독재 김집(愼獨齋 金集)을 통해 예학적 무실(務實)로 계승되고 있으며, 우계학파에서는 노서 윤선거(魯西 尹宣擧), 명재 윤증(明齋 尹拯)을 통해 무실학풍이 심화되어 강조되어 왔다. 특히 윤증은 멀리 성혼과 부친 윤선거의 무실학풍을 계승하는 동시에 율곡의 무실학풍을 적극적으로 계승하였다. 우암 송시열(尤庵 宋時烈)을 비롯한 율곡 직계가 영남 퇴계학파의 도전에 대한 성리의 이론무장에 많은 시간과 노력을 보낸 데 비해, 우계학파는 우계, 율곡의 무실학풍을 충실히 계승하여 자파의 정체성으로 삼고 있는 것이다.

그러나 우계학파의 무실학풍은 실심실학풍(實心實學風)으로 수기론적 측면이 매우 강하다. 율곡의 무실학풍은 주체적인 실심이나 실덕 그리고 실천이 정치, 사회적 측면에 활용되어 민생이나 부국강병에까지 나아간다면, 우계학파나 양명학파의 무실론은 인간 주체의 진실성 확보나 실덕의 함양에 머무른다는 한계를 갖는다. 즉 율곡의 무실론은 내실(內實)과 외실(外實)을 모두 갖춘 것이라면, 우계학파나 양명학파의 무실론은 내실에 머무르는 한계를 갖는다 하겠다.

이러한 우계학파의 수기적 무실학풍에 대해 보다 적극적으로 무실학풍을 현실에 접목한 것은 조선 후기의 실학파라고 할 수 있다. 그것은 실학파의 공통적 특성이 실심, 실천, 실용에 있음은 물론이거니와, 유형원, 이익 등 실학파에 미친 율곡의 영향은 매우 크기 때문이다. 비록 실학파들이 직접적으로 율곡이나 우계의 무실을 인용하거나 원용한 것은 아니지만, 이미 그들의 실학정신은 율곡, 우계의 무실학풍의 연장이요 계승인 것이며, 유형원의《반계수록(磻溪隨錄)》만 하더라도 율곡의 수많은 개혁책과 상소문이 중요한 자료로 활용된 데서 알 수 있는 것이다.

또한 이들의 무실학풍은 조선 양명학과도 교감하고 소통된 흔적을 찾을 수 있다. 양명학 자체가 성리학의 지나친 관념성과 사변성을 비판하고 실천과 실용을 강조한 측면에서 이미 무실학풍과 이념적 동질성을 갖고 있었다고 볼 수 있다. 특히 양명학의 지행합일(知行合一) 사상과 입성(立誠), 성의(誠意)의 성(誠) 사상은 무실학풍과 그 정신을 함께하는 것이라는 점에서 상호 소통의 가능성이 이미 열려 있었다. 이런 흔적은 조선 양명학의 태두(泰斗)로 일컬어지는 하곡 정제두(霞谷 鄭齊斗: 1649~1736)를 비롯하여 양득중(梁得中), 이광사(李匡師), 신대우(申大羽), 이영익(李令翊), 이건창(李建昌), 박은식(朴殷植) 등 강화학파(江華學派)에 흐르는 공통된 정서라는 점에서 무실사상과 양명학파의 깊은 관련성을 이해할 수 있다. 다만 양명학파의 무실사상은 제도개혁이나 부국강병과 같은 적극적인 실학의 실현이기보다는, 인간 주체의 실심 확보 내지 진실한 도덕 주체의 확립이라는 내면적 실학의 진작이라는 성격이 강하게 드러나 보인다.

또한 무실학풍은 한말 개화사상과도 접목되었는데, 그 대표적인 경우가 도산 안창호(島山 安昌浩: 1878~1938)라고 할 수 있다. 안창호는 민족의 독립과 번영의 근본을 힘에서 찾고, 그 힘의 원천을 무실역행(務實力行)에서 찾았다. 안창호가 일제 강점기 절망의 시대에 힘의 원천을 무실역행에서 찾았다는 것은 매우 주목해야 할 일이다. 안창호의 무실역행은 일면 도덕적 진실, 참의 추구인 동시에 실용, 실천의 추구였다. 이렇게 볼 때, 무실사상은 여말 선초에 발아되어 16세기 율곡, 우계에 의해 심화되고 체계화되었다고 볼 수 있다.

그런데 17세기 이후 시대의 변화에 따라 사상적 추이도 다기화(多岐

化)되는데, 무실사상이 그 다기화의 중요한 매개가 되었다고 볼 수 있다. 왜냐하면 17세기 조선유학의 다기화는 무력(無力), 부실(不實), 공리공담(空理空談), 허명(虛名)에 대한 반성에서 출발하였기 때문이다. 즉 실학, 양명학, 예학이 모두 당시 성리학시대의 모순과 문제를 인식하고 이를 극복해야 한다는 필요에서 출발한 것이기 때문이다.

한말, 일제 강점기에 있어서도 폭력적, 혁명적 독립운동이 필요했고 또 의미 있는 것이었지만, 무실에 기반한 실력양성론 내지 개화개방론은 기초주의, 근본주의에 입각한 대안이었다는 점에서 그 의미를 다시 재평가해야 할 것이다.

이상의 논의를 통해 무실사상은 조선조 유학사상사에 있어서 여러 측면에서 영향을 미쳐왔음을 알 수 있다. 성리학, 예학, 실학, 양명학, 개화사상 등 다양한 갈래의 유학전개에 공통적으로 무실사상이 적용될 수 있었다는 것은, 무실사상이 유학의 본질적 속성을 담지(擔持)하고 있음에 기인하는 것이다. 즉 선진유가의 성(誠)을 매개로 실리(實理), 실심(實心), 실덕(實德), 실천(實踐), 실공(實功), 실리(實利), 실용(實用), 실효(實效)의 구체적인 가치와 덕목으로 전개된 실학이라는 점에서 다양한 유학의 흐름 속에서도 보편의 지평을 담지한 것이라 생각된다. 그리고 이 무실사상은 인간주체는 물론, 대 사회적, 정치적, 경제적 영역에서도 두루 통용된다는 점에서 내외, 표리를 일관한다 하겠다.

제3장 | 율곡 이이와 다산 정약용의
우환의식과 경륜

1. 시작하는 말

유학의 이념은 수기치인(修己治人), 내성외왕(內聖外王)을 기본으로 한다. 그것은 유학이 내면적인 자기수양에만 머물러서는 안 되고, 가정과 사회와 국가 그리고 인류세계에 대한 무거운 책임감을 가져야 한다는 것을 의미한다. 이 점이 유가가 불가, 도가와 구별되는 점이기도 하다.[1] 따라서 유학은 자신이 살고 있는 시대에 대해 우환의식을 가져야 하고, 나라와 민생에 대한 무거운 책임의식을 수반하는 것이다. 이런 점에서 유학에서의 진유(眞儒)란 경세를 반드시 겸비해야 하며, 경세적 사명과 책무를 망각한 유학자는 진정한 의미에서 참된 유학자로 평가받지 못한다.

조선조 전반을 통틀어 경세적 사명과 경세적 경륜을 투철하게 지녔던 이는 그리 많지 않다. 조선건국을 디자인하고 유교 입국을 기획한 이가 삼봉 정도전(三峰 鄭道傳: 1337~1398)이다. 방촌 황희(厖村 黃喜: 1363~1492)는 유학자는 아니지만 세종시대 영의정을 18년이나 하면서 세종시대의 유교국가 실현에 주역이 된 대표적인 경세가이다. 율곡 이이(栗谷 李珥: 1536~1584)는 16세기 성리학의 전성기에 조선의 개혁과 유교경세론에 앞장섰던 실천적인 유학자였다. 또한 반계 유형원(磻溪 柳馨

---

1) 물론 불가도 '上求菩提 下化衆生'을 말하여 내면적인 자기수양과 사회적 실현을 말하지만, 세속의 가치를 인정하고 세속의 문제에 대한 태도에 있어서는 유가에 비해 훨씬 소극적이다.

遠: 1622~1673)은 평생 재야에 있으면서 조선의 전면적인 개혁의 이론을
《반계수록(磻溪隨錄)》으로 제시하였으며, 다산 정약용(茶山 丁若鏞:
1762~1836)은 18년의 유배생활에도 불구하고《목민심서(牧民心書)》,《경
세유표(經世遺表)》,《흠흠신서(欽欽新書)》등 많은 경세 저술을 통해 부국
강병과 실학을 길을 안내한 대표적인 실학자였다.

본고는 이 가운데 율곡과 다산의 경세론을 비교해 보고 그 의의를 검
토해 보는 데 목적이 있다. 물론 율곡과 다산은 시대적으로 226년의 간
극이 있고, 그들이 살았던 시대적 환경도 다르다. 이런 점을 고려하면서
양자의 경세론을 비교 검토해 보고자 한다.

2. 율곡의 경세론

1) 율곡의 우환의식

율곡의 우국애민(憂國愛民)은 그의 소차문(疏箚文)에 잘 나타나 있다.
그는 당시 16세기 조선조의 현실을 예리하게 진단하였다. 북쪽 중국대륙
은 명나라가 쇠퇴하고 금이 새로운 강자로 등장하고, 바다 건너 일본은
오랜 동안의 각축이 끝나고 풍신수길(豊臣秀吉)에 의해 통일되는 주변정
세를 읽고 있었다. 또 내부적으로는 당쟁이 싹트고, 태평성대인양 착각
하는 지도층의 무사안일과 인순고식(因循姑息), 사화의 여독이 아직도
남아 있고, 연산시대의 제도적 모순이 상존해 있으며, 각 분야에 만연해
있는 무실(無實)풍조를 심각히 우려하고 있었다.[2] 그는 16세기 후반을
'흙이 무너져 내리는 형세'라 하기도 하고, '쌓아 놓은 계란이 무너지는

---

2) 율곡은 많은 疏箚에서 당시 조선사회와 정치현실의 無實현상을 지적하고 있지만, 특히〈萬
言封事〉에서 臣隣無任事之實, 招賢無收用之實, 上下無間之實, 經筵無成就之實, 遇災無應
天之實, 群策無救民之實, 人心無向善之實 등 無實현상을 지적하고 있다.

형국'이라 표현하기도 했다. 그의 이러한 현실인식은 임금에게 올린 상소문 속에 잘 나타나 있고, 상소문마다 말미에는 '이대로 가다가는 10년도 못가서 나라가 망한다'는 예언 아닌 예언을 하고 있다. 그리고 자신의 말이 임금을 기망(欺罔)했다면 처벌해 달라고 말한다. 그는 또 당시 조선의 현실을 200년 묵은 집에 비유하고, 동쪽을 고치면 서쪽이 무너지고 서쪽을 고치면 동쪽이 무너져 유명한 목수라도 손댈 바를 모른다고 하였다. 삼척동자 어린아이 눈에도 나라가 망할 것이 훤히 보이는데, 백성의 부모라는 임금이 어찌 팔짱만 끼고 앉아 나라 망하는 것을 구경만 하고 있느냐고 하면서, 나라가 망할 것을 생각하면 밤중에 자다가도 벌떡 일어나게 된다고 술회하였다.3) 여기에 율곡의 우국충정이 잘 나타나 있다. 그리하여 그는 "백성이 하늘 삼을 바 먹을 것을 잃고 나라가 의지할 바가 없으니, 생재활민(生財活民)이 오늘날 가장 시급히 힘써야 할 일이라" 하였다.4)

율곡에게 있어 중요한 가치는 '나라와 백성'이다. 당시 백성들을 가장 괴롭힌 것은 조세제도 내지 의무제도의 난맥상이었다. 공물(貢物), 방납(防納)의 폐해, 진상(進上)의 폐해, 군역(軍役), 선상(選上)의 폐해가 백성들을 괴롭혔다. 율곡에 의하면 한 도의 가난한 백성들이 산으로 사냥을 하러 가고 물로 물고기를 잡아도 매일 먹고 살기에 부족하고, 밭은 갈지 못해 황폐해지고, 지붕이 무너져도 고치지를 못하며, 곤경에 빠져 흘러 다니며 일정한 거처를 가질 수 없다. 만약 그 고장에서 나는 물건이 아니면 추렴을 모아 멀리 다른 지방에까지 가서 물건을 사오게 되니, 노력과 비용은 열 배나 든다. 심지어 아장(牙獐), 보장(甫獐) 같은 봉물(封物)은

---

3) 《栗谷全書》, 卷5, 〈萬言封事〉 참조.

4) 《栗谷全書》, 卷7, 〈司諫院乞變通弊法箚〉, "臣等竊念 民失所天 國無所依 則生財活民 最爲當今之急務."

노루를 수백 마리 잡는다 해도 아장, 보장이 아니면 그만 잡을 수 없어 그 고통은 특히 심하다.5)

또한 물품의 생산은 때에 따라 변하고, 백성들의 재물과 토지에 대한 세금도 때에 따라 늘었다 줄었다 하는 것인데, 공물을 나누어 정해 놓은 것이 바로 국초의 일이었고, 연산군 때에는 다만 거기에 더 늘여 정해 놓았을 뿐이니, 역시 적당한 분량을 계산하여 변통(變通)해 놓은 것은 아니었다. 지금에 와서는 여러 고을에서 바치는 공물이 그곳 생산품이 아닌 것이 대부분이어서, 나무에 올라가 물고기를 잡으려 하거나 배를 타고 나가서 짐승을 잡으려 하는 일과 같게 되었으니, 다른 고을에서 사들이거나 또는 서울에 와서 사다 바치지 않을 수 없게 되었다. 따라서 백성들의 비용은 백 배로 늘었지만 공용(公用)에는 여유가 없게 되었고, 그 위에 백성들의 호수(戶數)는 점점 줄어들고 들판은 갈수록 황폐해져, 지난해 백 명이 바치던 분량을 작년에는 열 명에게 책임 지워 바치도록 하고, 작년에 열 명이 바치던 분량을 금년에는 한 사람에게 책임 지워 바치도록 해야 하게 되었다. 이대로 간다면 반드시 한 사람마저도 없어지게 된 연후라야 끝이 날 형편이라 하였다.6)

율곡은 기회가 되면 임금에게 할 말을 다하고자 했고, 그는 시국의 진단과 함께 반드시 합리적인 대안을 제시하였다. 율곡의 훌륭한 점은 그가 임금을 비판한다거나 현실에 대한 개탄만 것이 아니라 합리적인 처방전을 내놓고 있다는 점이다. 그것이 현실정치에 반영되었느냐 하는 것은 별개의 문제다. 율곡의 경세론과 개혁론이 비현실적이거나 이상론이 아니라 매우 현실적 대안이었다는 것은 성호 이익(星湖 李瀷)의 말을 통해

---

5) 《栗谷全書》, 卷5, 〈陳海西民弊疏〉.
6) 《栗谷全書》, 卷5, 〈萬言封事〉.

서도 입증된다. 7)

율곡의 48년이라는 짧은 생애에 비하면 그의 현실적 관심과 나라와 백성에 대한 근심걱정은 참으로 철저했다고 볼 수 있다. 1584년 1월 14일 별세하기 이틀 전 전방 근무의 명을 받고 서익(徐益)이 율곡을 찾아 인사를 하자, 베개에 의지해 6조의 방략(方略)을 구술하고 대신 이를 받아썼으니, 이것이 갑신절필(甲申絶筆)로 〈육조방략여어사익(六條方略與御史益)〉이라는 글이다. 그는 세상을 마칠 때까지 우국애민의 충정을 놓지 않았다.

2) 나라와 백성을 위한 개혁

율곡은 〈만언봉사(萬言封事)〉 서두에서 "정치를 하는 데는 때를 아는 것이 귀하고, 일을 하는 데는 실(實)을 힘쓰는 것이 중요하다(政貴知時 事要務實)"고 하였다. 지도자는 상황을 정확히 알고 이에 맞게 대처하는 능력이 필요하다. 율곡에 의하면 역사적 관점에서의 시대인식은 창업기(創業期), 수성기(守成期), 경장기(更張期)로 나눌 수 있는데, 율곡은 당시 현실을 '경장기'로 규정하고 개혁의 필요성을 강조하였다.8) 경장기란 개혁의 시기를 말한다. 개혁을 통해 모순을 바로 잡고 제도를 일신하면 나라가 새롭게 일어설 수 있다는 것이다. 따라서 지금이 어떤 역사적 상황이냐 하는 지도자의 통찰은 매우 중요하다.

율곡은 위란(危亂)을 미리 알고 대비하는 자를 상지(上智)라 하고, 위란을 보고서야 대비하는 자를 중지(中智)라 하고, 위란을 보고서도 대비

---

7) 星湖 李瀷은 "근세에 이율곡은 更張을 많이 주장했으나 당시의 논의자들은 옳지 않은 것으로 여겼다. 지금 생각하면 명쾌 절실한 것으로 대부분이 시행할 만한 것이었다"고 말하였다.(《星湖集》, 卷30, 〈論更張〉)

8) 《栗谷全書》, 卷25, 〈聖學輯要〉, 7, 識時務.

하지 못하는 자를 하지(下智)라 하였다.9) 율곡은 선조가 적어도 하지는 면하기를 바랐다. 마찬가지로 한나라의 임금은 그 나라가 처한 현실적 상황을 적의하게 헤아릴 줄 알아야 한다.

왜 개혁을 해야 하는가? 그것은 다름 아닌 무실(無實)현상 때문이었다. 율곡의 진단에 의하면 임금과 신하의 상호 신뢰가 부족하고, 임금이 훌륭한 인재를 발탁해 쓰는 성의 있는 노력도 부족하다. 또 고위 관료로부터 말단 목민관에 이르기까지 저마다 맡은 직무에 충실하지 못하다. 청탁, 문벌, 학연에 의해 인사가 행해져 공정한 인사가 이루어지지 못하고, 훌륭한 인재가 선발되지 못한다. 또한 각종 조세제도가 비현실적이고 불합리하여 민원이 극에 달해 민심이반을 초래하고 있다. 공물제도, 군역, 선상, 진상 등 백성의 의무제도에 모순이 많고 비리와 부정이 심각하다.10) 율곡은 이러한 조선조 사회 전반의 질곡(桎梏)에 대해 개혁의 새바람을 불어넣어야 한다고 보았다.

율곡에 의하면 모든 법제란 오래되면 폐단이 생기고, 그 폐단으로 인한 해가 백성에게 돌아가기 때문에 개혁을 하지 않을 수 없다.11) 백성의 고통과 아픔을 해결하기 위해서는 모순된 법제를 고치지 않을 수 없다. 율곡의 개혁 논리는 근본적으로 백성의 아픔을 제거하여 백성의 편리와 이익을 도모함에 있다. 마찬가지로 아무리 훌륭한 법이나 성왕이 만든 법이라 하더라도 때가 바뀌면 법도 바뀌어야 한다. 더구나 연산시대의 악법이야 말할 것도 없이 조속히 고쳐야 한다는 것이다.12)

그럼에도 불구하고 개혁이 성공적으로 이루어지지 않는 이유는 무엇

---

9) 《栗谷全書》, 卷7, 〈陳時弊疏〉.

10) 《栗谷全書》, 卷5, 〈萬言封事〉 참조.

11) 《栗谷全書》, 같은 글, "法久弊生 害歸於民 設策矯弊 所以利民也."

12) 《栗谷全書》, 같은 글 참조.

인가? 율곡에 의하면 임금 자신이 의지가 부족하고 우유부단하기 때문이다. 선조는 세상의 일에 유의하지 않는 것이 아니며, 백성들의 병고에 대해서도 동정하지 않는 것이 아니다. 그러나 지금에 이르기까지 정치의 한 가지 폐단도 개혁하지 못하고 백성들의 한 가지 고통도 해결하지 못하는 것은, 종전의 규범만을 고수하며 변통할 생각을 하지 않기 때문이다.13)

또한 일부 보수적 지도층의 개혁신중론 때문이다. 즉 성왕이 제정한 법이니 가볍게 고칠 수 없다든가, 조종(祖宗)의 법을 어떻게 함부로 고칠 수 있느냐는 신중론이다.14) 또 다른 이유는 개혁에 따른 후유증 내지 두려움이 있기 때문이다. 급진적인 개혁으로 인해 혹 소요사태가 일어날까를 근심하여 변통과 개혁을 주저하는 것이다.

율곡은 '경장을 좋아하는 사람'이란 비웃음을 받을 만큼 개혁을 강조하였다. 이에 대해 율곡의 대답은 "내가 경장을 좋아하는 것이 아니라 백성의 고통과 아픔을 구제하기 위함"이라 하였다.15) 율곡이 경장 즉 개혁을 주장하는 이유가 어디에 있는가? 그것은 한마디로 잘못된 법, 불합리한 제도로 인해 겪는 민생의 아픔, 백성의 불편과 고통을 해결해 주고, 이를 통해 백성들의 삶에 활력을 불어넣고 숨통을 트이게 하여 그들에게 기초적 생존권을 보장하기 위함이었다.

율곡은 개혁에 대해 몇 가지 원칙이 있었다. 먼저 개혁의 주체가 깨끗해야 성공할 수 있다는 점이다. 자신이 개혁의 대상이 되고서는 개혁이 성공할 수 없다. 그는 개혁의 주체인 임금 자신이 도덕적으로 모범을 보이고, 백성의 존경과 신뢰를 받아야 한다고 보았다. 이를 위해 율곡은 임

---

13)《栗谷全書》, 卷6, 〈應旨論事疏〉 참조.
14)《栗谷全書》, 卷5, 〈萬言封事〉 참조.
15)《栗谷全書》, 卷5, 〈行狀〉, "臣非好更張 欲救民瘼也."

금에게 성학(聖學)에 정진하고 수기에 진력하여 군덕(君德)을 성취할 것을 간곡히 권면(勸勉)하였다.16)

또한 개혁은 점진적으로 해야 한다. 그는 15세기 지치(至治) 왕도(王道)의 이상을 실현하고자 개혁에 앞장섰던 정암 조광조(靜庵 趙光祖)의 급격한 개혁의 실패를 교훈삼아 점진적으로 해야 한다 하였다. 따라서 개혁에서의 속도 조절을 강조하였다. 즉 개혁은 너무 느슨해도 안 되고 너무 급격히 추진해도 부작용이 생겨 실패할 수 있다는 것이다. 급히 서두르고 점진적으로 하지 않으면 인심이 요동하고 도리어 화란(禍亂)의 빌미를 이끌어내고, 느슨히 하여 시기를 놓치면 태만하고 인순(因循)하여 앉아서 패망을 기다리니, 개혁하고 진작하는 기회는 다만 임금이 하는 바의 일을 잘 미루어 생각하여 완급(緩急)이 중도(中道)에 맞게 하는 데 달려 있다고 한다.17) 다시 말하면 지나치게 조급한 개혁은 인심의 동요나 보수층에게 역습의 빌미를 제공할 수 있고, 또 반대로 지나치게 느슨한 개혁은 시기를 놓쳐 실패하게 되므로 완급이 중도에 맞아야 하는 것이다. 이러한 율곡의 점진주의적 방법론은 개혁의 안전판의 역할을 했다.18)

또한 율곡은 성공적인 개혁을 위해 언로를 개방하여 조정의 신하로부터 만백성에 이르기까지 개혁에 대한 아이디어를 널리 수집하여 개혁정책에 반영해야 한다 하였다.19) 이는 결국 치자 중심의 일방적 개혁이 아니라 민의에 기초한 민주적 개혁이라는 점에서 매우 중요한 의미가 있다. 이러한 율곡의 개혁론은 21세기 개혁의 시대를 맞은 우리에게도 하

---

16) 《栗谷全書》, 卷5, 〈萬言封事〉.

17) 《栗谷全書》, 卷7, 〈司諫院請進德修政箚(辛巳)〉 참조.

18) 박종홍, 〈이율곡의 경장점진주의〉, 《한국사상사논고(유학편)》, 서문당, 1977, 210쪽.

19) 《栗谷全書》, 卷3, 〈諫院陳時事疏〉, "伏望殿下特頒求言之敎 大開不諱之門 上自朝臣 下至氓俗 內自京邑 外至遐裔 皆令各陳時弊 務盡其情 …"

나의 교훈이 되고 있다.

3) 양민(養民)과 교민(敎民)의 경세론

유학은 궁극적으로 대동(大同)의 세계를 지향하고 정치적으로는 왕도(王道)를 지향한다. 대동과 왕도의 이상향은 의리(義理)와 실리(實利), 윤리와 경제가 잘 어우러진 사회요 세상이다.[20] 유학을 지나치게 엄숙한 도덕주의로만 보는 것은 유학에 대한 오해요 편견이다.

율곡도 유학 본래의 정신에 따라 대동세계, 왕도정치의 내용을 양민(養民)과 교민(敎民)으로 삼는다. 양민이란 백성을 먹여 살리는 경제의 문제라면, 교민이란 백성을 지적, 윤리적으로 제고하는 교화, 교육기능을 말한다.

율곡은 〈성학집요(聖學輯要)〉에서 '안민(安民)'과 '명교(明敎)'를 말하고 있고, 〈동호문답(東湖問答)〉에서는 '안민지술(安民之術)'과 '교인지술(敎人之術)'을 함께 말하고 있으며, 〈육조계(六條啓)〉에서 국방대책을 말하면서도 '양군민(養軍民)', '족재용(足財用)'과 함께 '명교화(明敎化)'를 함께 일컫고 있다. 여기에서 안민, 양군민, 족재용은 경제의 문제로서 양민을 말한다면, 명교, 교인, 명교화는 윤리의 문제로서 교민을 말한다. 그는 또 《성학집요》에서도 《예기》를 인용해 '대동(大同)'으로 결론을 맺으면서, 그 대동의 내용을 '물질적 풍요'와 '윤리적 교화'를 통해 모두가 평등하고 인간다움을 누리는 이상세계로 설명하고 있다.[21]

이와 같이 율곡의 경세론은 유학 본래의 왕도이념을 계승하여 양민과

---

20) 맹자는 王道之始로서 민생의 안정을 말하고, 王道之終으로서 윤리적 교화를 말한 바 있으며,(《孟子》, 梁惠王 上)《禮記》《禮運篇》에서는 大同을 경제적 풍요로움과 윤리적 교화를 통한 절대 평등의 사회, 누구나 소외되지 않고 인간다움을 누리는 이상세계로 묘사하고 있다.

21)《栗谷全書》, 卷26, 〈聖學輯要〉, 8 참조.

교민을 양익으로 삼고 있다. 이에 관해 구체적인 검토를 해보기로 하자.

왜 율곡은 양민의 문제 즉 경제가 정치의 출발점이라고 생각하는가? 율곡에 의하면 "백성은 먹을 것에 의존하고 나라는 백성에 의존하므로, 먹을 것이 없으면 백성이 없고 백성이 없으면 나라가 없는 것이 필연의 이치이다"[22]라고 말한다. 이는 한 나라의 근본이 백성에 있고, 그 백성의 근본이 경제에 있음을 말한 것이다. 따라서 백성들이 살 곳을 잃고 기한(飢寒)이 몸에 절실하면 예의를 돌아볼 겨를이 없다고 하였다.[23] 이는 맹자의 말대로 일반 백성들이란 "항산(恒産)이 없으면 항심(恒心)이 없고, 항산이 있으면 항심이 있다"는 인간의 원초적인 이해에 근거한 것이다. 그래서 율곡은 백성을 기르는 양민을 우선으로 하고, 백성을 가르치는 교민을 뒤에 하는 것이 순서라고 하였다.[24] 민생의 초췌함이 오늘보다 더 심한 때가 없으니, 급히 폐해(弊害)를 구하고 급박한 사정을 풀어준 뒤에 향약(鄕約)을 시행할 수 있다고 하였다.[25] 이처럼 백성들의 윤리적 교화는 먼저 민생의 기초가 해결될 때 가능하다는 것이다.

또 〈동호문답(東湖問答)〉에서는 백성을 기른 연후에 교화를 베풀 수 있는데, 교화를 하는 방법은 학교보다 먼저 할 것이 없다고 하였다.[26] 마찬가지로 〈성학집요(聖學輯要)〉에서도 먼저 백성을 부하게 해놓고 뒤에 가르치는 것이 이세(理勢)의 당연함이기 때문에, 안민(安民)의 뒤에 명교(明敎)로서 끝맺게 차서(次序)를 정했다고 하였다.[27] 이처럼 율곡

22) 《栗谷全書》, 卷4, 〈擬陳時弊疏〉, "伏以民依於食 國依於民 無食則無民 無民則無國 此必然 之理也."
23) 《栗谷全書》, 卷5, 〈玉堂陳戒箚〉, "百姓失所 故飢寒切身 不顧禮義."
24) 《栗谷全書》, 卷29, 〈經筵日記〉2, "養民爲先 敎民爲後 …"
25) 《栗谷全書》, 같은 곳.
26) 《栗谷全書》, 卷15, 〈東湖問答〉, "養民然後可施敎化 設敎之術莫先於學校."
27) 《栗谷全書》, 卷25, 〈聖學輯要〉, 7, "先富後敎 理勢之當然 故安民之後 終之以明敎."

은 도처에서 '선부후교(先富後敎)'를 경세의 기본 원칙으로 말하고 있는데, 이는 오늘날 현대정치가 경제를 우선으로 삼는 것과 다르지 않다.

그러나 경제문제가 해결되었다고 정치가 온전한 것은 결코 아니다. 인간은 다른 동물과 같이 생물적 본능만으로 살아갈 수 없다. 인간은 도덕적 가치를 의식하고 그것을 추구하며 살아가는 존재이기 때문이다. 따라서 경제문제, 민생의 문제가 경세의 출발점이지만 이것만으로는 반쪽에 불과하다. 진정한 경세는 경제와 윤리, 실리(實利)와 의리(義理)를 겸비해야 한다.

《대학》에서는 "덕을 근본이고 재물은 말단이라"하였는데,[28] 이 또한 경제와 윤리의 겸비를 함축한 말이다. 덕이 근본이고 재물이 말단이라 하여 경제가 필요 없다는 말은 아니다. 다만 무엇이 더 근본이냐 할 때에는 경제적 가치보다 윤리적 가치가 더 소중하다는 유학의 입장을 언표한 것이다. 율곡은 《성학집요》에서 "교양생민(敎養生民)이 곧 왕도"[29]라 하였다. '백성을 가르치는 것(敎民)'과 '백성을 기르는 것(養民)'이 곧 왕도라는 말이다. 백성을 가르치는 것은 윤리도덕의 문제요, 백성을 기르는 것은 경제의 문제다. 궁극적으로 왕도정치, 유가의 경세란 이 두 가지를 벗어나지 않는다. 백성들로 하여금 의식주에 부족함이 없고 경제적으로 윤택하게 잘 사는 동시에, 저마다 도덕이성에 의해 공동체를 영위하고 수준 높은 윤리사회를 실현하는 것이 대동의 세계요 왕도정치라 할 수 있다.

4) 국시론(國是論)과 언로개방(言路開放)

국시론과 언로개방사상을 통해 그의 민주의식을 엿볼 수 있다. 그는 1579년 〈사대사간겸진세척동서소(辭大司諫兼陳洗滌東西疏)〉에서 국시

---

28)《大學》, 傳 10章, "德者 本也 財者 末也."
29)《栗谷全書》, 卷25, 〈聖學輯要〉, 7, "夫躬行仁義者 天德也 敎養生民者 王道也."

(國是)의 정립은 더욱이 구설(口舌)로서 다툴 수 없는 것이라 하고, 인심이 한 가지로 그러한 바를 공론(公論)이라 하고, 공론의 소재를 국시라고 하였다. 국시란 한 나라 사람들이 꾀하지 아니하고서도 한 가지로 옳다고 하는 것이니, 이익으로 유혹하지 않고 위협으로 두렵게 하지 않는데도 삼척동자 또한 그 옳음을 아는 것이니, 이것이 곧 국시라고 하였다.30) 이렇게 볼 때, 국가의 최고이념인 국시의 정립은 공론에 근거하는 것이고, 공론은 국인의 의사 즉 인심의 보편성에 기초하는 것임을 알 수 있다. 결국 국시는 국민의 보편적인 의사와 정당성을 근거로 세워짐을 알 수 있으니, 이는 현대 법 이론에 있어서 주권재민(主權在民)의 원칙과도 상통한다고 볼 수 있다.

또한 공론이 형성되기 위해서는 언로가 개방되어야 한다고 하여 언론 자유의 중요성을 강조하였다.

엎드려 바라건대, 전하께서는 특별히 의견을 구한다는 전교를 내리시고 거리낌 없이 문호를 활짝 여시어, 위로는 조정 신하로부터 아래로는 서민에 이르기까지, 안으로는 서울로부터 밖으로는 먼 곳에 이르기까지 모두 각각 시국의 폐단을 올리게 하십시오.31)

이와 같이 율곡은 임금에게 신분이나 지위에 관계없이 누구나 시국에 대한 견해를 자유롭게 개진할 수 있도록 해야 한다고 주장하였다. 이는 남녀, 신분, 지역, 연령에 관계없이 보편적인 언론자유가 주어져야 한다

---

30) 《栗谷全書》, 卷7, 〈辭大司諫兼陳洗滌東西疏〉, "國是之定 尤不可以口舌爭也 人心之所同 然者謂之公論 公論之所在謂之國是 國是者 一國之人 不謀而同是者也 非誘以利 非怵以威 而三尺童子 亦知其是者 此乃國是也."

31) 《栗谷全書》, 卷3, 〈諫院陳時事疏〉, "伏望殿下特須求言之敎 大開不諱之門 上自朝臣 下至 氓俗 內自京邑 外至下裔 皆令各陳時弊 務盡其情…"

는 의미를 담고 있는 것이다. 율곡은 또 "언로가 열리느냐 막히느냐 하는
것이 국가의 흥망에 관계 된다"[32]고 하여, 언로의 개방이 국가 흥망의
관건임을 말해 주고 있다. 이는 현대 민주주의가 언론자유를 근간으로
하고 있다는 점에서 율곡의 국시론과 언로개방사상이 갖는 현대적 의의
는 매우 크다고 생각된다.

3. 다산의 경세론

1) 생애와 다산학의 체계

정약용(丁若鏞)의 자(字)는 미용(美鏞), 송보(頌甫)이고, 호(號)는 다산
(茶山), 여유당(與猶堂), 사암(俟菴)이다. 그는 경기도 광주군 초부면 마현
리(현 양주군 와부면 능내리 마재)에서 부친 호조좌랑 정재원(丁載遠, 남인
계 時派 집안)과 모친 해남윤씨(海南尹氏, 尹善道의 증손) 사이에서 태어났
다. 정약전(丁若銓), 정약종(丁若鍾)은 형이고 이승훈(李承薰)은 매부이며,
황사영(黃嗣永)은 조카사위이고, 정하상(丁夏祥)은 조카로 다산의 집안은
당대 역사의 중심에 서 있었다.

다산의 생애 전기는 강진으로 유배되기 이전으로, 정조의 총애와 시파
(時派) 보호로 활동했던 시기이며, 후기는 강진 유배시절로 저술, 연구에
매진했던 시기로 볼 수 있다.

다산은 16세 때 성호 이익(星湖 李瀷)의 저술을 읽고 감동을 받았으며,
1784년(23세) 광암 이벽(曠菴 李蘗)에게서 서학을 배우고 김범우의 집에
서 신앙집회를 갖다가 적발되기도 했다. 28세에 과거에 급제하여 관직에
나아갔으나 천주교인이라 하여 공서파(攻西派)의 탄핵을 받고 해미에 유

---

32)《栗谷全書》, 卷3, 〈陳弭災五策箚〉, "言路開塞 興亡所係."

배되었다가 10일 만에 풀려났다. 그는 이승훈을 통해 천주교 서적과 서양문물을 접하게 되었고, 1794년(33세) 경기도 암행어사, 동부승지, 병조참의가 되었으나 주문모(周文謨)사건에 연루되어 좌천되고, 그 후 곡산부사, 형조참의를 지냈으며, 유득공(柳得恭), 박제가(朴齊家) 등과 함께 규장각 편찬사업에 참여하기도 하였다.

1799년(38세) 채제공(蔡濟恭)과 정조의 죽음으로 벽파(僻派)가 득세하면서 서학문제로 탄핵을 받고 사직하였다. 1801년(40세) 신유사옥(辛酉邪獄)으로 다산은 경북 장기로, 형 약전은 강진으로 유배되고, 형 약종은 사형을 당하였다. 이어 황사영백서(黃嗣永帛書)사건으로 다시 다산은 강진으로, 형 약전은 흑산도로 이배되었다. 이후 다산은 강진 초당에서 18년간 유배생활을 하다가 57세에 석방되어 고향에 돌아와 본격적으로 저술활동에 종사하였다. 그는 우리나라 유학자 가운데 가장 방대한 저술을 남긴 인물로 경집류(經集類)가 총 232권, 기타 총 227권의 저술을 남겼다. 특히 경세에 관한 저술로는 《경세유표(經世遺表)》, 《목민심서(牧民心書)》, 《흠흠신서(欽欽新書)》, 《아방비어고(我邦備禦考)》 등이 대표적이다. 그는 종(縱)으로는 반계(磻溪)와 성호(星湖)의 학통을 잇고, 횡(橫)으로는 북학 및 서학을 섭취하여 조선 후기실학을 집대성하는 위치에 있다.

다산은 "육경사서(六經四書)로써 수기(修己)하고, 일표이서(一表二書)로써 천하국가를 다스리니, 본말이 갖추어진 것이다"[33]라고 하였는데, 이는 그의 학문체계를 잘 설명한 말이다. 즉 다산의 학문은 수기학(修己學)으로서의 경전학(經典學)과 경세치인학(經世治人學)으로서의 일표이서(一表二書)로 되어 있는 것이다.

---

33) 《與猶堂全書》, 卷16, 〈自撰墓誌銘〉, "六經四書 以之修己 一表二書 以之爲天下國家 所以備本末也."

2) 민본의식

다산은 먼저 유교 전래의 민본적 입장을 확고히 한다. 이는 민본을 넘어서서 민주(民主)에의 길로 확장된다.

수령이 민(民)을 위해서 있느냐, 민이 수령을 위해서 사느냐? 민은 곡식과 베를 바쳐서 수령을 섬기고, 민은 수레와 말을 바치고 따라가서 수령을 전송하고 맞이하며, 민은 고혈(膏血)과 진수(津髓)를 다하여 수령을 살찌게 하니, 민이 수령을 위해 사느냐? 대답하기를, 결코 그렇지 않다. 수령이 민을 위해 있다.[34]

이와 같이 다산은 수령을 위해 민이 존재하는 게 아니라 민을 위해 수령이 존재하는 것임을 분명히 하였다. 이는 임금이나 그 밑의 중앙관료나 지방관료의 존재이유가 모두 민을 위해 있다는 것을 명백히 한 것이다. 이는 행정의 존재이유가 민에 있음을 천명한 것으로 현대적으로도 매우 중요한 의미가 있다.

3) 하이상(下而上)의 정치

다산은 같은 맥락에서 '아래에서 위로(下而上)'의 정치를 주장한다. 천자란 민중이 추대해서 이루어진 것이다. 대저 민중이 추대하면 이루어지고 또한 민중이 추대하지 않으면 이루어지지 않는다. 그를 잡아끌어 내리는 것도 민중이요 그를 올려 높이는 것도 또한 민중이다. 옛날에는 아래로부터 위이어서 아래로부터 위로 하는 것이 순리였으나 지금은 위에서 아래이어서 아래에서 위로 요구하면 반역이 된다.[35] 다산은 천자 즉

---

34) 《與猶堂全書》, 卷10, 〈原牧〉.
35) 《與猶堂全書》, 卷11, 〈湯論〉, "天子者 衆推之而成者也 夫衆推之而成 亦衆不推之而不成

임금이란 민중이 추대해서 만들어지는 것이라 한다. 민중이 추대하면 이루어지고 민중이 추대하지 않으면 이루어지지 않는다. 따라서 그를 끌어내리는 것도 민중이고 그를 높이 올리는 것도 민중이라 하였다. 당시 임금이란 세습적인 체제였는데 다산이 천자 내지 임금을 민중의 지지와 동의에 의해 이루어지는 것이라 한 것은 매우 혁명적인 것이다. 아울러 임금이 잘못하면 끌어내려야 한다는 역성혁명의 언급도 주목할 만한 발언이다. 그리고 다산은 옛날에는 아래로부터 위이어서 아래로부터 위로 하는 것이 순리였지만, 당시에는 위에서 아래이어서 아래에서 위로 할 것을 요구하면 반역이 되어 처벌받는다 하였다. 여기서 아래에서 위로라는 말은 민의의 수렴과정과 권력 형성의 정상적인 과정을 의미한다. 즉 민중의 요구, 민중의 의사가 반영되는 정치를 말한 것이다. 반대로 위로부터 아래라는 말은 행정이나 정치권력이 위에서 아래로 일방적으로 집행되는 통치 구조를 말한 것이다. 과거 요순시절이나 삼대의 정치는 민의가 반영된 아래로부터 위로의 정치였지만, 다산이 살았던 조선의 현실은 위로부터 아래이어서, 만약 누가 아래로부터 위로의 정치를 주장한다면 반역으로 몰리게 된다고 하였다. 이러한 다산의 정치사상은 근대적 성격을 많이 담고 있는 것으로 매우 중요한 의미가 있다.

4) 평등의식

또한 다산은 당시 조선조 사회의 신분적 차별 질서에 대해 강하게 반발한다. 조선조 사회는 남녀의 차별, 신분의 차별, 지역적 차별 등 이중삼중의 차별이 심각했던 불평등사회였다. 인간은 본래 평등한 존재인데 성에 따라, 신분에 따라, 지역에 따라, 차별대우를 받는 것은 모순이요 죄악

… 其執而下之者衆也 升而尊之者亦衆也 … 古者下而上 下而上者順也 今也上而下 下而上者逆也."

이었다. 다산은 당시 신분상의 차별 타파를 주장하면서 다음과 같이 말한다.

> 만약 나의 소망이 있다면 한 나라로 하여금 통틀어 양반이 되게 하는 것이니, 곧 한 나라를 통틀어 양반이 없게 하는 것이다.[36)

다산은 온 나라가 양반이 되거나 아니면 온 나라가 양반이 없게 하는 것이 자신의 소망이라 하였다. 양반, 상민, 중인, 천민의 신분적 차별이 제거되어야 인간으로서의 존엄이 확보되고, 평등한 인권과 자유를 누릴 수 있다고 본 것이다. 다산은 당시 신분상의 차별이 얼마나 심각한가를 다음과 같이 설명하였다.

> 소민(小民)이라 하여 등용하지 않고, 중인(中人)이라 하여 등용하지 않고, 관서, 관북지방사람이라 하여 등용하지 않고, 해서, 개성, 강화도 사람이라 하여 등용하지 않고, 관동사람과 호남사람의 반을 등용하지 않고, 서얼이라 하여 등용하지 않고, 북인과 남인은 등용하지 않는 것이 아니면서도 등용하지 않음과 같다. 등용될 수 있는 것은 오직 수십 가구의 문벌 좋은 사람들뿐인데, 그 가운데에는 어떠한 사건에 연루되어 등용될 수 없는 사람들이 또한 많다.[37)

이처럼 지역별, 신분상, 남녀별 차별을 하고 나면 온전한 사람은 극소수에 지나지 않는다. 이 속에서 인재를 찾으니 얼마나 불공평한 일인가?

---

36) 《與猶堂全書》, 권14, 〈跋顧亭林生員論〉, "若餘所望則有之 使通一國而爲兩班 卽一國而無兩班矣."
37) 《與猶堂全書》, 卷9, 〈通塞議〉.

다산은 이러한 신분상의 차별을 극복하고 모든 사람이 평등하게 능력에 따라 참여하는 평등사회를 추구하였다.

5) 개혁론

다산은 당시 조선조 사회의 모순된 현실에 대해 예리한 눈으로 직시하였다. 관료들의 부패, 특권층의 전횡 뒤에 생존에 허덕이는 민중의 참상을 고발하였다.

> 걷고 또 걸어서 고을 문에 닿고 보니
> 옹기종기 입만 들고 죽 솥으로 모여든다.
> 개, 돼지도 버리고 돌아보지 않을 음식
> 굶주린 사람 입엔 엿처럼 달구나.
> …
> 관가의 돈 궤짝 남이 볼까 쉬쉬하니
> 우리들 굶게 한 건 이 때문이 아니더냐.
> 관가 마굿간에 살찐 저 말은
> 진실로 우리들의 피와 살이네.38)

다산은 민생에 굶주린 불쌍한 민중들의 모습을 적나라하게 시로써 읊고 있다. 특권층은 부귀영화를 누리지만 민중들은 가난 속에서 절망하는 현실을 고발하고 있다.

> 백성들 이리저리 유랑하다가

---

38) 《與猶堂全書》, 卷2, 〈饑民詩〉.

시궁창 구덩이를 가득 메우네.

아비여, 어미여, 고기 먹고 쌀밥 먹고,

사랑방에 기생 두어 연꽃같이 곱구나.39)

그러면 개혁의 요체는 무엇인가? 다산은 맹자의 말을 인용해 정치란 바르게 하는 것이라 한다.

> 정치라는 것은 바르게 하는 것이다. 우리 백성을 고르게 해 주는 것
> 이다. … 왕도정치가 폐해서 백성들이 곤궁하고, 백성들이 곤궁해지니
> 나라가 가난해진다. 나라가 가난해지니 세금 걷는 것이 번거롭고, 세
> 금 걷는 것이 번거로우니 인심이 떠난다. 인심이 떠나니 천명이 가고,
> 고로 급한 바는 정치에 있다.40)

정치란 바르게 하는 것이며 백성들을 차별 없이 고르게 해 주는 것이라 한다. 왕도정치가 폐하니 백성들이 곤궁하게 되고, 백성들이 곤궁하니 나라가 가난해진다고 한다. 나라가 가난해지니 세금 걷는 것이 번거롭고, 세금 걷는 것이 번거로우니 민심이 떠나게 되는 것이다. 민심이 떠나니 천명도 가게 되니 급한 것은 정치에 있다 하였다. 이처럼 정치를 바르게 하는 것은 개혁의 핵심이었다. 다산은 말하기를, "근래에 와서 세금과 부역이 번잡하고 과중하며 관리들의 약탈이 혹심하여 백성들이 살아나갈 수 없게 되었다. 그래서 모두 다 난리를 일으킬 것을 생각한다"41)

---

39) 《與猶堂全書》, 卷5, 〈豺狼〉.

40) 《與猶堂全書》, 卷10, 〈原牧〉, "政也者 正也 均吾民也 … 王政廢而百姓困 百姓困而國貧
國貧而賦斂煩 賦斂煩而人心離 人心離而天命去 故所急在政也."

41) 丁若鏞, 《牧民心書》.

고 하였다. 과중한 세금에 시달리는 백성들, 관리들의 약탈에 신음하는 백성들에게 애국심은 없다. 오직 잘못된 세상에 대한 원망이며 임금과 나라에 대한 불평이다. 이러한 민심이 모여 반란을 일으키고 혁명을 이루게 되는 것이다.

다산은 말하기를, "조정은 백성의 심장이요 간이며, 백성은 조정의 팔이요 다리이니, 힘줄과 경락의 연결과 혈맥의 유통이 한순간도 막히거나 끊어짐이 있어서는 안 된다"[42]고 하였다. 즉 조정은 백성의 심장이요 간이며 백성은 조정의 팔이요 다리라 하여 조정과 백성, 임금과 백성이 불가분의 유기체임을 강조하였다.

또한 군자의 학문은 본체와 응용이 있음을 귀하게 여기니, 진실로 백성을 다스리고 풍속을 변화시키며 재물을 관리하는 일에 전혀 볼 만한 것이 없다면 역시 헛된 학문일 뿐이라 한다.[43] 이는 다산의 학문관이라 할 수 있으니 본체만 있고 응용이 없거나 응용만 있고 본체는 없어서는 진정한 학문이라 할 수 없다는 것이다. 즉 성리학적 사변에만 머물고 민생이나 부국강병에 소홀한 것이라면 진정한 학문이 아니라는 실학적 입장을 말해 주고 있다. 다산은 당시 부익부 빈익빈(富益富 貧益貧)의 현상을 심각히 우려하고 경제적 불평등에 대해 다음과 같이 언급하였다.

조정의 높은 자리에서 부지런하고 급급하게 부자의 것을 덜어 내어 가난한 자에게 보태 주어 그 살림을 고르게 하는 것을 임무로 하지 않는 자는 임금과 수령이 행하여야 할 도리로서 그 임금을 섬기는 자가 아니다.[44]

42)《與猶堂全書》, 卷19, 〈與金公厚(履載)〉.
43)《與猶堂全書》, 卷19, 〈答李友(泌淵)〉.
44)《與猶堂全書》, 卷11, 〈田論〉.

다산은 임금이나 수령의 본분이 경제적 불평등, 빈부의 격차를 줄이는 데 있다고 보고, 손상익하(損上益下) 즉 위를 덜어서 아래를 보태 주어 빈부의 격차를 줄여나가야 한다고 하였다. 오늘날 현대에서도 빈부의 격차는 사회적, 정치적 큰 이슈가 되고 있다. 국가가 적극적으로 복지정책을 구현함으로써 빈부의 균형을 유지하려고 노력하고 있다. 다산은 빈부격차를 해소하는 것이 임금이나 수령의 본분임을 분명히 한 것이다.

다산은 개혁을 통해 이룩해야 할 경세적 대안을 다양하게 제시하는데 그 가운데 대표적인 것이 토지제도의 개혁이다. 그가 추구한 토지제도는 여전제(閭田制)였다. 다산이 구상한 여전제의 핵심은 첫째, 농민이 농지를 소유하게 하며 협동으로 영농하자는 것이요, 둘째, 30세대 정도를 단위로 한 집단 영농제로써 1려는 30세대 정도를 의미한다. 셋째, 공동출력에 의해 경작하고 수확의 분배는 출력 일수에 따라 결정한다. 넷째, 토지의 사유권은 인정하지 않고 오직 경작권과 이동의 자유만을 인정한다. 다산이 구상한 여전제는 기본적으로 토지의 주인은 농민이어야 한다는 것이고, 30세대를 단위로 한 협동영농을 본질로 하는 것이다. 아울러 1려의 주민들이 공동으로 영농을 도모하여 그 수익도 노동의 양에 따라 분배하는데, 토지의 사유권은 인정하지 않고 오직 경작권과 이동의 자유만을 인정하는 데 특징이 있다. 이는 일종의 토지 국유제를 연상케 하며 오늘날 일부 사회주의 국가의 현실과 흡사한 측면이 있다.

다산은 농업생산의 증대 방안으로 기술도입과 개량을 통한 편농(便農), 행정이 농민을 보호하는 후농(厚農), 농민의 사회적 대우를 높여 주는 상농(上農)[45]을 제시하였다. 물론 다산의 시대는 농업만이 절대시되던 때는 아니어서 상공업의 중요성이 인식되기도 했지만, 역시 농업은

---

45)《與猶堂全書》, 卷9, 〈應旨論農政疏〉.

경제의 근본으로 중시되었다. 여기서 다산은 기술개발의 중요성을 본격적으로 제기한다.

그는 1792년 왕명에 의해 수원성을 설계, 새로운 기중기(起重機)를 도입, 공사기간을 단축하고 노력(勞力)과 자금을 절약하였다. 또한 다산은 말하기를, "사람이 모이면 모일수록 그 기예(技藝)는 정밀해지며, 시대가 지나면 지날수록 그 기예는 교묘해지는 것이니, 이는 사세가 필연적으로 그렇게 만드는 것이다"[46]라고 하여, 기술의 중요성을 강조하였다. 당시 의리학이나 성리적 사변만을 중시하던 풍토에서 기술개발의 필요성과 그 효과에 대해 다산이 역설한 것은 선구적 혜안이 아닐 수 없다. 이러한 관점에서 그는 "농업기술이 정밀해지면 적은 면적의 토지에서도 많은 량의 곡물을 수확할 수 있을 것이며, 노력 사용은 적더라도 소출은 많아질 것이다"[47]라고 하였다. 마찬가지로 백공의 기술이 정밀해지면 주택과 도구에서 성곽, 선박, 차량의 제조에 이르기까지 견고하고 편리하게 될 것이라 하고,[48] 기예야말로 국가를 경륜하는 자가 마땅히 강구해야 할 일이라 하였다.[49] 기술개발이야말로 국가를 경륜하는 자가 마땅히 힘써야 할 일이라는 다산의 주장은 오늘날 21세기에도 절실히 통하는 화두인 것이다. 그는 중국과 우리를 비교하여 기술의 미개함을 다음과 같이 한탄한다.

우리나라의 각종 수공업 기술은 모두 옛날에 배워 온 중국의 방식인데, 수백 년 이래로 끊고 다시는 중국에서 배워 올 계획을 세우지 않았

46) 《與猶堂全書》, 卷11, 〈技藝論〉.
47) 《與猶堂全書》, 卷11, 〈技藝論〉.
48) 《與猶堂全書》, 卷11, 〈技藝論〉.
49) 《與猶堂全書》, 卷11, 〈技藝論〉.

다. 중국에는 새로운 방식과 교묘한 제도가 계속 발달하여 수백 년 전의 중국이 아니다. 우리는 막연하게 서로 묻지도 않고 다만 옛날 방식대로만 하고 있으니, 어찌 이렇게 게으르기만 한가?[50]

다산은 당시 발달된 중국의 선진문물을 외면하고 우물 안의 개구리로 살고 있는 당시 조선의 실상을 고발하고 부지런히 중국의 발전된 기술을 배워야 한다는 이른바 북학론(北學論)을 주장하고 있다. 이러한 북학론의 주장은 다음 글에서도 잘 나타난다.

옛날의 장신(將臣) 이경무(李敬懋)가 일찍이 나에게 말하기를, "지금 병기(兵器)와 화기(火器)가 모두 새로운 것들이니, 일본 조총도 지금에는 구식이다. 이후 남쪽과 북쪽으로부터 외침이 다시 있으면 적이 조총이나 편곤(鞭棍)은 다시 가져오지 않을 것이다. 지금의 급무는 북쪽으로 중국에 가서 배우는 데 있다" 하였는데, 참으로 시무(時務)를 알고 하는 말이었다. 내가 이용감(利用監)이라는 관저를 따로 설치하려는 것은 오로지 북학을 직무로 하기 위해서이다.[51]

다산은 이용감(利用監)이라는 별도의 관청을 두어 선진 문물을 배우고 익히는 데 힘쓰고자 노력하였다. 다산은 기술개발의 편리함과 그 효능에 대해서 다음과 같이 말한다.

농기(農器)가 편리하면 힘을 적게 들여도 곡식은 많고, 직기(織器)가 편리하면 힘을 적게 들여도 포백(布帛)이 풍족하며, 주거(舟車)의 제도

50)《與猶堂全書》, 卷11, 〈技藝論〉.
51)《經世遺表》, 卷2, 〈各官工曹〉.

가 편리하면 힘이 적게 들어도 멀리 떨어진 곳의 물화(物貨)들이 원활
히 유통되어 정체되지 않고, 인중(引重), 기중(起重)하는 법이 편리하면
힘을 적게 들여도 대사(臺榭), 제방(堤防)이 견고해진다.52)

기술개발이 농업뿐만 아니라 옷을 만들고 교통의 발달로 물자 수송이
원활해지며, 축성, 제방공사 등 토목공사에도 편리와 효율을 가져올 수
있다고 하였다. 특히 다산은 수레의 개발과 그 이점에 대해 다음과 같이
강조하였다.

우리나라는 삼면이 바다로 둘러져서 수운(水運)하기에 편리하므로
예로부터 수레가 없었다. 그러나 배는 풍파에 침몰하기도 하여 안전하
게 운반하기 어렵고, 물길이 험할 때는 오래 머물게 되어 비용은 많이
들고 이익이 적다. 따라서 상업이 발달하지 못하고 물화(物貨)도 유통
되지 못한다. 나라가 여위어가고 백성이 가난한 것은 모두 수레가 없
기 때문이다.53)

이것은 다산이 육상교통, 물류의 효율성을 위해 수레의 중요성을 역설
한 것이다. 나라가 가난해지고 백성들이 가난한 것을 물류의 불편 즉 수
레가 없기 때문이라고 보았다. 오늘날 현대사회에서도 경제발전에 도로
나, 항만 그리고 항공 산업의 중요성이 강조되는 것과 마찬가지다.
다산은 북학이 익숙해지면 전궤사(典軌司)라는 관청을 만들어 공사 안
에 사용되는 수레를 모두 이곳에서 만들어 백성들에게 값을 받고 나누어

---

52) 《經世遺表》, 卷2, 〈各官工曹〉.
53) 《經世遺表》, 卷2, 〈各官工曹〉.

주되, 사사로이 만드는 것을 엄금하는 것이 옳다고 하였다.54) 전궤사라는 관청을 두어 수레의 제조를 전담하게 하고 이를 백성들에게 돈을 받고 보급해야 한다 하였다.

다산의 기술 개발론은 병자호란 이후의 선진기술 도입 부진으로 인한 국내 기술의 낙후성을 깊이 인식한 데서 출발하여, 중국 기술과의 차이점을 구체적으로 비교하면서 그 타개책을 북학론에서 구하고 있다. 특히 그는 기술개발에 있어서 이용감, 전함사(戰艦司), 전궤사 같은 관청을 두어 그것이 중앙정부 중심으로 이루어져야 한다는 점을 강조하였다.55)

또한 소금생산을 정부가 독점하는 것은 백성의 이익을 빼앗고 백성의 식생활을 가로막는 일로서 할일이 못 된다 하고, 다만 금, 은, 동, 철은 반드시 관에서 채굴하고 백성에게 허가해서는 안 된다고 하였다.56) 다산은 소금 생산은 정부가 독점하지 말고 민간에 맡기고, 금, 은, 동, 철 같은 광산물은 개인의 사사로운 개발을 금하고 정부가 채굴해야 한다 하였다.

4. 맺는 말 −율곡, 다산 경세론의 현대적 의의−

이상으로 율곡과 다산의 경세론을 검토해 보았다. 율곡과 다산은 분명히 조선조의 역사에서 경세를 대표할 만한 인물임에 틀림없다. 그러나 두 사람은 226년의 시대적 간극이 있어 동일한 지평에서 비교하는 것은 무리다. 다만 율곡이나 다산 모두가 유학자이지만 투철한 우환의식을 갖고 백성과 나라를 노심초사 걱정한 것은 공통점이다. 다시 말하면 개인

---

54)《經世遺表》, 卷2,〈各官工曹〉.
55) 강만길,〈정약용의 상공업정책론〉,《한국의 사상가 10인, 다산 정약용》, 예문서원, 2005, 449쪽.
56)《經世遺表》, 卷11,〈地官修制〉.

의 수기와 심성의 수련을 결코 무시하지 않지만 여기서 더 나아가 민생을 걱정하고 부국강병의 경륜을 제시한 것은 공통점이다. 특히 율곡은 조선조를 대표하는 성리학자였지만 사변적인 성리학에 매몰되지 않고 실용과 실학의 길을 예비했다는 점에서 실학자 다산과 만날 수 있는 것이다.

율곡은 조선후기 실학의 선구로 평가받는다.57) 그는 16세기 후반 자신의 시대를 경장기(更張期)로 규정하고 개혁의 필요성과 개혁의 구체적 대안을 제시하였다. 그는 임금에게 올리는 수많은 상소를 통해 당시대의 모순과 문제점을 예리하게 분석 지적하였고, 또 시대적 과제를 해결하는 대안을 구체적으로 제시하였다. 율곡은 조선이라는 나라의 병을 진단하는 명의였고, 또 이를 처방하는 대안을 제시하였다. 여기에는 행정, 조세, 교육, 언로, 국방, 법률, 치자의 심법, 관료의 책임과 윤리, 백성들의 윤리의식 제고, 신분질서의 타파 등 전반적인 경세론이 제시되어 있다. 율곡은 경세이론가이면서 또한 직접 정치 일선에 참여한 경세가이기도 했다. 그의 경세론 가운데 언로사상, 국시론, 무실론, 국방론, 변법사상, 양민과 교민의 조화론 등은 오늘날 현대적으로도 매우 중요한 의의를 갖는다. 그리고 16세기라는 시대적 한계를 넘어선 혜안이며 선구적인 경륜이다.

다산은 출중한 자질에도 불구하고 서학과 당파에 연루되어 18년 동안이나 유배생활을 하였다. 이렇게 불우한 삶을 살면서도 그는 시대를 원망하지 않고 나라를 미워하지 않고 묵묵히 유자(儒者)의 길을 걸어 온 진유(眞儒)였다. 그는 한편 유가의 경전 전반에 관한 연구를 통해 주자학적 경학의 문제점을 지적하고 자신의 독창적 경학체계를 수립하였다. 아울러 그는 반계(磻溪), 성호(星湖)의 실학을 계승하고 북학파의 실학까지

---

57) 황의동,《율곡사상의 체계적 이해2》, 서광사, 1998, 36~42쪽.

아우르면서 조선실학을 집대성하였다. 다산은 오랜 유배생활 때문에 율곡처럼 직접 행정에 참여하고 중앙 정사에 참여하는 기회가 적었다. 그러나 그는 정치, 경제, 교육, 국방, 형법, 행정, 조세, 군사, 토지, 상공업, 기술개발 등 경세의 전반에 탁월한 이론을 제시하였다. 물론 시대가 율곡보다 훨씬 뒤여서 그렇기도 하지만, 율곡에 비해 다산의 경세론은 더욱 구체적이고 광범하다. 율곡의 민본에서 한 걸음 더 나아가 민주에로의 길을 분명히 하고 있으며, 율곡에서 보이지 않던 기술개발의 문제를 제기한 것은 매우 근대적인 발상이다. 또한 토지제도에 있어서도 사회주의적 색채가 농후한 여전제(閭田制)라는 새로운 제도를 창안한 것은 주목할 만한 일이며, 양반 없는 세상, 천민 없는 세상을 부르짖어 신분질서의 타파를 강조한 것도 율곡보다 적극적이다. 율곡은 상소문을 통해 자신의 시국관과 경세의 이론을 제시했다면, 다산은 《목민심서(牧民心書)》, 《경세유표(經世遺表)》,《흠흠신서(欽欽新書)》등 저술을 통해 체계적인 경세론을 제시하고 있는 점이 비교된다.

유학이 수기치인, 내성외왕(內聖外王)을 본질로 삼는다면, 율곡과 다산이야 말로 내면적인 자기관리와 함께 나라와 민생을 향한 우환의식과 경세제민(經世濟民)의 구체적 대안을 제시하고 있다는 점에서 실천적 유교인의 전형을 보여 준다.

제4장 | 초려 이유태의 역사의식과 무실(務實)

1. 시작하는 말

초려 이유태(草廬 李惟泰: 1607~1684)는 17세기 조선의 대표적인 유학자로서 '충청오현(忠淸五賢)' 또는 '산림오현(山林五賢)'[1]으로 불린다. 그는 율곡의 적전(嫡傳)인 사계 김장생(沙溪 金長生: 1548~1631)과 그의 아들 신독재 김집(愼獨齋 金集: 1574~1656)에게서 배웠다. 같은 문하의 우암 송시열(尤庵 宋時烈: 1607~1689), 동춘당 송준길(同春堂 宋浚吉: 1606~1672), 노서 윤선거(魯西 尹宣擧: 1610~1669), 시남 유계(市南 兪棨: 1607~1664) 등과 학문 교유를 하며 매우 친밀하게 지냈다. 그럼에도 이유태는 다른 사람들에 비해 과소평가받고 있고, 아직도 세상에 널리 알려지지 않은 유학자이다.

이유태는 이미 생장기에 스승 김장생으로부터 큰 기대를 받았으니, 사계는 말하기를, "큰 유학자로다. … 우리의 도(道)를 부탁할 사람이 여기에 있구나"[2]라고 칭찬하였다. 이미 대유(大儒)로서의 자질을 인정받았고, 오도(吾道)의 승계자로서 신임을 받고 있었다.

또한 김장생의 아들 김익희(金益熙: 1610~1656)는 이유태에 대해 평가하기를, "신이 평소에 그의 인품을 아는데, 학문의 수준이 높고 분명하며, 또한 시무(時務)에 통달하여 세상 사람들이 도를 일컬을 때 송시열이나

---

1) 이해준, 〈초려 이유태의 향약과 정훈〉, 《초려 이유태의 삶과 선비정신》, 대전광역시, 2009, 102쪽.
2) 《草廬集》, 〈年譜〉, 卷1, 甲子(18歲), "金先生目送之曰 大儒也 又曰 吾道之托 其在此乎."

송준길보다 높다고 하였다"3)고 하였다. 김익희는 당시 이유태에 대한 세상의 평가를 전하고 있는데, 그의 학문 수준이 높고 분명하며 시무에 통달하여 세상 사람들이 어떤 면에서는 송시열이나 송준길보다 오히려 높게 평가했다고 하였다. 이유태는 성리학, 예학, 역학, 경학에 조예가 깊었지만, 특히 시무에 능했다는 평가를 받는다. 이러한 그의 실학적 안목과 경륜이 1659년 〈기해봉사(己亥封事)〉로 나타난 것이고 무실(務實)사상으로 정리된 것이라 할 수 있다.

이유태는 24세에 별시에 합격했으나 모친의 병환으로 전시(殿試)에 응하지 않았으며, 이후로는 과거에 응하지 않았다. 28세에 김집(金集)의 천거로 희릉참봉에 제수되어 6개월간 재직하였고, 30세에 다시 건원릉 참봉에 제수되어 재직하던 중 1636년 병자호란을 맞아 관직을 버리고 고향 금산으로 돌아왔다. 31세에는 척화(斥和)에 앞장서 영동에 유배되었던 팔송 윤황(八松 尹煌: 1572~1639)을 찾아가 뵈었으며, 이를 계기로 그의 자제들 동토 윤순거(童土 尹舜擧: 1596~1678), 석호 윤문거(石湖 尹文擧: 1606~1672), 노서 윤선거(魯西 尹宣擧) 등과 두루 친하게 지냈다. 32세 때에는 무주 덕유산 아래 산미촌에 은병서재(隱屛書齋)를 짓고 강학으로 일생을 보내고자 했다.

이유태는 병자호란의 치욕을 계기로 출사를 포기하고 여러 관직에 부름을 받았지만 나아가지 않았다. 그러나 1649년 효종이 즉위하면서 청음 김상헌(淸陰 金尙憲: 1570~1652)을 원로로 우대하고, 또 독서지인(讀書之人)으로 김집(金集), 송준길(宋浚吉), 송시열(宋時烈), 권시(權諰: 1604~1672), 이유태 등 오현(五賢)을 부르자 출사를 결심하였다. 효종이 이처럼 산림을 초치한 것은 한편 북벌계획을 위함이었고, 다른 한편으로

---

3) 《草廬集》, 〈年譜〉, 卷1, 丙申(50歲) 3月, "滄洲金公進曰 臣素知其爲人 學問高明 且通時務 世人所稱道者有高於兩宋矣."

는 당시 집권층이었던 김자점(金自點) 일당을 견제하기 위함이었다. 이에 반발한 김자점 일파는 산림의 영수였던 김상헌을 배척했고, 오현의 진출을 어렵게 했다. 이에 격분한 이유태는 〈기축논사소(己丑論事疏)〉를 올려 김자점 일파의 비리를 논척(論斥)했다. 이에 김경여(金慶餘), 송준길(宋浚吉) 등도 적극 동조함으로써 마침내 대사헌 이지항(李之恒) 등 반대세력을 축출했다. 그러나 김자점 일파가 '효종이 산림을 등용하여 북벌을 시도한다'고 청에 밀고함으로써 산림은 위기에 몰리고 이유태는 7년 동안 정거(停擧)에 처해졌다. 1659년(효종 10년) 이유태는 송준길, 송시열, 유계(兪棨), 허적(許積: 1610~1680) 등과 함께 다시 2차 밀지오신(密旨五臣)으로 효종의 부름을 받게 되었다. 그는 효종의 뜻을 받들어 일단 조정에 나아갔으나, 정국의 상황이 여의치 못함을 직시하고 귀향하여 〈기해봉사(己亥封事)〉를 쓰기 시작했다. 그러나 이 해 5월 효종이 급서(急逝)함으로써, 이 〈기해봉사〉는 올리지 못하고 그 이듬해(1660년)에 현종에게 올리게 된 것이다.[4] 현종은 〈기해봉사〉를 읽고 긍정적으로 평가하고 비변사에 넘겨 논의를 지시했으나 제대로 추진되지도 못했고, 조정의 여론도 양분되어 결국 흐지부지되고 말았다. 초려는 〈기해봉사〉를 올리며 다음과 같이 그 성격을 규정하였다.

일찍이 삼가《주례(周禮)》의 제도 가운데 오늘날 시행할 수 있는 것과 조종(祖宗)의 헌장(憲章) 가운데 오늘날 시행되지 않는 것을 고찰하고, 주자의 〈증손여씨향약(增損呂氏鄕約)〉의 법을 참고한 다음, 우리나라 선유들이 당세(當世)를 경륜했던 학설들을 아울러 취하여, 하나의 논설로 종합하여 전하께 바치는 것입니다.[5]

---

4) 이상 이유태의 생애와 〈기해봉사〉의 내력은 이상익 교수의 〈해제〉(《역주 기해봉사》, 심산, 2007)를 참조한 것임.

이렇게 볼 때, 이유태의 〈기해봉사〉는 《주례》등 유교 경전과 우리나라의 법과 제도, 그리고 주자의 향약, 선유들의 경세 경륜을 종합하여 구성한 시무 대안이었다.

이유태의 〈향약〉은 〈기해봉사〉의 별책부록으로 제진(製進)된 것으로 내용적으로는 〈기해봉사〉의 '정풍속(正風俗)' 부분을 더욱 자세히 설명한 것이고,6) 그의 〈정훈(庭訓)〉은 만년 유배기에 제가(齊家)의 규범을 정리하여 후손들에게 당부한 것으로 서문과 19개의 장으로 되어 있다.7) 〈기해봉사〉는 국정의 개혁을 논한 것이요, 〈향약〉은 향촌사회의 개선방안을 모색한 것이며, 〈정훈〉은 가정생활의 실질적 지침들을 제시한 것이니, 이 세 가지는 서로 연결되는 것이다.8)

이유태는 〈기해봉사〉 말미에 임금에게 바치는 충정을 다음과 같이 기술하고 있다.

엎드려 바라옵건대, 전하께서는 선왕의 정치를 닦아서 거행하는 데 급급하시어 고식(姑息)을 일삼지 마소서. 아! 국가가 억만 년 동안 무궁할 기반이니, 다만 목전의 계책만 되겠습니까? 이것이 신이 전하께 반드시 인정을 행하시라고 권하면서 전혀 의심하지 않는 까닭입니다. 신은 지금 병이 심해서 의사한테 침을 맞는데도 정신은 혼미하고 감정은 오그라듭니다. 기운을 일으켜 글을 지어도 글이 뒤섞이고 말이 반복되어 다시는 체계와 질서가 없습니다. 그러나 신의 말이 아니라 바로 조종(祖宗)의 법이요, 바로 성현의 학문인 것입니다. 엎드려 바라옵

---

5) 《草廬集》, 卷2, 〈己亥封事〉, "謹嘗考周禮制度之可行於時者 與夫祖宗憲章之不擧於今者 參以朱子增損呂氏鄕約之法 兼取我國儒先經綸當世之說 合爲一論 取以進於冕旒之下."

6) 이상익, 〈해제〉, 《역주 기해봉사》, 심산, 2007, 18쪽.

7) 이상익, 〈해제〉, 《역주 기해봉사》, 심산, 2007, 20쪽.

8) 이상익, 〈해제〉, 《역주 기해봉사》, 심산, 2007, 21쪽.

건대, 전하께서는 자세히 살피며 충분히 검열하시고, 천천히 궁구하시며 깊이 생각해 보소서. 전하의 마음속에서 취사(取捨)가 이미 결정되었다면, 그 다음에는 정신(廷臣)들에게 널리 자문하시어 그 가부를 논의하고 받아들이거나 물리치신다면 매우 다행이겠습니다. … 엎드려 바라옵건대, 전하께서 신의 말은 받아들이시고, 신의 관직은 거두신다면 공(公)과 사(私)가 매우 다행일 것입니다. 신은 하늘을 우러르고 성상을 바라보며 지극한 간절함과 두려움을 견딜 수 없습니다. 삼가 죽기를 무릅쓰고 아뢰나이다.9)

이유태가 〈기해봉사〉를 바치는 우국충정이 잘 표현되어 있다. 그리고 이것을 구체적인 정책으로 시행하기를 간곡히 권하면서 조정의 논의를 거쳐 실질적으로 추진되기를 소망하였다.

초려 이유태에 관한 연구는 비교적 많이 이루어진 편이다. 성리학, 예학, 경세론, 교육론 등 다양한 방면에서 많은 연구 성과가 있었다. 특히 이유태 연구는 〈기해봉사〉를 중심으로 한 경세사상에 집중되어 있다. 또한 〈향약〉과 〈정훈〉 등을 통해 그의 사회교육론, 가정교육론 연구도 활발한 편이다.

본고는 초려의 〈기해봉사〉를 중심으로 그의 무실론(務實論)이 갖는 사상사적 의미에 초점을 맞추어 검토해 보고자 한다. 먼저 초려 무실론의 연원인 율곡의 무실(務實)사상에 대해 고찰해 보고, 〈기해봉사〉를 중심으로 그의 무실론을 분석 검토한 후, 그의 무실론이 갖는 사상사적 의의에 관해 논해 보고자 한다.

---

9)《草廬集》, 卷2,〈己亥封事〉.

2. 이유태 무실론의 연원 -율곡의 무실(務實)사상-

'무실(務實)'이란 말은 이미 중국의 춘추시대 좌구명(左丘明)이 쓴《국어(國語)》, 후한시대 왕부(王符)의《잠부론(潛夫論)》, 송대의 정자(程子), 장식(張栻), 주희(朱熹), 명대 서애(徐愛)의《전습록(傳習錄)》에서도 나오는 말이다. 우리나라에서는 여말선초 유학자들에게서 간헐적으로 사용되어 왔는데, 권근(權近: 1352~1409), 하연(河演: 1376~1453), 조위(曺偉: 1454~1503), 김정국(金正國: 1485~1541) 등의 문집에 몇 마디씩 보이고 있다. 16세기에 오면 이황(李滉: 1501~1570), 김인후(金麟厚: 1510~1560), 성혼(成渾: 1535~1598)을 비롯한 많은 유학자들이 무실(務實)을 언급하고 있지만, 이 무실을 하나의 사상체계로 중시하여 다룬 이는 율곡 이이(栗谷 李珥: 1536~1584)가 대표적이다.10)

'무실(務實)'이란 말은 '실(實)을 힘쓴다'는 말로, 이미 여말선초 선유들에 의해 폭넓게 사용되어 왔다.11) 이는 당시 유학이 허례와 형식에 빠지고 또 공리공론을 일삼는 데서 온 반성의 표현이기도 했으며, 도가나 불교를 허무적멸지도(虛無寂滅之道)로 규정하면서 유학을 실학(實學)으로 자부한 표현이기도 했다.

이유태는 율곡 이후 무실적 사고에 가장 앞장섰던 인물이다. 당대의 학문적 동지였던 송시열, 송준길 등이 의리와 예학에 몰두했을 때, 그는 의리와 예학을 소홀히 하지 않으면서도 무실에 관심을 갖고 있었다.

이유태의 학문연원은 사계 김장생, 신독재 김집을 통해 율곡으로 소급되고, 주자로 소급된다. 또 그의 〈기해봉사〉와 〈향약〉은 특히 율곡의 영

---

10) 황의동,《역사의 도전과 한국유학의 대응》, 책미래, 2015, 22쪽.

11) 맹현주, 〈율곡철학에 있어서 실학적 성격에 관한 연구-무실론을 중심으로-〉, 충남대대학원(박사), 2006.

향을 크게 받은 것이다.12) 다시 말하면 〈기해봉사〉에 투영된 그의 무실론은 율곡의 무실사상에 연원하는 것이다.

율곡의 무실사상은 주로 1569년(선조 2년) 9월에 올린 〈동호문답(東湖問答)〉과 1574년(선조 7년)에 올린 〈만언봉사(萬言封事)〉에 잘 나타나 있다. 먼저 율곡의 무실사상에 관해 간략히 검토해 보기로 하자.

율곡은 〈만언봉사〉서두에서 "정치에는 때를 아는 것이 귀하고, 일을 하는 데는 실(實)을 힘쓰는 것이 중요하다(政貴知時 事要務實)"고 하였다. 율곡은 16세기 후반 조선의 현실을 무실(無實)시대로 진단하였다. 실(實)이 없다는 말은 진실성의 결여, 실천성의 부족, 실용성의 결여를 의미한다. 율곡은 〈만언봉사〉에서 일곱 가지의 무실(無實)현상을 다음과 같이 설명한다.

오늘날 정치의 효과를 얻지 못하고 있는 것은 실공(實功)이 없기 때문인데, 걱정해야 할 일이 일곱 가지가 있습니다. 첫째로 걱정해야 할 것은 군신 간에 서로 믿는 실이 없다는 것이요, 둘째로 걱정해야 할 것은 신하들이 일을 책임지려는 실이 없다는 것이요, 셋째로 걱정해야 할 것은 경연이 아무것도 성취하는 실이 없다는 것이요, 넷째로 걱정해야 할 것은 어진 이를 불러 거두어 쓰는 실이 없다는 것이요, 다섯째로 걱정해야 할 것은 재변(災變)을 당해도 하늘의 뜻에 대응하는 실이 없다는 것이요, 여섯째로 걱정해야 할 것은 여러 가지 정책으로 백성을 구제하는 실이 없다는 것이요, 일곱째로 걱정해야 할 것은 인심이 선을 향하는 실이 없다는 것입니다.13)

---

12) 이상익, 〈해제〉,《역주 기해봉사》, 심산, 2007, 21쪽.

13)《栗谷全書》, 卷5, 〈萬言封事〉, "今之治效靡臻 由無實功 而所可憂者有七 上下無交孚之實 一可憂也 臣鄰無任事之實 二可憂也 經筵無成就之實 三可憂也 招賢無收用之實 四可憂也

율곡은 이 일곱 가지 걱정을 없애버리지 않고서는 비록 임금이 위에서 수고롭고 맑은 이론이 밑에서 성행한다 하더라도, 역시 나라를 보전하고 백성을 편안케 하는 효험은 나타나지 않을 것이라 하였다.[14]

또한, 율곡은 무실(務實)의 요목을 크게 수기(修己)와 안민(安民)으로 나누어 설명하였다. 수기의 요목으로는 첫째, 성상의 뜻을 분발하여 삼대의 융성했던 시대를 회복하기를 기약하는 것(奮聖志期回三代之盛), 둘째, 성학(聖學)을 힘써 성의와 정심의 공효를 다하도록 하는 것(勉聖學克盡誠正之功), 셋째, 편벽된 사사로움을 버림으로써 지극히 공정한 도량을 넓히는 것(去偏私以恢至公之量), 넷째, 현명한 선비들을 친근히 함으로써 깨우쳐 주고 보필해 주는 이익이 되도록 하는 것(親賢士以資啓沃之益)이다.[15]

또한 안민(安民)의 요목으로는 첫째, 성심(誠心)을 개방함으로써 여러 신하들의 충정을 얻는 것(開誠心以得群下之情), 둘째, 공안(貢案)을 개혁함으로써 포악하게 거둬들이는 폐해를 없애는 것(改貢案以除暴斂之害), 셋째, 절약과 검소를 숭상함으로써 사치스런 풍조를 개혁하는 것(崇節儉以革奢侈之風), 넷째, 선상(選上)의 제도를 바꾸어 공천(公賤)의 고통을 덜어주는 것(變選上以救公賤之苦), 다섯째, 군정(軍政)을 개혁함으로써 안팎의 방비를 굳건히 하는 것(改軍政以固內外之防)이다.[16]

또한 1569년(선조 2년)에 선조에게 올린 〈동호문답(東湖問答)〉에서도 다음과 같이 무실론을 설명하고 있다.

遇災無應天之實 五可憂也 群策無救民之實 六可憂也 人心無向善之實 七可憂也."
14)《栗谷全書》, 卷5, 〈萬言封事〉.
15)《栗谷全書》, 卷5, 〈萬言封事〉.
16)《栗谷全書》, 卷5, 〈東湖問答〉.

손님: 뜻이 이미 섰다면 마땅히 무엇을 해야 합니까?

주인: 뜻을 세운 다음에는 실(實)을 힘쓰는 것(務實)이 첫째입니다.

손님: 무슨 말입니까?

주인: 아침이 다 지나도록 밥상만 차려놓고 배 한번 불러보지 못하는 것처럼 빈 말뿐이고 실이 없으면, 어떻게 일을 할 수 있겠습니까? 지금 경연의 위에서나 상소하는 글 사이에 나라를 다스릴 만한 좋은 계획과 곧은 의논이 없는 것은 아니나, 한 가지 폐단의 개혁과 한 가지 계책의 실시도 볼 수 없으니, 이것은 오직 실효(實效)를 힘쓰지 아니한 때문입니다. 지금 우리 주상께서 꼭 치화(治化)에 힘써 옛날의 도를 회복하고자 하신다면, 마땅히 실효를 힘쓰고 형식은 일삼지 말아야 할 것입니다.17)

율곡의 무실론은 결국 실의 추구를 의미하는데, 그것은 진실성의 추구, 실천성의 추구, 실용성의 추구를 종합적으로 설명한 말이다. 율곡은 〈동호문답〉에서 격치지실(格致之實), 성의지실(誠意之實), 정심지실(正心之實), 수신지실(修身之實), 효친지실(孝親之實), 치가지실(治家之實), 용현지실(用賢之實), 거간지실(去姦之實), 보민지실(保民之實), 교화지실(教化之實)18)을 말하고 있다. 여기서 격치지실, 성의지실, 정심지실, 수신지실은 자기관리의 측면에서 말하는 내실(內實)이라면, 효친지실, 치가지실, 용현지실, 거간지실, 보민지실, 교화지실은 정치사회적 측면에서 말하는 외실(外實)이라 하겠다. 율곡은 무실(務實)이 제왕학(帝王學)의 으

---

17) 《栗谷全書》, 卷15, 雜著, 〈東湖問答〉, "客曰 志既立矣 當何所事 主人曰 立志之後 莫如務實 客曰 何謂也 主人曰 終朝設食 不得一飽 空言無實 豈能濟事 今夫經席之上 章奏之間 非無嘉謨讜論 足以治國 而未見一弊之革 一策之施者 只是不務實效故也 今我主上 必欲求治 以復古道 則當務實效 不事文具."

18) 《栗谷全書》, 卷15, 雜著, 〈東湖問答〉.

뜻이라는 관점에서 다음과 같이 권면하고 있다.

주상께서 실(實)을 힘쓰는 공이 진실로 여기에 이르신다면, 천심이 기뻐하시어 화기가 가득하고 재앙이 소멸되어 경상(慶祥)이 겹쳐 이를 것입니다. 아! 우리나라의 억만 년 끝없는 경사는 오직 주상의 실을 힘쓰심(務實)에 달려 있는 것입니다.[19]

율곡의 무실적 사고는 그의 글 전반에 걸쳐 나타난다. 그리고 매우 다양한 표현으로 나타난다. 율곡은 말하기를, "한 마음이 참되지 아니하면 만사가 모두 거짓이니 어디를 간들 행할 것이며, 한 마음이 진실로 참되면 만사가 모두 참이니 무엇을 한들 이루지 못하랴"[20]라고 하여, 가장 중요한 것이 실심(實心)의 확보라 하였다. 이는 인간 주체의 성실성을 뜻하는 말이다.

다음 율곡은 말이 아니라 실천이 중요함을 강조한다.

오호라! 금일 조정에 부족한 것은 실천이지 말이 아니다. 말은 비록 많으나 효과는 아주 작다.[21]

단지 왕도의 실행은 실공(實功)에 있지 언어에 있지 않다.[22]

---

19) 《栗谷全書》, 卷15, 雜著, 〈東湖問答〉, "主上務實之功 苟至於此 則天心悅豫 和氣充塞 災疹消滅 慶祥疊至矣 嗚呼 東方億萬年無疆之休 其在主上之務實歟."

20) 《栗谷全書》, 卷21, 〈聖學輯要〉, 3, "一心不實 萬事皆假 何往而可行 一心苟實 萬事皆眞 何爲而不成."

21) 《栗谷全書》, 卷6, 〈司諫院請勉學親賢臣箚〉, "嗚呼! 今日朝廷所不足者 實也非言也 言雖叢集效絶涓埃."

22) 《栗谷全書》, 卷28, 〈經筵日記〉, 1, "但王道之行 在於實功 不在於言語."

율곡에 의하면 "궁리(窮理)가 이미 밝아지면 궁행(躬行)할 수 있는데, 반드시 실심(實心)이 있은 연후에 실공(實功)을 하게 되므로, 성실(誠實)은 궁행의 근본이 된다"[23]고 하였다. 실심과 실공의 상호 연관성에 관해 말하는 것이다. 마찬가지로 "뜻에 참이 없으면 서지 못하고, 이치에 참이 없으면 이르지 못하고, 기질에 참이 없으면 변화할 수 없으니, 다른 것은 미루어 볼 수 있다"[24]고 하였다.

율곡은 그의 말과 글 전반에 걸쳐서 무실적 사고를 하고 있는데, 그 용례는 매우 다양하다. 율곡의 무실사상은 개인의 심성을 기초로 가정, 사회, 국가에 이르기까지 폭넓게 전개되고 있는데, 이런 것들을 종합해 보면 인간주체의 성실성으로서 실심을 확보하고 그 실심을 내면에 쌓으면 실덕(實德)이 되고, 실심을 실천으로 옮기는 것을 실공(實功)이라 하였다. 실공이란 진실한 노력, 참된 실천을 의미하는 말이다. 그리고 실공을 통해 실용(實用), 실효(實效)가 나타나는데, 이는 무실사상의 궁극적인 목표요 결과라고 하겠다. 여기서 도덕적인 의미의 실리(實理), 실심(實心)은 마침내 실용, 실효라는 경제성으로 나아가는데, 그 중간 고리가 실공이요 실천이라 하겠다. 이러한 율곡의 무실사상은 이유태에게 그대로 영향을 미쳐 〈기해봉사(己亥封事)〉로 재현된 것이라고 할 수 있다.

3. 이유태의 무실론

율곡이 〈만언봉사(萬言封事)〉를 올린 것이 1574년(선조 2년)이고 이유

---

23) 《栗谷全書》, 卷21, 〈聖學輯要〉, 3, "臣按 窮理旣明 可以躬行 而必有實心 然後乃下實功 故誠實爲躬行之本."
24) 《栗谷全書》, 卷21, 〈聖學輯要〉, 3, "如志無誠則不立 理無誠則不格 氣質無誠則不能變化 他可推見也."

태가 〈기해봉사(己亥封事)〉를 쓴 것이 1659년(효종 10년)이므로 85년의 차이가 있다. 율곡은 임진왜란을 앞에 두고 조선의 개혁과 군사대비의 대책을 제시한 것이 〈만언봉사〉이고, 이유태의 〈기해봉사〉는 병자호란이라는 국난을 겪은 후 시국의 폐단을 분석하고 이에 대한 대안을 제시한 것이라고 할 수 있다. 이렇게 볼 때, 율곡의 〈만언봉사〉는 유비무환(有備無患)의 예비적 성격이 짙고, 이유태의 〈기해봉사〉는 사후 수습책이라는 성격이 강하다.

이유태의 〈기해봉사〉는 기본적으로 율곡의 〈만언봉사〉의 체계와 많이 비슷하다. 우선 7가지의 무실(無實)현상을 지적해서 시국의 폐단을 설명한 것이고, 이어 이에 대한 대책을 제안한 것도 비슷한 형식이다.

이유태는 병자호란 후 시국을 무실(無實)로 설명하고 있다. 첫째, 윗사람은 다스림을 구하는 실이 없고(上無求治之實), 둘째, 아랫사람은 일을 책임지는 실이 없고(下無任事之實), 셋째, 경연은 도를 강론하는 실이 없고(經筵無講道之實), 넷째, 학교는 선비를 양성하는 실이 없고(學校無造士之實), 다섯째, 여러 대책들은 백성을 구하는 실이 없고(群策無救民之實), 여섯째, 인심은 선을 향하는 실이 없고(人心無向善之實), 일곱째, 조정은 가르치고 명령하는 실이 없다(朝廷無敎令之實)[25]고 지적하고 있다.

이유태는 말하기를, "무릇 이 일곱 가지 폐단은 오늘날의 고질이 되었습니다. 기강이 무너지고 민생이 곤궁한 것도 바로 여기에서 연유합니다. 이 일곱 폐단을 없애지 않는다면, 비록 위에서는 성상께서 많은 노고로 초췌해지고, 아래에서는 선비들이 쉴 새 없이 논의해도 또한 보국안민의 효과를 볼 수 없습니다"[26]라고 하였다. 이처럼 이유태는 당시 병자

---

25) 《草廬集》, 卷2, 〈己亥封事〉.

26) 《草廬集》, 卷2, 〈己亥封事〉, "凡此七弊 爲今日之沈痼 紀綱之頹 民生之困 職此之由 七弊未除 則雖聖上勞悴于上 士論馳騁於下 亦無保國安民之效矣."

호란 후 수습국면에서 정국의 문제를 무실(無實)사태로 인식한 것이다. 그것은 임금으로부터 신하 그리고 사회 전반에 걸친 진실성의 결여, 매사 말뿐인 세태, 그리고 명분론과 허례에 빠져 실용을 보지 못하는 어리석음을 경계한 것이다. 특히 이때는 효종을 비롯한 조정의 지도층이 모두 북벌의리에 앞장서 명분 앞에 실용은 주목받을 수 없었다. 이유태는 개혁의 당위를 시의성에서 찾는다.

> 신이 듣자오니, 정자는 "백성을 살리는 이치도 궁진함이 있고, 성왕의 법도 고칠 수 있다"고 했는데, 이 말은 바로 오늘을 위해 준비해 둔 것입니다. 대개 성인의 법은 때에 따라 알맞게 만들어야 하는 것이니, 때가 변하면 법이 다른 것입니다.27)

> 신은 어리석으나, 오늘의 도(道)를 말미암고 오늘의 법(法)을 고치지 않는다면, 비록 요순(堯舜)이 위에 있고 이윤(伊尹), 부열(傅說)이 신하로 있어도 성패(成敗)의 운수에는 보탬이 없을 것이라 생각합니다. 오늘날 말하는 법이 어찌 모두 조종(祖宗)의 옛 법도이겠습니까?28)

이유태는 아무리 훌륭한 성왕의 법이라 하더라도 때가 오래 되면 문제가 생겨 고치지 않을 수 없다고 한다. 때가 변하면 법도 변해야 한다는 변법(變法)논리로써 개혁의 당위를 주장하였다.

---

27) 《草廬集》, 卷2, 〈己亥封事〉, "臣聞之 程子曰 生民之理有窮 聖王之法可改 此言正爲今日準備也 蓋聖人之法 因時以制 時變則法不同矣."
28) 《草廬集》, 卷2, 〈己亥封事〉, "臣愚以爲由今之道 無變今之法 則雖堯舜在上 伊傅在下 無益於成敗之數也 今之所謂法者 豈皆祖宗之舊章乎?"

아조(我朝)의 입법(立法)은 매우 비록 주밀하고 자세했으나, 이미 300년이나 되었으니, 때가 변하고 일이 바뀌어 폐단이 없지 않습니다. 그렇다면 오히려 변통할 수 있는 것이거늘, 하물며 연산조의 잘못된 법규이겠습니까? 불 속에 있는 사람을 구하고 물에 빠진 사람을 건지듯이 개혁을 서둘러야 마땅한데, 어찌하여 괴롭게도 거기에만 집착하여 스스로 위망(危亡)에 이르는 것입니까? 신이 변통하고자 하는 것은 다만 근래의 잘못된 법규를 씻어 내고 조종의 성헌(成憲)을 회복하는 것 뿐입니다. 엎드려 바라옵건대, 전하께서는 유념하시어 변통할 것을 생각하십시오.29)

당시 조선의 법제는 어언 300여 년이 지나 변경의 사유가 분명한데, 하물며 연산시대의 악법이 민생을 괴롭힌다면 당연히 고쳐야 한다는 것이다. 이러한 위기의식과 우환의식에서 이유태는 〈기해봉사〉를 쓰게 되었는데, 구체적인 내용은 다음과 같다.

그는 구폐론(救弊論)으로써 첫째, 풍속을 바르게 할 것(正風俗)을 주장하였다. 세부적인 내용으로는 향약, 오가통(五家統), 사창(社倉)제도의 실시를 주장하였다. 둘째, 인재를 양성할 것(養人材)을 주장하였는데, 구체적으로는 학교, 여영원(延英院), 과거(科擧), 오위(五衛), 군자별창(軍資別倉)의 문제를 제시하였다. 특히 과거제도를 설명하면서 문무겸전(文武兼全)의 인재 발굴을 다음과 같이 주장하였다.

그런데 후세 인재를 일으키는 방법은 과거만한 것이 없습니다. 신의

---

29) 《草廬集》, 卷2, 〈己亥封事〉, "我朝立法 雖極周詳 然年垂三百 時變事易 不無弊端 則猶可變通 況昏朝之謬規乎? 汲汲改革 當如救焚拯溺 何苦而膠守 自底危亡哉 臣所欲變而通之者 只是滌去近日之謬規 以復祖宗之成憲而已 伏願殿下留念 思所以變通焉."

의견은 식년(式年)마다 과거를 베풀 때, 성균관과 향교의 학생 및 음관(蔭官)으로서 문무의 재능을 지닌 자는 사서삼경(四書三經)과 무경칠서(武經七書)를 모두 임강(臨講)하고, 무재(武才)의 두 기술에 합격한 자는 곧바로 전시(殿試)에 나아갈 수 있게 하는 것입니다. 그러면 유생들이 활쏘기, 말타기에 종사하게 될 것이니, 문무를 겸비한 인재를 얻을 수 있을 것입니다.[30]

신의 의견은 향약청(鄕約廳)의 좌목(座目)을 살펴서 공천(公賤), 사천(私賤)으로 15세 이상의 사람들에게 무재(武才)로 시취(試取)하여, 능한 사람은 모두 속오군에 배정하되, 사천으로서 본래의 주인이 집 안에서 부리는 자는 배정하지 않고, 공천으로서 재능이 없는 자는 규정에 따라 포를 징수합니다. 속오군은 1명마다 군자창의 포로 알맞게 헤아려 급료를 정함으로써 비용으로 삼게 합니다. 그 가운데 가장 재능이 있는 자는, 공천은 면천(免賤)시키고, 사천은 본래의 주인에게 몸값을 지불하고 역시 면천시켜, 오위(五衛)에 채우고 급료는 군자별창에서 지출합니다.[31]

여기서 이유태는 문무겸전의 인재 선발을 강조하고 있는데, 이는 임진왜란, 병자호란 후 문약(文弱)의 문제점을 인식하고 나아가 국가보위의 힘을 준비해야 된다는 측면에서 탁월한 발상이라 할 만하다. 특히 공천(公賤), 사천(私賤)에게 무재(武才)로 시험하여 면천(免賤)의 기회를 제공하자는 주장은 물론 일찍이 율곡에게서도 나오고 있지만,[32] 이유태의

---

30) 《草廬集》, 卷2, 〈己亥封事〉.
31) 《草廬集》, 卷2, 〈己亥封事〉.
32) 《栗谷全書》, 卷7, 〈陳時事疏〉.

경세에 대한 안목을 잘 말해 주는 것이라 하겠다.

셋째, 옛 폐단을 개혁할 것(革舊弊)을 주장하였는데, 구체적인 내용으로는 내수사(內需司), 공안(貢案), 부세(賦稅), 인역(人役), 양전(量田), 태용관(汰冗官), 구임(久任), 금치습(禁侈習) 등을 제시하였다.

> 그윽이 살피건대, 오늘날 조정에는 용관(冗官)이 많으니 먹는 사람이 많은 것이요, 추종(騶從)이 많으니 먹는 사람이 많은 것이요, 서리(胥吏)가 많으니 먹는 사람이 많은 것입니다. 그러니 어찌 국가가 가난하지 않고 백성이 곤궁하지 않겠습니까? 신이 삼가 살피건대, 우리나라의 크기는 중국에 비교하면 한 도에도 미치지 못합니다. 그런데 중국의 관직과 아문(衙門)은 우리나라의 배도 되지 않으니, 우리나라의 관사(官司)가 너무 많다는 것을 알 수 있습니다.[33]

여기서 이유태는 개혁의 구체적인 내용을 상세하게 설명하고 있는데, 특히 행정의 낭비, 관직의 과다로 인한 국가 재정의 비효율성을 지적하였다.

또한 이유태는 무릇 관직은 반드시 인재를 골라서 오래 맡긴 다음에야 실효를 책임지울 수 있는 것이라 하고, 율곡의 말을 인용하여 "한때의 인재를 모두 거두어 쓰되, 신구(新舊)와 귀천(貴賤)을 따지지 말고, 관직을 보고 인재를 고르십시오. 덕량이 있고 도리를 아는 사람은 묘당(廟堂, 의정부)에 근무시키고, 경술(經術)에 통달하고 계옥(啓沃)을 잘 하는 사람은 경연에 배치하십시오. 조감(藻鑑)이 공명한 사람은 전형(銓衡, 이조)에 임명하고, 재물을 생산함에 대도가 있는 사람은 탁지(度支, 호조)에 임명

---

33) 《草廬集》, 卷2, 〈己亥封事〉.

하며, 예를 강론함에 어긋남이 없는 사람은 종백(宗伯, 예조)을 제수하고, 병사를 알고 원대한 계책을 세우는 사람은 사마(司馬, 병조)를 제수하며, 충신(忠信)하여 밝게 판결하는 사람은 형옥(刑獄, 형조)을 다스리게 하고, 일을 주관함에 폐단이 없는 사람은 공역(工役, 공조)을 맡게 하십시오. 자기를 바르게 하고 사물을 규찰하는 사람은 풍헌(風憲, 사헌부)의 중책을 맡기고, 자기를 곧게 하고 할 말을 다하는 사람은 간쟁(諫諍, 사간원)의 직책을 맡기십시오. 풍모와 위력이 부하 관리들을 탄압하기에 충분한 사람은 승류선화(承流宣化, 감사)의 직책을 맡기고, 청렴과 권위가 서리와 백성을 품고 복종시키기에 충분한 사람은 분우(分憂, 수령)의 직책을 제수하십시오. 내외의 크고 작은 관직에 모두 적임자를 골랐다면, 전담하도록 맡기고 오래도록 지속시켜 업적을 이루는 것으로 기약을 삼고 일월(日月)을 한정하지 마십시오"[34]라고 하였다. 도덕적 능력과 실무적인 능력에 따라 적재적소에 인재를 배치하고, 또 임기를 제한하지 말고 오래 맡겨야 행정의 실효를 기대할 수 있다 하였다.

이유태는 이러한 개혁안이 만약 실현된다면 그 공효는 다음과 같이 매우 클 것이라 하였다.

이 법이 시행되면 향약의 적(籍)이 정해지고, 오가(五家)의 통(統)이 바르게 되며, 사창(社倉)의 저축이 많아지고, 학교의 정사가 닦여지며, 과거의 법규가 세워지고, 오위의 제도가 회복되며, 병식(兵食)의 바탕이 풍족해집니다. 무슨 말인가 하면, 오가의 통이 바르게 되면 호적이 여기에 있고, 군적이 여기에 있어서 사람은 등록되지 않은 경우가 없고, 부역은 고르지 않은 경우가 없으니, 팔도의 인구를 앉아서 헤아릴

---

34)《草廬集》, 卷2,〈己亥封事〉.

수 있고, 한 나라의 부역을 앉아서 책정할 수 있습니다. 그러면 신이 앞에서 말씀드린 '누락된 인정(人丁)을 색출해서 채워도 곧바로 도망가서 돌아오지 않는 폐단'이 사라지고, '일족이 침해를 당하고 절친한 이웃에게까지 파급되는 폐단'도 사라지며, '양반의 자제들이 한가하게 노는 폐단'도 사라지며, '양민(良民)과 아약(兒弱)만이 치우치게 수고하는 폐단'도 사라지며, '해마다 결원을 보충하느라 민간이 소요하는 폐단'도 사라지며, '죽은 사람을 대신 채울 때 관가와 밀통하는 폐단'도 사라지며, '각 관아(官衙)의 색리(色吏)들이 한정(閒丁)을 농간하는 폐단'도 사라지며, '병영(兵營)의 하리(下吏)가 죽은 사람을 조종하는 폐단'도 사라지며, '여정(餘丁)에게 포를 징수하는 폐단'도 사라지며, '장정을 숨기고 부역을 면제받는 폐단'도 사라지며, '도망간 노비를 추심(推尋)할 때 잘 생각해 내라고 초들어, 족린(族隣)이 피해를 보는 폐단'도 사라지며, '도망간 노비를 추심할 때 본래의 주인이 피해를 보는 변고'도 사라지며, '관노(官奴)가 도망가서 일족에게 징궐(徵闕)하는 폐단'도 사라지며, '호강(豪强)이 영세한 백성들을 침학(侵虐)하는 폐단'도 사라지며, '품관(品官)이 관내(管內)에서 비호하는 폐단'도 사라집니다.35)

이상 이유태의 말을 통해 알 수 있듯이, 만약 그의 개혁안이 실제로 적용되어 구현된다면 당시의 여러 가지 폐단과 모순이 일거에 시정될 수 있다고 보았다.

다음 군덕론(君德論)을 제시하는데 이는 유교의 경세론이 치자의 도덕성을 중시하는 데서 나온 것이다. 이유태는 말하기를, "예전에 이이(李

---

35) 《草廬集》, 卷2, 〈己亥封事〉.

珥)가 일찍이《성학집요(聖學輯要)》라는 한 권의 책을 지어 선조에게 바친 바 있는데, 제왕의 학문과 통치의 도구가 갖추어져 있습니다. 신이 삼가 그 가운데 나아가 수기에 절요한 학설을 대략 뽑아서, 전하를 위하여 다시 말씀드리고자 합니다"³⁶⁾라고 하여, 자신의 군덕론이 기본적으로 율곡의《성학집요》에 근거하고 있음을 분명히 하였다.

그리하여 수기론으로는 입지(立志), 수렴(收斂), 궁리(窮理), 성실(誠實), 양기(養氣), 정심(正心), 검신(檢身)을 말하고, 제가론(齊家論)으로는 정윤리(正倫理), 독은의(篤恩義), 숭절검(崇節儉)을 말하였다.

이상 이유태의 〈기해봉사〉에 나타난 경세론은 기본적으로 율곡의 〈만언봉사〉와 〈성학집요〉에 근거하는 것이다. 병자호란 후 명분론에 근거한 북벌의리가 대세를 이루는 현실에서 그가 나름대로 시국의 문제점을 분석하고, 나아가 이에 대한 종합적인 처방을 제시한 것은 매우 의미가 크다고 하겠다.

4. 맺는 말 −이유태 무실론의 사상사적 의의−

조선유학사에서 볼 때, 무실(務實)은 여말선초에는 하나의 강조어로 사용된 감이 없지 않으나, 16세기 율곡에 의해 하나의 사상체계로 심화되었고, 이후 17세기 이수광(李睟光: 1563~1628), 이유태(李惟泰: 1607~1684), 윤선거(尹宣擧: 1610~1669), 윤증(尹拯: 1629~1714) 등에 의해 계승되어 마침내 한말 개화기 안창호(安昌浩: 1878~1938)에 의해 다시 강조되었다고 볼 수 있다.

이 무실(務實)사상은 성리(性理)와 실리(實利)의 조화, 이학(理學)과 실

---

36)《草廬集》, 卷2, 〈己亥封事〉.

학(實學)의 겸비를 추구하는 동시에 도덕적 의리와 경제적 실리의 조화를 추구하는 사상이다. 무실사상은 율곡 이후 조선 후기 실학사상의 모태가 되고, 조선 양명학과 접합되어 실심의 양지(良知)로 승화되고, 윤선거, 윤증, 양득중 등 우계학파(牛溪學派)의 무실학풍으로 전개되어 나갔으며, 한말 도산 안창호 등을 통해 개화사상으로 전개되어 갔다.

그러면 이 무실(務實)의 실(實)은 과연 무슨 의미로 해석해야 할 것인가? 이에 대한 학계의 견해를 참고해 보기로 하자. 박종홍은 "무실(務實)의 실(實)은 도의적인 실인 성실(誠實), 실천(實踐)과 더불어 점차로 실리(實利), 실용(實用)과 관련하여 경세택민(經世澤民)의 사상으로 전개되는 동시에, 이것이 서구의 근대과학기술을 섭취해야 한다는 요구에까지 이르렀다"[37]고 하였다. 대만의 채무송(蔡茂松)은 "무실(務實)의 실은 리(理), 중(中), 성(誠)의 의미를 갖는 것으로서, 무실은 사물의 자연한 중(中), 즉 지선(至善)을 구하려는 현실성에서 본래성을 실현하려는 것이다"[38]라고 하였다. 윤사순은 "실(實)의 대체적인 의미는 공언(空言), 허문(虛文)에 반대되는 실공(實功), 실효(實效)인 셈이다. … 그가 말하는 무실(務實)이란 근원적으로는 실공(實功)과 실효(實效)를 찾는 점에서의 실제성의 추구이다"[39]라고 하였다. 이러한 학계의 견해와 조선조 유학자들의 문집에 사용된 용례를 근거로 분석해 볼 때 대체로 '무실(務實)이란 진실성의 추구, 실천성의 추구, 실용성의 추구'라고 볼 수 있다.[40]

다음은 이유태의 무실론이 갖는 사상사적 의의에 관해 검토해 보자. 조선유학사는 성리학이 큰 비중을 차지하고 있고, 그 다음 실학, 예학, 양

---

37) 박종홍,《한국사상사논고》, 서문당, 1977, 243쪽.

38) 채무송, 〈퇴율성리학의 비교연구〉,《율곡사상논문집》, 율곡문화원, 1973, 139쪽.

39) 윤사순, 〈율곡사상의 실학적 성격〉,《한국사상총서》, 5, 한국사상연구회, 1982, 196~197쪽.

40) 황의동,《율곡사상의 체계적 이해》, 2, 서광사, 1998, 52~67쪽.

명학이 함께 병행해 왔다고 할 수 있다. 그런데 조선조 유학을 보는 관점에서도 우리 학계는 성리학 특히 이기론(理氣論) 내지 심성론(心性論)에 치중해 보는 관점이 많았다. 물론 이러한 사변적인 성리학의 탐구는 철학의 내면적 심층 연구라는 점에서 그 의미가 크고, 특히 주자 이후 중국 성리학의 계승, 심화라는 측면에서 많은 성과를 보여 주었다.

그런데 우리가 주목해야 할 것은 성리 탐구를 하면서도 실용의 문제를 늘 놓치지 않았던 조선의 유교 지식인군들이다. 이기심성(理氣心性)의 탐구가 내면적인 문제라면, 무실적(務實的) 탐구는 외면적인 문제다. 이기심성의 탐구가 체(體)로서의 작업이라면 무실적 탐구는 용(用)으로서의 작업이다. 유교는 그 자체가 수기치인(修己治人)의 실학이라는 점에서 그리고 내성외왕(內聖外王)의 인간학이요 사회학이라는 점에서 무실적 탐구는 이기심성의 탐구 못지않게 중요한 것이다. 그럼에도 그동안 우리 학계는 조선유학사에서 무실적 탐구에 무관심했고 과소평가해 온 것이 사실이다.

현실적으로 이기심성의 형이상학적 탐구는 사변적인 철학의 작업이다. 이에 대해 무실적 탐구는 현실의 고뇌요 사실의 탐구요 개인의 삶과 나라, 세계의 경세를 의미한다. 조선유학사에서도 15세기, 16세기 유학자들이 지나치게 이기심성의 사변철학에 몰두하여 민생의 위기와 나라의 위기를 자초한 것을 반성하지 않을 수 없다. 이때 일부 뜻있는 유학자들은 성리의 사변적인 연구에 전념하면서도 민생을 걱정하고 부국강병의 문제를 늘 고민했던 것이다. 율곡의 〈만언봉사〉나 이유태의 〈기해봉사〉나 전후 차이는 있을지라도 모두가 임진왜란, 병자호란의 우환의식에서 나온 것이다.

율곡은 이러한 측면에서 퇴계와 구별된다. 퇴계가 우환의식이 없었다는 말이 아니라, 적어도 그의 상소문이나 저술 속에 율곡만큼 뜨거운 우환의식과 개혁론, 구체적인 경세대책, 논리정연한 무실론은 찾아보기 어렵다. 율곡은 성리학과 경세학, 도학과 실학을 겸비했던 대표적인 유학자이다.

율곡의 학문은 사계 김장생에게 전해지고, 이후 김장생, 김집 부자의 문하에서 초려 이유태, 우암 송시열, 동춘당 송준길, 시남 유계, 노서 윤선거 등이 배출되었다. 학계에서는 이들 5명을 호서 5현 또는 충청 5현이라고 부른다. 율곡의 성리학은 김장생, 김집을 거쳐 이들에게 전해졌는데, 영남 퇴계 후학들과의 성리 논쟁으로 율곡의 직계 학파들은 분주했다. 율곡의 기발이승일도설(氣發理乘一途說)을 옹호하고 퇴계의 이기호발설(理氣互發說)을 비판하는 데 여념이 없었다. 이 와중에서 율곡의 후학들은 율곡의 성리학을 지키는 데는 성공했으나 율곡철학의 또 하나의 큰 영역인 무실론(務實論)은 망각하였다. 송시열, 송준길이 모두 북벌의리(北伐義理)와 예학에 몰두했고, 이후 권상하(權尙夏)의 후학들 강문팔학사(江門八學士)들도 호락(湖洛)논쟁에 매몰되고 말았다.

오히려 율곡의 무실사상은 우계학파의 윤선거(尹宣擧), 윤증(尹拯), 양득중(梁得中) 등을 통해 계승되었고, 율곡 직계에서는 별로 중시되지 못했고 무관심하게 되었다. 이러한 측면에서 볼 때, 이유태가 율곡의 무실론을 다시 들고 나온 것은 매우 중요한 의미를 갖는다. 이유태는 학문으로 볼 때 성리학도 조예가 깊었고, 역학을 비롯한 경학에도 밝았으며, 예학적 저술도 매우 많다.[41] 그런데 이 무실적 사고와 사상은 충청 5현 가운데 가장 대표적이다. 특히 〈기해봉사〉로 작성된 그의 무실론은 비록 율곡의 무실론을 모방했다는 아쉬움은 있으나, 적어도 사상사적으로 보

---

41) 초려의 예설에 관한 저술로는 〈禮辨(권7)〉, 〈疑禮問答(권8)〉, 경학에 관한 저술로는 〈論語註解說(권23, 잡저)〉, 〈經義問答(권23, 잡저)〉, 〈易說(권24)〉, 경세에 관한 저술로는 그의 〈己亥封事〉를 비롯한 많은 상소문과 〈庭訓〉, 〈鄕約〉이 있고, 경학 자료와 서간문을 통해 그의 성리학을 볼 수 있다.

면 율곡의 학문과 철학을 충실히 계승했다는 평가를 받을 만하다. 다시 말하면 율곡학이 성리학과 경세학, 도학과 실학을 겸비하고 있다면, 이런 측면을 가장 충실하게 계승한 이가 바로 초려 이유태라고 할 수 있다. 무실론은 일면 실리(實理), 실심(實心)을 강조하는 측면에서는 내면적인 수기학의 성격을 갖는 것이지만, 도덕적인 주체의 확립을 통해 실천적 자아로 확장해 간다는 점에서 종래의 수기론과는 구별되는 것이다. 그래서 율곡이나 이유태는 심(心)을 말하더라도 반드시 실심(實心)이라 하고 리(理)를 말하더라도 실리(實理)라 부르는 것이다. 실리(實理)에 기초한 실심(實心)이 실덕(實德)이 되고, 이 실덕이 가정, 사회, 국가, 세계에 구현될 때 실학이 되고 실공(實功)이 되고 마침내 실효(實效)로써 드러나는 것이다.

특히 율곡이나 이유태의 무실론은 단순히 내면적 자아의 진실함을 추구하는 데 그치는 것이 아니라, 사회적, 정치적 현실문제에 접목하여 민생과 나라의 실제적 편리를 추구하고 행복을 추구한다는 점에서 그 의미가 다른 것이다. 따라서 이유태의 무실론은 경세론으로 치환되는 것이고, 수기와 치인, 도덕적인 의리와 경제적인 실리가 조화되는 유교의 완성을 추구하는 것이다.

아무리 이기심성(理氣心性)의 사변적인 탐구가 심오하더라도 그것이 내면적인 탐구에 머무르고, 도덕적인 자아의 완성에 그친다면 유학의 본래 면목에는 부족한 것이고 유교의 이상에 미치지 못하는 것이다. 이런 점에서 이유태가 이기심성의 성리학에도 조예가 깊고 예학에도 밝으며 또한 경학에도 매우 깊은 경지에 있으면서도, 또 다른 한편으로는 백성의 삶과 나라의 부국강병에 관심을 갖고 무실론적 경세에 일가를 이룬 것은 높이 평가해야 할 것이다. 그리고 율곡학파의 전개 양상이라는 측면에서 보아도 율곡학의 진수인 성리학과 무실론적 경세론을 아울러 충실히 계승하고 있다는 점에서 그의 학문을 새롭게 인식할 필요가 있다. 그것은 일찍이 스승 사계 김장생(沙溪 金長生)이 이유태를 가리켜 대유 (大儒)라 부르며 이 유학의 도를 그에게 맡길 만하다고 한 것이나, 또 사 계의 손자인 김익희(金益熙: 1610~1656)가 초려의 학문을 어떤 면에서는 세상 사람들이 우암이나 동춘당보다 높이 평가하기도 한다고 한 말이 결 코 우연이 아님을 짐작게 한다.

제5장 | 봉우 권태훈의 꿈과 실천

1. 시작하는 말

봉우 권태훈(鳳宇 權泰勳: 1900~1994)은 1984년 소설 《단(丹)》을 통해 세상에 널리 알려진 이 시대의 거인이다. 그는 1900년(庚子) 서울 재동에서 태어나 파란만장한 삶을 살다 1994년에 세상을 마쳤다. 본관은 안동(安東), 자(字)는 윤명(允明) 또는 성기(聖祈), 아명(兒名)은 인학(寅鶴), 호는 여해(如海), 봉우(鳳宇), 물물자(勿勿子), 연연당(然然堂)이다. 여말 선초의 명유(名儒) 양촌 권근(陽村 權近)의 17대손이며, 임진왜란 때 명장인 권율(權慄) 장군의 11대손이다. 부친은 취음 권중면(翠陰 權重冕)으로 대한제국 내부판적국장, 법부검사국장, 고등재판소 판사, 평산군수, 진도군수, 능주군수를 역임한 행정가로서 경술국치 후 낙향하여 망국의 비분을 시로 읊었으며, 모친은 경주김씨(慶州金氏)로 절충장군(折衝將軍) 김상호(金商浩)의 딸이다.

이렇게 볼 때, 권태훈은 나라는 망했을 망정 유복한 환경에서 태어나 생장했다고 볼 수 있다. 그것은 부친의 후광으로 청소년 시절에 나철(羅喆), 정만조(鄭萬朝), 곽종석(郭鍾錫) 등 당대의 큰 인물들을 만나고 가르침을 받았고, 특히 18세 때에는 정만조의 추천으로 이문회(以文會)에 출입하여 최남선(崔南善), 한용운(韓龍雲), 이광수(李光洙), 홍명희(洪命熹) 등 당대 최고의 명사들과 교유했고, 그 밖에도 김영선(金永善), 김선태(金善太), 장이석(張履奭), 엄항섭(嚴恒燮), 조경한(趙擎韓), 조완구(趙琬九), 조성환(趙成煥), 조병옥(趙炳玉), 윤치영(尹致英), 조봉암(曹奉岩), 권중돈

(權重敦) 등 저명한 정치인 및 애국지사들과 교유하였다.1) 또 불문(佛門)에서는 경허사(鏡虛師), 수월(水月), 혜월(慧月), 만공(滿空), 한암(漢庵), 석상(石上), 학명(鶴鳴), 용성(龍城), 용운(龍雲), 만우(萬愚), 상로(相老), 경운사(鏡雲師) 등 큰 스님들과 사사(師事)하기도 하고 혹 종유(從遊)하기도 하였다.2) 이렇게 다양한 인물들과의 교유는 결코 흔치 않은 일이다.

그는 또 12세 때 보통학교 학생신분으로 일본유람단의 일원으로 일본을 방문하여 새로운 세상을 접하였고, 이어 15세 때 또 일본을 방문해 일본의 정신계, 심리학계의 대가들을 만나고 유도, 검도 등 무예도 익혔다. 아울러 25세 때 중국을 방문하여 도계(道界)의 명사들을 접한 이후 여러 차례 중국을 방문한 것도 시대적 제약을 벗어난 그의 행운이었다 할 것이다.

또한 그는 평생 많은 분야의 책을 읽고 다양한 인생 체험을 하였다. 그는 스스로 말하기를, "내가 비록 통달은 못했으나 수십만 권을 독파하고, 비록 미온적이나 수십 년 간을 연정(研精)하였고, 인생수련 도장(道場)인 이 사회에서 별별 일을 다 경력(經歷)해 보고 혹 선행(善行)도 했었고, 혹 그렇지 못한 일도 많이 했다"3)고 술회하고 있다. 이러한 권태훈의 생장 환경과 경험들은 시대의 풍운아를 낳는 데 하나의 밑거름이 되었고, 다른 한편에서 보면 본인 스스로 참회와 반성을 하고 있듯이 아쉬운 측면도 없지 않다.4)

---

1) 정재승 편,《봉우일기2》, 정신세계사, 1998, 238~243쪽.

2) 정재승 편,《봉우일기2》, 정신세계사, 1998, 250쪽.

3) 정재승 편,《봉우일기2》, 정신세계사, 1998, 257쪽.

4) 봉우는 자신이 살아 온 인생 역정에서 회한의 고백을 많이 하고 있는데, 필자의 견해로도 만약 봉우가 당시 체계적인 교육을 받고 정상적인 학문을 했더라면 또 다른 성공적 인생을 살지 않았을까 하는 아쉬움은 있다. 그렇다고 봉우의 삶이 의미 없었다거나 폄하할 생

권태훈은 체계적인 사상가 내지 학자는 아닌 것 같다.[5] 그는 신채호(申采浩), 최남선(崔南善), 정인보(鄭寅普) 등 국학자의 전통을 이어받으면서 조선 단학(丹學)의 전통을 계승한 20세기 선도인(仙道人)이자 사상가이며 민족 운동가였다고 볼 수 있다.[6] 그의 말과 글에 자주 등장하는 백두산족(白頭山族), 한배검, 백산운화(白山運化), 백산대운(白山大運), 단군(檀君), 홍익인간(弘益人間), 대황조(大皇祖), 성경신(誠敬信), 황백전환론(黃白轉換論), 연정수련(研精修練), 조식법(調息法), 단학(丹學) 등의 용어는 그의 이념적 지향과 삶의 목표를 잘 말해 준다. 이들 용어는 우리 민족의 우월성과 긍지를 담은 신념과 믿음의 표현이며, 이를 위한 방법론적 설명이라고 볼 수 있다. 이런 점에서 권태훈이야말로 민족을 신앙처럼 아끼고 사랑했던 20세기 마지막 인물이며, 이를 위해 전통적인 조식법(調息法)을 통한 연정수련의 필요성을 절감하고, 이에 동참하는 동지규합과 훈련 그리고 민족의식에 투철한 인재양성에 일생을 바쳤다고 볼 수 있다.

필자는 권태훈에 관해 문외한(門外漢)일 뿐 아니라 성리학을 전공하는 입장에서 그의 설화적 교설이나 신비적 언설에 매우 낯설다는 점을 고백하지 않을 수 없다. 그러나 입장을 바꿔 보면 그의 삶과 그 속에 내재한 정신맥락에 대해 학문적 의의와 가치를 두는 데 결코 인색해서는 안 된다는 점을 깨닫게 되었다. 이에 본고는 먼저 다양한 모습으로 살아 온 그의 삶을 더듬어 보고, 그가 평생 추구한 뜻과 이상이 무엇인가를 조명해 보며, 끝으로 권태훈의 삶과 가르침이 오늘의 우리들에게 주는 교훈이

각은 추호도 없다. 인생의 길은 각자의 몫이고 그 나름대로 의미가 있기 때문이다.

5) 필자는 봉우의 일생을 통해 드러난 다양한 측면의 삶에 주목하고자 한다. 그의 말과 글은 설화적 성격, 신비적 요소가 많으며 체계적인 사상면모를 볼 수 있는 글은 부족하다.

6) 김지선, 〈21세기 한국 신선설화로서 바라본 봉우 권태훈〉,《2014년 한국도교문화학회춘계학술대회논문집》, 한국도교문화학회, 2014. 43쪽.

무엇인가를 생각해 보고자 한다.

2. 다양한 모습으로서의 '봉우 권태훈'

대부분의 사람들은 한 가지 인생을 살기도 어렵다. 그런데 권태훈의 평생은 다양한 모습으로 그려지고 있다. 어느 누구도 흉내 내기 어려울 만큼 많은 일들을 했고, 수많은 사람들과 교유하면서 다채로운 모습으로 살았다. 권태훈은《백두산족에게 고함》결론 부분 〈나의 오해된 모습〉에서 자신을 이렇게 묘사하고 있다.

세상에서 나를 도인이라고 하나, 나는 결코 도인이 아니다. … 다만 세속에서 때를 묻히며 살아가는 한 사람의 늙은 학인(學人)에 불과하다. 누구는 나를 시인으로 대접하지만 … 스스로 시인이라고 여긴 적이 없다. 나는 술객(術客)이라 불리기도 하는데 고대문화에 관심이 많아 천문, 지리, 수리 등에 취미를 가졌을 뿐, 전문적인 술객의 위치에 이르지는 못하였다. 나는 흔히 종교인으로 취급되는데 다만 대종교에 뜻을 두고 있을 뿐이다. 나는 의학을 다루는 사람으로 알려져 왔다. 한 때 나는 정권욕이 많은 사람으로 취급받아 왔다.

권태훈은 그 스스로 세상이 자신에게 불러 주는 이름이 너무 많다고 소개한다. 도인(道人), 시인, 술객(術客), 종교인, 의사, 정치인 등 다양한 모습으로 자신을 불러 준다고 말하고 있다. 그러므로 〈지나간 인생의 잘못을 회상함, 추기〉에서는 자신이 걸어 온 길을 수리학, 심리학, 정신학, 한시, 사업에 투기, 신문사 지국, 약업, 벌채사업, 일본생활, 영어생활, 수차의 낭인생활, 풍수가, 국회의원 입후보[7] 등 파란만장하게 표현하고 있다. 이를 통해서도 우리는 봉우의 삶이 어떠한 것인가를 충분히 이해할 수 있다. 그런데 이러한 봉우의 삶은 크게 세 가지 측면에서 조망해 볼 수 있다.

첫째, 민족주의자로서의 삶이다. 그는 이미 10세 때 대종교의 지도자 나철(羅喆)을 만나 민족의식에 눈을 떴고, 또 12세 때 영동에서 은사 박창화(朴昌和)로부터 민족의식을 배웠다. 18세 때에는 이문회(以文會)에 출입해 최남선(崔南善), 홍명희(洪命憙), 한용운(韓龍雲), 이광수(李光洙) 등 당대의 명사들로부터 국학에 눈을 뜨고 민족의 자긍을 배웠다. 20세 때 1919년 3.1운동이 발발하자 독립선언서를 배포하고, 만주에 들어가 김규식(金圭植) 장군의 휘하에 들어가 4년 동안 항일무장투쟁에 참여하였다. 42세 때에는 의열단(義烈團)사건으로 7개월간 대전경찰서에 구금당한 바 있고, 해방 후 50세 때에는 김구(金九)선생의 한국독립당에 참여해 대한민국의 건국운동에 참여하였다. 무엇보다 그가 일생을 추구해 온 백두대운론(白頭大運論)이나 단학(丹學)운동이 바로 민족운동의 일환이었다.

둘째, 단학 종교운동이다. 그는 이미 6세 때 모친으로부터 민족고유 수련법인 조식법(調息法)을 배웠고, 8세 때 부친을 통해 대황조 한배검의 후계라는 계시를 받았다. 13세 때에는 영동에서 당대 민족 선도계(仙道界)의 거인이던 김일송(金一松)을 만나 영향을 받았고, 19세 때 황해도 구월산으로 그와 함께 동행 입산하여 각종 심법을 전수받았다. 또 계룡산에서 동지를 규합 정신수련 결사를 시작하고, 25세 때에는 중국을 방문해 중국 도계(道界)의 권위자 왕진인(王眞人)을 나부산(羅浮山)에서 만나고, 중국 도교의 발상지 강서성 용호산(龍虎山)의 장천사(張天師)를 방

---

7) 정재승 편, 《봉우일기1》, 정신세계사, 1998, 61~66쪽.

문하고 장도릉(張道陵)의 유적을 답사하기도 하였다. 29세 때에는 금강산, 묘향산에 들어가 석굴에서 수련을 하고, 그 이듬해 겨울 계룡산 갑사 계곡에서 입산 수련을 하였다. 31세 때 청년들에게 연정(研精)을 권하고, 35세 때까지 매년 몇 달씩 농한기 겨울에 정신수련을 계속하였다. 이 해 계룡산에 연정원(研精院) 건물을 낙성하고 '연역재(演易齋)'라 이름하고, 49세 때 계룡산 석굴에서 동지 7, 8인이 모여 '용산연정원(龍山研精院)'이라 결사하기도 했다. 60세 때 계룡산 상신리에 연정원(研精院)을 신축하였고, 83세 때에는 대종교(大宗敎)의 총전교(總典敎)에 취임하였다. 이어 87세 때 마침내 한국단학회연정원(韓國丹學會研精院)을 설립 총재에 취임하였고, 90세 이후 자신의 이념과 사상 그리고 종교의 뜻을 담은 저서 《백두산족에게 고함》, 《천부경의 비밀과 백두산족 문화》, 《민족비전 정신수련법》 등을 출간하였다.

셋째, 유교적 현실참여이다. 그는 여말선초의 명유(名儒) 양촌 권근(陽村 權近)의 17대손이며, 부친 또한 한학에 조예가 깊었다. 8세 때 사서삼경을 비롯한 13경과 수많은 책을 읽었고, 14세 때 부친의 서신을 가지고 면우 곽종석(俛宇 郭鍾錫)을 배알하면서 그를 평생 존경하였다. 53세 때에는 지방의회 선거에 출마해 낙선하기도 하고, 그 이듬해에는 충청남도 교육위원회 위원 선거에 출마하여 당선되기도 했다. 아울러 87세 때에는 유도회(儒道會) 이사장에 취임하여 한국유림의 지도자로서 활동하기도 하였다.

이러한 봉우의 삶의 족적은 역사의 질곡과 더불어 매우 이채로운 것이었으며, 때로는 죽음의 위기에서 기적적으로 생존하는가 하면, 가난과 질병, 그리고 처절한 낭인생활 속에서도 오로지 '민족', '단학수련'이라는 종지(宗旨)는 일관되게 지켜 왔던 것이다.

3. 평생 추구한 뜻과 이상

1) 백두산족(白頭山族)의 자긍(自矜)

봉우가 평생 추구한 뜻과 이상이 무엇일까? 필자는 그것이 바로 '백두산족의 자긍'이라고 생각한다. 그의 말과 글 그리고 그가 평생 살아 온 인생의 지향이 한민족의 자긍에 있었다. 달리 말하면 우리 민족이야 말로 세계문명의 시원이며 발상지라고 본 것이다. 이에 대한 봉우의 설명을 보기로 하자.

정신의 빛을 돌이켜 자아 및 인간의 시원을 거슬러 올라가 보면 그 맨 첫 자리(시간적으로는 약 1만 년 전)에 인류의 첫 밝은 이 한배검이 계신다는 것이다. 한배검은 당시 전 지구적 대홍수로 인한 개벽 이후 가장 높은 지역위에 위치하여 세계의 중심이 된 우리나라에서 탄생, 온 겨레의 정신적 교사이자 조상이 되었으며, 현 인류의 뿌리인 5족을 교화(敎化), 치화(治化), 이화(理化)하였다는 것이다. 이후 우리 민족은 상고시대부터 세계 최고 문명의 건설자이자 전파자가 되었으며, 한배검의 가르침을 받은 각 종족들이 중국대륙, 인도, 중동지역 등으로 퍼져 세계에 여러 문명이 건설되었다는 것이다.[8]

그는 백두산족의 시조인 대황조 한배검이 지금으로부터 약 1만 년 전에 재위하였다[9]고 믿는다.

그가 항상 말하는 대황조(大皇祖: 한배검)가 동양문화의 원시가 되고, 대황조의 교화가 유불선(儒佛仙)의 분파가 된 것이라는 우리 고대문화와

---

8) 정재승 편,《봉우일기1》, 정신세계사, 1998, 13쪽.
9) 정재승 편,《봉우일기2》, 정신세계사, 1998, 465쪽.

역사를 다시 회생시켜 보자는 것이 목표라고 한다.10) 즉 오늘날 세계문
명이라고 하는 유교, 불교, 도교, 기독교, 회교는 물론 희랍사상까지 모두
가 대황조 한배검의 교화라고 보는 것이다. 이러한 신념체계는 우리 민
족의 우월성, 자긍이 극대화된 표현이다. 같은 맥락에서 봉우는 황백전
환론(黃白轉換論)과 백산대운론(白山大運論)을 주장하게 된다.

> 물질문명의 극이 머지않아 정신문명과 교체할 단계에 왔다는 것을
> 나는 다시금 강조한다. 이 새로운 정신문명의 건설자, 곧 미래 5,000년
> 조화세계의 주역은 바로 우리 백두산족임을 모두와 함께 기뻐하는 것
> 이다.11)

봉우는 백인중심의 물질문명이 극도에 달해 이제 황색중심의 정신문
명으로 교체할 시점에 이르렀다고 예언한다. 따라서 이 새로운 정신문명
의 건설자, 미래 5,000년 조화세계의 주역이 바로 우리 백두산족이라고
확신하고 믿는 것이다. 이것이 그가 말하는 황백전환론(黃白轉換論)이요
백산대운론(白山大運論)이다. 이러한 이론은 봉우의 신념이면서 또 신앙
이기도 하다.

이러한 관점에서 백산대운에 대처하는 방법론으로 연정(硏精)수련의
필요성이 제기된다. 뒤에서 서술하겠지만, 봉우의 일생에서 하고자 했던
과업이 곧 연정수련의 결사요 이를 통한 정신문명의 부활과 백두산족의
사명을 완수하는 것이었다. 다음 글은 봉우의 연정원에 대한 존재이유를
잘 설명해 준다.

---

10) 정재승 편, 《봉우일기1》, 정신세계사, 1998, 88쪽.
11) 봉우사상연구소 엮음, 《봉우선인의 정신세계》, 정신세계사, 2001, 232쪽.

우리의 연정원 목표라는 것이 무엇인가? 내가 항상 말하는 우리의 대황조가 동양문화와 종교의 근원이 되고, 대황조의 교화가 유교, 불교, 도교의 분파를 이루었다는 우리 고대문화와 역사를 다시 회생시켜 보자는 것이다.12)

연정원에서 수양하는 방식은 바로 대황조께서 가르치신 방식대로 하는 것인데, 이것은 우리나라에서 유구한 세월을 두고 우리 조상들이 계계승승해서 성쇠를 거듭하여 전해 오던 법이요, 이 법이 우리 조상 으로부터 중국으로 전해지고 곤륜산을 넘어서 소아시아 지역으로 가고 천산을 넘어 인도로 들어간 것이다. 중국으로 가서 유교와 도교가 되고 인도로 가서 불교가 되며, 소아시아로 가서 회교가 되고, 또 예수교가 되었다. 즉 연정원의 정신수련 방식이 유교, 불교, 도교의 3교와 예수교, 회교 등과 근본적으로 동일한 방식이요, 현대 서양에서 정신과학을 연구한 것이나 다 같은 것이다.13)

그런데 현대에 와서 겨레 얼의 주체이자 내재인 심종(心宗)은 사라지고 그 외현(外顯)인 교종(敎宗)만이 남게 되었으니, 현재의 한국사상은 혼백은 없고 형해(形骸)만 존재하는 꼴이 되어 버렸다고 한탄한다. 봉우는 이를 몹시 안타깝게 여기고 온전한 민족혼의 복원 방법으로서 민족고유 정신수련법의 부흥을 주창하였던 것이다. 그 자신 또한 정신수련을 통하여 심교(心敎) 양면의 조화를 꾀하였고, 현재와 같은 사상적 불균형을 해소해야만 자아와 세계의 우주적 정립이 가능하다고 보았다.14)

---

12) 봉우사상연구소 엮음, 《봉우선인의 정신세계》, 정신세계사, 2001, 264쪽.
13) 봉우사상연구소 엮음, 《봉우선인의 정신세계》, 정신세계사, 2001, 264쪽.
14) 정재승 편, 《봉우일기1》, 정신세계사, 1998, 13쪽.

이렇게 볼 때, 봉우의 정신 중심은 정재승이 말한 대로 '대황조 한배검의 홍익인간' 이념이라 할 수 있다.[15] 봉우는 오늘의 한국사상계가 교종만 남고 심종은 사라져 버렸다고 한탄하고, 심종의 복원을 위해 전통수련법인 연정수련을 부흥시켜야 한다고 보았다.

봉우는 "나라 없는 도인(道人) 없고, 나라 없는 학인(學人) 없다"[16]고 하여, 나라와 민족이라는 공동체를 중시하였다. 한말 유학에서도 나라가 먼저냐 도가 먼저냐 하는 논쟁으로 화서학파(華西學派)와 간재학파(艮齋學派)가 갈등한 것은 잘 알려진 사실이다. 이에 대해 봉우는 나라와 민족이 없는 도는 있을 수 없다는 민족주의적 입장을 잘 대변하고 있다.

이러한 봉우의 한배검 대황조 사상이나 백산대운론은 이미 어렸을 때부터 싹텄던 것으로 보인다. 즉 그는 9세 때 나철(羅喆)이 서울 마동에서 대종교(大宗敎)를 창설할 때 참가하여 11세까지 서울에 있을 때 참배를 하였다.[17] 이에 대한 그의 견해를 참고해 보기로 하자.

어려서부터 당시 10세 때에 단군교(檀君敎)에 입교해서 도사교(都司敎: 단군교의 총책임자)이신 홍암 나철(弘巖 羅喆) 선생을 모시고 교리를 받았습니다. 그 후 경술국치 후 남북분단이 되었으나 소생은 소년시대부터 망국민족으로 민족운동에 헌신하고 현대교육을 받지 않고 방랑생활로 일생을 보냈습니다. 일정에서는 소생을 고등 요시찰 인물로 취급해서 행동이 자유롭지 않았으나, 자신의 행동에 얼마쯤은 자유가 있어서 만주, 중국, 일본 방면으로 주유(周遊)하며 우리 백두산족의 고래(古來)와 장래에 대해서와, 또 국내에서도 당시 생존하신 고대 철

---

15) 정재승 편,《봉우일기1》, 정신세계사, 1998, 10쪽.
16) 정재승 편,《봉우일기1》, 정신세계사, 1998, 11쪽.
17) 정재승 편,《봉우일기1》, 정신세계사, 1998, 315쪽.

학자들과 교제도 많았었고, 직접 입산수련도 해보았습니다. 그래도 변치 못하는 것은 백두산족의 장래를 연구하는 마음과 대황조(大皇祖)신앙이었습니다.18)

이처럼 백두산족의 자긍과 대황조 신앙은 그의 일생을 통해 변치 않는 신념이었고, 어린 시절에 잉태되어 생애를 마칠 때까지 일관된 것이었음을 알 수 있다. 그러므로 그는 대황조 신앙의 교과서인《천부경(天符經)》에 대한 현토(懸吐)19)를 달기도 하고,《천부경》에 대한 간략한 해설도 하고 있는 것이다.20) 이러한 봉우의 주장과 이론은 학문적으로 많은 이론의 여지가 있는 것이고, 또 허황된 이론이거나 객관성을 결여했다는 비판을 면키 어렵다. 다만 여기에서는 봉우의 주장과 이론을 단학신앙 내지 설화적 차원에서 이해하고자 한다.

2) 단학의 복원

둘째로 봉우의 일생을 통해 그가 추구하고자 한 것이 민족 신앙으로서 단학의 복원이었다. 그런데 봉우의 말과 글 그리고 단학계에서 사용하는 용어는 매우 혼란스러운 측면이 많다. 예컨대 도가와 도교의 경우도 엄밀히 말하면 구분해 볼 수도 있고 합해 볼 수도 있으며, 그 밖에 선도(仙道), 도교(道敎), 단군교(檀君敎), 대종교(大宗敎), 현묘지도(玄妙之道), 풍류도(風流道), 단학(丹學) 등의 용어들이 엄밀한 분별없이 혼용되어 사용되고 있다. 필자는 봉우가 평생 추구한 것이 민족종교, 민족정신, 민족수련법의 복원이었다고 생각한다. 도교의 경우도 한국도교의 특징

---

18) 정재승 편,《봉우일기2》, 정신세계사, 1998, 339~340쪽.
19) 정재승 편,《봉우일기1》, 정신세계사, 1998, 309~310쪽.
20) 정재승 편,《봉우일기2》, 정신세계사, 1998, 329~332쪽.

을 민족주의에서 찾는다는 점에서 선도, 단학, 대종교, 풍류도 등과 그 궤를 함께한다고 이해된다. 따라서 필자는 이러한 민족종교 일체를 '단학'이라는 말로 표현하고자 한다. 봉우가 단학에 일생을 바치게 된 것은 이미 6세 때 모친으로부터 조식법을 배웠고, 8세 때 부친을 통해 대황조 한배검의 계승자라는 계시를 받았다. 그리고 13세 때 영동에서 당시 우리 민족 선도계(仙道界)의 거인이었던 김일송(金一松)을 처음으로 만나면서 이루어졌다. 19세 때 그는 은사 김일송을 수행하고 구월산에 입산수련을 한 것이 일생동안 정신수련의 도문(道門)을 열어놓은 것이라고 회고하고 있다.21) 25세 때에는 극도의 생활고에 시달리면서도 중국을 방문하여 당시 중국 도계의 살아 있는 신선 왕진인(王眞人)을 광동성 나부산(羅浮山)에서 만났으며, 중국 도교의 발상지인 강서성 용호산(龍虎山) 장천사(張天師)를 방문하여 장도릉(張道陵)의 유적을 답사하기도 했다. 이처럼 봉우는 어려서부터 민족종교, 민족신앙에 눈을 떴고, 이에 깊은 관심을 갖고 국내는 물론 중국, 일본까지 넘나들며 도계의 인물들을 만나고 배우고 교유했던 것이다.

또한 봉우는 1만 년 이상 전해 내려온 국유현묘지도(國有玄妙之道), 풍류도(風流道), 선도(仙道)의 정맥(正脈)이 조선시대에 이르러 사대적 외세 의존사상의 주류에 휩쓸려 단절될 위기에 처했을 때, 유일하게 민중 속에 전해져 그 맥을 이어 주었던 북창 정렴(北窓 鄭磏: 1506~1549) 의 선도(仙道) 수련서인《용호비결(龍虎秘訣)》을 근대에 이르러 재 발굴하고 현대에까지 그 민족 사상사적 중요성을 강조하였다.22) 이《용호비결》을 집필한 정렴의 본의는 수단법(修丹法)의 오묘한 비전(秘傳)을 공개해서

---

21) 정재승 편,《봉우일기2》, 정신세계사, 1998, 250쪽.
22) 정재승 편,《봉우일기1》, 정신세계사, 1998, 16쪽.

후학 등 동고자(同苦者)들을 한 사람이라도 구제해야 한다는 뜻이다.23)
봉우가 역사상 인물들 중에 존경하는 인물들은 모두가 이 단학을 실천했
다고 믿는 사람들이다. 예를 들면 점필재 김종직(佔畢齋 金宗直:
1431~1492), 매월당 김시습(梅月堂 金時習: 1435~1493), 이조국, 화담 서
경덕(花潭 徐敬德: 1489~1546), 퇴계 이황(退溪 李滉: 1501~1570), 동고 이
준경(東皐 李浚慶: 1499~1572), 율곡 이이(栗谷 李珥: 1536~1584), 북창 정
렴(北窓 鄭𥖝: 1506~1549), 구봉 송익필(龜峰 宋翼弼: 1534~1599), 고청 서
기(孤靑 徐起: 1523~1591), 토정 이지함(土亭 李之菡: 1517~1578), 사가정
서거정(四佳亭 徐居正: 1420~1488), 도황명, 다산 정약용(茶山 丁若鏞:
1762~1836) 등이 모두가 단학군(丹學群)에 포함된다고 보고 있다.24)

봉우는 말하기를, "우리의 교리는 《삼일신고(三一神誥)》를 주로 하되
우리가 보고 알게 해석할 필요가 있는 것이다. 우리의 이 교는 우리만이
걷는 노정(路程)이 아니요, 우주에서 움직이는 군생만물(群生萬物)들이
모두 걷는 대도라는 것을 알아야 한다"25)고 하여 《삼일신고》가 신앙의
교리가 되어야 한다는 점을 분명히 하고 있다.

또한 봉우는 이런 관점에서 최치원(崔致遠)의 〈난랑비서문(鸞郎碑序
文)〉에 나오는 유불선(儒佛仙) 3교의 조화일치가 민족 신앙의 본질임을
강조한다. 신라 고유의 풍류도(風流道)야 말로 유교, 불교, 도교의 요소를
다 포함한 민족종교의 원형이며, 이 전통을 계승한 것이 바로 단학이라
고 확신하는 것이다.

그는 후학들에게 유불선 3교가 그 근원은 하나이고 귀착점도 하나라
고 늘 강조하며, 3교의 평등성을 말하였으며, 깨달으면 다 똑같으니 배우

---

23) 정재승 편, 《봉우일기2》, 정신세계사, 1998, 178쪽.
24) 정재승 편, 《봉우일기2》, 정신세계사, 1998, 421~422쪽.
25) 봉우사상연구소 엮음, 《봉우선인의 정신세계》, 정신세계사, 2001, 237쪽.

는 자들은 모름지기 사상의 시비를 제일 금기로 삼고 경계해야 한다고 누누이 강조하였다.

봉우는 이와 같이 신채호(申采浩), 최남선(崔南善), 정인보(鄭寅普) 등 국학자의 전통을 이어받으면서 조선 단학의 전통을 계승한 20세기 선도 인이자 사상가이며 민족 운동가였다고 볼 수 있다.[26]

3) '연정수련'의 계승

봉우가 평생 추구한 것의 하나가 '연정수련(硏精修鍊)'의 계승이다. 그는 우리 민족이 세계 문명의 중심이며 문화의 시원이라고 보는 관점에서 한배검 정신의 계승 방법으로 연정수련의 필요성을 강조하였다. 그는 연정원의 목표를 다음과 같이 설명한다.

우리의 연정원 목표라는 것이 무엇인가? 내가 항상 말하는 우리의 대황조가 동양문화와 종교의 근원이 되고 대황조의 교화가 유교, 불교, 도교의 분파를 이루었다는 우리 고대문화와 역사를 다시 회생시켜 보자는 것이다.[27]

내황조의 문화, 대황조의 교화가 동양문화, 동양종교의 근원이라는 입장에서 이를 계승 발전시키기 위해 연정원이라는 결사가 필요하다고 본 것이다. 따라서 연정원은 결국 전통적, 민족적 수련방식을 오늘에 되살리자는 것이며, 이를 통해 우리 민족의 문화적 자긍을 실현하고 나아가 세계일가, 대동평화의 이상을 실현하는 데 주도적 역할을 해야 된다고

---

26) 김지선, 〈21세기 한국 신선설화로서 바라본 봉우 권태훈〉, 《2014년 한국도교문화학회 춘계학술대회논문집》, 43쪽.

27) 봉우사상연구소 엮음, 《봉우선인의 정신세계》, 정신세계사, 2001, 264쪽.

보았다. 그는 연정수련의 당위와 그 의의에 대해 다음과 설명한다.

　연정원에서 수양하는 방식은 바로 대황조께서 가르치신 방식대로
하는 것인데, 이것은 우리나라에서 유구한 세월을 두고 우리 조상들이
계계승승(繼繼承承)해서 성쇠(盛衰)를 거듭하여 전해 오던 법이요, 이
법이 우리 조상으로부터 중국으로 전해지고 곤륜산을 넘어서 소아시
아 지역으로 가고 천산(天山)을 넘어 인도로 들어간 것이다. 중국으로
가서 유교와 도교가 되고 인도로 가서 불교가 되며, 소아시아로 가서
회교가 되고, 또 예수교가 되었다. 즉 연정원의 정신수련 방식이 유교,
불교, 도교의 3교와 예수교, 회교 등과 근본적으로 동일한 방식이요,
현대 서양에서 정신과학을 연구한 것이나 다 같은 것이다.28)

　봉우는 연정수련의 방법이 곧 대황조의 수련법임을 확언한다. 이는 오
랜 세월 이어 온 우리의 전통적 수련법이라는 것이다. 그리고 이것이 중
국, 소아시아지역, 인도로 건너가 유교, 불교, 도교, 회교가 되었다는 것
이다. 아울러 연정수련의 방법은 곧 이들 종교의 수련법과 동일한 방식
이며 나아가 현대 서양의 정신과학도 근본적으로는 같은 것이라 한다.
이러한 봉우의 주장은 매우 확신에 찬 것으로 종교적 성격이 짙은 것으
로 보인다.
　이와 같이 봉우사상의 특징은 우리 민족의 정신적 조종인 한배검의
가르침인 《천부경》과 홍익인간(弘益人間) 이념을 계승하여 민족사상의
원형을 복원하고자 하는 데 있다. 그 구체적 방법으로는 고유 현묘지도
(玄妙之道)의 정신수련법인 조식호흡론(調息呼吸論)과 정일집중론(精一

---

28) 봉우사상연구소 엮음, 《봉우선인의 정신세계》, 정신세계사, 2001, 264쪽.

執中論)이 있는데, 정일집중론이란 심종(心宗) 비전(秘傳)의 요지(要旨)로서 심오한 의미를 내포하고 있으나, 간단히 말하자면 '정신을 하나로 집중하되 중도(中道)를 취하라'는 뜻이다.29) 봉우는 연정 수련법으로 조식호흡론과 정일집중론을 제시하고 있으며, 정일집중론을 심종 비전의 요지로 이해하여 성리학적 이해와는 그 궤를 달리하고 있다. 봉우는 또 연정원의 목표에 대해 다음과 같이 설명하기도 하였다.

연정원의 주목표는 물론 정신을 연구하는 데 있으나 부수 조건으로 화학, 공학도 있고 문학과 체육학도 있다. 그러나 주목표는 여전히 정신연구다. … 내가 말하는 연정원이라는 것은 종교적 숭배정신을 가지고 정신을 연구하라는 것이 아니요, 인신(人身)은 소천지(小天地)니 천지인(天地人)의 합리화한 원리를 정신연구로 각오해서 물욕의 장벽으로 양지양능(良知良能)이 발휘 못하는 것을 다 환원해서 천지의 원리대로 품부(稟賦)한 인생이라 품부한 그대로 발휘하면 성자(聖者)도 될 수 있고 철인도 될 수 있다. … 내가 정신을 연구하라 하니 유신론자(唯神論者)로 알 것이나, 그것이 아니요 유물유신합치론(唯物唯神合致論)을 주장한다. 이원합일론(二元合一論)이다. 유물(唯物)만으로 만사를 해결할 수 없고 유신(唯神)만으로도 만사를 해결하지 못한다. 유물유신(唯物唯神)이 합치됨으로 전지전능(全知全能)이 되어 만사가 다 완전한 해결을 할 수 있고, 우리가 목표하고 나오는 연정원의 최고 정봉(頂峰)에 도달할 수 있는 것이다.30)

그는 연정원의 주목표는 물론 정신을 연구하는 데 있지만, 부수적으로

---

29) 정재승 편,《봉우일기1》, 정신세계사, 1998, 15~16쪽.
30) 정재승 편,《봉우일기1》, 정신세계사, 1998, 307~308쪽.

화학, 공학, 문학, 체육학에 대한 연구도 해야 한다고 하였다. 그는 연정원이라는 것을 종교적 숭배정신을 가지고 연구하라는 것이 아니라, 우리 몸이 곧 소천지니 천지인 일체의 원리를 깨달아서 물욕을 극복하고 천지 자연의 본성을 회복하면 성인도 되고 철인도 될 수 있다고 하였다. 그리고 그는 자신을 유신론자가 아니라 유물유신합치론자라고 하였다. 그는 유물만으로도 만사를 해결할 수 없고 유신만으로도 만사를 해결하지 못한다 하고, 유물유신(唯物唯神)이 합치됨으로써 전지전능(全知全能)이 되어 만사가 다 해결할 수 있고, 연정원의 최고 목표에 도달할 수 있다 하였다.

봉우는 "아무래도 내 머리에서 이 '연정원'이라는 세 글자가 죽기 전에는 사라지지 않을 것이다"[31]라고 하여, 자신의 일생을 통해 가장 절실한 과제요 소원했던 바가 바로 이 문제였음을 알 수 있다. 봉우는 연정수련법의 유래에 대해서 다음과 같이 자세히 설명하고 있으니 이를 참고하기로 하자.

백두산에 단군이 내리시고, 단군이 내리신 뒤에, 너희들 그렇게 해서는 동물과 마찬가지가 되니까 안 되겠다. 사람답게 살아야 한다는 것을 가르치기 위해서 각 부족들을, 산재한 부족들을 전부 불러다가 그러니까 세계 인류의 오색 인종을 모아놓고 가르치셨습니다. 사람 되는 도리를 가르치고, 먹고 사는 것을 가르치고, 또 인제 그러면 그것으로 족한 게 아니고 사람답게 사는 머리가 좋아져야 한다 하고, 사람노릇을 인간답게 시키기 위해 가르치실 적에 그 가르치시는 치화(致化) 중에 단(丹)이라는 것이 있더랬습니다. 그것을 호흡을 공부한다 그럽

31) 정재승 편, 《봉우일기1》, 정신세계사, 1998, 374쪽.

니다. 나중에 단이라고 했지. 첫 번엔 호흡을 조식을 해라 하는 조식공부로 들었어요. 글자가 나기 전에는 단이니 무엇이니 소리가 없고 말로 전해 내려오다가 여러 천년을 내려 와서 글자가 난 뒤에 처음으로 뭐다 이런 글자가 써지기 시작했어요. 그것이 5,000~6,000년 돼요. 그렇게 오래 안 돼요. 그리고 우리들의 인류를 미개했을 때 열리도록 해주신 것은 첫 단군, 그것이 약 8,000~9,000년 전입니다.[32]

봉우는 조식법(調息法), 호흡법(呼吸法), 단수련법(丹修鍊法)이 생겨 전해진 유래를 옛날 이야기처럼 설명하고 있다. 백두산에 강림한 단군이 세계 인류의 오색 인종에게 사람답게 살기 위한 방법으로 조식법을 가르쳤다는 것이다. 여기서 조식법이 생리적 건강뿐만 아니라 인간다움을 알고 깨닫는 도덕수련의 의미까지 겸하고 있음을 알 수 있다.

봉우는 또 이 연정수련법을 심종(心宗)의 차원에서 이해한다. 그는 공자도 아주 분명하게 교종(敎宗), 심종(心宗)을 갈라서 얘기를 하였다 하고, 우리 단학이라는 것은 교종이 아니고 심종이라고 규정한다. 그러나 그것이 우리만 있는 게 아니라 불가에서 팔만대장경 가지고 불서(佛書)만 따지는 쪽은 교종이고, 가만히 앉아서 참선하고 있는 쪽은 심종이라고 설명한다.[33] 이와 같이 봉우는 연정수련법이 교종이 아닌 심종계열이라고 보아 학문적 이론보다 내면의 수양과 실천을 중시한다고 보았다.

앞에서도 이미 언급했듯이 봉우는 이미 6세 때 모친으로부터 민족고유의 수련법인 조식법(調息法)을 처음으로 배우기 시작하였으니 어떻게 보면 운명적이라 할 수 있다. 마치 강보에 쌓인 채로 엄마 품에 안겨 크리스찬이 되고 불교신자가 되는 것과 마찬가지다. 8세 때에는 부친의 강

32) 정재승 편,《봉우일기2》, 정신세계사, 1998, 388~389쪽.
33) 정재승 편,《봉우일기2》, 정신세계사, 1998, 419~420쪽.

서(降書)를 통해 자신이 대황조 한배검의 후계임을 계시받았다. 그리고 13세 때 영동에서 당대 민족 선도계의 거인이던 김일송(金一松)을 만나 영향을 받고, 19세 때에는 김일송을 모시고 황해도 구월산에 입산하여 약 3개월간 선도수련을 하고 각종 심법을 배웠다.

그 후 봉우는 기회 있을 때마다 연정수련을 게을리하지 않았고, 동지를 규합하여 동맹수련을 도처에서 실천해 왔음을 그의 연보를 통해 잘 알 수 있다. 봉우는 연정수련의 효험에 대해 강한 확신을 갖고 있다. 즉 정신수련을 하면 학자는 자기 학과에 따라서 박사학위에 갈 만한 학력을 얻을 것이요, 운동가는 세계 현 기록쯤은 무난히 돌파할 수 있다고 장담한다.[34] 이러한 봉우의 얘기 또한 필자로서는 이해하기 어렵지만, 그 스스로는 확신에 찬 발언이며 어느 일면에서는 그만의 체험 속에 하는 말이기도 하다. 같은 맥락에서 역시 연정수련의 효능에 대해 다음과 같이 설명하기도 한다.

내가 말하고자 하는 것은 다만 정신수양법 중 자동법에 국한하고, 그 자동법 중에서도 불가 선법(禪法)이나 유가의 회광반조법(回光反照法)이 아니라, 순수한 호흡법으로 정신을 일치시키고, 기혈(氣血)을 조화시키며, 신체를 건강하게 함으로써 수명을 연장시킨 수 있는 자연적 효능을 가져오고, 이에 따른 기억력의 증진은 물론, 사고력이 초비상적이 되게 하는 백두산족 전래의 정신 수련법이다. 이 수련을 올바로 행하면 보통 사람의 열 배 이상 되는 정신력도 발휘할 수 있게 된다.[35]

34) 정재승 편, 《봉우일기1》, 정신세계사, 1998, 90쪽.
35) 봉우사상연구소 엮음, 《봉우선인의 정신세계》, 정신세계사, 2001, 248쪽.

봉우의 수련법은 순수한 호흡법으로 정신을 일치시키고 기혈을 조화 시키며 신체를 건강하게 하여 수명을 연장시킬 수 있는 장수법의 하나라 는 것이다. 그리고 기억력을 증진시키고 사고력에 있어서도 초능력을 갖 게 되어, 이 수련을 올바르게 잘 수행하면 보통사람보다 열 배 이상의 정 신력을 발휘할 수 있다고 한다.

또한 봉우는 연정수련의 단계와 과정에 대해서도 상세한 설명을 다음 과 같이 하고 있다.

제일 먼저 도(道)가 있어야 하고, 이 도를 행하고자 하는 학인(學人) 이 있어야 하고, 이 학인이 있으면 가르쳐야 되고, 가르침을 받은 후에 는 행해야 하는데, 이 행함이 있자면 믿음이 있어야 하고, 이 믿음이 공경으로 변해야 하고, 이 공경이 성실로 되어서 쉬지 않으면 마침내 목적지에 이르는 것이 우리 인간의 보통 이치요, 불변의 법칙이다. 이 궤도를 벗어 나서 행해지는 법이 없다는 것을 확실히 말해 두며, 이 행 저 행해서 별 행이 많은 것 같으나 결국 성공의 길을 행하자면, 이 성 (誠), 경(敬), 신(信)을 구비하고 쉼 없는 행함이 있어야 한다.36)

그는 이와 같이 무슨 일이든지 신(信), 경(敬), 성(誠)이 없이는 절대로 성공이 없다는 것을 확언한다. 이 세 가지 조건이 확보되면 성공 못하는 법이 없고, 운이 아무리 없는 사람이라도 이 세 조건이 확보되면 틀림없 이 행운을 불러들일 수 있다고 한다. 이것이 대인(大人)은 조명(造命)이 라고 운명론을 반대하는 이유라 하였다.37) 봉우가 연정수련법에서 중 시하는 이 성(誠), 경(敬), 신(信)은 사실 동학에서 최제우(崔濟愚)가 이미

---

36) 봉우사상연구소 엮음,《봉우선인의 정신세계》, 정신세계사, 2001, 243~244쪽.
37) 봉우사상연구소 엮음,《봉우선인의 정신세계》, 정신세계사, 2001, 245쪽.

강조해 온 것인데 봉우가 차용한 것이라고 보인다.

그는 또 이 도를 알자면 가르침이 있어야 하고, 가르침을 받자면 배워야 하고, 배우자면 행해야 하고, 행하려면 작(作)이 있어야 한다고 말한다. 작으로써 비로소 금수와 거리가 생겨 천지 자연 그대로 걷게 되면 이것이 진인(眞人)이요 성인(聖人)이요 현인(賢人)이요 또 군자도 되고 대인도 되고 영웅호걸도 되는 것이며, 충효경열(忠孝敬烈)이나 문장명필(文章名筆), 재자가인(才子佳人)이 다 될 수 있는 것이라 하였다. 우리가 천지의 대자연에 접근하자면 이 몸, 이 마음에서 잠시도 이 작(作)이라는 글자의 중요성을 잊어서는 안 될 것이며, 또한 도(道), 교(敎), 학(學), 행(行), 작(作)의 순서를 잊어서도 안 된다고 하였다.[38] 여기서 그는 수련의 단계적 과정을 도(道)-교(敎)-학(學)-행(行)-작(作)으로 순서를 잡고, 특히 작의 중요성을 강조하였다.

그 밖에도《봉우일기2》〈강연록(2)〉에서는 연정 16법과 6통해(六通解), 원상법요(原象法要), 지감(止感). 조식(調息). 금촉(禁觸), 신(信). 경(敬). 성(誠), 정일집중(精一執中), 거거거중지 행행행이각(去去去中知 行行行裏覺), 조식법의 유래, 조식의 목적 및 공효, 조식의 실제,《용호결(龍虎訣)》, 법분십육(法分十六) 등이 자세하게 설명되어 있다.

4. 봉우의 삶과 가르침의 의미

1) '민족'을 기반으로 한 신앙

봉우의 삶과 가르침을 통해 무엇을 배울 것인가? 첫째는 '민족'을 기반으로 한 신앙에 있다. 일찍이 6세 때 모친으로부터 민족 고유의 수련

---

38) 봉우사상연구소 엮음,《봉우선인의 정신세계》, 정신세계사, 2001,, 244쪽.

법인 조식법(調息法)을 배웠고, 10세 때 서울 종로 마동 단군교 포교당에서 도사교(都司敎) 나철(羅喆) 선생을 뵙고 가르침을 받고 11세 때까지 참배를 한 이후 평생 정신적 뿌리로 삼았다. 그의 민족주의적 성향은 어려서부터 이러한 배경에서 형성된 것으로 보인다. 그리고 12세 때 영동에서 소학교시절 박창화 선생으로부터 민족독립, 세계최강국 건설, 세계평화에 대한 메시지를 강하게 받고 헌신할 것을 맹세하였다. 또 13세 때 영동에서 당대 선도계의 큰 인물이었던 김일송(金一松) 선생을 배알하였고, 19세 때에는 함께 구월산에 들어가 3개월 동안 입산수련을 한 바 있다. 또 18세 때 이문회(以文會)에 출입하며 최남선, 홍명희, 한용운, 이광수, 임규(林奎), 권덕규(權悳奎) 등 당대 석학과 명사들을 만나 그들로부터 신사조에 눈을 뜨고 민족의식, 국학에 대해 관심을 갖게 되었다. 20대 이전 청소년기에 봉우는 이처럼 많은 인물들을 만나고 또 체험을 통해 민족에 눈을 뜨게 되어 평생 민족주의자로 살았다.

특히 그는 그의 반생을 나라 없는 식민지시대를 살았기 때문에 더욱더 민족의식은 강해졌다고 볼 수 있다. 20세 때에는 3. 1독립운동을 맞아 경북 평해에서 동해안을 따라 함경도 원산까지 배타고 다니며 항구마다 다니며 독립선언서를 뿌렸다. 또 만주에 들어가 당시 북로군정서(北路軍政署)의 상승장군(常勝將軍)이었던 노은 김규식(蘆隱 金圭植: ?~1929) 장군의 휘하에 들어가 약 4년 동안 항일무장투쟁에 참여하기도 하였다. 42세 때에는 의열단사건으로 7개월간 대전경찰서에 구금당하기도 하고, 46세 때에는 8. 15 해방이 되자 일제하 암약하던 동지들을 재규합하기도 하였다. 또한 50세 때에는 백범 김구(白凡 金九) 선생의 한국독립당에 입당하여 중앙집행위원 겸 계룡산특별당부위원장을 맡아 활동하기도 했다. 이처럼 그의 생애 표면에 드러난 민족운동 말고도 그가 평생 추구한 단학의 부흥, 연정수련의 활동이 모두 민족운동의 연속였던 것이다.

그런데 봉우의 민족운동은 종교적 성격을 띠고 있다는 점에서 남다른 바 있다. 그는 한편 평범한 조선 사람으로 일제하 민족의 독립을 위해 다양한 형태의 운동을 해 왔고, 다른 한편으로는 단학, 연정수련이라는 민족고유의 수련법 내지 종교운동을 통해 민족의 전통적 맥을 잇고자 했다. 그의 민족운동이 종교적 성격을 강하게 갖는 이유는 '민족'에 대한 한없는 사랑과 지극한 긍지가 합리적 서술보다 설화적, 신비적 언어로 표현되었기 때문이다.

그러므로 봉우는 신채호, 최남선, 정인보 등 국학자의 전통을 이어받으면서 조선 단학의 전통을 계승한 20세기 선도인이자 사상가이며 민족운동가였다.39) 또 봉우의 삶은 민족주의자의 모습으로 오롯이 그려지며, 민족정신을 밝히고자 평생을 노력하였다. 또한 전통의 체술(體術)과 수련법을 밝히고 이를 전한 인물로도 평가할 수 있다.40) 이처럼 봉우는 분명 민족주의자였으며,41) 그의 사상과 행동에서 가장 특징적이고 의미 있는 것은 민족주의 정신으로 나타난 것이다.42)

그간 나는 가정생활고보다도 항상 염두에서 떠나지 못하는 것이 민족운동이었다. … 음적, 양적으로 내 역량 있는 대로 불휴(不休)의 노력을 해온 것이다. 이 관계로 일경에게 수십차 영어생활을 하였다. … 비록 미미하나 민족 운동자 입내는 자임하는 것이다. 남이야 무어라 하

39) 김지선, 〈21세기 한국 신선설화로서 바라본 봉우 권태훈〉, 《2014년한국도교문화학회춘계학술대회논문집》, 한국도교문화학회, 2014, 43쪽.

40) 이봉호, 〈봉우 단학에서 '씨알'의 의미와 그것을 회복하는 수련법〉, 《2014년 한국도교문화학회춘계학술대회논문집》, 한국도교문화학회, 2014, 6쪽.

41) 정재서, 〈봉우 권태훈과 한국도교 간론〉, 《봉우선인의 정신세계》, 정신세계사, 2001, 18쪽.

42) 윤명철, 〈봉우선생의 사상과 고구려 정신〉, 《봉우선인의 정신세계》, 정신세계사, 2001, 23쪽.

든지 내 자신은 이 정신이 있을 뿐이요 가족도 동일할 뿐이다.[43]

《봉우일기》에 담긴 이 담백한 그의 얘기는 그의 일생이 '민족'에 있었음을 잘 말해 준다. 자신의 궁핍한 생활고보다 늘 민족을 걱정해 왔고, 남이야 뭐라 하든 말든 그 스스로는 민족운동가요 오로지 민족의식에 가득 차 있었다는 고백이다.

이렇게 볼 때, 봉우의 일생, 그리고 그가 남긴 말씀과 글속에 담긴 메시지는 '민족'의 자긍에 있고, 그 표현은 종교적 수식으로 가득 차 있다고 말할 수 있다. 즉 세계문명의 근원이 우리 백두민족에게 있고, 인류문명의 중심이 대황조 한배검사상에 있음을 천명한 것이다. 그리고 이 자랑스런 민족정신을 올바르게 알고 계승하기 위해 단학을 부흥시키고 연정수련을 이어 가야 한다는 것이라 생각된다.

2) 탈지성적 사고의 유희

봉우의 삶과 글속에서 무엇을 배울 것인가? 둘째로 탈지성적 사고의 유희다. 앞에서도 지적했지만 봉우의 삶 속에는 신비적인 체험의 기록들이 많이 보인다. 그는 1920년 21세 때 중병으로 약 4개월간 앓다가 11회에 걸쳐 혼절을 하고, 4일 동안 숨이 끊어져 손발을 묶인 채 칠성판 아래에 눕혀 병풍 뒤에 있었다 한다. 그때 영남의 채인근(蔣仁根)이란 사람이 곽종석(郭鍾錫)에게 학문적 질문을 하니, 모월 모일에 공주 계룡산 밑에 권태훈을 찾아가 꼭 물어 보라고 하여 찾아왔다고 하였다. 그런데 막상 와보니 이미 세상을 떠났다 하니, 그가 시신이나 보아야겠다 하고 병풍을 열어 보니 눈을 뜨고 살아 있었다는 것이다. 이를 계기로 목숨을 건져

---

43) 정재승 편,《봉우일기1》, 정신세계사, 1998, 325~326쪽.

살게 되었다 한다. 그리고 이 나흘 동안 죽음 속에서 이루어진 꿈 얘기가 생생하게 그려져 있고, '봉우(鳳宇)'라는 호도 이때 누군가 불러 준 기억 속에 자호(自號)로 삼게 되었다 한다.44)

또한 1963년에 쓴 〈기몽(記夢)〉이라는 글에서는 "병중에 밤낮없이 와석 중이었다. 우연한 가운데 대광명(大光明)이 천지를 보조(普照)한다. 내가 무상무하(無上無下)하고 전후좌우(前後左右)에 광화(光華)만 밝힐 뿐 어느 것인지 알 도리가 없다. 안전(眼前)에 대광명(大光明)할 뿐인데 무슨 음성이 들린다. 개안(開眼)하고 보니 … 눈 앞에 보이는 것은 한자와 ○字요. 토(吐)는 음성에서 들릴 뿐이다"45)라고 자신의 신비적 체험을 적고 있다.

또한 백산대운론(白山大運論)에 대해서도 8세 때 부친의 강서(降書)에서 이 가르침을 받아 평생 믿고 지켜 왔다고 다음과 같이 말하고 있다.

백산대운(白山大運)이 오는 것은 내가 8세 때에 내 선친께서 대황조 (大皇祖) 옥황상제(玉皇上帝)가 합강(合降)하신 강서(降書)에서 "천지대 운(天地大運)이 3,000년 만에 아동방(我東邦)으로 회운(回運)했다. 이 시기는 인아(寅兒: 鳳宇의 兒名) 생전에 오고, 인아가 북극중천 자미궁 (北極中天紫微宮)에서 하세(下世)해 이 대운의 출발신호를 책임질 것" 이라 강서(降書)하시었다. 그러나 내 일생에 무재무능(無才無能)하여 참좌(參座)할 자격이 없는 데야 어찌하리오. 그러나 이것을 알고, 이것 을 구호처럼 알고 일생을 지내온 나다. 점점 때가 가까워 온 것이 확실 하다. 백사불계(百事不計)하고 멀거니 서서 관광이나 해보자.46)

44) 정재승 편,《봉우일기1》, 정신세계사, 1998, 449~452쪽.
45) 정재승 편,《봉우일기2》, 정신세계사, 1998, 56쪽.
46) 정재승 편,《봉우일기2》, 정신세계사, 1998, 252쪽.

여기서 봉우는 부친이 받은 옥황상재의 강서에서 천지대운이 3천년 만에 우리 동방으로 회운(回運)해 오는 데 있어서 그 대운을 책임질 인물로 규정되어 있음을 알 수 있다. 본인은 스스로 겸양해 하지만 봉우 자신이 이 부친의 계시를 평생 믿고 따른 것임을 알 수 있다. 이러한 정황은 수운 최제우(水雲 崔濟愚)나 증산 강일순(甑山 姜一淳) 등 종교지도자들에게서 보이는 공통적 현상이다. 종교적, 신앙의 차원에서 이해할 수밖에 없는 얘기다.

봉우는 연정수련, 단학수련의 공효에 대해서도 "올림픽 대회에서 현행되는 신기록은 우리의 수양법으로 정신연구를 연결하면 2개년이라는 단시일이면 자신 있게 신기록을 내겠다고 내가 주장하는 것이다. 각 종목을 통해서 전부 그렇다는 것은 아니나, 반수 이상 자신만만한 것이다"[47]라고 확신한다. 즉 연정수련을 체육수련, 운동훈련에 적용하면 대부분의 종목에서 상상을 초월하는 초 신기록이 가능하다는 말이다. 또 그는 이른바 시해법(尸解法)에 대해서도 논한다. 그는 말하기를 "공부가 어느 정도 되면 시해(尸解)[48]를 해야 한다. 시해 중에 독서한 것은 절대 안 잊어먹는다. 시해 장소는 산중 석굴이나 물속 등 사람의 출입이 없는 곳을 골라 한다"[49]고 하여 신비적인 경지를 일컫고 있다. 사람이 눈을 감고 죽되 혼은 남기고 육신에서 이탈한다는 시해법을 공공연히 말하고 있는 것이다. 이 역시 과학적으로 의학적으로 가능한가 하는 시비는 여기서 의미가 없다. 봉우는 또 산신(山神)은 하늘에서 산신자리를 맡기면 임명되는 것이라 하고, 보통 각 지역의 주산에는 산신이 존재하는데 산주가 되

---

47) 정재승 편,《봉우일기1》, 정신세계사, 1998, 338쪽.
48) 尸解란 눈 감고 죽되 혼 줄은 남기고 육신에서 이탈하는 것이라 한다.(《봉우일기2》, 461쪽)
49) 정재승 편,《봉우일기2》, 정신세계사, 1998, 461쪽.

려면 적어도 정신계 유단자로서 2계 이상 가야 그 자격이 주어진다고 한다. 그리고 속리산은 동고 이준경(東皐 李浚慶)이 산신으로 주재하고, 관악산은 정몽주(鄭夢周)가 산신이었다가 1990년대에 들어와 강감찬(姜邯贊) 장군으로 바뀌었으며, 지리산은 최치원(崔致遠)이 산주였는데 1990년대 들어와 조식(曺植)으로 바뀌었고, 서대산은 송시열(宋時烈)이 산주라 기술하고 있다.[50] 이러한 산신(山神), 산주(山主)에 대한 논의도 합리적인 설명으로는 이해하기 힘든 것이고, 탈지성적 상상의 설화나 신앙의 차원에서 이해될 수 있는 것이다.

봉우는 또 부적은 그것을 쓰는 사람의 정신적 능력이 들어가야 효과를 발한다 하고, 그냥 베껴 쓰면 아무 효과도 없다고 하였다.[51] 도교적 부적의 효험에 대해 논하고 있다. 그리고 또 그는 "공부 성공한 이 치고 신통술(神通術) 못하는 사람 하나도 없다"[52]고 하여 신통술을 거론하는가 하면, 나아가 둔갑술(遁甲術), 축지법(縮地法)을 소개하기도 한다.[53] 이러한 신비적 방법의 소개 역시 합리적인 이해로는 납득하기 어렵다.

봉우는 말하기를 "도방(道坊)에서 잠 안자는 시험은 내가 제일 자신 있다. 호흡이 길기 때문에 가능한 것으로, 최고 석 달까지 먹지 않고 안 잘 수 있다"[54]고 하여 자신의 연정수련의 체험담을 소개하고 있다. 이러한 수련은 이미 어려서부터 모친으로부터 전수받은 것으로 봉우는 이에 대해 "불초는 청년 때부터 《용호결(龍虎訣)》에 유의하고 호흡법을 연구해 보았다. 아주 소년시대부터 선비(先妣)께서 지도하시던 것이었다"[55]고

50) 봉우사상연구소 엮음, 《봉우선인의 정신세계》, 정신세계사, 2001, 170~179쪽.

51) 정재승 편, 《봉우일기2》, 정신세계사, 1998, 485쪽.

52) 정재승 편, 《봉우일기2》, 정신세계사, 1998, 486쪽.

53) 정재승 편, 《봉우일기2》, 정신세계사, 1998, 487쪽.

54) 정재승 편, 《봉우일기2》, 정신세계사, 1998, 499쪽.

55) 정재승 편, 《봉우일기1》, 정신세계사, 1998, 371쪽.

해명하고 있다. 모친의 호흡법에 대한 지도와 또 정렴(鄭磏)의《용호비결
(龍虎秘訣)》을 수련법의 기초로 활용했음을 잘 설명해 주고 있다.

이 밖에도 봉우의 생애에 그려진 신비적 체험들은 무수히 많다. 그리
고 그의 말과 글의 많은 부분이 신비적인 얘기로 가득 차 있다. 그러므로
김지선은 봉우의 저서, 수많은 강연과 대담, 일화들을 살펴보면, 그의 풍
모는《해동이적(海東異蹟)》속 신선의 그것과 그대로 겹쳐져 있다고 규정
하는 것이다.[56]

이러한 봉우의 탈지성적 행태와 설화는 합리적 틀로는 이해하기 어려
운 측면이 많다. 즉 학문적, 역사적 입장에서 그 시비를 가린다면 많은
문제를 안고 있음이 사실이다. 그의 얘기는 그야말로 신선 같은 얘기요
먼 옛날 할아버지가 손주에게 들려주었던 얘기에 불과하다. 이러한 합리
적 시선으로는 봉우의 삶과 학문을 제대로 평가할 수 없다. 따라서 봉우
자신이 이렇게 변명한다. "우리의 전통철학이 미신이 아니라, 오히려 우
리는 과학이라는 미신, 합리성이라는 미신에 젖어 있는 것이다"라고 말
한다.[57] 봉우에 대한 평가, 봉우의 가르침에 대한 평가는 시선에 따라
판이하게 다를 수 있다. 필자도 합리적 사고에 익숙해 온 입장에서 볼 때
봉우의 삶과 말과 글들은 이해하기 어려운 측면이 매우 많다. 그럼에도
불구하고 다음 김지선의 봉우에 대한 평가는 그를 바라보는 시선의 교정
을 불가피하게 만든다.

이 모든 신비스러운 체험들이 "봉우 선생이 직접 목격하고 경험하였
다"에서 비롯된다. 과학, 객관성의 근대적 사유에서 볼 때, 신선설화적
체험들은 허황되고 불가능한 것이다. 현실적으로 그렇게 평가받고 있

---

56) 김지선, 〈21세기 한국 신선설화로서 바라본 봉우 권태훈〉, 46쪽.
57) 봉우사상연구소 엮음,《봉우선인의 정신세계》, 정신세계사, 2001, 253쪽.

다. 하지만 이러한 이야기들을 통해 오늘날 독자들은 의약보다 삼신당의 정화수와 친근하였고, 과학보다 지성(至誠)과 영(靈)의 조우를 빌었던 전통적 사유의 힘을 다시 한 번 느껴 볼 수 있는 계기가 되지 않을까?[58)

《해동이적》의 신선들에서 권태훈에 이르기까지 그들의 이야기인 신선설화가 미신적이고 몽매하고 허황된 것이라고 비난하는 일은 어리석다. 사실이든 아니든 범인들은 그 세계를 다 알 수 없으니, 그저 이야기를 읽으며 이성과 합리성에 갇혀있던 몽상적 본능을 불러일으키기만 하면 된다. 우리 내면의 정신이 무한대로 확장되고, 시공간의 경계를 추월하여 넘나듦을 만끽해 보는 것, 그 자체만으로도 충분히 의미가 있기 때문이다.[59)

이렇게 볼 때, 봉우의 저술과 강연, 대담 등은 도교적 상상력의 보고로서, 선인 봉우와 관련한 다양한 일화들은 21세기 한국 신선설화로서 조명되어야 할 필요가 있다.[60) 정재서 또한 봉우 국학의 핵심은 도교에 있다 하고, 이 점을 인식하지 않고 그의 학문성을 규명하기는 어렵다고 한다.[61) 물론 여기서 봉우의 국학이념, 그의 민족적 신앙의 체계를 무엇으로 규정해야 하는가는 다시 새로운 연구가 필요하다. 즉 봉우는 자신

---

58) 김지선, 〈21세기 한국 신선설화로서 바라본 봉우 권태훈〉, 《2014년한국도교문화학회춘계학술대회논문집》, 한국도교문화학회, 2014, 47쪽.

59) 김지선, 〈21세기 한국 신선설화로서 바라본 봉우 권태훈〉, 《2014년 한국도교문화학회춘계학술대회논문집》, 한국도교문화학회, 2014, 48쪽.

60) 김지선, 〈21세기 한국 신선설화로서 바라본 봉우 권태훈〉, 《2014년 한국도교문화학회학술대회논문집》, 한국도교문화학회, 2014, 43쪽.

61) 정재서, 〈봉우 권태훈과 한국 도교 간론〉, 《봉우선인의 정신세계》, 정신세계사, 2001, 18쪽.

의 신념체계, 신앙, 종교를 대황조(大皇祖), 한배검, 단학(丹學), 현묘지도(玄妙之道), 단군교(檀君敎), 대종교(大宗敎), 심종(心宗), 조식법(調息法), 수단법(修丹法), 호흡법(呼吸法), 연정(研精), 정양(靜養) 등 다양하게 설명하고 있는데 이것을 무엇으로 규정해야 할 것인가는 또 하나의 연구과제다. 다만 기존의 선행연구에서 봉우의 국학을 도교 내지 신선설화의 입장에서 보고자 하는 데 대해 필자도 동의한다. 따라서 봉우의 삶과 학문에서 배워야 할 점은 탈지성적 사고의 유희를 통해 자유분방하게 펼쳐지는 현대적 민족설화의 전형을 볼 수 있다는 점이다. 첨단과학시대 앞에서 전개된 봉우의 신비적 체험이나 신선설화는 합리성과 객관성을 뛰어넘어 또 하나의 민족문화로서의 가치를 갖는다는 점을 간과해서는 안 될 것이다. 이런 관점에서 정재서의 다음 글은 봉우의 삶과 학문을 평가하는 데 있어 하나의 시사를 던져 준다.

일제 관방학문의 영향으로부터 아직도 자유롭지 못한 우리 학계는 국학상의 인물에 대한 평가가 인색하고 편협하다. 소위 객관주의라는 미명아래 국학이 갖는 고유한 가치와 정신을 신비주의로 폄하하거나 비학문성으로 규정함으로써 사실상 자기 소외의 행위를 지속해 왔기 때문이다.[62]

다만 전통 국학의 신비주의적 성격이나 탈지성적 사고의 유용성을 십분 이해하면서도 학문이 기본적으로 지녀야 할 객관성과 합리성을 결코 망각해서는 안 된다는 점을 첨언하고자 한다.

---

62) 정재서, 〈조선 단학파 최후의 傳人 鳳宇 權泰勳 -그 한국도교사적 위상-〉,《2014년 한국도교문화학회 춘계학술대회논문집》, 한국도교문화학회, 2014, 1쪽.

3) 유교적 우환의식

봉우는 분명 민족 신앙에 일생을 바쳤던 민족주의자였다. 그의 평생 발자취는 대황조 한배검 정신의 계승이요, 그 수련법인 단학수련, 연정수련을 계승하고 실천하는 것이었다. 또 일제하에서 3. 1독립운동에 참여하고 만주에 들어가 무장독립투쟁에 참여하기도 하였으며, 의열단 사건으로 투옥되고 한국독립당에 참여하기도 하였다. 이처럼 그는 민족운동에 헌신하였다.

그런데 주목해야 할 것은 봉우와 유교와의 관계다. 우선 봉우의 가계를 보면 그는 여말 선초의 대유학자 양촌 권근(陽村 權近)의 17대손이고, 임진왜란의 명장 권율(權慄) 장군의 11대손이다. 또 그의 부친은 경학가는 아니었으나 문학가요, 관계에 나왔으나 명로(名路)에 열중한 이가 아니요, 충의(忠義)를 좋아한 분이었다고 소개한다. 아울러 성리학에는 좀 부족했으나 복선화음(福善禍淫)이라고 선행을 좋아하는 분이었고, 박학다문(博學多聞)이었으나 문장가는 아니었다고 기술하고 있다.[63] 이와 같이 부친은 비교적 유학 내지 한학에 상당한 교양을 갖춘 분으로 추정된다.

봉우는 1905년 6세 때 을사보호조약이 체결되자 부친이 진도군수로 부임하매 진도에 따라가게 되었는데, 이때 부친의 소개로 당시 유배 중이던 유학자 무정 정만조(茂亭 鄭萬朝: 1858~1936)의 문하에 들어가 한학을 공부하고 사서를 배우게 되었다. 정만조는 한말 국학의 대가였던 위당 정인보(爲堂 鄭寅普)의 부친으로 강위(姜偉)의 문인으로 한학의 대가였다. 그리고 8세 때 사서삼경(四書三經)을 비롯한 13경과 수많은 책을 읽은 것으로 연보는 전한다. 이렇게 본다면 봉우는 이미 어린 나이에 유

---

63) 정재승 편,《봉우일기1》, 정신세계사, 1998, 57쪽.

교적 기초와 교양을 닦은 것으로 짐작된다. 봉우는 그 스스로 자신의 학문적 연원에 대해 다음과 같이 밝히고 있다.

　　내가 가장 어렸을 때에 인상이 남아 있는 분은 함경도 강홍로(康洪魯) 선생과 강원 인제의 박죽파(朴竹坡) 선생이었고, 그다음 한문을 처음 수학할 때 정무정(鄭茂亭) 선생님과 박보원(朴普遠) 선생님 양 선생은 사서를 교수(敎授)하신 분들이요, 그다음 서울 와서 이동표(李東豹) 선생과 황감선(黃敢選) 선생 역시 한문교수이셨다. … 영동으로 낙향해서 소학교에 입학한 후로 당시 선생님이던 박창화(朴昌和) 옹에게서 인간수련의 초보를 걷기 시작했다. 여러 가지로 박 선생님에게서 받은 감상이 크다.64)

　　내 선친이 진도로 외임(外任)하시니 정무정(鄭茂亭) 선생의 종신 배소(配所)가 바로 진도였다. 그래서 내가 그 선생님께 입학할 기회를 얻은 것이다. 만 2년간 수학해 용학논맹(庸學 論孟) 사서를 독송(讀誦)하였던 것이다. 이것이 정 선생과 우리 선대와의 관계다.65)

　　이와 같이 봉우의 어린 시절 스승으로 정만조를 비롯해 강홍로(姜洪魯), 박죽파(朴竹坡), 박보원(朴普遠), 이동표(李東豹), 황감선(黃敢選), 박창화(朴昌和) 등이 거론되고 있는데, 특히 정만조는 봉우에게 한학 내지 유학의 기초를 가르쳐 주었고 박창화는 민족의식과 윤리적 측면에서 가르침을 준 것으로 이해된다.
　　또한 봉우의 일생에 큰 영향을 미친 이가 한말 영남의 거유(巨儒) 면우

<hr>

64) 정재승 편, 《봉우일기2》, 정신세계사, 1998, 238~239쪽.
65) 정재승 편, 《봉우일기2》, 정신세계사, 1998, 248쪽.

곽종석(俛宇 郭鍾錫: 1846~1919)이다. 그는 한주 이진상(寒州 李震相)의 문인으로 퇴계학파의 맥을 잇고 있으며, 1905년 을사보호조약이 체결되자 조약의 폐기와 이에 참여한 매국노의 처형을 요구하는 상소를 올렸다. 또한 1910년 한일합방이 되자 고향에 은거하다가 3. 1운동 때는 전국 유림들의 궐기를 호소, 거창에서 김창숙(金昌淑)과 협의하여 파리 만국 평화회의에 독립 호소문을 보낸 후 옥고를 치르기도 하였다. 유학자로서 한말 일제하의 민족적 위기에서 적극적으로 현실에 참여했던 실천적 지성이었다.

봉우와 곽종석과의 만남은 그가 14세 때 부친의 서신을 가지고 곽종석을 배알하면서 비롯되었다. 그는 '문학의 선생님은 정무정(鄭茂亭: 鄭萬朝) 선생이요, 경학(經學)의 선생님은 곽면우(郭俛宇: 郭鍾錫) 선생'[66]이라고 회고하고 있다. 봉우는 곽종석을 만나게 된 경위와 그 첫 인상을 이렇게 적고 있다.

그가 곽종석을 처음 만나게 것은 13세 때 아버지의 편지 심부름을 하면서부터라고 한다. 하룻밤을 그와 같이 자는데 문득 보니 밤중에 글을 쓰는데 두 눈에서 안광(眼光)이 한 줄기 빛이 되어 컴컴한 종이 위를 환히 비추는 것을 목격했다고 한다. 그 후 거창의 가북산(伽北山) 다전(茶田)으로 그를 또 뵈었을 때, 한밤중에 일어나 백두산 천지 얘기를 하면서 우리가 백두산족임을 잊어서는 안 된다고 힘주어 말씀하고, 마치 당신이 내가 편력한 곳들을 같이 다녀온 것처럼 내가 느끼고 의문을 가졌던 것들을 하나하나 묻기도 전에 확신에 찬 어조로 확인해 주더라는 것이다. 즉 안동 북쪽 요동반도를 이루는 산맥과 백두산에서 장장 이 천 여리를 뻗어 내려 온 산맥으로 이루어지고, 압록강을 남으로 둔 대분지, 즉 계관

---

66) 정재승 편,《봉우일기1》, 정신세계사, 1998, 60쪽.

산(鷄冠山)과 오룡배(五龍背)에 둘러싸이고 자그마한 금석산(金石山)을 중심으로 한 넓은 땅이 바로 미래에 백두산족 중흥의 중심지가 될 북계룡(北鷄龍)이라는 것이며, 당신은 이미 늙어 볼 수 없으나 다음 세대들은 그때를 볼 것이라는 말씀을 덧붙였다 한다. 그때로부터 80년이 지난 지금까지도 국내에서 면우 선생 같은 선각자를 만나 보지 못하였다고 하였다.[67] 따라서 면우 곽종석 선생은 내 일생을 통해서 누구보다도 숭배하는 바라 하고, 자신이 배알한 것이 3차밖에 안 되었으나 그 감명은 죽을 때까지 변치 않았다고 술회하였다.[68]

그는 당대의 유학자들을 평하기를 "유가에서는 면우 곽종석 선생님 문하에 수차 찾아뵌 것에 불과하나 심오한 정신적 교훈을 받았고, 내 일생을 통해서 선생님보다 나은 고참(高參)을 본 일이 없다. 거의 다 훨씬 손아래였다. 간재(艮齋)선생은 순문학계(純文學界)이지 도학적(道學的)인 통론(通論)은 들어본 일이 없다. 세인들이 다 아는지 모르는지는 알 수 없으나 지백련(池白蓮) 옹[69]이 근년 정신계의 잔존조(殘存祖) 중에서는 당연히 그 좌석이 있어야 한다"[70]고 하였다. 이처럼 봉우는 유학자 가운데 영남의 거유 면우 곽종석을 매우 존경하고 흠모하였던 것인데, 직접 배운 것도 아니고 또 그와 자주 대면한 것도 아니다. 일종의 사숙(私淑)으로 그를 평생 가장 존경하는 인물로 추앙하고 있으며, 불과 몇 차례의 만남에서 심오한 정신적 감화를 받았다고 회고하고 있다. 반면 당대 기호의 거유였던 간재 전우(艮齋 田愚)에 대해서는 순문학적 유학자이지 도학을 한 유학자는 아니라는 비판적 평가를 하고 있는 것이다. 이러한

---

67) 정재승 편, 《봉우일기1》, 정신세계사, 1998, 452~454쪽.

68) 정재승 편, 《봉우일기2》, 정신세계사, 1998, 240쪽.

69) 池雲英(1841~1922)은 구한말의 刺客으로 書畵家이다. 호는 雪峰, 白蓮이며 池錫英의 형이다. 儒佛仙 三敎에 통했고, 詩, 書, 畵에 능했다.

70) 정재승 편, 《봉우일기2》, 정신세계사, 1998, 250~251쪽.

면우와 간재에 대한 비교적인 평가는 다음 글에서도 나타난다.

> 내가 소년시대에 간재 선생께 수학한 일이 있어서 여러 사람이 동일
> 한 말씀을 물었는데, 대답이 조금도 다름없이 모두 동일하였다. 묻는
> 제자들의 의사가 동일하지는 않았다. 그렇다면 간재 선생님의 답안이
> 부중(不中)한 것이다. 그 다음으로 같은 사람들이 면우 선생님께 가서
> 한 사람씩 시기를 달리해서 물어 보았다. 면우 선생님의 답안은 모두
> 그 사람을 중심하시고 대답하시었다. 여기서 간재 선생님은 정적(靜
> 的)이요 면우 선생님은 동적(動的)이시라는 것을 알게 되었다. 정적이
> 라도 도를 내포해야 하는데 아주 정적, 아니 너무 사회적(死灰的)이었
> 고, 면우 선생님은 각인각답으로 그 심리를 파악해서 재문(再問)을 불
> 허하게 하였다.[71]

여기에 의하면 봉우가 소년기에 간재문하에도 출입한 것으로 보이는
데, 간재와 면우의 학풍에 대해 비교해 설명하면서 간재는 정적이고 면
우는 동적이며, 간재는 너무 사회적(死灰的)이고 면우는 각인에게 맞는
알맞은 대답을 해 주었다 하여 면우를 높이 평가하고 있다.

여기서 봉우가 곽종석을 존경하고 숭배하는 것은 면우의 성리학이나
유학이 탁월해서가 아니라, 자신이 갈구하는 민족 신앙을 가진 선각자라
는 점에서였다. 한밤중에 안광(眼光)이 한 줄기 빛이 되어 캄캄한 종이
위를 비추는가 하면, 백두산 천지 얘기를 하고 백두산족임을 잊어서는
안 된다고 역설하고, 또 백두산족의 미래 전개를 구체적으로 예언하고
있는 점 등이 그에게 위대한 스승으로 다가왔던 것이다.

---

71) 정재승 편, 《봉우일기1》, 정신세계사, 1998, 429쪽.

또한 봉우는 그 밖에도 여러분의 유학자들을 거론하며 높이 평가하고 있는데 그 내용을 보기로 하자.

유학계로도 정퇴율우(靜退栗牛)를 비롯한 현군자(賢君子)가 배출하여 동방 유교사를 자랑하게 되고, 군왕으로서는 세종대왕 같으신 성주(聖主)가 나시어 세계문화사에 이채를 보게 되고, 이학계(理學界: 性理學)로는 화담(花潭), 북창(北窓), 구봉(龜峰), 남명(南冥), 고청(孤靑) 등 제 선생이 배출하시어 이학계의 역사적 중진으로 자타가 공인하고, 불교계에도 무학(無學), 서산(西山), 사명(泗溟), 진묵(震默) 등 무수한 거석(巨釋)이 불교사를 자랑하고, 충의(忠義)에는 생사육신(生死六臣)이니 삼학사(三學士)니 수를 헤아릴 수 없는 충의지사(忠義之士)가 조선사를 자랑하고, 무장(武將)으로는 해군 충무공 이순신(李舜臣) 선생이나 육군의 충장공(忠莊公) 권율(權慄) 선생과 김덕령(金德齡), 임경업(林慶業), 박엽(朴燁) 장군 등 무수한 명장이 배출하여 항상 국난을 구하였다.72)

퇴계(退溪) 그 양반은 단학 고단자입니다. 선조 때 영의정으로 있던 동고 이준경(東皐 李浚慶) 그 양반도 고단자입니다. 점필재 김종직(佔畢齋 金宗直), 이조국도 단학가(丹學家)로 고단자입니다. 이제 그 뒤에 그 제자들로 매월당(梅月堂) 같은 이, 서화담(徐花潭) 같은 이가 있고 그 다음에 정북창(鄭北窓) 같은 이, 송구봉(宋龜峰), 율곡(栗谷), 토정(土亭), 도황명, 서거정(徐居正) 죽 있는데, 거기서 도황명은 송구봉만은 못해도 고단자입니다. … 이 근년에 내려와서는 정다산(鄭茶山) 그가

72) 정재승 편,《봉우일기1》, 정신세계사, 1998, 95~96쪽.

단학가입니다.73)

그는 먼저 정암 조광조(靜庵 趙光祖), 퇴계 이황(退溪 李滉), 율곡 이이 (栗谷 李珥), 우계 성혼(牛溪 成渾)을 동방유학을 빛낸 인물로 높이 평가 한다. 이어 이학계(理學界)를 대표하는 인물로 화담 서경덕, 북창 정렴, 구봉 송익필, 남명 조식, 고청 서기를 들고 있다. 여기서 봉우가 이학계라 칭하는 것은 민족 신앙으로서의 단학 내지 도교에 정통한 것을 말하는 것으로 보인다.

이를 잘 말해 주는 것이 바로 퇴계 이황, 동고 이준경, 점필재 김종직, 이조국, 매월당 김시습, 화담 서경덕, 북창 정렴, 구봉 송익필, 율곡 이이, 토정 이지함, 도황명, 사가정 서거정, 다산 정약용을 모두 단학가로 보고 있다는 점이다. 이와 같이 봉우가 보는 유학자에 대한 관점이나 평가는 성리학이나 도학 또는 실학적 관점에서가 아니라 단학적 입장에서의 평 가라는 것을 알 수 있다. 특히 그는 구봉 송익필을 단학의 입장에서 매우 높이 평가하여 존경하고 있음이 저술 곳곳에서 보인다.

살아서 목적을 달성 못하면 고인의 말씀과 같이 도가 오늘날 사용함 에 어긋남이니, 이름이나 뒷사람에게 알게 할 것인가. 그도 그렇지 않 다. 이 말씀을 남기신 구봉 송익필(龜峰 宋翼弼) 선생 같으신 이는 도 (道)를 이루고 덕(德)을 세우신 분으로, 다만 도가 행해지지 않음을 탄 식하신 것이나, 우리 같은 범부야 무명야초(無名野草)나 다를 것이 없 는 인물들이라 헛되이 웅심(雄心)을 품는 것이 무슨 효과가 있을 것인 가.74)

---

73) 정재승 편,《봉우일기2》, 정신세계사, 1998, 421~422쪽.
74) 정재승 편,《봉우일기1》, 정신세계사, 1998, 180~181쪽.

그러므로 그는 생전에 구봉이 제대로 평가받지 못하는 안타까움을 갖고 파주에 구봉의 유허비(遺墟碑)를 손수 세웠던 것이니, 구봉에 대한 존숭의 뜻을 잘 알 수 있다.

다음은 봉우의 유학에 대한 이해와 그의 저술에 나타난 유교적 편린에 대해 검토해 보기로 하자. 그는 88세 때 쓴 글에서 자신의 평생 좌우명으로 삼는 글이 《맹자(孟子)》의 "부귀불능음 빈천불능이 위무불능굴(富貴不能淫 貧賤不能移 威武不能屈)"이라 소개하고 있고,75) 홍익인간(弘益人間)의 진정한 의미에 대해 공자의 《대학》 혈구장(絜矩章)을 인용하여 상세히 설명하고 있다.76) 또 《서경》의 '이용후생(利用厚生)', 《대학》의 '이신발재 이재발신(以身發財 以財發身)'을 인용하여 설명하기도 하고,77) 《시경》, 《서경》, 《춘추》, 《맹자》의 말을 부분적으로 설명하기도 하였다.78) 봉우는 유학의 경전에 대한 자신의 견해를 밝히고 《서경》의 이른바 16자 심법의 의의에 대해 다음과 같이 평가하였다.

공문(孔門)의 심법이 비록 《대학》, 《중용》 두 책에 전해졌다 하나, 《대학》은 공자님 가신 지 1,800년 뒤에 주자가 《예기》속에서 문장과 구절들을 찾아내어 펴냈으니, 그 사이 약 2,000년 동안 《대학》의 심법은 잊혀졌다는 얘기가 된다. 내가 보기에 《논어》, 《맹자》 두 책은 공자, 맹자의 도학 절차를 다룬 책이 아니다. 제자들이 제각기 주워들은 단편적인 어구들을 모아놓은 언행록에 불과하니, 어찌 두 성인들의 본뜻이 담겨있다 하겠는가. 주자가 이미 《성리대전(性理大全)》을 저술하여

---

75) 정재승 편, 《봉우일기2》, 정신세계사, 1998, 329쪽.
76) 정재승 편, 《봉우일기1》, 정신세계사, 1998, 15쪽.
77) 정재승 편, 《봉우일기1》, 정신세계사, 1998, 83쪽.
78) 정재승 편, 《봉우일기1》, 정신세계사, 1998, 254~258쪽.

도학의 본체를 드러낸 마당에 내가 감히 망녕되이 말할 수 없으나, 요임금이 순임금에게 전한 심법은 '정일(精一)' 이 두 글자뿐이었고, 순임금이 우에게 전할 때는 여기에 '도심유미(道心惟微)'하고 '인심유위(人心惟危)'의 두 구절을 보탰을 뿐이었으니, 심법의 전함이 오거서(五車書)에 있지 않음이 분명하다 하겠다. 도를 닦는 절차가 또한 번잡하지 않음도 분명하거늘, 세상이 말세되어 선비들은 한갓 겉모양만 익히고 문자에만 열중하니, 도를 얻은 자 그 몇이나 되리오. 선비의 배움이 문장에는 많으나 도학 방면으로는 극히 적으니, 도학의 사라짐이 이미 오래더라.[79)]

봉우는 사서의 유래와 그 의의에 대해 평가하고, 유학의 본령은 《서경》에서 요가 순에게, 순이 우에게 전해 준 "인심은 오직 위태롭고 도심은 오직 은미하니, 오직 정(精)하고 오직 일(一)하여 진실로 그 中을 잡으라(人心惟危 道心惟微 惟精惟一 允執闕中)"는 16자 심법에 있다는 것이다. 이 16자 심법은 주자가 《중용장구》 서문에서 다시 철학적인 체계로 설명한 이후 성리학의 중요한 화두로 등장하였던 것이다.

그런데 봉우는 이 16자 심법을 자신의 단학 내지 연정수련의 심법상 중요한 가르침으로 차용해 강조하고 있다. 물론 봉우의 이 16자 심법에 대한 설명이나 해석은 전통적인 성리학의 해석과는 거리가 있고 자신의 방식으로 해석하고 있다고 보아진다. 이에 대한 봉우의 해석을 참고하기로 하자.

대요(大堯)씨가 대순(大舜)에게 전위(傳位)할 때에 전수심법(傳授心

---

79) 정재승 편, 《봉우일기1》, 정신세계사, 1998, 223~224쪽.

法)이라고 '유정유일(惟精惟一)이오사 윤집궐중(允執闕中)이라' 하시니, 오직 대중을 상대하는 데에는 과불급한 행동이 없이 중도만 하면 무사하다는 말씀이오, 대순(大舜)의 행사도 오직 그 '유정유일 윤집궐중(惟精惟一 允執闕中)'이라는 것 외에는 다른 길이 없었다.[80]

성인의 말씀에 '인심(人心)은 유위(惟危)하고 도심(道心)은 유미(惟微)하니, 유정유일(惟精惟一)이오사 윤집궐중(允執闕中)이라' 하시었다. 도심은 무미(無味)하나 공정하고, 인심은 유미(有味)하나 사곡(邪曲)하다. 무미(無味)한 도심을 함양하는 가운데에서 무위이성(無爲而成)한 것이 선이 되고, 유미(有味)한 인심을 추종하는 중에 유위이성(有爲而成)한 것이 악이 된다.[81]

동방에서 요임금 같은 성인이 순임금 같은 성인한테 너 생전 간직해야 할 것이다 하고 준 말이라는 것은 정일집중(精一執中), 정일(精一)하고 집중(執中), 바라보는 것이 셋, 넷을 바라지 말고 꼭 가운데 중도(中道)를 해라. 네가 저기 저만큼 가고 있을 때라도 그것이 옳으냐, 여기에 아직 못가는 것이 옳으냐 하지 말고 중간까지 가거라, 중간 중심을 찾고 들어가거라, 그때에 알맞게 중심을 찾고 나가라 하는 것입니다. 그것이 동방의 순임금, 요임금이 둘이 전하던 말이 아니고, 우주사람 누구든지 정일집중(精一執中) 안 하면 안 되는 거예요. 쓸데없이 여러 가지를 생각하고 여러 가지를 바란다면 한 군데로 못가고, 한 군데 가는 힘을 두 군데, 세 군데로 나누면 나가는 거리가 만리 갈 것을 천리도 못 간단 말이야. 그러니까 정일집중해라, 정성껏 해라, 이것저것 여

80) 정재승 편, 《봉우일기1》, 정신세계사, 1998, 45쪽.
81) 정재승 편, 《봉우일기2》, 정신세계사, 1998, 53~54쪽.

러 가지를 자꾸 하지 마라 한 것입니다.[82]

봉우의 이러한 해석은 성리학적 관점에서는 미진한 면이 많다. 주자에 의하면 인간의 마음의 허령지각(虛靈知覺)은 하나일 뿐인데, 혹은 형기(形氣)의 사사로움에서 나오고, 혹은 성명(性命)의 올바른 것에서 근원하여, 지각(知覺)을 한 것이 똑같지 않기 때문이다. 이러므로 혹은 위태로워 편안하지 못하고, 혹은 미묘(微妙)하여 보기가 어렵다. 그러나 이 형체를 가지고 있지 않은 이가 없으므로 비록 상지(上智)라도 인심(人心)이 없지 못하고, 또한 이 성(性)을 가지고 있지 않은 이가 없으므로 비록 하우(下愚)라도 도심(道心)이 없지 않으니, 이 두 가지가 마음의 사이에 섞여 있어서 다스릴 바를 알지 못하면, 위태로운 것이 더욱 위태로워지고, 은미(隱微)한 것이 더욱 은미해져서 천리의 공변됨이 끝내 인욕의 사사로움을 이기지 못할 것이다. 정(精)이란 두 가지 사이를 살펴 섞이지 않게 하는 것이요, 일(一)은 본심의 올바름을 지켜 잃지 않게 하는 것이니, 이에 종사하여 조금도 간단(間斷)이 없이 반드시 도심으로 하여금 일신의 주장을 삼고, 인심이 매양 명령을 듣게 한다면, 위태로운 것이 편안하게 되고, 은미한 것이 드러나게 되어, 동정(動靜)과 말하고 행하는 것이 저절로 지나치고 부족한 잘못이 없게 될 것이다.[83] 이러한 주자의 해석으로 볼 때, 위 봉우의 해석은 성리학적 해석과는 다른 것으로 자의적인 측면이 많다.

봉우는 "대황조 한배검의 홍익인간(弘益人間) 사상은 공자가 '인(仁)'으로 가장 잘 실천하였다"[84]고 하여, 유교의 인(仁)과 민족 신앙의 홍익

82) 정재승 편,《봉우일기2》, 정신세계사, 1998, 385~386쪽.

83)《中庸章句》, 朱子序.

84) 정재승 편,《봉우일기2》, 정신세계사, 1998, 466쪽.

인간을 접목시켜 이해하였다. 이는 또 봉우가《대학》의 '혈구지도(絜矩之道)'를 가지고 홍익인간을 설명하는 방식과 다르지 않다. 이처럼 그는 유학을 이해하는 데도 단학의 방편으로 활용하고 있고, 조선의 저명한 유학자를 평가하는 데도 단학의 시선에서 바라보고 있음을 알 수 있다.

끝으로 필자는 봉우의 삶에 일관되게 채색된 현실참여, 우환의식의 문제를 유교적 시각에서 검토해 보고자 한다. 봉우는 한일합방이 되자 12세 때 영동 천마산 정상에서 소학교 동창 이홍구(李洪龜), 안명기(安明基)와 함께 박창화(朴昌和) 선생의 지도하에 민족의 독립과 세계최강국의 건설 그리고 세계평화에 헌신할 것을 맹세하였다. 20세 때에는 3. 1독립운동이 일어나자 독립선언서를 들고 경북 평해에서 동해안을 따라 함경도 원산까지 배를 타고 돌아다니며 배포하기도 하였다. 3. 1운동 이후 만주로 들어가 약 4년 동안 북로군정서(北路軍政署)의 노은 김규식(蘆隱 金圭植) 장군의 휘하에 들어가 항일무장투쟁에 참여하기도 하였다. 42세 때에는 의열단(義烈團)사건에 연루되어 7개월간 대전경찰서에 구금당하기도 하고, 8. 15 해방이 되자 암약하던 동지들을 규합하여 동지회를 발족해 해방 이후 정국을 준비하기도 했다. 또한 50세 때에는 백범 김구(白凡 金九) 선생이 주도하는 한국독립당에 참여하여 중앙집행위원 겸 계룡산특별당부위원장으로 활약하고, 6. 25 사변이 발발하자 인민군에게 체포되어 수개월간 사상교육을 받고 기적적으로 생존하였다. 53세 때에는 지방의회 선거에 공주에서 출마해 낙선의 고배를 마시기도 하고, 54세 때에는 충남교육위원회 위원 선거에 출마해 당선되기도 했다. 83세 때에는 대종교(大宗教) 총전교(總典教)로 취임하여 대종교의 지도자로 활약하였고, 87세 때에는 사단법인 유도회(儒道會)의 이사장에 취임하여 유림(儒林)의 지도자로 활약하였다. 그리고 87세에 마침내 평생 염원이던 한국단학회연정원(韓國丹學會研精院)을 서울에 설립하고 총재에 취임하였다. 이와 같이 그는 때로는 독립운동가로, 때로는 정당활동, 정치활동에 나서고, 또 종교지도자로서 활동하기도 하였다. 이러한 그의 현실참여, 우환의식은 봉우의 일생에서 매우 의미 있는 삶이다. 앞서 언급했듯이, 봉우는 종교인 내지 수도인으로서의 성격이 매우 짙다. 그렇다면 현실 도피적이고 초탈의 경지를 추구하는 것이 일반적이다. 즉 세속의 문제에 얽매이지 않고 오로지 수도에 전념하는 것이 도인의 일반적인 모습이다. 나라, 민족, 세계인류라는 대공(大公)의식이나 치국평천하(治國平天下)의 외왕(外王) 개념에 대해 소극적인 것이 일반적이다. 그런데 봉우의 경우는 전 생애를 거쳐 끊임없이 민족의식의 선양, 민족의 독립, 세계인류의 평화, 대동세계의 구현이라는 대의를 망각하지 않았다는데 특징이 있다. 이러한 그의 적극적인 현실참여 정신이나 나라와 민족에 대한 우환의식의 발휘는 무엇보다 그의 민족주의적 성향에서 비롯된 것이며, 다른 한편으로는 어린 시절부터 교양된 유교적 사명감이 작동한 것으로 생각된다.

5. 맺는 말

봉우는 20세기를 살다 간 철저한 민족주의자다. 민족을 너무나 사랑했기 때문에 종교적 신앙으로까지 나아갔고, 그 신앙의 방법으로 연정수련 내지 단학수련을 추구하였다. 이러한 그의 민족주의적 성향은 한편 부모를 통해 종교적으로 전수되고, 또 박창화, 곽종석 등 스승을 통해 영향을 받았다. 특히 부친의 강서를 통해 그 자신이 대황조 한배검의 대회운에 있어 후계라는 계시는 그로 하여금 평생 움직일 수 없는 신앙이 되었다.

20세기 격동의 세월에서 봉우는 다양한 모습으로 살았다. 수도인으로,

종교인으로, 정치가로, 독립운동가로, 한의사로, 사업가로, 협객으로, 시인으로, 명리학자로, 유학자로, 신선으로 살아왔다. 이러한 봉우의 일생은 찾아보기 힘든 사례에 속한다. 봉우는 가정환경으로 보면 망국의 불행 속에서도 비교적 유복한 환경에서 생장하였다. 그러므로 그 자신도 곳곳에서 회한의 말을 하고 있듯이, 만약 그가 신식교육을 받았다든지 현대적 제도교육을 받았다면 아마도 어느 분야에서든지 괄목할 만한 족적을 남겼으리라는 아쉬움은 남는다. 물론 그렇다고 오늘의 봉우의 삶이 의미 없다거나 실패한 것이라고 보는 것은 결코 아니다. 다만 봉우의 삶이 너무도 많은 분야를 섭렵해 학문적 체계성이나 저술이 미흡하다는 아쉬움이 남기 때문이다.

봉우의 삶과 가르침에 대한 평가는 탈지성적 시선으로 바라보아야 옳다. 우리 민족이 세계인류 문명의 중심이라는 대황조 한배검 사상이 그의 이념적 본질이다. 그리고 그 이념선상에서 수련의 방법론이 단학수련이요 조식법이요 연정수련이요 호흡법이다. 여기서 봉우의 이론에 대해 학문적으로 따지거나 역사적으로 사실관계를 시비하는 것은 무의미하다. 봉우의 주장은 하나의 계시이고 믿음이기 때문이다. 탈지성적 유희로 우리 민족을 예찬하는 20세기 현대적 설화를 보는 것으로도 그 의미는 크다고 생각된다. 오늘날 글로벌시대에 민족의 정체성은 더욱더 희미해지고 있으며, 세계화의 대세 앞에 민족의 운명은 초라해진다. 민족이라는 말 자체가 시대착오적이라는 이 시대의 흐름 속에서 민족정신, 민족자긍, 민족자강을 위해 살았던 봉우 권태훈의 삶과 가르침은 이 시대에 더욱 빛난다고 생각된다.

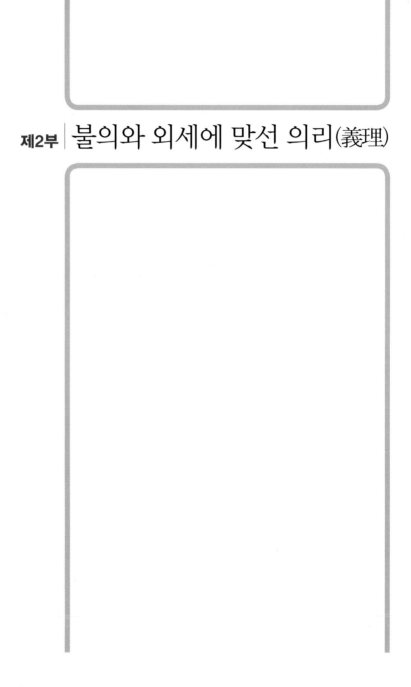

제2부 불의와 외세에 맞선 의리(義理)

제1장 | 취금헌 박팽년 의리정신의 동아시아적 가치

1. 서언

오늘날 현대사회는 첨단 과학기술의 발달로 편리한 생활을 누리고 있고, 물질적 풍요로움 속에 살고 있지만 그 이면에 인간성의 위기, 도덕적 가치의식이 희박하여 많은 문제를 안고 있다. 우리가 잘산다는 말은 물질적 풍요에만 있는 것이 아니고 정신적, 도덕적으로 부끄러움이 없어야만 진정한 의미에서의 행복이요 잘산다고 말할 수 있다. 조선유학의 역사는 늘 역사의 고비마다 올곧은 유학자들에 의해 역사의 올바른 진전을 이룩해 냈다.

사육신 박팽년(朴彭年: 1417~1456)은 조선 초 유학자의 한 사람으로 단종복위 운동에 앞장섰다가 젊은 나이로 희생을 당한 사육신의 한 분이다. 그의 자는 인수(仁叟), 호는 취금헌(醉琴軒), 본관은 순천(順天), 시호(諡號)는 충정(忠正)이다. 그의 고향은 충청도 회덕현 홍룡촌 왕죽구(지금의 대전시 동구 가양동 197번지)이다.

순천박씨는 고려조 개국공신인 박영규(朴英規) 장군을 시조로 삼는데, 그는 후백제 견훤의 사위로 견훤이 고려 왕건에게 투항하자 그와 협력하여 신검의 후백제를 멸망시키는 데 결정적 공을 세우고 고려에 귀순하여 좌승(左丞)의 벼슬을 지냈다. 중시조 박숙정을 중심으로 박팽년의 직계 가보를 보면, 숙정은 원룡(元龍), 원호(元虎), 원구(元龜), 원린(元麟), 원상

(元象)의 5형제를 두었는데, 다섯째 아들 원상이 박팽년의 증조부로 고려 말에 공조전서(工曹典書)를 지냈으며, 묘소가 현재 대전시 동구 대별동에 있다. 원상은 의생(義生), 수생(首生), 장생(長生), 안생(安生), 역생(易生)의 5형제를 두었는데, 그 넷째 아들 안생이 박팽년의 조부가 되는데, 조선조에 의영고사(義盈庫使)를 지냈고 후에 이조판서로 추증되었으며 묘소는 세종시 전의에 있다. 안생은 맹림(孟林), 중림(仲林), 계림(季林), 종림(終林)의 4형제를 두었는데, 둘째 아들 중림이 박팽년의 아버지로 단종 때 이조판서를 지냈다. 박팽년의 부친 박중림은 1423년에 문과에 급제하고 문장과 덕행이 뛰어나 집현전 학사가 되었고, 사육신 성삼문(成三問)과 하위지(河偉地)의 스승으로 존경받는 인물이었으나, 뒷날 단종복위 모의 실패로 박팽년과 함께 처형되었다. 박팽년은 이와 같이 명문가의 후예인 박중림의 5형제 중 장남으로 태어났다.[1] 박팽년의 아버지 박중림과 세 아우 모두가 집현전 학사 출신이었다.[2]

박팽년의 생애를 잠깐 살펴보면, 1432년(세종 14)에 생원시에 합격하였고, 1434년(세종 16)에 알성시 을과에 합격하였다. 1439년(세종 21년) 9월 집현전 부수찬을 사직하는 상소를 올렸으나 허락받지 못하였다. 1441년(세종 23년) 이선(李宣), 이개(李塏) 등과 함께 당나라 현종의 고사를 기록한《명황계감(明皇誡鑑)》을 편찬하였고, 1442년(세종 24년)에는 호당(湖堂)에 뽑혀 성삼문 등과 함께 진관사(津寬寺)에서 사가독서(賜暇讀書)를 하였다. 1444년(세종 26년)에는 신숙주(申叔舟), 최항(崔恒), 이개(李塏), 강희안(姜希顏) 등과 함께 송나라의 옥편《운회(韻會)》를 번역하여 훈민정음 창제에도 직간접적으로 참여하였음을 알 수 있다. 1446년(세종 28년) 부친의 옥사에 대한 상소를 올리고, 1447년(세종 29년) 3월

---

1) 박승규, 박성규 엮음,《사육신 박팽년》, 재단법인 순천박씨장학회, 2015, 48~49쪽.
2) 박승규, 박성규 엮음,《사육신 박팽년》, 재단법인 순천박씨장학회, 2015, 54쪽.

상소를 올린 일로 사헌부의 탄핵을 받았다. 그해 8월 중시(重試)에 합격하였고, 9월에는 신숙주 등과 함께《동국정운(東國正韻)》을 찬진하였다. 1449년(세종 31년) 세자 문종의 시강원 좌익선을 겸하여 우익선인 신숙주, 좌찬독 유성원, 우찬독 이극관 등과 함께 세자교육에 참여하였고, 문종이 즉위하면서 세자 즉 단종의 시강원 인사 때 보덕(輔德)에 겸임되면서 문종과 단종 양대에 걸쳐 세자교육을 담당하였다. 1450년(세종 32년) 7월 승 신미(信眉)를 탄핵하는 상소를 올렸으나 상소의 말이 왕에게 거슬려 고신(告身)을 빼앗겼다가 9월에 다시 돌려받았다. 1541년(문종 1년) 6월 수사헌부집의(守司憲府執義)가 되고, 1452년(문종 2년) 2월 신숙주 등과 함께《신찬고려사절요(新撰高麗史節要)》의 열전(列傳)을 지었다. 그해 3월 세종실록 편수관이 되고, 1453년(단종 1년) 좌부승지, 11월에는 좌승지가 되었다. 1455년(세조 1년) 충청감사가 되어 외직을 맡았고, 11월에는 형조참판이 되었다. 1456년(세조 2년) 중추원부사(中樞院副使)가 되었는데, 6월 2일 단종의 복위를 꾀한 일로 국문을 당하고 7일 거열(車裂)의 형을 받고 39세의 짧은 생애를 마쳤다.

1676년(숙종 2년)에 홍주 노은서원(魯恩書院)에, 1681년(숙종 7년)에 과천 민절서원(愍節書院)에, 1692년(숙종 18년)에는 연산 충곡서원(忠谷書院)에 제향되었다. 1691년(숙종 17년)에 다시 복관(復官)이 되고, 1758년(영조 34년)에 이조판서에 추증되고 '충정(忠正)'의 시호를 받았다.

박팽년은 성품이 조용하여 밖으로 잘 드러내지 않고 말수가 적고 몸가짐이 단정하였으며, 종일토록 의관을 벗지 아니하였다. 그는 39년간의 생애 중 21년을 관직에 있었는데, 후반 외직을 맡았던 3년을 제외하고 18년 동안 집현전 학사로 봉직하였다. 청백리에 녹선되기도 했다.

박팽년의 인품에 대해 살펴보기로 하자. 성현(成俔)은《용재총화(慵齋叢話)》에서 "세종이 처음 집현전을 설치하고 공부 잘하는 선비들을 모여들이니, 박팽년(朴彭年), 성삼문(成三問), 유성원(柳誠源), 이개(李塏), 하위지(河緯地)가 모두 일시에 이름을 떨치었다. 그런데 근보(성삼문)는 글이 난만하고 호방종일(豪放縱逸)하였으나 시에 부족하였고, 중장(하위지)은 대책과 소장에서 뛰어났으나 시를 알지 못하였으며, 태초(유성원)는 천재를 타고났었지만 본 것이 넓지 않았고, 백고(이개)는 맑은 재주가 아름답게 피어나고 시도 또한 빼어났었다. 그러나 동료들은 모두 박인수(박팽년)를 추천하여 집대성(集大成)으로 삼고, 경술(經術)과 문장과 필법이 모두 좋다 하였다. 그러나 단종복위 실패로 모두 죽임을 당하여 그 저술한 바가 세상에 드러나지 못하였다"[3]고 하였다. 이와 같이 박팽년은 당시 집현전 학사들 가운데에서도 경술, 문장, 필법에 모두 출중해 집대성의 위치에 있었다 한다.

2. '의리'란 무엇인가?

의리란 무엇인가? 의리란 말은 인간의 올바른 도리를 말한다. 즉 인간이 인간답게 살아가야 할 마땅한 도리를 말한다. 따라서 의리는 곧 인도요 윤리 그 자체이다. 의리에 관해 유교적 해석을 해 보기로 하자. '의리(義理)'란 '의(義)'와 '리(理)'의 합성어로서, 송대 도학사상에서 많이 쓰였지만, 송대 이전에도 여러 문헌에 많이 나타난다.[4] 《논어》에서는 '의(義)를 행하여 그 도(道)에 달한다'[5]고 하였고, 《맹자》에서는 '의(義)는 사람의 바른 길'이라 하였다.[6] 또한 주자는 '의(義)는 일을 행함에 마

---

3) 成俔, 《慵齋叢話》, 卷1.

4) 오석원, 〈19세기 한국 도학파의 의리사상에 관한 연구〉, 성균관대대학원(박사), 1991, 68쪽.

5) 《論語》, 〈季氏篇〉, "行義以達其道."

6) 《孟子》, 〈離婁上〉, "義 人之正路也."

땅함'7)이라 해석하였고,《중용》에서도 '의(義)는 마땅함'8)이라고 하였다.

이렇게 볼 때, 의(義)란 인간이 어떤 일을 행함에 있어서 마땅함을 의미하는데, 의(義)는 시간과 공간이라는 현실적 상황과 밀접한 관계에 있음을 알 수 있다. 즉 '마땅함'이란 고정불변의 원칙이 아니라, 현실적 상황에 알맞아야 한다는 '시중지의(時中之宜)'의 의미를 갖는다.

그런데 이러한 당위법칙으로서의 의(義)는 존재법칙에 근거하고 있다.《맹자》는 사람의 마음이 한 가지로 그러한 것을 리(理)요 의(義)라 하였다.9) 여기에서 리(理)란 우주자연뿐만 아니라 인간의 존재법칙으로서의 천리이며, 의(義)란 인간이 보편적으로 가지고 있는 당위의 규범원리이다.10) 인간을 포함한 만물의 존재원리인 리와 인간의 당위원리인 의는 그 개념이 같지 않으나, 주자는 의를 '천리의 마땅히 행함'11)이라 하여, 의와 리의 불가분성을 분명히 하였다. 특히 정이(程頤)는 사물에 있는 것을 리라 하고, 사물을 처리함을 의라 하여 체용으로 설명하였다.12) 여기에서 리는 모든 사물에 있는 존재원리를 말하고, 의는 인간이 사물에 대응하는 당위원리를 의미하는 것이다.

대체로 유가철학은 존재원리와 당위원리의 일치를 요청하며, 그것을 이상으로 삼는다. 인간이 인간답게 살아가야 할 당위원리는 인간의 존재원리에 근거한다. 주자가 의(義)를 의(宜)로 해석하고, 천리의 마땅히 행함이라고 규정한 것은 바로 이를 의미한다. 의(義)는 단순한 인간의 윤리

---

7)《孟子》,〈告子上〉, 朱子注, "義者 行事之宜."
8)《中庸》, 20章, "義宜也."
9)《孟子》,〈告子上〉, "人心之所同然者何也 謂理也義也."
10) 김문준,〈우암 송시열의 철학사상에 관한 연구〉, 성균관대대학원(박사), 1995, 114쪽.
11)《孟子》,〈離婁上〉, 朱子注, "義者宜也 乃天理之當行."
12)《孟子》,〈告子上〉, 朱子注, "程子曰 在物爲理 處物爲義 體用之謂也."

규범을 의미하지 않는다. 그 이전에 천리에 맞는 인간의 행위, 인간의 삶을 의미한다.

그런데 천리가 인간에게 주어진 것이 곧 성(性)이므로, 인성(人性)의 온전한 실현이 곧 의(義)가 된다. 의는 인간본성이 유감없이 온전하게 실현됨에 그 의의가 있다. 맹자가 말한 바 인간의 보편심으로서의 리와 의에서도 리는 인간의 존재원리로서 성이라 할 수 있고, 그 리에 마땅한 바가 곧 의다.

이와 같이 의(義)가 인간의 천부적인 본성에 근거해 있기 때문에, 의의 실현은 인간의 최고 의무요 최상의 가치가 된다. 그러므로《맹자》는 "생(生) 또한 내가 하고자 하는 바요, 의(義) 또한 내가 하고자 하는 바이지만, 이 두 가지를 겸하여 얻을 수 없다면 생을 버리고 의를 취하리라"고 했던 것이다.13) 내 목숨을 바쳐서라도 추구해야 할 가치이므로, 만약 불의나 비리에 대해서는 생명을 바쳐 쟁취하고 항거해야 할 필요가 있는 것이다.14)

이처럼 의리란 천리에 기반을 두고 인간의 보편성으로 내재된 규범원리(義)에 의하여 인간의 올바른(是) 도리를 인식하고, 동시에 지속적인 자기개혁과 사회비판의식을 가지면서 구체적 현실에서 마땅함(宜)을 실현하는 것을 말한다. 따라서 유학이 중시하는 의리사상의 진정한 의미는 이 '원리적인 의(義)'와 '상황적인 의(義)'가 조화를 이루는 데 있다.15) 이처럼 인간에게 있어서 의리는 매우 중요한 것으로 그것을 알고 실천해야 하는 것이다. 의리를 아느냐 모르느냐, 의리를 실천하느냐 못하느냐가

---

13)《孟子》, 〈告子上〉, "生亦我所欲也 義亦我所欲也 二者不可得兼 舍生而取義者也."

14) 맹자는 내 잘못을 부끄러워하고 남의 잘못을 미워하는 마음(羞惡之心)이 義의 발로라고 보았다.(《孟子》, 〈公孫丑上〉)

15) 오석원, 〈19세기 한국 도학파의 의리사상에 관한 연구〉, 성균관대대학원(박사), 1991,, 75~76쪽.

인간 삶에 있어서 중요한 척도가 된다.

3. 박팽년의 삶과 의리정신

문종의 죽음과 어린 단종의 즉위 그리고 수양대군의 정치적 야심이 복합적으로 작용된 계유정난과 단종복위사건은 조선 초 정치질서에 엄청난 파장을 불러일으켰고, 박팽년으로 하여금 자신의 목숨을 결단하지 않을 수 없는 계기가 되었다.

1445년(단종 3년) 세조가 선위(禪位)를 받자 박팽년은 왕실의 일이 끝내 구제되지 못할 것임을 알고, 경회루 연못에 나아가 스스로 빠져 죽으려고 하였는데, 성삼문이 굳이 이를 말리면서 말하기를, "지금 바야흐로 신기(神器: 임금의 보위)가 비록 옮겨 갔지만 아직 상왕께서 계시니, 우리들은 죽지 말고 오히려 또한 뒷일을 도모해야 할 것이다. 도모하다가 이루지 못한다면 그때 죽더라도 또한 늦지 않을 것이다. 오늘의 죽음은 국가에 아무런 도움도 없는 것이다" 하니, 박팽년이 그 말을 따랐다.16)

박팽년은 외방으로 충청도관찰사가 되어 나아갔다가 조정에 들어와 형조참판이 되었다. 성삼문과 성승(成勝), 유응부(兪應孚), 하위지, 이개, 유성원, 김질(金礩), 권자신(權自愼) 등과 더불어 상왕을 복위시킬 일을 도모하였다. 그때 명나라 사신이 왔으므로 세조가 상왕과 같이 사신을 청하여 창덕궁에서 잔치를 베풀려고 하였다. 박팽년 등이 모의하기를, "성승과 유응부가 별운검이 되었으니, 잔칫날에 거사하여 성문을 닫고 우익을 제거한 다음 상왕을 다시 세우자" 하였다. 모의가 이미 정하여졌으나, 마침 그날 임금이 운검을 그만두도록 명하였고 세자도 또한 병 때

---

16) 박승규, 박성규 엮음, 《사육신 박팽년》, 재단법인 순천박씨장학회, 2015, 74쪽, 부록 〈육신전〉 인용.

문에 따라 나오지 못하였다. 그러나 유응부는 오히려 거사를 하려고 하니, 박팽년과 성삼문이 군이 이를 말리면서 말하기를, "지금 세자가 본궁에 있으며 공의 운검을 쓰지 못하게 한 것은 하늘의 뜻입니다. 만약 여기에서 거사를 하였다가 혹 세자가 변을 듣고서 경복궁에서 군사를 일으킨다면 일의 성패가 어찌될지 알 수 없는 것입니다. 다른 날을 기다리는 것이 낫습니다" 하니, 유응부가 말하기를, "이러한 일은 신속하게 행동하는 것을 귀하게 여기는데, 만약 늦춘다면 누설될까 두렵다. 지금 세자는 비록 오지 않는다고 하지만 우익이 모두 여기에 있으니, 오늘 만약 이들을 모두 주살하고 상왕을 호위하여 호령한다면 천재일우(千載一遇)의 기회인데, 이때를 놓지는 것은 불가하다" 하였으나, 박팽년과 성삼문이 군이 불가하다 하면서 말하기를, "만전의 계책이 못 됩니다" 하므로 그만두었다.

그러나 김질이 일이 이루어지지 못할 줄 알고 급히 달려가 그 장인 정창손(鄭昌孫)과 모의하기를 "오늘 세자가 수가(隨駕)하지 아니하고 특히 운검을 쓰지 않게 한 것은 하늘의 뜻이니 먼저 고발하여 요행히 목숨을 건지는 것이 낫다" 하였다. 정창손이 즉시 김질과 더불어 급히 예궐(詣闕)하여 임금에게 변을 고하기를, "신은 알지 못하였고, 김질이 홀로 참여한 것입니다. 김질의 죄는 만 번 죽더라도 마땅합니다" 하니, 임금이 특별히 김질과 정창손의 죄를 용서하였다. 또 박팽년 등이 공사(供辭)를 시인하는 것을 보고 임금이 박팽년의 재주를 사랑하여 비밀히 유시하기를, "그대가 나에게 귀부(歸附)하여 처음의 모의를 숨기기만 한다면 삶을 얻을 것이다" 하니, 박팽년이 웃으며 대답하지 아니하였다. 박팽년이 임금을 칭할 때에는 반드시 말하기를, '나으리'라고 하였다. 임금이 그 입을 닥치도록 말하기를, "그대가 어디 나에게 신이라고 칭하였는데, 이제 비록 그렇게 부르지 않는다고 한들 무슨 소용이 있겠는가?" 하니, 대답하기를, "내가 상왕의 신하이지 어찌 나으리의 신하입니까? 일찍이 충청감사가 되었을 때 1년간의 모든 장계(狀啓)한 문서에 일찍이 신(臣)이라고 칭한 적이 없었습니다" 하였다. 세조가 사람을 시켜 그 계목(啓目)을 살펴보게 하였더니 과연 신(臣)이란 글자가 하나도 없었다.

박팽년은 단종복위 실패로 아버지 중림과 그의 네 동생들 인년(引年), 기년(耆年), 대년(大年), 영년(永年)이 모두 죽고, 세 아들 헌(憲), 순(珣), 분(奮)이 모두 죽임을 당하는 멸문(滅門)의 화를 입었다. 또한 부인 천안 전씨는 정인지에게 노비로 하사되었으나 그는 극구 관비가 되기를 자청하여 결국 관비가 되어 충청도 충주관아에서 평생을 수절하였다.

그런데 박팽년의 둘째 아들 순(珣)의 부인 성주이씨(星州李氏)가 친정인 대구 관아 관비가 되기를 자청하여 대구에 와 친정에 살았다. 그때 그에게 유복자가 있어 아들을 낳았다. 마침 그곳 친정의 여종이 딸을 낳아 서로 아들과 딸을 바꾸어 길렀으니, 박비(朴婢)가 박팽년의 혈손으로 기적같이 이어졌다. 이리하여 사육신 중 오직 박팽년만이 후손이 이어졌다.[17]

1591년(선조 24년) 중봉 조헌이 올린 제문은 박팽년의 의리정신을 잘 기리고 있다.

아아! 선비로 이 세상에 태어나서 몸을 바쳐 임금을 섬긴 사람은 헤아릴 수 없지만, 그 마음을 다하여 섬기다가 죽은 사람을 찾아보면, 상(商)나라에는 단지 백이(伯夷)와 숙제(叔齊)가 있었을 뿐이요, 진(晋)나라에는 단지 난공자(欒共子)가 있었을 뿐이요, 고려에서는 단지 홍충평(洪忠平: 洪灌)과 정문충(鄭文忠: 鄭夢周)과 출중한 몇 사람이 있었을

---

17) 박승규, 박성규 엮음,《사육신 박팽년》, 재단법인 순천박씨장학회, 2015, 51쪽.

뿐 그 밖에는 들어 본 적이 없었습니다. 이것은 곧 이(利)로움을 보면 의(義)를 잃어버린 풍조였는데, 육척(六尺)의 외로운 임금이 끝내 의지할 곳이 없었으니, 어찌 임금 된 이의 불행이 아니었겠습니까? 선생께서는 성근보(成謹甫) 선생 등 여러 사람들과 함께 집현(集賢)의 명을 받아서, 비록 그 인심이 귀부(歸附)하고 천명(天命)도 또한 바뀌었다고 하지만, 선생께서 임금을 생각하는 마음은 만 번 죽더라도 변함이 없었으니, 우리나라의 선비들로 하여금 군신의 의리는 천지간에 사라질 수 없다는 사실을 알게 하셨습니다.

들건대 풍교(風教)가 일어나 대대로 인재가 끊어지지 아니하였으니, 선생의 절개는 해와 달과 더불어 빛을 다투고 선생의 이름은 천지에 그대로 남아서 무궁합니다. 아아! 선생은 참으로 백세의 사표(師表)라고 할 만합니다. 이것은 조헌(趙憲)이 길을 가다가 현손(賢孫)을 만나서 선생의 사당에 엎드려 우러러 경모(敬慕)하는 마음을 이기지 못하는 까닭입니다. 여기에 우인(友人)의 술을 큰 잔에 부어서 삼가 사당 밖에서 올립니다.[18]

여기서 조헌은 박팽년을 은나라의 백이, 숙제에 비견하고 있고 고려의 홍관과 정몽주의 충절에 비유하고 있다. 그가 단종을 지키려 했던 충심은 선비들로 하여금 군신의 의리는 천지간에 사라질 수 없다는 것을 알게 하였다고 평가하였다. 그리고 그 풍교(風教)가 일어나 대대로 인재가 끊이지 않았으니 그의 절개는 해와 달과 그 빛을 다툴 만하고 그의 이름은 천지에 그대로 남아 무궁하다 하며 만세의 사표(師表)라 칭송하였다.

---

18) 박승규, 박성규 엮음,《사육신 박팽년》, 재단법인 순천박씨장학회, 2015, 〈부록 육신전〉 인용.

4. 취금헌 박팽년 의리정신의 의의

1) 부정과 불의에 대한 항거

인간은 본래 천부적인 선한 본성에 의해 살아가야 하고, 또 인간사회도 도덕이성을 가진 인간들이 모여 사는 사회이므로 마땅히 정의로운 사회라야 옳은 것이다. 그러나 현실은 이와 반대로 도덕에 반하고 악행을 일삼는 일이 빈번하고 우리 사회도 부정과 불법, 비리와 불의가 그칠 날이 없다. 물론 이러한 이유는 인간 자체가 갖는 내면적 본성에서 기인하는 것이기도 하고, 다른 한편으로는 사회적 요인에 의해 생기기도 한다. 우리가 살아가는 세상이 항상 바르고 옳다면 법도 필요 없고 치안규제나 법적제재도 필요 없을 것이다. 만약 부정과 불법 그리고 비리와 불의를 용인하고 묵인한다면 우리 사회는 어떻게 될까? 원칙이 무너지고 공적 질서가 와해되고 공동체의 위기를 초래하게 될 것이다. 법이 무력화되고 보편적 규범이 무시되고 상식이 쓸모없는 것이 되고 말 것이다. 이렇게 되면 결국 공동체의 안녕은 물론 그 속의 개인도 생명, 자유, 재산, 행복을 위협받게 될 것이다. 따라서 불의에 대한 항거는 사회의 건강, 공동체의 안녕을 유지하기 위해 꼭 필요한 요소다. 불법, 불의를 보고서도 항거하지 못하고 비리와 불의를 보고서도 눈감고 있다면 그 사회, 그 나라는 희망이 없는 것이다. 의리는 마치 체내의 나쁜 것을 잡아먹는 백혈구와 같고, 음식을 썩지 않게 하는 소금의 역할과도 같다.

그런데 의리의 실천은 결코 쉬운 일이 아니다. 용기가 필요하고 자기희생이 필요하다. 때로는 죽음을 각오해야 하고 때로는 불이익을 감수해야 한다. 세상을 역류하는 용기가 필요하다.

15세기 초 박팽년은 수양대군의 불의에 항거하다 처참하게 희생되었다. 인간은 누구나 하나밖에 없는 목숨을 소중히 여긴다. 박팽년이 처음

고변되었을 때 수양대군의 말대로 타협했다라면 죽지 않고 여생을 마칠수도 있었다. 또 그랬더라면 아마도 부귀영화가 보장되었을지도 모른다. 박팽년은 생명과 부귀영화를 다 버리고 의리를 택했다. 수양대군의 불의에 항거한 댓가는 너무도 엄청났다. 그 자신은 물론 아버지, 자식들, 형제들 모두가 참화를 당하는 멸문(滅門)의 화였다. 박팽년을 비롯한 사육신의 의리실천은 16세기 조선을 바로 세우는 초석이 되었다. 그 후 조선의 역사는 물론 오늘날 현대까지도 우리는 사육신의 의거를 기억하고 영원한 교훈이 될 것이다. 불의에 항거하는 의리야 말로 사회를 건강하게 하는 요소이면서 공동체의 안녕과 발전을 가져오는 필수적인 요소다. 아울러 개인의 인권과 자유 그리고 행복을 지켜 주는 보약이다. 공동체의 정의를 지키려는 의리실천은 공동체의 건강과 이익만을 위하는 것이 아니라 그 속에 사는 개인의 안녕과 행복을 보장해 주는 안전판이다. 이런 점에서 박팽년의 의리정신이 갖는 동아시아적 가치에 대해 새로운 재인식이 요청된다.

2) 인간의 보편적인 사회규범

의리는 인간이 인간답게 지켜 가야 할 길이다. 그런 의미에서 의리는 곧 인도(人道)가 되고 인륜(人倫)이 된다. 우리는 흔히 '의리가 없으면 사람이 아니다'라고 말한다. 이 흔한 말이 유교적 진리를 담고 있다. 의리는 인간이 걸어가야 할, 인간이 살아가야 할 바른 도리요 이치다. 인간은 반드시 그 길을 가야 하는 것이다. 가도 되고 안 가도 되는 것이 아니라 반드시 가야 하는 것이다. 인도란 사람이 가야 할 그 길이다. 차에는 차도가 있고 배에는 뱃길이 있듯이 인간에게는 인간이 가야 할 길이 있다. 그 길을 버리면 인간은 동물로 전락하고 만다. 인간이 인도를 포기하거나 일탈하면 동물과 다를 바 없게 된다. 인간이 동물들을 향해 큰 소리로 인간의 존엄을 말할 수 있는 근거가 바로 의리적 삶에 있다. 인간은 의리를 통해 인간다워지고 의리를 통해 격조 높은 인간의 문화를 향유한다. 잠자고 놀고먹고 배설하는 것은 인간만이 하는 것이 아니다. 저 동물들도 함께하는 것이다. 인간이 인간으로서 긍지를 갖고 살 수 있는 것은 의리의 실천에 있다.

의리의 실현은 대내적으로는 부정과 불법에 항거하는 것이고, 대외적으로는 외세의 침략에 맞서 싸우는 것이다. 의리는 우리가 지켜가야 할 보편적 도덕 가치다. 의리가 개인에게서 실현되면 도덕적 인간, 반듯한 인간이 되고, 의리가 사회적으로 실현되면 반듯한 세상, 정의로운 사회가 된다. 인간의 본성이 존중되고 인간의 존엄성이 강조되고 인간의 자유와 행복이 보장되는 세상이다. 의리가 실현되는 세상은 원칙이 실현되고 건전한 세상이 된다. 깨끗한 세상이면서 건강한 세상이 된다. 의리를 통해 사람다운 세상을 만들고 사람이 행복해지는 사회를 실현해야 한다.

3) 의리는 사리(私利)를 공리(公利)로 만든다

맹자는 "생(生) 또한 내가 하고자 하는 바요, 의(義) 또한 내가 하고자 하는 바이지만, 이 두 가지를 겸하여 얻을 수 없다면 생을 버리고 의를 취하리라"[19]고 하였다. 여기서 생은 살고 싶은 생존욕구를 말하고, 의는 당당하고 떳떳하고 싶은 도덕적 욕구를 말한다. 우리 인간은 누구나 이 두 가지 욕구를 벗어날 수 없다는 것이다. 사람은 누구나 일차적으로 잘 살고 싶은 생물적 욕구를 갖는다. 의식주가 해결되고 보다 더 편리한, 보다 더 풍요로운 삶을 요청한다. 이를 위해 돈이 필요하다. 따라서 생이란 결국 재물, 경제, 물질, 이익과 통하는 개념이다. 오늘날 현대사회가

---

19) 《孟子》, 〈告子上〉, "生亦我所欲也 義亦我所欲也 二者不可得兼 舍生而取義者也."

물질주의를 지향하고 모든 나라가 경제를 가장 중요한 가치로 삼는 것은 당연하다. 그러나 인간은 잘 먹고 잘 사는 것만으로는 만족할 수 없다. 양심에 부끄러움이 없어야 하고 떳떳하고 당당해야 한다. 도덕적 의리를 실천해 자신에게 부끄러움이 없고 하늘에 부끄러움이 없도록 살고자 한다. 이 의는 도덕, 의리, 윤리, 정의와 상통하는 개념이다.

유학은 생(生)과 의(義), 경제와 윤리의 두 가치를 아울러 함께 갖추어야 올바른 인간의 삶이라고 생각한다. 그러나 만약 이 두 가지 가운데 선택을 해야 한다면 생을 버리고 의를 택한다고 하였다. 다른 동물들은 어떤 가치를 위해 목숨을 바치지 않는다. 오직 인간만이 도덕적 가치를 위해 목숨을 바치고 희생할 수 있다. 맹자는 이를 '사생취의(舍生取義)'라 했고 공자는 이를 '살신성인(殺身成仁)'이라 했다. 유학이 유학다운 점이 바로 여기에 있다.

우리는 경제와 윤리가 갈등하고 모순관계인양 잘못 생각하고 있다. 경제라는 가치는 인간의 삶에 꼭 필요한 가치임에는 틀림없지만, 그것만으로는 선을 담지할 수는 없다. 우리에게 필요한 돈이나 물질, 경제는 반드시 윤리 도덕에 어긋나지 않을 때 선한 것으로 의미가 있다. 자칫 경제는 도덕에 반하거나 정의에 어긋나면 추한 것이 되고 악이 된다. 그러므로 《논어》에서는 '이익을 보거든 옳음을 생각하라(見利思義)'고 하였고, 《주역》에서는 '이익이란 의(義)가 조화된 것이다(利者 義之和也)'라고 했던 것이다. 이익이란 그 자체가 악한 것은 아니다. 이익이 개인에게 부당하게 사용될 때 악한 것이 된다. 이익이란 반드시 의리에 맞아야 한다. 즉 이익은 정의에 맞아야 하고 정의롭게 사용되어야 한다. 정의로운 이익, 정의로운 돈은 개인과 사회를 위해 이바지한다. 오늘날 우리 사회의 부정부패란 모두가 돈이 정의롭지 못하게 사용되는 데서 온 것이다. 돈을 벌어도 정의롭게 벌어야 하고 돈을 쓰는 것도 정의롭게 써야 한다.

박팽년 의리정신의 현대적 가치는 바로 경제를 선한 것으로 만드는 데 있다. 이것은 동아시아적 가치로서의 유교가 지녀 온 오랜 전통이요 본질이다.

4) 세상만사의 기초

우리들이 살아가는 인간의 삶에는 여러 가지 요소들이 필요하다. 정치, 경제, 교육, 국방, 외교, 문화, 예술, 과학기술, 스포츠 등 다양한 분야를 망라한다. 그런데 이러한 요소들은 인간 삶의 현상적 요소들이라면 의리라는 도덕적 가치는 본질적 요소가 된다. 예를 들어 보자. 정치는 나라를 경영하고 국민의 생명과 재산 그리고 행복을 책임지는 활동이다. 그런데 아무리 대통령이 정치적 역량이 훌륭하고 대중을 통어하는 기술이 능해도 도덕적 의리가 부족하면 정치권력은 약해지고 만다. 강한 정치권력은 도덕성에서 온다. 지도자의 도덕적 품성과 인격, 그리고 도덕적 가치관이 확고할 때 국민의 신뢰와 존경을 받는다. 국민이 믿고 존경하고 따를 때 정치적 권위가 서고 지도자의 힘이 생긴다. 반대로 도덕성이 무너져 버리면 국민의 신뢰를 잃고 정치권력은 하루 아침에 몰락하고 만다.

또한 경제의 경우도 마찬가지다. 경제도 도덕적 의리가 수반되지 않으면 발전할 수 없다. 진정한 경제발전은 건전한 도덕성에서 가능하다. 오늘날 세계적인 기업은 윤리경영에서 가능하다. 오늘날 우린 국가신인도, 기업의 신용도를 말한다. 신인도나 신용도란 결국 도덕점수요 윤리점수라고 할 수 있다. 윤리도덕이 경제에 직접 영향을 미친다는 점을 극명하게 보여주는 예다. 작은 음식점도 신용을 잃으면 하루 아침에 망한다. 반대로 성공하는 음식점은 신용을 지킨다. 돈을 버는 데도 의리가 필요하고 돈을 쓰는 데도 의리가 필요한 것이다.

또한 과학기술의 경우 예를 들어 보자. 오늘날 현대사회는 과학기술의 시대다. 과학기술이 곧 국력이다. 과학기술이 발달해야 경제가 발전하고 경제가 발전해야 국력이 커진다. 저마다 과학기술에 투자를 하고 과학기술에 전력을 다한다. 그런데 그 과학기술이란 하나의 도구에 불과하다. 문제는 그 과학기술이 어떻게 사용되는가에 따라 선이 되기도 하고 악이 되기도 한다. 오늘날 북한의 핵을 전 세계가 걱정하는 까닭이 바로 여기에 있다. 문제는 과학기술의 사용하는 인간의 선의지인 것이다. 과학기술이란 사용하는 자의 의지에 따라 선악이 갈라지고 행복과 불행이 달라지기 때문이다.

학문도 마찬가지다. 아무리 그 학문이나 지식이 높고 깊어도 그것을 선하게 사용하지 않는다면 흉기가 되고 만다. 생명공학의 지식과 기술을 함부로 사용한다면 인류사회의 파멸이 오고 인류질서가 무너질 것이다. 컴퓨터의 천재들이 큰 도둑이 되는 현실에서 우리는 지식과 기술의 위험성을 깨닫게 된다.

박팽년의 의리정신은 21세기 이 시대에도 유효하다. 오늘의 우리는 잘 살기 위해, 행복하기 위해 정치도 필요하고 경제도 필요하고 과학기술도 필요한데 그 근본은 도덕적 의리에 있다. 정치도, 경제도, 교육도, 과학기술도, 문화예술도 모두가 도덕적 의리에 기반하지 않으면 무용지물이 되고 악한 흉기가 된다. 이러한 유교의 전통적 가치야말로 동아시아는 물론 세계의 보편적 가치로 존중되어야 할 것이다.

제2장 | 충암 김정의 도학실천과 개혁사상

1. 좌절된 이상정치의 꿈

　김정(金淨: 1486, 성종17~1521, 중종16)은 조선조 도학시대의 학자요 기묘명현(己卯名賢)으로서, 자는 원충(元冲), 호는 충암(冲菴)인데 충북 보은 출신이다. 그는 18세 때 진사 송여익(宋汝翼)의 딸과 결혼하였는데, 쌍청당 송유(雙淸堂 宋愉: 1389~1446)의 현손(玄孫)이다. 이때 그는 회덕 계족산 법천사(法泉寺)에 기거하며 학문에 열중하였다. 20세 때에는 〈언잠(言箴)〉 등 11개의 잠을 지어 스스로를 경계하였다. 이는 연산시대의 정치적 혼란기에 있어 자칫 의분(義憤)에 들뜨기 쉬운 자신의 마음을 다스리려는 노력이었다. 21세 때에는 보은현 구병산의 고봉정사에서 최가진(崔可鎭), 구백응(具伯凝)과 더불어 성현의 은미한 가르침에 관해 토론하였는데, 한결같이 심신 함양에 뜻을 두어 부지런했으니 '삼현정(三賢亭)'이 바로 그곳이다. 22세 때 별시 갑과에 합격하여 성균관 전적에 제수되어 그의 관직생활이 시작되는데, 이어 사간원 정언, 홍문관 수찬, 병조좌랑 등의 관직을 역임하였다. 23세 때 문신정시(文臣庭試)에 장원하고 병조정랑, 부교리를 역임하였으며, 25세 때에는 교리로 제수되어 경연에서 진강하였다. 28세 때에는 박상(朴祥: 1474~1530, 訥齋), 소세양(蘇世讓: 1486~1562, 陽谷) 등과 더불어 서당에서 혹 경전의 뜻을 토론하고 혹 글을 지어 읊조리기도 했다. 1515년(중종 10년) 순창군수로 부임하여 담양부사 박상과 함께 폐비 신씨(愼氏)의 복위를 청하는 상소를 올렸는데,1) 이로 인해 보은 함림역(含琳驛)에 유배되었다. 그러나 논란 끝에 조광조(趙光祖; 1482~1519, 靜菴) 등의 간언이 중종의 마음을 돌려 1516년 3월에 석방되었다. 그해 가을 그는 금강산에 들어가 잠시 휴식을 취하는가 하면, 수시로 속리산 도솔암에 들어가 성현의 글을 침잠 연구하고 매일 밤마다 단정히 앉아 거경주정(居敬主靜)의 공부에 진력하였다. 이때 김봉상(金鳳祥), 김고래(金顧來), 종질 천부(天富)가 와서 배웠는데, 마음을 지니는 공부와 처세의 방법을 가르쳐 주었다. 1517년 32세에 통정대부 부제학으로 발탁되었고, 이때 조광조와 도의의 우정을 맺어 상하에 믿음이 두터웠다. 그해 8월 향약의 간행을 청하였으며, 최여주(崔汝舟)가 와서 배웠다. 겨울에 승정원 동부승지, 좌승지, 이조참판, 도승지 등을 제수 받아 역임하였고, 그 이듬해 봄에는 마침내 대사헌에 임명되고 부제학으로 옮겼다. 3월 현량과(賢良科)의 설치를 조광조와 함께 강력히 주청(奏請)하고, 5월에는 이조참판, 도승지에 제수되었다. 이어 7월에는 홍문관 제학이 겸임되고 9월에는 대사헌, 11월에는 이조참판으로 옮겨 임명되었다. 그리고 그 이듬해인 1519년 1월 부제학으로 옮겨 임명된 후 다시 대사헌이 되었고, 여름에는 자헌대부 형조판서 겸 예문관제학으로 특진되자 이를 사양하는 상소를 올렸으나 허락되지 않았다. 이때가 김정이 왕의 신임을 받고 중책을 맡아 국정에 참여하여 자신의 역량을 유감없이 발휘하던 전성기였다.

그러나 그해 11월 조광조, 김정 등의 개혁에 불만을 품고 소외되었던 남곤(南袞), 심정(沈貞), 홍경주(洪景舟) 등에 의해 밀고 되어 체포 구속되고, 이어 금산으로 유배되기에 이르니 이것이 이른바 기묘사화(己卯士禍)이다. 박원종, 홍경주, 성희안 등 반정공신들은 연산군을 폐위시키고

---

1) 이 상소는 본래 김정, 박상 그리고 무안현감 劉沃이 전북 순창의 三印臺에서 만나 폐비 신씨의 복위를 청하는 상소를 올리기로 맹약하였는데, 유옥을 보호하기 위해 두 사람의 이름으로 올렸다 한다.

중종을 옹립하였고, 즉위 하자마자 반정공신들의 협박하에 중전 신씨(愼氏)를 폐위시켜야 하는 수모를 겪었다. 이러한 와중에서 중종과 조광조의 만남은 반정세력으로부터 왕권을 확립할 수 있는 절호의 기회였고, 또한 왕도의 이상을 실현할 수 있는 호기(好機)였다. 조광조는 중종의 절대적인 신임 하에 연산시대의 비리척결과 새 시대의 준비에 노력을 다했다. 여기에 조광조와 뜻을 같이 했던 신진사류들이 대거 국정의 전면에 참여하게 되었고, 김정도 이 가운데 한 사람이었다. 따라서 이들 개혁세력들은 구시대의 청산과 함께 유학 본래의 왕도실현을 위해 거의 혁명적인 개혁을 추진하였는데, 반대세력의 저항에 부딪쳐 중도에서 좌절되고 말았다. 금산으로 유배되기 전 김정은 다음과 같이 공술하였다.

신의 나이 34세입니다. 어려서는 어리석고 성격 또한 편협한 사람으로서 외람되게 육경을 어지럽혔습니다. 항상 스스로 삼가고 나라의 은혜에 보답하고자 생각했습니다. 무릇 국사를 논하는 자리에서 아무쪼록 한결같이 바름에서 나오게 하고자 했고, 힘써 밤낮으로 근심하였을 뿐입니다. 서로 패거리를 지어 폐습을 조장하여 나라의 공론이 뒤집어지고 조정의 정사가 날로 잘못되게 하였다고 하는데 그런 사실은 없습니다.

그 이듬해 1월 김정은 진도로 옮겨지는데, 전라도 순창을 지나게 되자 순창의 백성 남녀노유가 다투어 술과 음식을 가지고 길을 막고 울면서 우리의 옛 사군(使君)이라 했다. 그해 여름 그는 구속된 몸으로 옷을 찢어 세 번이나 상소를 올려 죽음만은 면하고 제주에 안치되었다. 제주의 풍속이 미신을 숭상해서 예에 어두웠는데, 김정이 상례, 장례, 제례의 의례를 지어 인도함에, 백성들의 풍속이 바뀌어 섬의 문교(文敎)가 비로소 일어나게 되었다. 1521년 그는 제주도의 풍속과 물산에 관한 기록을 남겼는데 이것이 〈제주풍토록(濟州風土錄)〉이다. 그는 그해 10월 사약을 받고 36세의 짧은 생애를 마치게 되는데 태연자약하게 죽음을 맞았고, 절명사(絶命辭)를 지어 자신의 뜻을 다음과 같이 밝혔다.

몸은 절국(絶國)에 던져 외로운 혼이 되고,
어머니 홀로 두고 천륜(天倫)을 저버리어,
이 세상 만나 내 몸을 죽이니,
구름타고 임금님 계신 곳에 가리.
굴원(屈原)을 쫓아 멀리 노니니,
긴 밤은 어두운데 어느 때 아침 오랴.
빛나는 붉은 마음 풀 속에 묻으니,
당당하고 장한 뜻 중도에 꺾이네.
아아! 천추만세(千秋萬歲)에 나의 슬픔 더하리.[2]

1522년 그의 시신은 청주 주애현 탑산리로 돌아와 장사를 지냈다. 23년 후 1545년(인종 1년) 그의 관작(官爵)이 다시 회복되고, 1552년(명종 7년)에는 유집(遺集)이 간행되었다. 1555년 그의 생장지였던 보은에 상현서원(象賢書院)이 건립되었는데, 1610년에 사액(賜額)되었다. 1570년 청주 신항서원(莘巷書院)에서 제사를 지냈고, 1576년에는 예관을 보내 제사를 지냈으며 '문간(文簡)'의 시호를 내렸다. 1578년 그가 귀양 가 죽음을 맞았던 제주에 귤림서원(橘林書院)이 세워졌는데 이는 제주에서 처음의 일이었다. 1607년 그가 군수로 부임했던 전라도 순창에 화산서원(花

2) 이상 김정의 생애는 《冲菴集》, 〈冲菴先生年譜〉(충암 김정 저, 김종섭 역, 《국역 충암집》, 충암 문간공 종중, 1998)를 참고하였음.

山書院)이 세워졌고, 1609년 그가 청년시절 공부하던 회덕 계족산 법천사 근처(원촌동)에 숭현서원(崇賢書院)이 세워졌으며, 1617년에는 그가 처음 귀양 갔던 금산에 성곡서원(星谷書院)이 세워져 그의 학덕을 기렸다. 또한 1641년에는 이정구(李廷龜: 1564~1635, 月沙)가 지은 신도비가 세워졌다.

이렇게 볼 때, 김정은 조선 초 도학시대에 있어 왕도지치(王道至治)를 실현하고자 개혁의 한복판에 섰던 중심인물이었는데 불행하게도 36세의 젊은 나이로 생애를 마쳤다.

2. 〈신비복위상소(愼妃復位上疏)〉와 도학실천

김정은 1515년 30세 때 창경왕후(昌敬王后)가 죽자 순창군수의 신분으로 담양부사 박상(朴祥)과 함께 중종반정 때 억울하게 폐위된 중전 신씨(愼氏)의 복위를 청하는 극렬한 상소를 올려 세상을 놀라게 하였다. 그는 상소 서두에서 다음과 같이 정치의 본령에 대해 언급하였다.

제왕이 하늘을 잇고 표준을 세우는 도리는 언제나 시작을 바르게 하는 것(正)을 근본으로 합니다. 이 때문에 실마리를 만들고 시작을 짓는 것이 바르게 되면, 대강(大綱)과 대원(大源)이 조리가 있어서, 광명(光明)이 위에서 움직여 만물에게까지 도달하는 것이니, 이는 마치 그림자가 형체를 따르고 음향이 소리에 응하는 것과 같으니, 어떤 경우라도 바름(正)에 귀일하는 것입니다.3)

---

3) 충암 김정 저, 김종섭 역, 《국역 冲庵集》, 卷5, 〈請復故妃愼氏疏〉, 충암문간공종중, 1998.

이들은 정치의 시작이 바름(正)으로 출발해야 그 결과도 바름으로 귀결된다고 하였다. 여기서 '바름'이라는 정도(正道)는 제왕학의 기초이며 왕도의 근본이 된다. 바름은 곧 정의, 정직, 진실을 의미하는 것으로, 정치의 출발이 정정당당하고 광명정대해야 한다는 말이다.

그는 《시경》은 〈관저(關雎)〉로 시작하는데, 배필(配匹)의 사이가 인륜의 시작이며, 모든 교화의 근원이며, 기강의 으뜸이면서 왕도의 큰 실마리라 하였다.[4] 즉 부부관계는 인륜의 시작으로 군자의 도도 이로부터 비롯하는 것임은 물론이다.[5]

따라서 옛날 주나라가 창업을 할 적에 태왕(太王), 왕계(王季), 문왕(文王)은 모두 성스러운 덕을 가졌고, 집안을 다스리는 도리를 높였으며, 예의가 문란하지 않았고, 대대로 현명한 부인을 얻어 인륜의 근본을 바르게 하고 왕도정치의 근원을 깨끗하게 하였다고 하였다.[6] 이와 같이 유교의 경전과 역사를 통해서 보아도 제왕이 원만한 부부관계를 지키고 백성의 모범을 보이면 그 나라의 인륜이 밝아지고 가정의 질서가 확립될 수 있다고 보았다.

그러나 중종의 경우는 그렇지 못하여 중전 신씨가 명분도 없이 쫓겨나게 된 것은 이러한 의리에 반하는 것이라 하였다.

진실로 제왕의 배필을 중시하고 교화의 근본을 바르게 하고자 한다면 어찌 구차할 수 있겠습니까? 신등이 엎드려 보건대, 옛 왕비 신씨가 밖으로 배척된 뒤에 지금까지 거의 12년이 지났습니다. 신 등은 그 당시의 내력은 잘 알지 못합니다. 모르겠으되 무슨 큰 연유가 있고, 무슨

---

4) 충암 김정 저, 김종섭 역, 《국역 冲庵集》, 卷5, 〈請復故妃愼氏疏〉, 충암문간공종중, 1998.

5) 《中庸》, 제12장, "君子之道 造端乎夫婦."

6) 충암 김정 저, 김종섭 역, 《국역 冲庵集》, 卷5, 〈請復故妃愼氏疏〉, 충암문간공종중, 1998.

큰 명분을 들어 이러한 심상치 않은 놀랄 만한 일을 하셨습니까?

대저 제왕된 사람은 정통을 이음에 먼저 부부의 도리를 바르게 하여 천지에 어울리게 하고, 안으로는 음의 가르침을 다스리고, 밖으로는 양의 덕을 다스리시어, 삼가 종묘사직과 신령들에게 주인이 되어야 합니다. 대저 배필의 사이란 그것이 이처럼 중대한 것입니다. 만약 부모에게 순종하지 않고, 종묘사직에 죄를 지은 경우가 아니라면, 비록 작은 잘못이 있다 하더라도 결코 그것을 떼어 내는 경우는 없습니다. 하물며 명분도 없이 이유도 없이 폐척(廢斥)하신다면, 그 어떻게 종묘를 받들 것이며, 천심을 누리시겠습니까?7)

중전 신씨의 경우는 부모에게 순종하지 않은 것도 아니고, 종묘사직에 죄를 지은 경우도 아닌데, 아무런 명분도 이유도 없이 폐비가 되어 축출된 것은 분명히 잘못된 처사라 지적하였다.

그는 나라를 다스리고 천하를 평정하는 도리는 집안에 근본을 두는 것인데, 한 번 집안을 바르게 하면 천하가 안정된다 하였다. 예로부터 멸망과 어지러움이 일어나는 것은 집안의 법도가 바르지 못한데서 기인하지 않음이 없으니, 우리 조정의 가법(家法)이 오로지 바른 것으로 나아갔다고 말할 수는 없다고 비판하였다.8)

지금은 마침 창경왕후가 세상을 떠나 그 자리가 비었으므로 다시 원상을 회복하는 것이 정도라 하였다

아아! 기왕의 실수는 그만두더라도, 어찌 다시 바르게 할 수 없겠습니까? 전하께서 마음을 한 번 잡수시기에 달렸을 뿐입니다. 지금 내전에는 주인이 없으니 이러한 때에 확연하게 결단하시어 다시 신씨의 왕

---

7) 충암 김정 저, 김종섭 역, 《국역 冲庵集》, 卷5, 〈請復故妃慎氏疏〉, 충암문간공종중, 1998.
8) 충암 김정 저, 김종섭 역, 《국역 冲庵集》, 卷5, 〈請復故妃慎氏疏〉, 충암문간공종중, 1998.

후로서의 지위를 복원하신다면, 천지의 마음이 흠향할 것이며, 조종
(祖宗)의 신령들도 허락할 것이며, 신민(臣民)의 바램에도 부합할 것입
니다.9)

지나간 실수는 어찌할 수 없다 하더라도 이제 임금의 의지와 결단만
있으면 바로 잡을 수 있으니, 이렇게 된다면 이는 온 나라 백성과 신하들
의 소망에 부합하는 것이라 하였다. 그리고 박원종(朴元宗) 등 반정공신
(反正功臣)들이 비록 왕실에 큰 공이 있다고는 하지만, 당시에 천명과 인
심이 모두 전하에게 속해 있었으므로, 비록 반정이 아니었다 해도 왕위
가 중종에게 돌아가는 것은 순리였다고 보았다. 마침 저들이 하늘과 사
람이 만나는 시기를 타고, 그들의 힘을 발휘하여 그 공을 등에 업고 제멋
대로 거리낌 없이 어버이와 같은 임금을 겁박하고 국모를 쫓아내어, 천
하와 고금의 대의명분을 범하였으니, 이는 만대의 죄인이라 하고, 그들
의 공으로도 이 죄를 덮을 수는 없다고 하였다.10)

지금 비록 그가 이미 죽었다고 하나, 그들의 죄를 밝히고 바로 잡아 관
작을 추탈(追奪)하고 국내외에 명확히 깨우치고, 당대와 만대에 명확하
게 커다란 명분은 절대 범할 수 없다는 것을 알려야 한다 하였다.11) 그
렇게 한다면 인류의 근본과 왕화(王化)의 근원과 처음을 바르게 하는 도
리가 맑고 광명정대하게 되니, 이는 마치 천지가 어둡고 막혀 있다가 다
시 걷히고 관통하게 되는 것과 같다 하였다.12)

9) 충암 김정 저, 김종섭 역,《국역 冲庵集》, 卷5,〈請復故妃愼氏疏〉, 충암문간공종중, 1998.

10) 충암 김정 저, 김종섭 역,《국역 冲庵集》, 卷5,〈請復故妃愼氏疏〉, 충암문간공종중,
  1998.

11) 충암 김정 저, 김종섭 역,《국역 冲庵集》, 卷5,〈請復故妃愼氏疏〉, 충암문간공종중,
  1998.

12) 충암 김정 저, 김종섭 역,《국역 冲庵集》, 卷5,〈請復故妃愼氏疏〉, 충암문간공종중,

끝으로 김정 등은 자신들이 지방의 미천한 관리로서 신씨(愼氏) 복위
(復位)의 깃발을 들게 된 소회를 다음과 같이 밝히고 있다.

신등은 소원한 신하로서 직분을 넘어서는 책임을 피하지 않고 감히
제왕의 총명을 모독하면서, 진실로 이 몇 가지 일은 명분과 의리에 관
계되는 지극히 중요하고 큰일이기에, 마음에 넣어 두고 주상께 말씀드
리지 않을 수 없었습니다. 신등은 가슴에 불만과 울분을 담아 온 지 오
래되었습니다. 그런데 이전에 이를 뱉어 낼 수 없었던 것은 바로 창경
왕후께서 곤위(壼位)를 맡고 계셨기에, 만약 신씨를 복권한다면 창경
왕후의 처지를 어렵게 하기 때문이었을 뿐입니다. 지금은 창경왕후께
서 돌아가셔서 곤위가 다시 비게 되었으니, 바로 바른 경우로 돌릴 기
회이며, 또한 말씀을 구할 때이기도 합니다.13)

이들은 중전 신씨에 대한 부당한 처사에 불만을 가져온 지 이미 오래
였지만, 창경왕후의 어려운 처지를 고려해 그동안 참아 왔는데, 마침 창
경왕후의 죽음으로 그 자리가 비었으니, 신씨로 하여금 복위시킨다면 명
분과 의리에 맞는 일이고 또 민심에도 부합하는 것이라 하였다. 김정은
순창군수, 박상은 담양부사로 이들의 신분이 지방의 보잘것없는 하급관
리에 불과함에도 불구하고, 중종비 신씨의 폐위의 부당함을 극렬히 비판
하고 또 그의 복위의 정당함을 주장한 것은 매우 용기 있는 행위였다. 비
록 박원종이 죽었다고는 하나 훈구세력의 입김이 상존하고 언로가 아직
열리지 못한 상황에서 목숨을 걸고 신씨의 복위를 상소한 것은 도학적

1998.
13) 충암 김정 저, 김종섭 역, 《국역 冲庵集》, 卷5, 〈請復故妃愼氏疏〉, 충암문간공종중,
1998.

실천이며 실천하는 지성의 모범을 보여 준 것이라 평가된다.

3. 개혁사상

1) 경장기의 역사인식과 개혁의 목표

　김정이 살았던 시대는 연산의 폭정과 반정으로 얼룩졌던 격랑의 시대였다. 그리고 조광조와 함께 개혁을 추진하다 저항에 부딪쳐 무참한 희생을 당하는 기묘사화를 겪었다. 격동기를 살았던 그의 현실인식과 현실개혁의 논리는 어떠한 것인지 고찰해 보기로 하자. 그는 홍문관 부제학으로 올린 글에서, 지금 나라는 폐조(廢朝)를 거친 관계로 선비들은 진실한 마음을 잃었으며, 세상에는 좋은 풍속이 없어져서 사람의 양심은 찾아 볼 수 없고, 규율은 해이될 대로 해이해졌으며, 변경에는 걱정이 많고 백성은 빈궁에 허덕이는 것이 오늘날 극도에 달해 곧 죽게 된 병자와 같다고 하였다. 그런데 지금 전하가 왕위에 올라 정사를 한 지 10여 년이 지난 오늘 정사를 잘해 보려는 마음은 물론 간절하지만, 옛 것을 지나치게 좋아한다고 하기에는 부족하다고 보았다. 3대 이후로는 임금이 정사를 잘하려는 생각을 급급히 갖는 것을 걱정할 것이 아니라, 정사를 잘 하려는 생각을 완만히 갖는 것을 걱정해야 한다 하였다. 마치 의원이 병을 고치는데 병의 상태가 어떠한가, 약이 맞는가 맞지 않는가를 잘 알고 제 때에 약을 주어야 하는 것과 같은 것이다. 만일 느슨한 병에 건조하고 더운 약을 쓰면 정말 용열한 의원이 되고, 반대로 병이 위급해서 곧 죽게 되었는데 느슨한 약을 쓰되 그것도 빨리 쓰지 않는다면 살 수 없는 것이라 하였다. 신불해(申不害)와 한비(韓非)가 주장하던 형벌의 방법으로 다스린다면 이것은 조급한 약을 먹는 것이나 다름없는 것이어서 물론 적용할 수 없는 것이다. 따라서 옛날 제왕들이 항상 쓰던 정상적인 방법으로 빨리 구원해야 하는 것이다. 순탄한 약으로 곧 죽게 된 병에 적용함에는 빨리 서둘지 않으면 구원하기 어려울 것이라 하였다.[14] 이처럼 그는 당시의 현실을 서둘러 개혁하지 않으면 안 될 경장기로 인식하고 이에 대한 적절한 대응을 강조했던 것이다.

그러나 개혁의 과정에서 기존세력의 피해의식과 반감에서 오는 저항도 만만치 않음을 그는 직시하고 이에 대한 우려를 하고 있다. 우리 왕조는 폐조 이후 조정은 피로 더러워졌고, 어진 사람과 어질지 못한 사람이 뒤섞였으며, 풍속은 방탕하고 퇴폐하며, 음란과 향락을 추구하는 것을 보통으로 여겼으니, 이것은 소인들이 다행하게 생각하는 바이다. 그런데 근래에 좀 깨끗하게 하고 개혁하는 일이 있게 되자, 소인들의 마음에는 응당 거슬리고 달갑지 않은 것은 당연하다. 이리하여 혹은 '나라의 원기(元氣)가 쇠약해졌다'고도 하고, 혹은 '태평스러운 기상이 없다'고도 하고, 혹은 '조정이 조용하지 못하다'고도 하고, 혹은 '정사를 하는 데 급급하다'고도 하고, 혹은 '빠른 성과를 내기에 조급해 한다'고도 하면서 못하는 말이 없이 떠들썩하니, 이것은 소인들의 정상적인 태도로서 임금이 유심히 주목해야 할 점이라 하였다.[15] 이와 같이 그는 당시 소인배들이 개혁을 시기하고 불평하는 풍조에 대한 임금의 주의를 환기시키고 있는데 결국 이러한 그의 우려가 현실로 닥쳤던 것이다.

이러한 관점에서 그는 개혁의 시기를 놓쳐서는 안 된다고 중종에게 간곡히 권하였다. 때에는 적당한 기회가 있는 법이다. 지금 큰 변란으로 뒤죽박죽이 된 뒤에 임금이 나라를 다시 일으켜 세웠고, 나이도 한창 때인 만큼 이때야 말로 훌륭한 정사를 이룩할 계기이다. 아랫사람들이 이런 것을 바라고 있는지도 오래이다. 이 기회를 놓치면 세상 일이 달라지

---

14)《中宗實錄》, 中宗12年, 丁丑, 10月, 乙丑日 條.

15)《中宗實錄》, 中宗12年, 丁丑, 10月, 乙丑日 條.

고 임금의 의지도 점차 못해져서 모든 일이 앞으로 나가기보다 뒷걸음질 칠 것이며, 아랫사람들도 임금의 뜻이 시들해진 것을 보고 역시 게을러져서 분발할 생각을 갖지 않을 것이 분명하다. 이 때문에 옛날부터 정사가 잘 된 때가 적었던 것이다. 지금이야말로 훌륭한 정사를 이룩할 기회이다.16) 이와 같이 그는 개혁에 있어 때의 중요성을 인식하고 임금의 의지와 결단을 촉구하였던 것이다.

그러면 김정이 궁극적으로 개혁을 통해 이룩할 정치의 목표는 무엇이었는가? 그에 의하면 정치를 잘 하려면 마땅히 요, 순을 표준으로 삼아서 그에 도달하지 않고서는 그만 두지 말아야 한다.17) 김정에 있어서도 정치의 표준은 요, 순의 정치를 구현하는 데 있었으니 이것이 곧 지치(至治)요 왕도(王道)라 할 수 있다. 그것은 달리 말하면 변질된 정치의 복원으로 왕도에로의 회복인 것이다.

2) 개혁의 구체적 대안들

이제 그의 개혁의 내용과 경세의 구체적 대안들을 검토해 보기로 하자. 먼저 그는 군자와 소인의 엄격한 변별을 통해 인사의 합리성과 도덕질서를 세워야 한다고 하였다. 정치를 하는 방법은 군자와 소인을 잘 구별하는 데 있다. 옛날의 훌륭한 임금은 다른 직책이 없이 오직 군자와 소인을 변별하는 것을 직책으로 삼았을 뿐이었고, 자질구레한 일들에는 대체로 생각과 지혜를 쓰지 않았다. 어둡고 용렬한 임금도 반드시 소인을 좋아하고 군자를 미워하며, 나라가 잘 다스려지는 것을 싫어하고 어지러워지는 것을 좋아하는 것은 아니지만, 어지러워지고 망하는 것이 계속되어 제 몸조차 보전하지 못하는 것은, 대체로 제때에 살피지 못하여 분명

---

16) 《中宗實錄》, 中宗13年, 戊寅, 2月, 丁酉日 條.
17) 《中宗實錄》, 中宗12年, 丁丑, 10月, 乙丑日 條.

히 변별하지 못한 때문이다. 그것을 잘 살피고 변별하는 문제란 이처럼 무서운 것이다.18) 당시 개혁세력과 훈구세력, 도학파와 현실파와의 이념적, 가치적 갈등이 심각했던 상황에서 군자와 소인의 변별이란 과제는 적어도 개혁파의 입장에서는 절실한 과제였을 것이다. 물론 이러한 군자와 소인이라는 흑백논리가 결국은 개혁에의 저항으로 나타나 기묘사화를 초래했지만 도학적 가치관에서의 이러한 변별은 불가피했다고 볼 수 있다.

그런데 이러한 군자와 소인의 변별은 결국 인사문제와 연관된다. 요컨대 군자가 정치의 전면에 나서 국정을 담당해야 하고, 소인은 국정을 담당해서는 안 된다는 논리다. 김정은 유학 본래의 인사원리에 입각하여 '도덕적 자질(賢)'과 '직무능력(才)'을 인사의 원칙으로 삼는다. 만일 한 세상을 잘 다스리려면 반드시 덕망이 있을 뿐 아니라 재주도 있어야 하므로, 재주와 덕망은 어느 하나도 무시할 수 없다.19) 인재를 등용하는 방법은 덕행을 먼저 보고 문학에 대한 재주를 뒤에 보아야만 경박한 기풍이 제거되고 모든 일이 잘 되어 나간다. 그런데 후세에 와서 공정한 원칙이 밝지 못하여 부득이 과거시험을 보여서 관리들을 뽑다 보니, 옛 사람과 벗할 만하고 행실이 청렴하고 고상한 사람이 있더라도 세상 사람들이 모르게 되었다. 풍속이 이렇게 되어 글 짓는 공부만 숭상하고 덕행이 어떤 것인지 모르고 있으니 이것이 유감스러운 일이다.20)

또한 조광조에 의해 인사개혁으로 추진된 현량과를 적극 지지하면서 그 타당성을 이렇게 설명하였다. 추천하여 과거시험을 보이는 일에 폐단이 있다는 점을 도무지 알 수 없다. 성균관에 기숙하고 있는 유생들이 모

18)《中宗實錄》, 中宗12年, 丁丑, 10月, 乙丑日 條.
19)《中宗實錄》, 中宗13年, 戊寅, 1月, 庚戌日 條.
20)《中宗實錄》, 中宗12年, 丁丑, 4月, 己未日 條.

두 뽑히지 못하면 뽑히지 못한 사람은 성균관에 기숙하기 어려울 것이라고 말들을 하는데 이것은 그렇지 않다. 만일 훌륭한가 그렇지 못한가를 따라 뽑거나 버리거나 하게 되면 선발에 들지 못한 사람은 반드시 분발할 생각을 가질 것이다.[21] 이처럼 그는 사장(詞章) 중심의 과거제도의 폐단을 비판하고 덕행과 재능을 중시하는 인사원칙을 제시하고 있으며, 특히 유능한 인재의 추천과 함께 대책시험을 통한 선발 즉 현량과의 실시를 주장하였다. 물론 이것은 기묘사화의 한 원인이 되기도 했지만 획기적인 인사개혁의 한 방법으로 제시된 것이다.

또한 그는 개혁의 구체적 대안수집과 인재등용을 위하여 '언로(言路)의 개방'을 강력히 주장하였다. 그에 의하면 사헌부 관리는 한때의 규율을 세우기 위한 관리인만큼 바른 말하는 직책을 절대로 소홀히 하지 말아야 하는데, 요즘 바른말 하는 관리를 너무 경솔하게 취급하는 것 같다고 비판하였다. 더구나 대간의 말이 아주 잘못되었다면 몰라도 그다지 잘못되지도 않은 것을 가지고 의견을 올린 사람을 처벌하였으니 이런 싹을 잘라서는 안 된다 하였다. 설사 맞지 않는 말을 했더라도 임금이나 대신은 너그럽게 받아들이면서 대해 주어야 바른 말이 올라오는 길이 열리어 규율이 서게 된다 하였다.[22] 마찬가지로 오늘날 바른말이 올라오는 길은 다른 데 있는 것이 아니라 대간들에 있다 하고, 기탄없이 다 말하는 사람을 얻기는 쉽지 않지만, 반드시 대간의 말은 믿고 받아들여야 할 것이라 하였다. 설사 옳지 못한 것이 있더라도 죄를 주어서는 안 된다 하였다. 만일 마음속에 아무개의 말은 적합하지 못하다는 선입견을 가지고 있다면 어떻게 너그럽게 받아들일 수 있으며, 누가 감히 바른말을 다 할

---

21)《中宗實錄》, 中宗13年, 戊寅, 3月, 甲子日 條.

22)《中宗實錄》, 中宗14年, 己卯, 3月, 庚戌日 條.

수 있겠느냐고 하였다.23)

또한 그는 사회교화의 방법으로 향약의 실시를 적극 주장한다. 이보다 앞서 함양에 사는 선비 김인범(金仁範)이 글을 올려 남전여씨(藍田呂氏)의 향약을 가지고 백성들을 변화시키고 좋은 풍속을 이룩하자고 제의한 바 있었다. 이에 의정부에서는 임금에게 올리는 글에서, 여씨(呂氏)의 향약이 《소학》에 실려 있지만, 만약 잘 깨우쳐 주어 따로 조치를 취하지 않는다면 심상하게 여겨 한갓 형식으로만 될 것이라 하고, 각 도의 감사를 시켜 널리 보급하는 것이 어떻겠느냐고 하였는데 임금이 이를 승인한 바 있었다.24) 김정은 그 이듬해 향약의 중요성과 그것의 실시를 다음과 같이 강조하고 있다.

신이 지방에서 《여씨향약(呂氏鄕約)》을 보았는데 이것은 교화에 큰 관계가 있습니다. 이전에 형제간에 화목하지 못하던 사람들이 뉘우치고 화목하게 지낼 줄 알게 되었으며, 부모의 뜻을 거슬리던 사람들이 고치고 공순해졌습니다. 사람마다 알고 실행한다면 윤리를 두터이 하고 좋은 풍속을 이룩하는 방법에 어찌 도움이 적겠습니까? 그러나 시골 백성들은 조정의 의도를 알지 못하고, 한때 감사의 지시로만 알았기 때문에 모두들 하는 말이 '지금 감사가 바뀌면 그만이다'라고 하는가 하면, 고을원들까지도 모르는 사람이 더러 있습니다. 이러한 뜻을 거듭 강조하여 조정의 극진한 의도를 알고 있도록 해야 하겠습니다.25)

23) 《中宗實錄》, 中宗14年, 己卯, 3月, 甲寅日 條.
24) 《中宗實錄》, 中宗12年, 丁丑, 庚子日 條.
25) 《中宗實錄》, 中宗13年, 戊寅, 9月, 申亥日 條.

이와 같이 그는 향약의 공효를 설명하고, 보다 적극적인 향약의 시행을 임금에게 촉구하고 있음을 볼 수 있다. 그는 또 조광조의 의견에 따라 소격서(昭格署)의 혁파(革罷)를 주장한다.

소격서에서 기도를 드리는 것 같은 일들은 만분의 하나 혹시 그런 이치가 있더라도 정말 지극히 공정하고 사심이 없다면 어떤 경우에도 이것을 두어서는 안 됩니다. 더구나 이런 이치가 절대로 없는데서야 더 할 말이 있습니까? 선왕의 나쁜 풍습을 그대로 따르거나 또 뒷날에까지 물려주어서는 안 됩니다. 이때야말로 없애 버려야 할 기회이니 망설이지 말기 바랍니다.26)

이와 같이 그는 조광조와 함께 국초부터 관서를 설치하고 천지성신에게 제사를 거행하던 소격서의 혁파에 앞장서서 왕대비와의 갈등에도 불구하고 이를 관철시켰던 것이다.

또한 그는 민본의 입장에서 작은 고을의 합병과 감사의 임기 보장을 주장하고 있다. 그에 의하면 실질적인 혜택이 백성에게 미치게 하고 선정을 실시하려면 고을을 합치지 않을 수 없다.27) 또한 감사의 임기를 보장해야 하는 이유를 이렇게 설명하였다.

감사가 교화를 펴는 데 관심을 두면 고을 원들은 반드시 감사의 생각을 명심하고 백성들을 착한 방향으로 인도할 것이고, 인접한 고을의 원도 그에 따라 모범을 받게 되어 정사에서 성과가 나타날 것입니다. 듣건대 경상도 감사가 교화를 펴는 데 관심을 가지고《소학》을 부지런

---

26)《中宗實錄》, 中宗13年, 戊寅, 8月, 庚午日 條.
27)《中宗實錄》, 中宗 丁丑, 8月 己酉日 條.

히 가르쳐서 사람들의 주목을 끌기 때문에 뜻을 가진 사람들이 많이 본을 받는다고 합니다. 사람마다 그 자리에 눌러 있게 할 수는 없지만, 1년 동안만 있어서야 정사와 교화가 어떻게 만족스럽게 미칠 수 있겠습니까? 반드시 임기를 길게 해야만 현저한 성과가 있을 것입니다.[28]

이와 같이 짧은 임기로는 감사가 교화를 펴는 데 부족하다고 보고, 감사의 임기를 길게 보장해 줄 것을 요청하였다. 이는 후일 이이(李珥)를 비롯한 많은 사람들에 의해 주장되었는데, 작은 고을의 합병이나 감사의 임기 보장이 모두 궁극적으로는 민본에 그 목적을 둔 것이었다.

끝으로 그는 말하기를, 우리나라는 3면으로 적의 침입을 받을 수 있는 불리한 조건에서 평시에 방어에는 관심을 돌리지 않고 있다가 뜻밖의 변란이 일어난다면 변경의 환란이 생길까 걱정된다 하였다.[29] 이는 그가 국가안보적 차원에서 평시의 대비를 강조한 것으로서 매우 중요한 의미가 있다. 우리는 16세기 후반 외환(外患)을 심각히 우려하고 이에 대한 대비를 강조했던 이이를 기억하는데, 김정 또한 평상시에 도리어 외침에 대비해야 한다는 국가안보의식을 강조하고 있다.

이렇게 볼 때, 김정의 개혁론과 경세사상은 비록 실패로 돌아갔다 하더라도, 그의 생애 속에 드러난 도학정신은 이후 한국유학의 전개에 있어 연면하게 이어졌던 것이다.

---

28) 《中宗實錄》, 中宗13年, 戊寅, 1月, 甲寅日 條.
29) 《中宗實錄》, 中宗13年, 戊寅, 5月, 甲寅日 條.

제3장 | 중봉 조헌의 의리와 실학

1. 생애와 인품

중봉 조헌(重峰 趙憲: 1544~1592)은 문묘(文廟)에 종사(從祀)된 동국 18현인데, 율곡(栗谷), 우계(牛溪)의 문인으로 임진왜란을 맞아 의병장으로 싸우다가 금산전투에서 7백 의사와 함께 장렬하게 순절하였다. 그는 성리학에 조예가 깊은 유학자였지만 나라의 위란(危亂)을 맞아 몸소 죽음으로써 충의를 실천한 유학자였다.

그의 자는 여식(汝式), 호는 중봉(重峰), 후율(後栗), 도원(陶原)인데, '후율(後栗)'은 율곡의 뒤를 잇겠다는 정신이 잘 표현되어 있다. 그는 1544년 경기도 김포에서 부친 조응지(趙應祉)와 차씨(車氏) 부인 사이에서 태어났다. 그의 조부 조세우(趙世佑)는 조광조(趙光祖)의 문인으로 충무위부사직(忠武衛副司直)을 역임하였고, 부친 조응지는 청송 성수침(聽松 成守琛)의 문하에서 수업하였다. 이를 통해 그의 가학적 전통은 정몽주(鄭夢周)-길재(吉再)-김숙자(金叔滋)-김종직(金宗直)-김굉필(金宏弼)-조광조(趙光祖)로 이어 내려온 여말 절의파의 맥을 계승하고 있음을 알 수 있다.

그는 5세 때 글을 읽고 있었는데, 고관의 행차가 위세를 떨치며 지나가자 같이 공부하던 아이들이 앞을 다투어 뛰어나가 구경을 하였는데, 그 홀로 오직 독서에 빠져 여념이 없었다. 이에 대관이 길을 멈추고 물으니, 말하기를 "저의 부친께서 항상 이르기를, 공부할 때는 한 마음으로 힘을 다해 독서에만 힘쓰라고 하였습니다"라고 대답하였다. 이에 대관은 감탄하여 부친에게 말하기를, "우리 동방에 또 진유(眞儒)가 나왔으니 진심으로 축하 하오" 하고, 경례를 극진히 하고 돌아갔다. 이처럼 그는 어려서부터 기상이 비범하였다. 10세 때 어머니 차씨 부인이 세상을 떠나자 계모 김씨를 맞게 되었다. 그러나 계모는 성격이 무척 엄하고 갈수록 책망이 심하였으나, 그는 지극한 효성으로 일관하여 계모를 감복시켰다.

그는 1555년 12세 때 학행(學行)으로 이름 있던 어촌 김황(漁村 金滉)에게 시서(詩書)를 배웠는데, 그는 임진왜란 때 삭령에서 의병을 일으켰다. 중봉은 평소 독서를 좋아하여 침식을 잊고 독서에 전념하였다. 18세 때 영월 신씨(辛氏)를 부인으로 맞고, 20세 때 서울로 이사하였다. 돌아올 때 한강을 건너는데 배가 강 한복판에서 큰 풍랑을 맞아 사람들이 모두 놀라 어쩔 줄을 몰랐으나 그 홀로 침착하고 태연하였다. 마침 그의 옆에 있었던 김후재(金厚載)가 그 까닭을 물으니, 중봉은 "인간의 살고 죽음은 천명이 정해져 있는데 부질없이 날뛴다고 죽음을 피할 수 있겠는가?"라고 대답하였다. 이에 김후재는 그의 인품에 크게 감복하여 재배를 하고 경의를 표했다. 1565년(명종 20년) 22세 때 그는 성균관에 입학하고 제생들과 함께 승려 보우(普雨)를 탄핵하는 글을 올렸다.

이듬해 23세 때 온성도호부(穩城都護府) 훈도(訓導)에 임명되었고, 1567년 가을 감시(監試)에 합격하고, 11월 과거시험에 병과 제9인으로 합격하였다. 25세 때 처음 정주목(定州牧) 교수(敎授)에 임명되어 교육에 힘 쓴지 3년 만에 그 고을의 사풍(士風)이 크게 변하였다.

그는 27세 때(1570년) 파주목(坡州牧) 교수가 된 후, 직접 우계 성혼(牛溪 成渾: 1535~1598)을 찾아 그의 문하에 들어갔다. 우계는 중봉의 학설을 듣고 스승 됨을 사양하고 외우(畏友)로 대하고자 했으나 그는 끝까지 스승으로 대하였다.

그 이듬해 홍주목(洪州牧) 교수로 발탁되었는데, 이때 토정 이지함(土

亭 李之菡: 1517~1578)을 찾아가 가르침을 청하면서 사제의 연을 맺었다. 이지함은 그와의 문답에서 그의 식견과 덕기(德器)를 보고 스스로 가르칠 수 있는 사람이 아니라 사양하고, 당시 학문이 고명(高明)하고 행실이 모범적인 성혼, 이이, 송익필(宋翼弼: 1534~1599)과 함께 조카 이산보(李山甫: 1539~1594)와 문인 서기(徐起: 1523~1591) 등 다섯 사람을 사우(師友)로 추천하였다. 중봉은 이후 가끔 이지함을 찾아 민폐(民弊)의 구제책과 경세의 대책에 대해 토론하였으며, 항상 자기를 생각해 주고 국사를 위해 뜻을 같이 했던 스승을 잊지 못하였다. 그 당시 세상 사람들이 중봉에 대해 잘 알지 못하여 우활(迂闊)하고 재주가 적고 쓸 만한 것이 없다고 평할 때에도, 이지함은 초야(草野)의 인재로서 쓸 만한 재주를 갖고 있는 사람은 조헌뿐이라 하며 그의 우국충정을 높이 평가하였다. 어느 날 중봉은 이지함과 함께 지리산에 간 적이 있었는데, 이지함의 모든 언행 일거일동이 탄복할 만하며 가르침 아닌 것이 없다고 술회하였다. 또한 이지함도 늘 말하기를, "사람들은 중봉의 스승이 나인 줄 알지만, 중봉이 정말로 나의 스승인 것을 모르고 있다"고 하였다. 이를 통해 우리는 중봉과 이지함 두 사람의 사제관계가 존경과 사랑 그리고 돈독한 신뢰로 맺어져 있음을 짐작할 수 있다.

이때 중봉은 이지함의 권유에 따라 그해 가을 파주로 율곡을 찾아가 그의 문하를 자청하였다. 그 후 37세 때 해주 석담(石潭)으로 율곡을 찾아가 강학하였다. 이렇게 볼 때, 그는 이지함, 성혼, 이이를 스승으로 삼고 세 문하를 출입하였다고 볼 수 있다.

1572년(선조 5년) 6월 절에 향을 하사하고 자수궁(慈壽宮) 성숙청(星宿廳)에 봉향하는 것을 반대하는 상소를 올렸다 교서관(校書館) 정자(正字)로 삭직(削職)되었다. 이듬해 교서관 저작으로 승임되었으나, 다시 향실의 직무를 맡게 되자 공불지향(供佛之香)을 반대하는 상소를 거듭 올려 직언하기를 서슴지 않았다. 이때 왕이 진노하여 중죄로 다스리려 하자, 여러 대신들의 도움으로 겨우 벌을 면할 수 있었고 상소가 조정에 반영되었다. 이로 인해 그의 강직함과 직언이 세상에 알려지게 되었다.

1574년(선조 7년) 5월 그는 성절사(聖節使) 박희립(朴希立)의 질정관(質正官)으로 명나라에 갔다 11월에 돌아왔다. 돌아와 명나라의 문물에 관한 견문을 보고하는 〈시무8조소(時務八條疏)〉를 올렸다. 이듬해 교서관 박사, 호조, 예조좌랑, 성균관 전적, 사헌부 감찰 등을 역임하였다. 이발(李潑)의 추천으로 삼사(三司)에도 천거되었으나 그의 고집이 동료들에게 용납되지 못해 그해 겨울 통진현감으로 전출되었다. 그는 그곳에서 선정에 힘써 백성을 사랑하고 스스로는 검소하여 묵은 폐단을 씻는데 온 힘을 다했다. 1577년(선조 10년) 그의 나이 34세 때 겨울, 권세를 믿고 횡행하는 노비의 잘못을 법으로 다스리다 장살(杖殺)하니, 간사한 자의 무고로 형벌을 남용한다는 탄핵을 받고 달포 동안 구속되어 부친의 상에도 참여치 못하였다. 부친이 병석에 누워 있을 때 쇠고기를 먹고 싶어 했지만 구하지 못해 할 수 없었는데, 부친이 돌아간 후 그는 쇠고기만 보면 눈물을 흘리고 끝까지 쇠고기를 먹지 않았다. 1580년(선조 13년) 37세 때 귀양에서 풀렸고, 이듬해 봄 공조 좌랑에 다시 임용되고 곧 이어 전라도 도사(都事)로 부임하였다. 이때 연산조의 공안(貢案)을 개혁하고 율곡의 입장을 옹호하는 상소를 올렸다. 39세 때 임기가 끝나자 종묘서(宗廟署) 령(令)에 임명되었고, 그해 8월 계모의 봉양을 위해 보은현감을 자청하였다. 그 후 상소를 올려 노산군(魯山君)의 후사(後嗣)를 세우고 사육신의 절의를 현창(顯倡)할 것과 민간의 고통을 해결하기 위한 시무책(時務策)을 건의하였다. 1583년(선조 16년) 보은현감에 재임되었는데, 그해 가을 이산보가 경차관(敬差官)으로 호서지방의 민정을 살펴보고, 중봉의 치적이 충청좌도에서 제일임을 왕에게 보고하였다. 그해 겨울 정언(正

言) 송순(宋諄) 등이 사감을 품고 그의 파직을 청하였으나, 왕이 "이와 같은 사람을 쉽게 얻을 수 없다" 하고 끝내 허락하지 않았다.

1584년(선조 17년) 율곡이 세상을 뜨자, 당시 삼사에서 동인세력들이 율곡과 가까웠던 인물들을 제거하자, 그 역시 파직되어 옥천 안읍(安邑) 밤티로 내려가 '후율정사(後栗精舍)'를 짓고 교육에 전념하였다. 이듬해 당론이 격심하여 정여립(鄭汝立)이 우계와 율곡을 모함하고 이발(李潑)이 이에 동조하자 오랜 친구였던 이발과 절교하였다.

1586년(선조 19년) 선조의 특명으로 공주교수(公州敎授)에 임명되었다. 10월 당시 집권층이었던 이발(李潑), 김홍민(金弘敏), 윤탁연(尹卓然) 등 동인들이 우계와 율곡을 추죄(追罪)하려 하자, 만언소(萬言疏)를 올려 변명, 구원하고 율곡을 배반한 정여립(鄭汝立)을 논척(論斥)하였다. 그 후에도 여러 차례 상소문을 올렸으나 모두 받아들여지지 않자 문묘에 글을 지어 고별하고 옥천으로 돌아왔다.

그해 11월 풍신수길(豊臣秀吉)이 일본의 정권을 잡고 조선에 현소(玄蘇)를 보내 화친(和親)을 청하자, 중봉은 왜국의 사신을 끊어 버릴 것을 주장하는 상소를 올렸지만 관찰사가 왕에게 올리지 않았다. 그해 12월 다시 상소를 들고 대궐에 나아가 왜국 사신의 척절(斥絕)을 주장하고 이산해(李山海)의 잘못을 규탄하였다. 이에 왕이 진노하여 상소문을 태워 버리니 다시 옥천으로 내려왔다.

1589년(선조 22년) 4월 도끼를 차고 상소하여 시정(時政)의 득실(得失)을 논하고 절박한 안보적 위기를 경고하였다. 이로 인해 함경도 길주로 유배되었다. 그는 유배 중에도 여러 번 상소를 올려 왜의 외교적 술책에 속지 말 것과 간교한 왜적이 청한 통신사를 보내지 말 것을 주장하였다. 또한 이에 대한 대비책으로 유구 및 서양 제국의 여론을 환기시켜 왜적을 물리쳐야 한다는 견해를 밝히기도 하였다. 그해 10월 정여립의 모반

사건이 일어나고 동인이 물러나게 되자, 호남유생들이 상소하여 정여립 사건에 대한 중봉의 선견지명(先見之明)을 칭송하므로 11월 4일 사면되었다. 돌아오는 길에 다시 왜와 절교하여 통신사를 보내지 말 것과 동인들을 비판하는 상소를 올리니, 선조는 '간괴(奸鬼)'로 폄하하고, '아직도 조정을 경멸하고 있으니 다시 마천령을 넘고 싶은 모양'이라고 말하면서, 그를 예조 정랑에 천거한 이조판서를 경질시켜 버렸다.

1591년(선조 24년) 풍신수길이 현소(玄蘇)를 보내 명나라를 칠 테니 길을 빌려 달라고 하자, 조정의 여론이 분분하였다. 그는 곧 바로 서울로 올라가 도끼를 지니고 대궐 앞에 엎드려 상소를 올렸다. 그는 이 상소에서 정탐(偵探) 들어온 왜국 사신을 처단하고 국방을 튼튼히 하면서 탐관오리들을 물리치고 명나라에 보고한 뒤 왜의 침략에 대비하자고 하였으나 받아들여지지 않았다. 정원 문 밖에서 3일 동안을 기다렸으나 비답이 없자, 그는 의기(義氣)를 참지 못하고 스스로 주춧돌에 이마를 받아 피를 흘리고, '내년에 산과 계곡으로 피난 갈 때 내 말을 생각하게 될 것'이라 말하였다. 그리고 그는 명나라를 비롯하여 유구, 일본, 대마도 유민들에게 보내는 글과 왜국 사신을 목 벨 죄목을 밝히고, 영남과 호남의 왜적을 막을 방비책을 밝혔다. 그러나 이러한 그의 현실인식과 대안은 왕에게 전달되지 않았고, 이에 실망한 그는 통곡하며 옥천으로 돌아왔다. 윤 3월 문인 박로(朴輅), 전승업(全承業) 등과 만나 늦여름이나 가을에 반드시 유구의 고변(告變)이 있을 것이고, 우리나라에도 화가 미칠 것을 예언하고, 피로써 상소할 것을 부탁하며 눈물을 흘렸다. 4월에는 아들 안도(安堵)를 시켜 평안도 관찰사 권징(權徵)과 연안부사 신각(申恪)에게 글을 보내 성을 수리하여 대비할 것을 말하였다. 그해 7월 영벽루(映碧樓)에 올라 저녁 붉은 기운이 동쪽에서 일어나 비추는 것을 보고 풍신수길이 내년에 크게 침입할 것임을 예언하고, 다음날 관찰사 이광(李洸) 등에게 방어의 계책을 세우도록 하였으나 관찰사는 장계를 올리지도 않았다. 그 해 겨울 대둔산에 들어가 네 명의 스님과 식사하면서, "명년에는 반드시 왜란이 있을 것이며, 나는 마땅히 의병을 일으킬 것이니, 오늘 이 밥을 같이 먹은 자는 같이 와서 거사하여야만 한다"고 하며 참여할 것을 권고하였다.

1592년(선조 25년) 2월 부인 신씨가 죽었는데, 아들 완기(完基)가 김포로 반장(返葬)하려 하자, 그는 곧 변란이 있을 것이므로 이곳에 두는 것이 낫다고 만류하였다. 3월 김포의 선영을 찾아 변란이 일어나 영원히 물러간다는 뜻의 제문을 지어 조상에게 인사하였다. 4월 20일 부인을 장례 지내면서 함께 죽지 못함을 애석해 하는 시를 읊고, 하늘에서 큰 소리가 나니 왜장이 바다를 건너고 있음을 알리는 하늘의 경고로 해석하고 호상하던 친구에게 피난준비를 권고하였으며, 어머니를 옥천에서 청주 선유동으로 피난시키기도 하였다. 5월 3일 청주에서 격문을 띄우고 문인 이우(李瑀), 이봉(李逢), 김경백(金敬伯) 등과 제1차 의병을 일으켰으나 실패하였다. 6월 초 옥천에서 김절(金節), 김약(金籥), 박충검(朴忠儉) 등의 문인과 향병(鄉兵) 수백 명으로 제2차 의병을 일으켜 보은의 차령에서 왜군을 만나 물리치니, 이후 왜군은 이 길로 다니지 못하였다. 6월 12일 전승업(全承業) 등의 문인과 호남 영남 등에 봉기를 촉구하는 격문을 띄우고, 관찰사 윤선각의 지원하에 다시 제3차 의병을 모집하니 1,000여 명이나 모였다. 그러나 관군과의 갈등과 이미 옥천이 왜군의 세력권에 들어가게 되자 의병들이 흩어졌다. 6월 말경 다시 호우(湖右)로 가서 제4차 의병을 모집하였는데, 전 참봉 이광륜(李光輪), 정민수(鄭民秀), 김형진(金亨進), 양철(梁鐵), 김결(金潔), 한응성(韓應聖), 장덕개(張德盖), 신란수(申蘭秀) 등이 적극 협력하여 의병수가 1,600여 명에 이르렀다. 그는 부대를 나누어 정산, 온양 등의 지역을 순무(巡撫)하였다. 그는 호서의병장(湖西義兵將)으로 엄정하게 군기를 확립하고, 사졸 들을 덕망과 지성으로 이끄니 모두 마음으로 감복하였다. 7월 4일 그는 웅진에서 적을 토벌하기 위한 제사를 지내고, 이튿날 군사들과 왜적의 토벌에 임하는 지표로서 맹세문을 낭독하였다. 이때 왜병은 청주를 점령하고 호우(湖右)지방으로 진격하려 하자, 중봉의 의병부대는 청주로 진군하였다. 8월 1일 정산, 온양, 홍주, 회덕을 거쳐 청주로 진군하여 영규대사(靈圭大師)의 승군과 합세하여 청주성을 수복하였다. 왜군을 격파한 뒤 그는 승전보와 함께 전라도 의병장인 고경명(高敬命)을 구원하지 않아 그들을 패사(敗死)케 한 이광(李洸), 곽영(郭嶸) 등 군관장을 참형에 처해야 한다는 상소를 지어 아들 완도와 문인 전승업을 시켜 행재소로 보낸 뒤, 다시 격문을 띄워 왜의 포로와 왜승(倭僧) 현소(玄蘇) 등을 통유(通諭)하였다. 그 후 전라도로 향하는 왜적을 막기 위해 금산으로 향하였는데, 충청도 순찰사 윤국형(尹國馨)과의 의견대립과 전공을 시기하는 관군의 방해로 대부분의 의병이 흩어지고 700여 명의 의병만이 남게 되었다. 8월 16일 그는 의병을 이끌고 청주를 떠나 영규대사의 승군과 합세하여 금산 십리까지 진군하였다. 8월 18일 왜군은 의병의 후속부대가 없음을 알고 세 부대로 나누어 교대로 공격하여 왔다. 왜적이 장막 안까지 쳐들어오니 막하에 있는 부장들이 중봉에게 빠져나갈 것을 청하였다. 그러나 그는 웃으면서 말안장을 풀고, "이곳이 내가 순절(殉節)할 땅이다. 장부는 죽음이 있을 뿐, 난에 임하여 구차하게 이를 모면해서는 안 된다"고 하고 북을 울리며 싸움을 독려하였다. 이에 700 의병들은 수적 열세에다 화살까지 떨어지자 맨주먹으로 최후까지 싸우다 모두 순절하였다. 그의 큰아들 완기는 용모가 잘생기고 성품과 도량이 넓었는데, 아버지를 따라 이 전쟁에 참여하여 옷을 화려하게 입어 적이 중봉으로 잘못 알도록 유도하다가 함께 순절하였다. 싸움이 끝난 다음날 그의 아우 조범이 장수와 병사들이 둥

글게 모여서 서로 베고 죽은 자리에서 선생의 시신을 거두어 옥천에 돌아와 빈소를 차렸는데, 4일 동안이나 그의 얼굴빛이 산 사람과 같았다 한다.

그는 1604년(선조 37년) 선무원종공신(宣武原從功臣) 일등으로 공신록에 오르고, 이조판서 등에 추증되었으며, 1649년(인조 27년) '문열(文烈)'의 시호를 받았다. 1754년(영조 30년) 영의정으로 추서 되었고, 1883년(고종 20년)에는 문묘에 배향되었다.[1]

본고는 이와 같이 민족적 위기에서 목숨을 바쳐 충의를 실천한 중봉 조헌에 대해 유교적 진유(眞儒)의 잣대로 평가해 새롭게 조명해 보는 데 목적이 있다. 진유란 참된 유자(儒者), 진정한 선비라는 뜻으로 유학자의 이상형을 일컫는 말이다. 필자는 도학의 입장에서 중봉을 진유로 평가하고 일면 의리적 측면에서 또 일면 실학적 측면에서 검토해 보고자 한다. 그동안 필자는 중봉에 대한 연구를 나름대로 해왔다.[2] 본고는 이러한 필자의 연구 성과를 바탕으로 보완한 것임을 밝힌다.

2. 유학에서의 '진유(眞儒)'

'진유(眞儒)'란 '참된 유학자'란 말로 유학에서의 이상적인 선비상을 일컫는 말이다. 진유는 도학과 연관해 이해할 수 있는데, 율곡은 도학지

1) 《重峰集》, 附錄, 卷1, 〈年譜〉 참조.
2) 황의동, 〈율곡과 중봉의 도학정신〉, 《유학연구》, 제26집, 충남대유학연구소, 2012. 8. 30.
   황의동, 〈현대사회와 중봉의 철학정신〉, 《제8회중봉조헌선생선양학술대회발표집》, 2016. 6. 10, 김포 문화원.
   황의동, 〈중봉 조헌의 의리정신〉, 《한국유학사상연구》, 서광사, 2011.
   황의동, 〈중봉 조헌〉, 《우계학파연구》, 서광사, 2005.

사(道學之士)를 일컬어 진유3)라고 불렀다. 즉 진정한 의미에서의 도학자를 진유라고 하는 것이다. 그렇다면 도학이란 무엇을 말하는가?

도학이란 말은《송사(宋史)》〈도학전(道學傳)〉에 처음 보이고, 또 주자는《중용장구(中庸章句)》서문에서 '《중용》은 도학이 전해지지 않을 것을 염려하여 자사(子思)가 지은 것'이라 하였다.4) 이렇게 볼 때, 송대 이래 사용되어진 도학의 개념과 정의는 유학 그 자체를 말하거나 신유학으로서의 성리학을 의미하는 것이었다. 그것은 유학이 인도(人道)를 배우는 학문이고, 인도를 실천하는 학문이기 때문이다. 유학의 인도는 다름 아닌 공맹지도(孔孟之道)요 요순지도(堯舜之道)요 성현지도(聖賢之道)라 할 수 있다. 요(堯), 순(舜), 우(禹), 탕(湯), 문왕(文王), 무왕(武王), 주공(周公), 공자(孔子), 맹자(孟子)를 거쳐 송대 주자(朱子)에 이르기까지 전승(傳承)된 도통(道統)에 그 인도의 본질이 내재해 있는 것이다.

그런데 우리나라의 경우 15세기 말에서 16세기 전반에 이르는 사화기의 유학을 특별히 도학시대 유학으로 부르고 있다. 이는 김종직(金宗直)의 문하에서 일기 시작한 실천유학의 학풍으로, 김굉필(金宏弼), 정여창(鄭汝昌) 등을 비롯해 조광조(趙光祖) 등에 의해 추구된 유학풍을 말한다.

이렇게 볼 때, 송대에서 말하는 도학에 비해 조선조에서의 도학은 의리적 성격이 매우 짙다고 할 수 있고, 일반적으로 조선의 도학개념은 절의 내지 의리를 전제하는 것이라고 말할 수 있다.5) 이러한 관점은 은봉 안방준(隱峰 安邦俊: 1573~1654)의 다음 글이 이를 잘 대변해 준다.

절의는 학문 중의 한 가지 일인데, 지금 사람들은 이를 갈라 둘로 보

---

3)《栗谷全書》, 卷15, 〈東湖問答〉, "道學之士 謂之眞儒."
4)《中庸章句》序, "中庸何爲而作也 子思子憂道學之失其傳而作也."
5) 오석원,《한국도학파의 의리사상》, 유교문화연구소, 2005, 223쪽.

니 개탄할 일이다. 대체로 성인이 도를 닦고 가르침을 세우는 것은 삼 강오륜일 따름인데, 이른바 절의는 이를 붙잡아 세우는 것이다. 후세에 의리가 밝지 못하여 마침내 도학과 절의를 둘로 나누었으니, 절의를 버리고 도학을 아는 사람을 나는 보지 못했다.6)

이처럼 안방준은 절의가 바로 학문 중의 한 가지 일이라 하고, 당시 사람들이 도학과 절의를 둘로 보는 것을 개탄하였다. 그리고 절의를 버리고 도학을 말할 수는 없는 것이라 하였다. 이렇게 도학을 절의를 전제로 보는 관점은 조선시대 전반을 거쳐 거의 일반화되었던 것으로 보인다.

그런데 도학의 개념규정과 도학의 성격을 이론적으로 명확하게 설명한 이는 율곡이다. 율곡은 우리나라에서 도학이란 이름이 유행하고 또 도학이 강조된 배경을 다음과 같이 설명한다.

삼가 살피건대, 도학이란 명목이 예전에 없었다. 옛날 선비란 집에서는 효도하고 밖에서는 공손하며, 벼슬하면 도로써 임금을 섬기고 맞지 아니하면 자신을 돌려 물러났다. 이와같이 하는 자를 선이라 하고 그렇지 못한 자를 악이라 하였을 뿐, 도학이라는 특별한 명목을 세우지 않았다. 세상이 말세가 되고 도가 쇠퇴하여 성현의 전통이 전수되지 못하므로, 악한 자는 말할 것도 없거니와 소위 선한 자도 다만 효우 충신(孝友忠信)만 알고 진퇴의 의리와 성정(性情)의 온오(蘊奧)를 알지 못하여, 가끔 실행하여도 그 당연함을 밝히지 못하고 익히어도 그 소이연(所以然)을 알지 못한다. 이래서 이치를 연구하고 마음을 바르게

6)《隱峰全書》, 附錄, 卷3,〈神道碑銘(宋時烈)〉, "又曰 節義是學問中一事 而今人歧而貳之 是可慨也 夫聖人修道立敎 三綱五常而已 而所謂節義者 所以扶植此物也 後世義理不明 遂分道學與節義爲二 吾未見舍節義而爲道學也."

하며, 도에 의해 나아가고 물러서는 것을 도학이라 지목하게 되었으니, 도학이란 명목을 세운 것은 말세의 부득이한 일이다. 이 명목이 세워지자 간악한 자들이 지목 배척하여 도리어 세상엔 용납을 받지 못하게 되니, 실로 애달프다. 아! 도학이란 명목조차도 이미 말세에 나온것인데, 세속이 더욱 저하되어 경서나 읽고 저술이나 하는 사람을 도학으로 지목할 뿐, 그 심성의 공부와 출처의 대절(大節)에는 미처 생각할 겨를도 없으니, 세도(世道)가 더욱 변했음을 알 수 있다. 조문정(趙文正)의 학문은 비록 미진(未盡)하기는 했으나, 조정에 서서 오로지 도를 행하는 일만을 힘써 삼대의 도가 아니면 결코 임금 앞에 말하지 않았으므로, 그가 도학이란 이름을 얻은 것은 진실로 당연한 일이다.[7]

여기서 율곡은 우리나라에서 도학이라는 이름이 생겨나게 된 배경을 유학의 말폐 현상에서 찾고 있다. 특별히 도학이란 이름을 부르게 된 것은 유학자들이 효우충신(孝友忠信)의 윤리만 알고 진퇴의리와 성정(性情)의 이치를 알지 못하며, 가끔 실행해도 그 당연함을 밝히지 못하고 익혀도 그 소이연을 모른다는 것이다. 그러므로 이치를 연구하고 마음을 바르게 하며, '도'에 의해 나아가고 물러서는 것을 도학이라 부르게 되었다 한다. 여기서 도학은 윤리의 근거로서의 이치를 아는 것과 또 도에 의해 나아가고 물러선다는 강한 실천성을 특징으로 하고 있다. 따라서 진

---

7) 《栗谷全書》, 卷28, 〈經筵日記1〉, 隆慶元年 丁卯, "謹按 道學之名 非古也 古之爲士者 入則孝 出則弟 仕則以道事君 不合則奉身而退 如此者謂之善 不如此者謂之惡 不以道學別立名目 及其世降道衰 聖賢之統不傳 惡者 固不足道矣 雖所謂善者 亦徒知孝友忠信 而不知進退之義性情之蘊 往往行不著習不察 於是 擇其窮理正心 以道出處者 目之以道學 道學之立名 衰世之所不得已也 此名旣立 姦人或指而斥之 反使不容於世 吁可悲矣 嗚呼 道學之名 旣出於衰世 而世尤降俗又下 則又以能讀經著書者 目爲道學 其於心性工夫 出處大節 有不暇恤者 尤見世道之變也 趙文正之學 雖有所未盡 觀其立朝 惟以行道爲務 非三代之道 不敢陳於王前 此其得道學之名 固宜矣."

정한 도학은 윤리적 근거로서의 이기심성(理氣心性)의 이치를 체득하여 도에 맞게 살아가는 데 있다. 이는 단순한 효제충신(孝悌忠信)의 실천이 아니라 선과 악, 시와 비의 준엄한 판단과 생사의 대절(大節)을 실천하는 데까지 나아가는 것이다. 그러므로 도학은 절의를 포함하고, 절의가 없는 도학은 말할 수 없게 되는 것이다.8)

그러면 도학의 내용 즉 범주는 어떻게 설명할 수 있는가? 이에 대한 율곡의 말을 보기로 하자.

> 무릇 도학이란 격치(格致)로써 선을 밝히고 성정(誠正)으로써 그 몸을 닦아, 몸에 쌓이면 천덕(天德)이 되고, 이것을 정사에 베풀면 왕도가 되는 것이다.9)

율곡은 도학을 수기와 치인, 내성(內聖)과 외왕(外王)을 종합한 것으로 보고 있다. 즉 도학이란 격물(格物), 치지(致知), 성의(誠意), 정심(正心)으로 천덕(天德)을 이루고, 그 천덕을 현실 정치에 구현하면 이것이 왕도(王道)라는 것이다. 따라서 도학의 내용은 다름 아닌 천덕과 왕도로 규정된다. 개인적으로는 격물치지, 성의정심으로 자기관리에 충실해 군자로서의 인격을 함양하는 일이다. 그리고 이러한 군자의 인격을 가지고 나라와 백성을 위해 왕도를 실현해야 한다. 여기서 도학은 내성적(內聖的) 수기만으로도 부족하고 외왕적(外王的) 치인만으로도 부족한 것이다. 반드시 수기와 치인, 내성과 외왕, 천덕과 왕도를 겸해야 진정한 도학이라 할 수 있다. 물론 앞에서도 설명했듯이 개인적 천덕의 완성은 격물치지

---

8) 황의동, 《우계학파연구》, 서광사, 2005, 173쪽.
9) 《栗谷全書》, 卷15, 〈東湖問答〉, "夫道學者 格致以明乎善 誠正以修其身 蘊諸躬則爲天德 施之政則爲王道."

라는 지각(知)의 노력과 성의정심(誠意正心)이라는 실천(行)의 노력이 병행되어야 하는 것이다.

도학이 수기와 치인을 겸비하는 것이라 하더라도 근본은 역시 수기에 있다. 수기는 지행병진(知行竝進), 지행합일(知行合一)에 있는데, 앞서 율곡이 말한 도학이 인륜의 도리를 극진히 하는데 있다는 말이 이를 말해 준다. 그러므로 율곡은 "마음과 행적(行迹)이 같지 아니하면 이미 유자(儒者)가 아니다"10)라고 하는 것이다. 언행의 일치, 지행의 일치는 도학이 추구해야 할 일차적인 과제요 근본적인 작업이다. 이를 위해서는 고도의 사변적인 노력이 요구되고 내면적인 자기 성찰이 요구된다.

또한 율곡은 '도학지사(道學之士)'를 일러 '진유(眞儒)'라 하고,11) "소위 진유란 나아가서는 일시에 도를 행하여, 이 백성으로 하여금 환한 즐거움이 있게 하고, 물러나서는 교훈을 만세에 드리워, 배우는 사람들로 하여금 큰 잠에서 깨우침을 얻게 하는 데 있다"12)고 하였다. 또 율곡은 "선비가 이 세상에 태어나서 나아가서는 도를 행하고, 물러나면 뜻을 지키는 것, 이 두 가지 외에 다시 다른 것은 없다"13)고 하였다.

진유란 결국 도학지사(道學之士)를 말한다. 진유의 소임은 나아가서는 도를 행하여 백성들에게 편익을 주고 행복을 베푸는 데 있고, 물러나서는 교육과 교화를 통해 후세 학자들에게 만세의 교훈을 주는 데 있다. 이는 다시 말하면 행도(行道)와 수지(守志)가 된다. 이런 잣대에서 율곡의 선유에 대한 평가가 이루어졌다고 보면 된다.

또한 도학의 내용은 수기나 치인의 양 측면에서 모두 의리(義)와 실리

---

10) 《栗谷全書》, 卷10, 書2, 〈答成浩原〉, "心迹之不同 已非儒者也."

11) 《栗谷全書》, 卷15, 〈東湖問答〉, "道學之士 謂之眞儒."

12) 《栗谷全書》, 卷15, 〈東湖問答〉, "夫所謂眞儒者 進則行道於一時 使民有熙皞之樂 退則垂敎於萬世 使學者得大寐之醒."

13) 《栗谷全書》, 卷7, 〈辭大司諫疏〉, "士生斯世 進則行道 退則守志 二者之外 更無他歧."

(利)의 조화를 추구하는 데 특징이 있다. 즉 하나는 도덕적 가치의 실현이며 또 하나는 경제적 가치의 실현이라 할 것이다. 이것은 공맹의 유교정신이며 유학의 본질이다.14)

3. 중봉의 의리적 삶

사람에게 있어 시대적 배경은 그의 생애를 결정한다. 중봉에게 있어서 임진왜란이라는 사건은 그의 생애를 결정짓는 중요한 계기가 된다. 만약 중봉이 평화스런 시대에 태어나 정상적인 학문 활동을 했다면 퇴계나 율곡처럼 아니면 남명 조식(南冥 曹植) 같은 유학자로 우뚝 섰을지도 모른다. 그는 가정적으로 정암 조광조(靜庵 趙光祖)의 도학적 학맥에 닿아 있고, 또 율곡과 우계의 촉망받는 제자였다.

그런데, 중봉은 성리학의 이론적 탐구에 별 관심이 없었던 것으로 보인다. 그의 문집을 통해서 볼 때 체계적인 성리학적 저술이 거의 보이지 않기 때문이다. 그는 의리의 실천과 경세의 실현이야말로 진정한 학문의 길이라고 생각하였다. 진정한 도학은 의리를 겸한다. 도학은 사실판단으로서의 객관적 진리와 가치판단으로서의 규범적 지식을 올바르게 인식하여 참된 인격을 연마하고 사회에 정도(正道)를 구현하려는 실천적 사상이다. 인간의 구체적 현실에서 정의와 정도를 구현하려는 의리사상은, 대내적으로는 사회의 비리와 부정을 비판하여 인간의 존엄성과 사회정의를 구현하고, 대외적으로는 외세의 부당한 침략과 무도(無道)한 패도(覇道)에 항거하여 민족을 수호하고 국란을 극복하려는 강인한 저항정신

---

14)《서경》에서는 정치에 있어서의 三事로서 正德, 利用, 厚生을 말하고 있고,《주역》에서도 利는 義의 조화라 하였다. 또《논어》에서는 足兵, 足食과 함께 民信之를 말하고 있고, 《맹자》는 王道정치의 기초를 민생의 안정에 두고, 왕도정치의 완성을 윤리적 正倫의 실현에 두었다. 또 恒産과 恒心의 유기적 관계를 설명하고 있다.

이 담겨 있다.15)

중봉은 임진왜란으로 민족과 국가가 위기에 처하자 의병을 일으켜 싸웠다. 그는 4차에 걸쳐 의병을 모집하였고, 금산전투에서 700여 명의 의병들과 함께 장렬하게 최후를 마쳤다.

그런데 그의 의리정신은 춘추정신에 그 근거를 두고 있다.16) 중봉에 의하면 이웃나라 간에 사귐이 필요 없다는 것이 아니오 또 고루하게 쇄국(鎖國)을 말함도 아니다. 다만 이웃나라와 선린(善隣)을 도모해야 한다는 것이다. 그는 "교린지도(交隣之道)는 종시(終始) 신의(信義)로서 하는 것이 옳다"17)고 한다. 그렇지만 일본은 본래 반복하기를 잘하고 신의가 없는 나라라고 규정하였다.18) 그리고 그는 만약 저들이 거칠고 고루함을 면키 위해 사절과 물건을 보내어 빙례(聘禮)로서 구해 온다면, 우리는 성자(聖者)의 가르침을 전해 줄 따름이니,19) 문명된 도로써 그 야만 됨을 변화시켜야만 할 것이라고 하였다.20)

중봉은 또 나라의 승부지세(勝負之勢)는 한갓 군사력의 강약에 있는 것이 아니라 하고, 한때의 성쇠는 그것이 기본이 서 있지 못할 때 쉽게 무너질 수 있는 것임을 역사적 예를 들어 설명하였다. 따라서 저들이 재삼 통신사를 무리하게 요청해 올 때 그 죄를 들어 사신을 목 베어 단호하게 조치해야 한다고 하였다.21) 아울러 우리의 문명한 도를 가지고 저들

---

15) 오석원, 《한국도학파의 의리사상》, 유교문화연구소, 2005, 219쪽.
16) 이동준, 〈16세기 한국성리학파의 역사의식에 관한 연구〉, 성균관대대학원(박사), 1975, 241~249쪽 참조.
17) 《抗義新編》, 〈擬斬賊使玄蘇罪目〉.
18) 《抗義新編》, 〈請絶倭使 第二封事〉.
19) 《抗義新編》, 〈請絶倭使 第三封事〉, "如以荒僻孤陋爲悶 則時遣渠使薄物 修聘求之我國者 箕範孔敎之傳而已 則用夏變夷 …"
20) 《抗義新編》, 〈請絶倭使 第一封事〉, "明吾華夏之道 格彼蠻髦之性."
21) 《抗義新編》, 〈請絶倭使 第三封事〉.

의 야만성을 바로 잡아 주어야 할 것이며, 우리의 임금을 친하고 어른을 위해 죽을 수 있는 백성을 데리고 저들의 다스려지지 않고 임금이 없는 무리들을 두들겨 주어야 한다 하였다.[22] 이와 같이 중봉은 인의(仁義)의 가치를 기초로 한 춘추의리에 입각해 왜의 무례를 꾸짖고 단호하게 대처해야 한다고 보았다.

그러므로 그는 금산전투가 시작되기 전날 승장 영규대사가 비가 쏟아져 진지를 구축하기 힘드니 내일의 결전을 미루자고 했을 때, "이 적들은 본래 나의 적이 아니며, 내가 구구하게 속전(速戰)을 하려는 것은 오직 충의(忠義)의 격정으로 사기를 높이고자 한 것이다"라고 하였다. 여기에서 우리는 중봉의 전쟁의 의리가 결코 개인적 감정이나 이해에 있는 것이 아니라 충의의 높은 가치를 지향하고 있음을 알 수 있다. 더욱이 그는 마지막 죽음을 앞에 놓고 "오늘은 오직 한번 죽음이 있을 뿐이다. 죽고 살며 나아가고 물러감에 있어 '의(義)'라는 글자에 부끄럼이 없게 하라"고 하였으니, 여기에서 그의 사생관이 오직 '의(義)'에 있음을 분명히 알 수 있다. 의에 부끄럼이 없는 삶, 의에 부끄럼이 없는 죽음, 의에 떳떳한 행동이 그의 가치관이요 철학이었다. 무엇보다 말과 글로서만 의를 외친 것이 아니라, 몸소 의에 맞게 살다 간 그의 실천적 의리정신은 한국 유학사에서 하나의 모범이 되고 있다.

그러므로 은봉 안방준은 중봉을 가리켜 일개 절의를 지킨 선비에만 그치는 것이 아니라, 그의 학문과 조행(操行)을 보면 실로 우리 동방 수천년 간에 없었던 진유(眞儒)[23]라고 흠모하였다. 그리고 그의 자품(資稟)과 조예(造詣)는 비록 정암(靜庵)과 율곡(栗谷)에 미치지 못한 듯하나, 식

---

22) 《抗義新編》, 〈請絶倭使 第一封事〉.
23) 《隱峰全書》, 卷3, 〈與北渚金相公〉, "夫重峰不止爲一段節義之士 考其學問操行 實吾東方 數千載間所未有之眞儒也."

견이 높고 밝은 것이나 정책을 시행하는 말과 계책은 정암과 율곡이 모두 중봉의 섬세하고 완전하게 갖춘 것보다 못하다고 평가하였다. 그러므로 자신이 편찬한 《동환봉사(東還封事)》나 《항의신편(抗義新編)》을 마땅히 자세히 살펴보라 하고, 기자(箕子)가 조선에 봉해진 이후 최초의 진유가 바로 조헌이라고 높이 평가하였다.[24] 이러한 안방준의 중봉에 대한 평가는 참으로 주목할 만하다. 왜냐하면 일반적으로 중봉을 비분강개(悲憤慷慨)의 의사(義士) 내지 절사(節士)로 보기 때문이다. 물론 안방준이 중봉을 가리켜 '조선 최초의 진유'라고 하는 평가가 지나친 면이 없는 것은 아니라 하더라도 '진유(眞儒)'라고 하는 평가만은 분명한 것이다. 진유는 곧 도학지사(道學之士)를 의미하는 말이고, 중봉의 학문과 덕을 객관적으로 잘 평가한 말이라 생각된다.

4. 중봉의 실학정신

우리는 일반적으로 중봉을 임진왜란 때 금산전투에서 장렬하게 순국한 의병장으로 인식하고 오로지 그를 의리적 측면에서만 평가하는 경향이 많다. 이는 매우 잘못된 것이며 중봉에 대한 올바른 평가라고 할 수 없다. 중봉의 생애는 의리적 실천으로 일관하면서도 실학풍을 지니고 있다는데 특징이 있다. 그는 단순히 이론으로만 정의와 진리를 말했던 관념적 지식인이 아니었다. 그는 일찍이 12세 때 훗날 임진왜란을 당해 의병을 일으켰던 김황(金滉)에게서 배웠고, 이후 이지함(李之菡), 성혼(成渾), 이이(李珥)를 스승으로 삼아 그들의 문하를 출입하며 학문을 배웠

---

24) 《隱峰全書》, 卷10, 〈牛山答問〉, "重峰之資稟造詣 雖似未及於靜栗而見識之高明 設施之言計 靜栗皆不如重峰之纖悉備具 愚所撰東還封事 抗義新編 君宜仔細去看 若重峰 實箕封以來 數千載間所未有之眞儒也."

다. 그는 〈후율정사상량문(後栗精舍上樑文)〉에서 "정암(靜菴)의 충효(忠孝)와 퇴도(退陶)의 학(學)이 한 줄기 밝게 석담(石潭)에 있도다"[25]라고 하여, 율곡의 학문적 위치와 자신의 입장을 분명히 밝히고 있다. 이는 또 그의 호를 '후율(後栗)'이라고 한 데서도 잘 알 수 있다. 그의 의리적 학풍은 멀리 정몽주-길재-김숙자-김종직-김굉필-조광조로 이어지는 절의파의 학맥과 깊은 관련이 있다. 왜냐하면 그의 조부 고세우(趙世佑)가 조광조의 문인이었으며, 그의 부친 조응지가 바로 성수침의 문인이었기 때문이다. 결국 중봉의 가학적 연원이 여말 포은, 야은의 의리 학맥에 닿아 있고, 또 15세기 도학에 직접 연결되어 있다. 더욱이 중봉은 정암, 율곡, 우계, 토정을 존숭하였는데, 이들 모두가 도학적 모범으로 일컬어지고 있거니와 이들 모두가 투철한 역사의식을 갖고 경세제민의 탁월한 대책을 지녔던 경륜가였기 때문이다. 조광조는 그 자신이 지치(至治)를 실현하려다 희생되었고, 율곡은 정암을 가장 존숭하면서 의리와 경세를 아울러 갖춘 진유였다. 또 우계 역시 도학과 경세를 겸비하였고, 이지함(李之菡)은 비록 아산현감에 머물렀지만 걸인청(乞人廳)을 만들어 빈민구제에 나서는 등 시무(時務)와 경세에 탁월한 식견을 지니고 몸소 실천한 실학자였다. 그러므로 어느 일면에 있어서는 중봉을 조선조 후기실학의 선구자로 일컫고 있으며,[26] 북학파 실학의 연원이 또한 조헌에 있다고까지 말하고 있음을 주목할 필요가 있다.[27] 북학파 실학의 대표적 인물인 초정 박제가(楚亭 朴齊家)는 《북학의(北學議)》 자서(自序)에서 "나는 어렸을 적에 최고운(崔孤雲)과 조중봉(趙重峰)의 사람됨을 사모하여, 비록 시대는 다르지만 한번 말채찍을 잡아 그분들의 뒤를 따르고 싶은 소원이

25) 《重峰集》, 卷13, 〈後栗精舍上樑文〉, "靜菴忠孝 退陶學 一脈昭昭在石潭."
26) 김용덕, 《조선후기사상사연구》, 을유문화사, 1987, 557쪽.
27) 강재언, 《근대한국사상사연구》, 미래사, 1983, 17쪽.

있었다"고 술회하였고, "중봉은 질정관(質正官)으로 연경(燕京)에 다녀왔는데, 그는 동환봉사(《東還封事》)에서 지성스럽게도 남을 보면 나를 돌아보고 선을 보면 그와 같이 할 것을 생각하였으며, 중화의 제도로써 오랑캐의 풍습을 변동시키고자 애쓰지 않음이 없었다"고 기술하였다.[28] 그리고 유형원(柳馨遠)의 《반계수록(磻溪隨錄)》에도 율곡 다음으로 중봉의 경세책과 개혁론이 인용되고 있어, 조선 후기 실학사상의 형성에 크게 영향을 미치고 있음을 알 수 있다.[29] 이렇게 볼 때, 중봉의 학풍은 일면 의리적 특성을 갖지만, 또 다른 면에서는 실학풍을 지니고 있다.

이와 관련하여 그의 학문적 특성의 하나가 바로 실천적 학풍에 있다는 점이다.[30] 그것은 많은 사람들이 그의 인품과 학풍을 일컬어 천리(踐履)를 위주로 하였다 하고,[31] 또 학문은 실천을 기하였다[32]고 한 데서도 알 수 있다. 그는 어려서부터 몸소 소를 몰아 밭갈이를 하였으며, 땔나무를 하여 부모의 방에 손수 지피기까지 하였다. 3년간 부평의 유배생활에서도 몸소 밭을 갈며 독서하여 실제로 노동을 몸에 익혔다.[33]

그런데 그의 학문에 대한 열정과 실천궁행의 자세는 유별났던 것으로 보인다. 그는 밭갈이를 하면서도 쉬는 사이에 글을 읽었고, 일을 하러 나가면 먼저 책을 올려놓을 받침을 가설(架設)하였으며, 아궁이에 불을 지피고 나면 재 속에서 불을 골라 빛을 밝혀 글을 읽다 꺼진 다음에 그만두

---

28) 朴齊家, 《貞蕤閣集》, 卷1, 〈北學議自序〉.

29) 이동준, 〈16세기 한국 성리학파의 역사의식에 관한 연구〉, 성균관대대학원(박사), 1975, 228쪽.

30) 이동준, 〈16세기 한국 성리학파의 역사의식에 관한 연구〉, 성균관대대학원(박사), 1975, 222쪽.
   오석원, 〈문열공 중봉 조헌〉, 《동국 18현》, 하, 율곡사상연구원, 1999, 210쪽.

31) 《隱峰全書》, 卷38, 〈重峰先生遺事〉, "先生少力學自立 專以踐履爲主."

32) 《隱峰全書》, 〈抗義新編〉, 趙參判—軍殉義碑(尹根壽撰), "趙公 學期實踐 含忠履貞."

33) 《重峰遺事》, 〈重峰年譜〉 참조.

곤 하였다. 과거를 보아 벼슬길에 나선 다음에도 손에서 책을 놓지 않았으며, 중국에 다녀올 때 달리는 수레 속에서도 독서를 그치지 않았다고 한다. 여행을 하면 말에다 관솔을 가지고 다니며 불을 밝혀 글을 읽었고, 함경도 길주로 귀양 갔을 때 전염병이 돌아 약을 쓰고 구해 주느라 진력하는 중 사방에 시체가 둘러싸인 가운데서도 독서를 그치지 않았다.[34]

그는 밤이면 《중용》과 《대학》을, 그리고 굴원(屈原)의 〈이소경(離騷經)〉과 제갈량(諸葛亮)의 〈출사표(出師表)〉를 암송하다가 때로는 강개(慷慨)하여 아침이 되도록 밤을 밝히곤 하였다. 특히 율곡과 우계 양 선생에게서 《주역》을 받은 다음, 문을 닫고 침잠(沈潛)하여 우러러 생각하고 굽혀 다시 읽으니, 미래를 예측하는 일에도 통철(通徹)하였다고 한다.[35]

중봉은 여러 곳에서 '평생 독서한 힘'이란 말을 많이 사용하였다.[36] 이는 그의 학문이 단지 글을 읽고 해석함에 있는 것이 아니라, 지식을 활용하여 자신의 삶과 국가사회에 실제로 적용되고 이익이 되어야 함을 의미한 것이다. 즉 실용적인 학문관을 보여 준 것이라 하겠다. 이와 같이 중봉의 생애와 사상은 한편 의리로 특징되지만, 다른 한 편으로는 실학적 면모를 보여주고 있는 것이다.

5. 맺는 말 - 안방준의 중봉 평가 -

유학은 본래 의리(義理)와 실리(實利)의 가치를 아울러 추구한다. 맹자는 말하기를, "생(生) 또한 내가 하고자 하는 바요, 의(義) 또한 내가 하고

---

34) 《重峰集》, 附錄, 卷4, 〈遺事〉.

35) 〈重峰行狀〉 참조.

36) 이동준, 〈16세기 한국 성리학파의 역사의식에 관한 연구〉, 성균관대대학원(박사), 1975, 225쪽.

자 하는 바이다. 이 두 가지를 겸하여 얻지 못한다면 생을 버리고 의를 취하리라"37)고 하였다. 여기서 생은 생존욕구로서 가치적으로 보면 경제적 가치 즉 실리를 말한다. 의란 도덕적 욕구로서 윤리적 가치를 말한다. 이 양자의 구족(具足)이 유교의 이상이다. 그러나 만약 이 양자 중 어느 하나를 선택해야 한다면 죽음으로서 의리를 택한다는 말이다. 우리는 유학을 살신성인(殺身成仁), 사생취의(舍生取義)라는 관점에서 도덕 지상의 철학으로 잘못 오해하고 있는 경우가 많다. 위에서 볼 수 있듯이 유학의 이상은 의(義)와 이(利) 즉 의리와 실리를 아울러 겸비하는 것이지 살신성인이나 사생취의가 이상은 아니다. 이렇게 의리와 실리가 조화되어야 한다는 이상은 유교 경전을 일관하는 논리다. 이러한 관점에서 중봉은 생과 의, 이(利)와 의(義)를 함께 추구하고 실천한 진유였다. 달리 말하면 중봉이야 말로 의리학과 실학을 겸비한 진정한 도학지사(道學之士)로서 진유(眞儒)였던 것이다.

이러한 관점에서 안방준의 선유에 대한 평가는 주목할 만하다. 그는 말하기를, 포은 이후에 오직 조광조, 이이, 조헌만이 젊어서부터 국가를 경영할 큰 뜻을 품었다 하고, 과거에 급제하여 조정에 나아가자 시세를 헤아리지 않고 이해를 계산하지 않으면서 오직 삼대의 정치를 이루기를 자신의 임무로 삼았으니, 이 세 현인이 비록 도를 실행할 수 없었으나 그 도를 행한 것과 다름이 없다고 하였다.38) 이처럼 그는 포은 이후 진유로서 정암, 율곡, 중봉 세 사람을 들고 있는데, 그렇게 보는 근거는 다름 아닌 이해와 시세를 떠나 유가적 도의 실현을 자신의 책무로 인식하고

---

37)《孟子》,〈告子上〉, "生亦我所欲也 義亦我所欲也 二者不可得兼 舍生而取義者也."

38)《隱峰全書》, 卷10,〈牛山答問〉, "然 姑舍名賢 請言眞儒 圃隱後惟靜菴栗谷重峰 自少有經濟大志 及登第立朝 不量時勢 不計利害 惟以致治三代爲己任 則此三賢雖不得行道 其與行道者無異矣."

실천하였다는 데 있었다.

그는 또 정암의 자품(資稟)은 율곡보다 훨씬 뛰어나지만 조예(造詣)의 깊이는 율곡이 낫다고 한다. 중봉의 자품과 조예는 비록 정암과 율곡에 미치지 못한 듯하나, 견식이 높고 밝은 것이나 정책을 시행하는 말과 계책은 정암과 율곡이 모두 중봉의 섬세하고 완전하게 갖춘 것보다 못하다고 평가하였다. 그리고 《동환봉사》나 《항의신편》을 통해서 볼 때 기자(箕子)가 조선에 봉해진 이후 최초의 진유가 바로 조헌이라 평가하였다.39) 이는 은봉이 포은, 정암, 율곡을 진유로서 존숭하지만, 그 중에서도 중봉을 가장 대표적인 진유로 일컫고 있는 것이다.

은봉은 어떤 사람을 명현(名賢)이라 부를 수 있고 어떤 사람을 진유(眞儒)라고 부를 수 있느냐는 물음에 대해 이렇게 대답하고 있다.

학문은 남음이 있는데 절의가 부족한 사람이 있는가 하면, 학문은 부족한데 절의가 남는 사람이 있으니, 학문은 남는데 절의가 부족한 사람보다는 오히려 학문은 부족한데 절의가 남는 사람이 낫다. 명현(名賢)과 진유(眞儒)의 차이는 학문에 있지 않고 절의에 달려있다.40)

여기에서 우리는 안방준이 학문과 절의 가운데 절의에 더 비중을 두고 있음을 분명히 알 수 있다. 이러한 관점에서 그는 우리 동방의 학문은

---

39) 《隱峰全書》, 卷10, 〈牛山答問〉, "姑擧其易見者論之 則靜菴之資稟 絕勝於栗谷 而造詣之深 栗谷爲優 重峰之資稟造詣 雖似未及於靜栗 而見識之高明 設施之言計 靜栗皆不如重峰之纖悉備具 愚所撰東還封事抗義新編 君宜仔細去看 若重峰 實箕封以來 數千載間所未有之眞儒也."

40) 《隱峰全書》, 卷10, 〈牛山答問〉, "客曰 名賢眞儒 其有異乎 主人曰異 客曰然則何如斯可謂之名賢 何如斯可謂之眞儒乎 主人曰 有學問有餘而節義不足者 有學問不足而節義有餘者 與其學問有餘而節義不足 不若學問不足而節義有餘者 名賢眞儒之異 不在於學問 而在於節義而已."

정포은(鄭圃隱)과 권양촌(權陽村)으로부터 시작되었는데, 그 학문을 논한다면 양촌이 포은보다 훨씬 뛰어나지만, 그 절의를 논한다면 양촌은 볼만한 것이 없다고 평가하였다. 조선조에 이르러서도 그 폐단이 아직 남아 학문과 절의를 둘로 나누어 여긴다 하고, 명현이 많다고는 하나 진유는 적은데, 모든 사람들이 그것을 능히 변별하지 못하므로 자신이 개탄하여 명현과 진유를 나누어 지목했던 것이라 하였다.41) 이처럼 안방준은 양촌 권근(陽村 權近)이 학문에 있어서는 포은보다 훌륭하지만, 절의에 있어서는 양촌보다 포은이 훌륭하다고 보아 포은의 의리적 실천을 높이 평가하였다.

안방준은 1613년 조헌의 《항의신편(抗義新編)》을 편수하고 화공(畵工)을 시켜 8가지 사적을 본떠 그리게 하였다. 김포 우저(牛渚)에 있는 중봉의 옛 집터를 사서 그의 아들에게 주어 훗날 그곳에 비석을 세울 장소로 삼게 하였고, 1622년 봄에는 중봉의 《동환봉사(東還封事)》를 편수하였다. 1646년(인조 24년) 11월 우산(牛山)에서 매화정으로 돌아와 두어 칸 띠집을 짓고 그 집을 '은봉정사(隱峰精舍)'라 불렀는데, 이는 포은(圃隱)과 중봉(重峰) 두 선생의 충효와 절의를 사모한 뜻으로 이러한 편액을 달았던 것이다.42)

그는 《항의신편》 발문에서 "나는 선생의 문하에 들어가 덕의(德義)를 보지는 못했지만, 일찍부터 그 기풍과 의리를 흠모하였는데, 순절했다는 소식을 들은 뒤로는 더욱 간절하게 추앙하게 되었다"43)고 하여, 그의 중봉에 대한 존숭이 의리적 측면에 있음을 분명히 알 수 있다. 또 말하기

---

41) 《隱峰全書》, 卷10, 〈牛山答問〉, "吾東方學問 自鄭圃隱權陽村始 論其學問 則陽村過 圃隱遠矣 論其節義 則陽村無足可觀 至于我朝 其弊猶存 學問節義 分而爲二 名賢雖多 而眞儒則少 擧世之人 莫之能辨 此愚之所嘗慨歎 而目之以名賢眞儒者也."

42) 《隱峰全書》, 선생 74세 조

43) 《隱峰全書》, 附錄, 上, 〈年譜〉, 先生 41歲 條.

를 "나는 약관 때부터 선생을 흠모하여 추앙하기를 태산북두(泰山北斗)처럼 할 뿐만 아니었다"[44]고 술회하고 있다. 이것은 마치 화서 이항로(華西 李恒老)가 우암 송시열(尤菴 宋時烈)을 주자 후에 일인자로 추앙하는 것과 마찬가지다.[45]

중봉은 사변에 능했던 성리이론가가 아니다. 그는 임진왜란이라는 민족적 위기에서 죽음으로써 유교지식인의 책무와 갈 길을 분명히 계도(啓導)한 분이다. 그리고 의리와 명분 때문에 실리와 실용을 망각하지 않은 진정한 실학자였다. 이 점에서 중봉은 조선조 역사에서 참된 의미에서의 도학지사(道學之士)요 진유(眞儒)였던 것이다.

44) 《隱峰全書》, 附錄, 上, 〈年譜〉, 先生 50歲 條.
45) 《宋子大全》, 附錄, 卷19, 〈記述雜錄〉, 權尙夏, "晦翁朱子後一人 尤菴晦翁後一人."

제4장 | 우암 송시열의 철학정신
- 직(直), 의리(義理), 세도(世道)-

1. 시작하는 말

우암 송시열(尤庵 宋時烈: 1607~1689)은 율곡, 사계의 적전(嫡傳)으로 기호학파 내지 율곡학파의 중심에 서 있다. 그는《조선왕조실록》에 그의 이름이 3,000번 이상이나 거론될 만큼 17세기 조선의 역사에서 정치적으로나 학문적으로 그 위상이 매우 컸다. 그러므로 그는 '대로(大老)', '송자(宋子)', '태산교악(泰山喬嶽)' 등으로 칭송되었고, 문묘에 종사된 '동국18현'의 한 사람이다. 뿐만 아니라 우암은 퇴계나 율곡보다 더 많이 전국 서원에 향사(享祀)되어 있는 것으로 보아도 그의 위상을 짐작할 수 있다.

그러나 우암은 당쟁의 한복판에서 많은 상처를 입었고, 일부 다른 시각에서는 그를 '당쟁의 화신(化身)'이니 '사대모화의 상징'으로 비판하기도 한다. 인간은 누구나 완벽할 수 없고 또 보는 관점에 따라 양지와 음지가 달리하게 되는 것은 당연한 일이다.

우암은 17세기 위기의 시대를 맞아 역사의 한복판에서 온몸으로 역사적 책임을 다하다 순국한 실천적 지성이다. 맹자가 이단사설(異端邪說)을 물리쳐야 한다는 시대적 소명을 갖고 벽이단(闢異端)에 앞장선 것처럼, 우암도 병자호란 후 직면한 민족자주의 위기와 윤리강상의 위기에서 이를 극복하고자 온힘을 다하다 생애를 마쳤다. 우암이 1686년(숙종 12년)에 쓴 이 시는 우암의 평생 과업이 무엇이며 그가 어떤 삶을 살았는지를 잘 보여 준다.

내 나이 팔십인데 평생 일을 회상해 보니

후회가 산과 같아 기록하기 어렵구나.

… … … … … … … … … … … … … …

망녕되게 세도(世道)의 책임을 이 몸에 자임(自任)했지만,

한 수레의 장작불을 한 잔의 물로 끌 수 있겠는가?1)

우암은 자신이 평생 자임했던 세도의 사업이 참으로 어려운 것임을 고백하고, 한 수레의 장작불을 어찌 한 잔의 물로 끌 수 있겠느냐고 스스로 돌아다본다. 자신에게 주어진 역사적 과제를 인식하고 그것을 회피하지 않고 온몸으로 실천하다 사약을 받고 83세의 나이로 생애를 마친 우암에게서 순도(殉道)의 엄숙한 모범을 보게 된다.

본고는 우암의 삶과 사상에서 일관되게 보여 주는 메시지인 직(直), 의리(義理), 세도(世道)를 통해 21세기 우암의 철학정신이 무엇인가를 새롭게 조명해 보는 데 목적이 있다.

2. 우암의 의리와 시대정신

우암의 학문은 성리학, 예학, 경학, 문학, 경세학 등 다양한 시각에서 살펴볼 수 있지만, 우암의 학문적 특징은 역시 '의리적' 측면에 있다.2) 우암은 '국가가 숭상하고 장려해야 할 것은 오직 도학과 절의'3)라 하고, 의리를 숭상하고 이익을 버리는 '상의지세(尙義之世)'를 염원하였

---

1) 《宋子大全》, 卷1, 〈自警吟, 丙寅〉.

2) 한말 全齋 任憲晦는 〈五賢粹言〉에서 靜庵의 材志, 退溪의 德學, 栗谷의 理氣, 沙溪의 禮敎, 尤庵의 義理를 특징적으로 밝히고 있다.

3) 《宋子大全》, 附錄, 권6, 〈年譜〉, 42年, 己酉, 先生 63歲 條, "先生又進曰 國家之所崇獎 惟在道學與節義."

다.4) 이처럼 17세기 송시열 계통이 주도적으로 강조하는 절의의 이념은, 조선시대 초두부터 조선성리학의 주요한 이념으로 작용하였던 긴 전통의 연장이며, 특히 16세기의 쟁점을 계승하고 있다고 볼 수 있다.5) 다시 말하면 심성 자체에 대한 이해가 문제되기보다는 의리 실천이 보다 중시되던 17세기의 시대 상황 속에서, 사실로서의 성리(性理)와 가치로서의 의리(義理)를 연결시키는 데 있어서 실천성을 보다 강화하는 문제가 당시 학문의 과제라고 할 수 있으며, 우암은 그러한 시대적 요구에 부응하는 논리를 펴고 있었던 것이다.6) 따라서 한국유학사에서 우암의 위치는 무엇보다 의리적 측면에서 평가되어야 한다.7) 율곡학파를 계승한 한원진(韓元震)은 "우옹(尤翁)의 학문은 주자를 으뜸으로 삼고, 의리는 《춘추》를 잡았다. 절의를 숭상하고 사설(邪說)을 막아, 효종의 '명천리 정인심(明天理 正人心)'의 부탁을 져버리지 않았다"8)고 평가하였다. 또 김창협(金昌協)은 "우옹(尤翁)이 평생 잡고 지킨 것은 그 대강이 네 가지가 있으니, 편파적인 말, 음탕한 말을 막아 삼성(三聖)을 계승하는 것, 절의를 숭상하여 동주(東周)를 높이는 것, 징토(懲討)를 엄격히 하여 윤기(倫紀)를 부식(扶植)하는 것, 향원(鄕愿)을 미워하여 정경(正經)을 돌이키는 것이다"9)라고 평가하였다. 이러한 우암에 대한 평가는 모두가 의리적 측

---

4)《宋子大全》, 卷5,〈己丑封事〉.

5) 이봉규,〈송시열의 성리학설 연구〉, 서울대대학원(박사), 1996, 42쪽.

6) 김문준,〈우암 송시열의 수양론과 의리 실천〉,《송자학논총》, 제3집, 송자연구소, 1996, 60쪽.

7) 황의동,〈우암의 성리학과 의리사상〉,《송자학논총》, 제3집, 송자연구소, 1995, 465쪽.

8)《宋子大全》, 附錄, 卷19,〈記述雜錄〉, 韓元震, "尤翁學宗朱子 義秉春秋 崇節義闢邪說 以不負孝廟明天理正人心之託."

9)《宋子大全》, 附錄, 卷19,〈記述雜錄〉, 金昌翕, "朱子之訓 有關於世道 而爲尤翁平生所執守者 其大綱有四焉 曰距詖淫以承三聖也 曰崇節義以尊東周也 曰嚴懲討以扶倫紀也 曰惡鄕原以反正經也."

면에서 하는 말이다. 우암이 당쟁으로 얼룩진 생사의 기로에서 자기 한 몸의 명철보신(明哲保身)을 외면한 채, 죽음을 각오하고 의리의 현장으로 나아가는 심정을 다음 글을 통해 알 수 있다.

　　너의 아비가 지난 겨울 병이 위중할 때 조용히 내게 말하기를, "할아버지께서는 단지 세도만을 계획해서 일신을 꾀하지 않으시고 홀로 명철보신(明哲保身)의 도를 생각지 않으십니까?" 하였다. 내가 말하기를, "지금 세상이 어떤 세상이냐? 절의로는 권순장(權順長), 김익겸(金益謙)으로부터 삼학사(三學士)에 이르기까지 모두 배척됨을 볼 수 있고, 도학으로는 율곡으로부터 주자에 이르기까지 또 감히 위로는 공성(孔聖)에게까지 차례로 수모가 미치고 있으니, 내 어찌 한 잔의 물로 한 수레의 불을 끌 수 없음을 알지 못하랴. 그런데도 세상이 맹(孟). 주(朱)와 같이 이단을 막고 끄는 책임을 맡김이 없으니, 어찌 차마 수수방관하겠느냐. 만약 사도(斯道)가 나로 하여금 말미암아 한 터럭만큼이라도 없어지지 않게 된다면, 퇴지(退之) 소위 만만 번 죽더라도 한이 없을 것이다."10)

우암은 증손 무원(婺源)에게 보낸 편지에서 당시 삼학사를 비롯한 권순장, 김익겸, 김상헌(金尙憲)의 절의가 공명심(功名心)으로 폄훼되는 현실, 율곡이 문묘에서 출향(黜享)을 당하고, 윤휴(尹鑴) 등에 의해 공자, 주자가 수모를 당하는 현실을 차마 수수방관할 수 없었다. 사도(斯道)가 자

---

10)《宋子大全》, 卷128, 〈寄婺源〉, 己巳 2月 15日, "汝父於去冬革時 從容誦余曰 祖只爲世道 爲計而不爲身謀 獨不思明哲保身之道乎 余曰 今世是何世乎 以節義則由權順長金益謙 以 至於三學士而俱見排斥 以道學則由栗谷以至於朱子 又敢以上及於孔聖而次第受侮 吾豈不 知杯水不能救車薪之火乎 然而世無如孟朱者任其拒熄之責 則何忍袖手傍觀而已乎 若使斯 道由我而一毫不泯 則退之所謂滅死萬萬無恨者也."

신의 노력으로 한 터럭 만큼이라고 없어지지 않는다면 만 번을 죽더라도 한이 없다 하였다. 이러한 투철한 우환의식과 유교적 소명에서 우암의 의리정신이 발휘되었다.

우암이 이처럼 의리에 일생을 바치게 된 것은 가학적 분위기도 작용하였고, 병자호란이라는 미증유의 국난을 만나 효종의 특별한 당부를 받은데 있다.

그의 부친 송갑조(宋甲祚)는 본래 절의를 매우 중시하여, 사마시(司馬試)에 합격한 미미한 신분으로 이이첨(李爾瞻) 등 권간(權奸)에 의해 서궁에 유폐(遺廢)된 인목대비(仁穆大妃)에게 홀로 나아가 예를 갖춤으로써 유적(儒籍)에서 삭탈된 적이 있다. 또 종형(從兄) 송시영(宋時榮)은 병자호란 때 강화도에서 순절(殉節)하였고, 큰 형 송시희(宋時熹)는 정묘호란 때 큰 누이를 만나러 운산(雲山)에 갔다가 매형과 함께 출전해 전사하였다. 이때 우암이 비록 세사(世事)에 별다른 관심을 보이지 않고 주자학의 심학공부에 매진했다 하더라도,[11] 형제들의 이러한 의행(義行)은 우암에게 교훈이 되었다.

또한 병자호란과 효종과의 만남은 우암으로 하여금 의리에 일생을 바치는데 결정적인 계기가 되었다. 우암은 1627년(인조 5) 21세 때 정묘호란을 당했고, 1636년(인조 14) 30세 때 병자호란의 치욕을 당했다. 소중화(小中華)를 자처하며 유교적 문화국가로서의 자긍심을 지녔던 조선이 야만족이라고 무시했던 후금(後金)의 침략을 당해 마침내 인조가 남한산성 삼전도에서 굴욕적인 항복을 하게 되자, 당시 유학자들은 엄청난 충격을 받았고, 청년 유학자 송시열에게도 크나큰 충격이었다.

여기에 우암은 효종과 군신상우(君臣相遇)의 관계를 맺게 되면서 북벌

---

11) 우경섭, 〈송시열의 세도정치사상연구〉, 서울대대학원(박사), 2005, 53쪽.

의리(北伐義理)가 구체화되었다고 볼 수 있다. 우암은 일찍이 29세 때 봉림대군(鳳林大君)의 사부(師傅)로 임명되어 효종과의 인연을 갖게 되었다. 1637년 병자호란으로 강화도가 함락되고, 조선은 청나라에 굴욕적인 항복을 하였다. 그리고 삼학사가 청나라에 잡혀가고, 이어 척화파(斥和派)를 대표하던 김상헌도 청나라에 잡혀갔다. 아울러 봉림대군도 인질로 심양에 끌려가 곤욕을 당하고 돌아왔다. 1649년 인조가 죽고 효종이 그 뒤를 이어 왕위에 오르면서 효종은 우암을 비롯해 김상헌(金尙憲), 김집(金集), 송준길(宋浚吉), 권시(權諰), 이유태(李惟泰) 등 산림(山林)을 초치해 국정을 함께 도모하고자 하였다. 우암은 벼슬을 사양하고 〈기축봉사(己丑封事)〉를 올려 효종으로 하여금 시국의 정확한 인식과 대책을 수립할 것을 요청했다. 이어 1657년 18개조의 시무책(時務策)으로 〈정유봉사(丁酉封事)〉를 올리고, 그 이듬해 효종은 우암에게 털옷 한 벌을 하사하며 "그대는 내 뜻을 모르겠는가? 만주벌판을 함께 달리자는 것이니라"라고 하여, 북벌의 은밀한 기약을 하였다.

그러나 10년을 기약한 효종과 우암의 북벌계획은 1659년(己亥) 효종의 갑작스런 죽음으로 수포로 돌아가게 되었다. 이와 같이 우암의 의리적 삶과 실천은 당시 17세기의 시대정신에 충실했던 것이라 할 수 있다. 유교의 문화적 정통성을 지닌 명나라의 쇠망과 함께 문화적 야만국인 청나라의 침략으로 조선의 자존심이 짓밟힌 현실에서 대의명분론과 화이론(華夷論), 북벌의리(北伐義理)와 존명대의론(尊明大義論)은 불가피한 것이었다.

3. 우암의 철학정신

1) 직(直)

우암의 철학정신은 '의리'에 있고, 이 의리는 유가 전래의 '직(直)'의 사상에 뿌리하고 있다. 이는 공자, 맹자, 주자를 통해 이어온 상전(相傳)의 심법으로서 스승인 사계(沙溪)로부터 전수되었다. 본래 직은 《논어》에서 인간의 천부적인 본심 내지 자연한 본질로 규정되는 바,12) 선이라 해도 좋고 인(仁)이라 해도 좋고 성(誠)이라 해도 무방한 것이다.13) 이는 다시 《맹자》에서 '스스로 반성해서 곧으면 비록 천만인이라도 나는 나간다' 또는 '직(直)으로 길러 해침이 없으면 기(氣)는 천지 사이에 꽉찬다'는 말로 계승되었다.14) 이는 다시 주자가 임종시에 문인들에게 유언한 말로 이어진다.

학문하는 요령은 오직 일마다 그 옳은 것을 살려 구하고 그릇된 것을 결단하여 버리는 것이니, 이것에 대한 공부의 쌓임이 오래되면 마음과 이치가 하나가 되어 자연히 발하는 바가 사곡(私曲)이 없게 될 것이다. 성인이 만사에 응하는 것이나 천지가 만물을 낳는 것이 직(直)일 따름이다.15)

이와 같이 직은 주자에 있어서 만사에 응하는 원리이자 천지가 만물

---

12) 《論語》, 〈雍也篇〉, "子曰人之生也直…"

13) 황의동, 〈우암의 성리학과 의리사상〉, 《송자학논총》, 제2집, 송자연구소, 1995, 448면쪽.

14) 《孟子》, 〈公孫丑上〉.

15) 《朱子大全》, 附錄, 卷4, 〈年譜〉, 寧宗慶元6年 庚申條, "爲學之要 惟事事審求其是 決去其非 積集久之 心與理一 自然所發 皆無私曲 聖人應萬事 天地生萬物 直而已矣."

을 낳는 이치로 중시되어 그의 문인에게 전수되었다. 이러한 주자의 유언은 다시 사계(沙溪)를 통해 우암에게 전승되어진다.

> 내 평생에 행한 일들에 비록 불선(不善)이 있었으나 남에게 고하지 않음이 없었고, 비록 발하여 밖에 드러나지 않았더라도 불선이 있었다면 남에게 말하지 않음이 없었으니, 너(우암)는 모름지기 이 마음을 체득하여라. 이 직(直) 한 글자는 주자가 실로 받은 바가 있느니라. … 주자가 공자와 맹자의 서통(緒統)을 이은 것은 오직 직 한 글자뿐이다.16)

이와 같이 사계는 공자, 맹자, 주자로 이어져 내려온 도통 심법이 직(直)이라고 보아 늘 우암에게 훈계하였다. 따라서 이를 계승한 우암은 직이 아니면 생도(生道)의 근원을 잃게 되어 죽음을 면치 못한다고 보았고,17) 1689년 83세의 나이로 정읍에서 운명할 때에도 문인 권상하(權尙夏)에게 "공·맹(孔·孟) 이래의 상전(相傳)은 오직 이 한 직자(直字) 뿐이며, 주자도 세상을 떠날 때 문인들에게 고별한 것도 이를 벗어나지 아니하였다"18)고 유언하였다.

이렇게 볼 때, 직이야말로 우암이 공자, 맹자, 주자, 사계의 심법을 계승하여 죽음에 임해 문인들에게 준 가장 중요한 가르침이었다.

그러면 이 직은 기(氣), 도의(道義)와 어떠한 이론적 관계를 갖는지 살펴보기로 하자. 우암은 《맹자》의 직양(直養)을 도양(道養)으로 바꾸어 설명한다. 즉 '직(直)으로 기른다'는 말을 '도(道)로서 기른다'는 말로 바꾸

---

16) 《宋子大全》, 卷136, 〈贈李景和說〉, "吾平生所爲雖有不善 未嘗不以告人 雖發於心而未見於外者 苟有不善 未嘗不以語人 汝須體此心 此一直字 朱子實有所受 … 朱子之實承孔孟之統者 唯直一字而已."

17) 《宋子大全》, 卷135, 雜著, 〈李頠字說〉.

18) 《宋子大全》, 卷11, 〈年譜〉, 己巳, 先生 83歲條.

어도 좋다고 보았다. 그리고 기(氣)가 처음에는 도의에 근원해서 나오지
만, 일단 길러지면 도리어 이 기가 다시 도의를 돕는다 하여, 기와 도의
와의 관계를 명확히 설명해 주고 있다.[19] 따라서 그는 '경(敬)으로 마음
을 곧게 할 것'(敬以直內)과 '직으로 기를 기를 것'(以直養氣)을 공부의 우
선으로 권장하고, 그 뒤에 내 마음이 직해서 내 몸이 직하게 되고 또 내
일이 직하게 된다고 하였다. 이로부터 곧지 아니한 바가 없게 되고 생직
(生直)의 리(理)를 저버리지 않게 된다고 하였다.[20]

　이렇게 볼 때, 직은 곧 도(道)를 의미하고 도는 의(義)와 통용된다. 우
암에 의하면 의(義)란 성(性)이 심(心)에 갖추어진 것으로[21] 직의(直
義)[22]라 하였다. 따라서 '직(直)으로 기른다'는 것은 단지 사의(私義)를
없고자 할 뿐인 것이다.[23] 또 의(義)는 인심에 근본하는 것이며 천리의
자연에 근본하는 것이다.[24] 의(義)는 본심이 당연히 할 바로 스스로 그
칠 수 없는 것이다. 무엇을 위하는 바가 있어 하는 것이 아니다. 만일 하
나라도 그러한 목적을 가지고 하면 모두 인욕의 사됨이지 천리의 있는
바로 볼 수 없다.[25] 결국 우암은 의를 해치고 방해하는 장애가 사(私)
내지 인욕에 있다고 하여 '거기사 복천리(去己私, 復天理)'를 주장하고, 기
사(己私)와 천리(天理)는 서로 소장(消長)하는데 국가의 치란안위(治亂安
危)가 여기에 관계된다 하였다.[26] 또한 의(義)란 천리지공(天理之公)이고

---

19)《宋子大全》, 卷130, 〈浩然章質疑〉.
20)《宋子大全》, 卷135, 雜著, 〈李頎字說〉.
21)《宋子大全》, 卷130, 〈浩然章質疑〉.
22)《宋子大全》, 卷130, 〈朱先生語〉.
23)《宋子大全》, 卷130, 〈朱先生語〉.
24)《宋子大全》, 卷140, 記, 〈錦山郡義壇堂齋記〉.
25)《宋子大全》, 卷140, 記, 〈錦山郡義壇堂齋記〉.
26)《宋子大全》, 卷16, 〈進修堂奏箚〉, 辛酉.

이(利)란 인욕지사(人欲之私)이므로 천리를 좇으면 이를 구하지 않아도 저절로 이롭지 아니함이 없고 인욕을 좇으면 이를 구해도 얻지 못하고 자신을 해침이 따르게 된다.27)

이렇게 볼 때, 우암의 의리사상에서 제기되는 제 용어들, 즉 직(直), 의(義), 리(理), 도(道), 기(氣)는 상호 깊은 관련성을 갖는다.28) 직은 인간의 본심이요 본질이며 그것은 천리에 근본한다. 천리가 인간에게 주어진 바가 직 그 자체라 할 수 있다. 그리고 직은 우암에 의하면 도(道)로 통용되고 또 도의(道義)로도 통용되는데, 그것은 인륜일용(人倫日用)의 가운데를 떠나지 않는데 삼강오상(三綱五常)이야말로 가장 큰 것이라 한다. 만약 이것을 버린다면 소위 도가 과연 어찌 도가 될 수 있겠느냐고 하였다.29) 그런데 의(義)란 인심의 보편성으로 리(理)라고도 할 수 있다.30) 의(義)는 인간의 천부적인 본질로서 인간 자체에 내재하는 것이다.31) 의(義)란 인심에 근본하고 천리의 자연에 근본하는 것이므로 직(直)과 다를바 없다. 그리고 직은 도요 도의요 의(義)는 성(性)이 심(心)에 갖추어진 것이므로 리와 다를 바 없다. 다시 말하면 천리가 인간에게 주어졌을 때 그것이 바로 직이요 도요 의요 리라 할 것이다. 우암에 의해 공자, 맹자, 주자, 사계로 이어온 직은 의 내지 의리의 개념으로 전환됨을 알 수 있다.32)

그런데 의(義)는 일면 인간의 본질로서 존재론적 의미를 갖는 동시에

---

27) 《宋子大全》, 卷19, 〈歲正陳戒請有羅良佐疏〉, 戊辰.

28) 황의동, 〈우암의 성리학과 의리사상〉, 《송자학논총》, 제2집, 송자연구소, 1995, 453쪽 참조.

29) 《宋子大全》, 卷39, 〈答權思誠〉.

30) 《孟子》, 〈告子章上〉, "心之所同然者何也 謂理也義也."

31) 《宋子大全》, 拾遺, 卷9, 〈經筵講義〉.

32) 황의동, 〈우암의 성리학과 의리사상〉, 《송자학논총》, 제2집, 송자연구소, 1995, 454쪽.

일면 인간의 본질대로 살아가야 한다는 당위적 의미를 갖는다. 의는 리(理)를 좇는 것으로[33] 실천적 성격을 갖는다.[34] 따라서 출처지도(出處之道)는 의리를 좇는 것이 가장 중요하다 하겠다.[35] 이와 같이 우암에게 있어서는 의(義)는 곧 직(直)인 동시에 리(理)였던 것이며, 또 도(道)로도 통용되었던 것이다. 따라서 의(義)는 의리(義理)로, 도의(道義)로도 표현되었음을 알 수 있다. 그리고 의(義)는 일면 존재지리(存在之理)로, 일면 당위지리(當爲之理)로 해석되는데, 이는 정·주(程·朱)의 이론에 근거하는 것이다.

그러면 직(直)을 기반으로 한 그의 의리사상은 현대적으로 어떠한 의미를 갖는지 살펴보기로 하자. 앞서 지적한 것처럼, 오늘의 우리사회는 경제발전과 과학기술의 발전에도 불구하고 심각한 도덕적 위기에 직면해 있다. 그것은 정치, 경제, 사회 등 모든 분야에 걸쳐 만연하고 있으며, 식자층과 대중을 막론하고 마찬가지다. 소위 총체적인 도덕적 위기라는 데 문제의 심각성이 있다. 또 개인적 부패와 타락이 아니라 구조적인 부패의 구조라는 데 더욱 어려움이 있다. 따라서 개혁의 목소리는 높고 개혁 작업을 추진한 지도 오래되었으나 아직도 청신(淸新)한 기풍은 요원하기만 하다. 그것은 문제의 본질을 외면한 채 대증요법(對症療法)만을 추구하는 정치권의 단견(短見) 때문이다. 위정자들은 부정부패를 척결한다고 큰소리를 치며 권력을 휘둘러대지만 송사리만 당한다는 비판도 만만치 않다. 여기에 개혁에 대한 불신은 더욱 가중되고 죄의식의 마비현상이 심화되고 있다. 진정한 개혁은 인간의 심성에 변화를 가져와야 한다. 인간주체의 정직한 마음을 돌려놓아야 한다. 거짓된 마음을 참되게

---

33) 《荀子》, 〈議兵篇〉, "義者循理."
34) 《荀子》, 〈大略篇〉, "義理也 故行."
35) 《宋子大全》, 卷28, 〈答金由善〉.

바꾸어야 한다. 그것만이 진정한 개혁의 길이요 부정부패를 방지하는 첩경이다. 인간주체의 정직한 마음 즉 본심을 회복케 하는 것이야말로 정치의 핵심이요 근본이다. 이 근본적인 작업을 외면한 채 부정부패의 현상만을 척결하고 있는 것이다. 물론 이러한 외과적인 수술도 필요하지만 근본을 치유하는 혜안(慧眼)이 절실히 요구된다. 우암이 죽음에 임해서도 간절히 부탁한 직(直)은 이 시대에 개혁의 본질적인 화두로 다시 살아난다. 정직한 마음이 없이 정직한 일이 성취될 수 없다. 만사가 진실한 마음에 기초한다. 율곡은 한 마음이 참되지 아니하면 만사가 모두 거짓이니 어디를 간들 행할 수 있으며, 한 마음이 진실로 참되면 무엇을 한들 이루어지지 않겠느냐고 하였다.[36] 정직한 마음에 기초한 행위야말로 정당성을 갖는다. 그것이 곧 의리요 정의이다. 개인에 있어 올바른 삶과 행동은 정직한 마음에 근본하는 것이다. 그것이 사회적으로 확충되어 나타날 때 정의사회가 구현될 수 있다. 정의사회는 유학이 추구하는 도덕사회요 왕도사회라 할 수 있다. 개인의 사사로움이 배제되고 오직 공정성, 공평성이 확보된 사회가 곧 정의로운 사회이다. 정의사회의 구현은 치자로부터 피치자에 이르기까지 모두가 진실한 마음, 정직한 마음을 가지고 살아갈 때 가능해진다. 특히 위정자의 심법이 정직하고 참되어야 한다는 것은 정치의 본령이요 근본이다. 이는 우리 현실에서도 이미 경험한 사실이다. 우암의 직(直) 그리고 그것에 기초한 의리정신은 구시대의 유물이 아니라 21세기 오늘 이 시대에도 역사를 바로잡고 나라를 구하는 정신적 본질로 살아 있는 철학임을 되새겨야 할 것이다.

---

36) 《栗谷全書》, 卷21, 〈聖學輯要3〉, "一心不實 萬事皆假 何往而可行 一心苟實 萬事皆眞 何 \ 爲而不成."

2) 의리(義理)

(1) 주자학의 존신(尊信)과 이학(異學)의 배척

우암의 의리적 삶에 있어 주자에 대한 존숭과 주자학에 대한 존신(尊信)은 그 바탕이 된다. 이는 달리 말하면 주자학의 수호요 이학(異學)에 대한 배척이라고 할 수 있다. 우암은 매양 말하기를, "말마다 모두 옳은 것이 주자요 일마다 모두 마땅한 것이 주자다"라고 하였고,**37)** "주자의 학문은 위로 요, 순, 공, 맹을 이어 한 마디 말, 한 마디 글이 대중지정(大中至正) 아닌 것이 없어, 천리를 밝히고 성학을 여는 관건이다"라고 하였다.**38)** 주자의 말은 말마다 옳고 일마다 마땅하며, 한 마디 말, 한 마디 글이 대중지정(大中至正) 아닌 것이 없어 천리를 밝히고 성학을 여는 관건이라는 우암의 말에서, 우암의 주자에 대한 존숭이 어떤 것인가를 가히 짐작할 수 있다.

그러므로 주자학에 대한 윤휴(1617~1680)의 도전은 결코 용납할 수 없었다.

> 하늘이 공자를 이어 주자를 낳은 것은 실로 만세의 도통을 위해서라고 나는 생각한다. 주자 이후로 어느 한 이치도 드러나지 않은 것이 없으며, 어느 한 책도 밝혀지지 않은 것이 없다. 그런데 윤휴가 어떻게 스스로 자신의 독자적 견해를 세워 온 힘을 다해 주자를 비판한단 말인가? 이는 실로 사문(斯文)의 난신적자(亂臣賊子)이다.**39)**

---

37) 《宋子大全》, 附錄, 卷17, 〈語錄〉, 崔愼 錄, 上, "先生每言曰 言言而皆是者 朱子也 事事而皆當者 朱子也."

38) 《宋子大全》, 卷18, 〈進朱子封事奏箚箚疑箚〉, 癸亥, 6月 28日, "臣竊伏惟念 朱子之學 上繼堯舜孔孟 一言一句 無非大中至正 明天理開聖學之關鍵也."

39) 《宋子大全》, 卷78, 〈答韓汝碩〉, 別紙, "愚以爲天之繼孔子而生朱子 實爲萬世之道統也 自朱子以後 無一理不顯 無一書不明 鑣何敢自立其見 而排斥之不有餘力耶 是實斯文之亂賊也."

우암은 윤휴가 이러한 주자의 학문적 권위를 무시하고 자신의 주장을 내세우고 주자를 비판하는 것은 '사문(斯文)의 난적(亂賊)'이라고 비판하였다. 아울러 주자를 비판하고 자설을 주장하는 육상산(陸象山)이나 왕양명(王陽明)의 일파도 이와 다를 바 없다고 규정하였다. 이러한 관점에서 우암은 "주자, 율옹(栗翁)의 도로 하여금 우리 동방에서 없어지지 않게 된다면, 비록 만 번을 죽더라도 한이 없다"[40]고 정학(正學) 수호의 결연한 의지를 천명하였다.

또한 우암의 이학에 대한 공척(攻斥)과 주자학에 대한 옹호는 윤휴나 윤선거(尹宣擧), 윤증(尹拯) 부자와의 갈등에서도 나타나 있다.

> 내가 여기에 비록 윤(尹)을 용서하고자 해도 할 수 없다. 대개 윤의 일에는 두 가지가 있으니, 강도(江都)의 일과 윤휴의 일이다. 내가 강도사(江都事)는 전에 용서를 했고 뒤에는 배척했으며, 윤휴 일에 대해서는 시종 힘써 배척함에 온 힘을 다했다. 내가 고집하는 바는 단지 이와 같다.[41]

우암은 윤선거에 대한 문제는 두 가지가 있는데, 하나는 병자호란 때의 강도사이고, 또 하나는 윤휴에 관한 일이라 하였다. 윤선거가 병자호란 때 변복(變服)으로 살아남은 것은 과거에는 용서를 했으나 뒤에 이를 비판하였으며, 윤선거가 윤휴에 대해 우호적이거나 편을 든 것은 시종 힘써 배척했다는 것이다. 그러면 우암이 윤휴 그리고 그 편을 드는 윤선

---

40) 《宋子大全》, 卷72, 〈答李擇之〉, 丁卯, 2月 22日, "苟使朱子栗翁之道 不泯於吾東 則雖減死萬萬無恨矣."

41) 《宋子大全》, 卷50, 〈答李季周〉, 丁卯, 12月 20日, "愚於此則雖欲恕尹 而不可得也 大抵尹有二事 江都也驪鑴也 愚於江都事 則前恕後斥 於驪鑴事 則終始力斥 不知其力之不足 愚之所執 只是如此."

거를 비판하고 배척하는 본질적 이유는 무엇인가?

　윤휴의 일에 미쳐서는 내 생각으로 이 사람이 주자를 공척(攻斥)한
것은 사문(斯文)의 난적(亂賊)이다. 그 무리를 돕는 자도 춘추의 법으
로써 논하면 마땅히 먼저 죄를 받아야 한다.42)

　미촌(美村), 당휴(黨鑴)의 화가 어찌 홍수, 맹수에 그칠 뿐이랴. 한 가
지 일로서 말하면 윤휴는 주자를 침해하고 속일 뿐만 아니라 공자에
까지 이르렀다.43)

　대저 휴의 흉패(凶悖)가 이르지 아니한 바가 없는데, 그 근본은 주자
를 모욕하고 훼손함에 있다. 이미 주자를 모욕하고 훼손하였으니 오도
(吾道)의 큰 적이다. 유(儒)로써 이름을 삼는 자가 어찌 감히 죽음으로
써 배척하지 않으랴. 내가 여기에 윤휴를 공척함에 힘을 다하였는데,
그가 죽은 후 그 무리들이 윤휴의 일을 끊지 않고 이어 밝히니, 이는
실로 윤의 죄다. 비록 용서하고자 해도 할 수 없다.44)

이와 같이 우암은 윤휴의 독자적인 경전해석이 주자를 모욕하고 나아
가 이는 공자까지도 욕되게 하는 것이므로 '사문(斯文)의 난적(亂賊)'이
요, '오도(吾道)의 큰 적'이라고 보았다. 이는 결국 우암이 주자학을 정학

---

42) 《宋子大全》, 〈答朴和叔〉, 乙丑, 10月 8日, "… 及有尹鑴之事 則愚以爲此人攻斥朱子 則是
　　斯文亂賊也 其黨助者 論以春秋之法 則當先受罪矣."
43) 《宋子大全》, 卷43, 〈與趙士達〉, 戊辰, 9月 1日, "美村黨鑴之禍 奚止於洪水猛獸而已哉 以
　　一事言之 則鑴不但侵誣朱子 至於孔子."
44) 《宋子大全》, 卷78, 〈答韓汝碩〉, 戊辰, 2月, 別紙, "夫鑴之凶悖 無所不知 而其根本則乃在
　　於侮毁朱子也 旣侮毁朱子 則吾道之大賊也 以儒爲名者 何敢不苦死痛斥哉 此愚於此 攻鑴
　　不遺餘力 而其死後 其徒紹述鑴事不已 此實尹之罪也 雖欲恕之而不可得也."

(正學)으로 규정하고, 이에 반하는 것은 모두 이단학(異端學)이라고 보는
관점에서 배척한 것이다. 즉 윤휴나 그를 동조하는 윤선거(尹宣擧), 윤증
(尹拯)을 벽이단(闢異端)의 입장에서 공척한다는 것이다. 따라서 윤선거
에 대한 평가에 있어서도 그가 주자를 공격하는 윤휴를 도왔으므로 그의
가언선행(嘉言善行)이 창기(娼妓)가 예서(禮書)를 읽고 백정(白丁)이 예
불(禮佛)을 올리는 것처럼 세인의 비웃음이 되지 않겠느냐는 것이다.

    이제 대윤(大尹)은 우계(牛溪)의 외손이요 팔송(八松)의 아들로서, 또
    가언선행(嘉言善行)이 진실로 남의 견문(見聞)에 기뻐하였다. 그런데
    로변(虜變)에서 실신(失身)하고 또한 주자를 공격하는 적휴(賊鑴)를 도
    왔으니, 그것은 크게 근본을 잃은 것이요, 크게 본질이 훼손된것이다.
    그 가언선행이 족히 창기가 예서를 읽고 백정이 예불(禮佛)을 하는 것
    이니, 어찌 세인의 비웃음이 되지 않으랴.45)

(2) 북벌의리와 존주대의(尊周大義)

    우암이 효종과 함께 도모하고자 했던 북벌계획은 매우 중요한 의미를
갖는다. 오랑캐인 청나라에게 굴욕적인 항복을 한 조선의 부끄러움과 원
통함은 온 국민의 것이었지만, 특히 우암에게는 그 충격이 너무도 컸다.
그는 효종을 빌어 '복수설치(復讐雪恥)'의 각오를 다음과 같이 말하고 있
다.

    우리 효종대왕께서 성고(聖考: 인조)의 위욕(危辱)의 아픔과 갓과 신

---

45) 《宋子大全》, 卷78, 〈答韓如碩〉, 戊辰, 7月, "今大尹 以牛溪之外孫 八松之胤子 又其嘉言善
    行 誠爲悅於人之聞見 然旣失身於虜變 且又黨助攻朱子之賊鑴 則其大本亡矣 大質虧矣 其
    嘉言善行 適足爲娼家之讀禮 屠家之禮佛 幾何而不爲世人之笑阻哉."

발이 거꾸로 되는 분함에 이르러, 밤낮으로 마음에 맹서하고 뜻에 힘쓴 것은 '복수설치(復讐雪恥)' 네 글자 아닌 것이 없을 뿐입니다.46)

그는 또 〈기축봉사(己丑封事)〉에서 효종에게 복수설치(復讐雪恥)의 의리를 《춘추》의 대일통(大一統) 의리 차원에서 다음과 강조하고 있다.

공자가 《춘추》를 지어 대일통(大一統)의 의리를 천하 후세에 밝힌 뒤로는 무릇 혈기있는 무리는 중국을 당연히 높여야 하고 오랑캐를 추하게 여길 것을 알지 않는 이가 없었습니다. 주자 또한 인륜을 미루고 천리를 극진히 하여 설치(雪恥)하는 의리를 밝혀 말하기를 … '임금과 부모의 원수와는 함께 하늘을 일 수 없다 한 것은 무릇 군신부자(君臣父子)의 천성이 있는 자의 지극한 아픔에서 나와서 스스로 그만두지 못하는 다 같은 정이요 한 몸의 사사로움에서 나온 것이 아니다'라고 하였습니다.47)

그리고 저 오랑캐는 군부(君父)의 큰 원수이니, 맹세코 한 하늘 아래 함께 있을 수 없다는 원한을 쌓아, 아픔을 참고 원망을 머금어, 저들에게 낮추는 말 가운데에서도 분노를 더욱 쌓고, 저들에게 금과 비단으로 조공을 할지라도 와신상담(臥薪嘗膽)의 각오를 더욱 절실히 하여, 추기(樞機)의 비밀은 귀신도 엿볼 수 없고, 지기(志氣)의 견고함은 분·육(賁·育)

---

46) 《宋子大全》, 卷16, 〈進修堂奏箚〉, 辛酉, 正月 3日, "至於我孝宗大王痛聖考之危辱 慎冠履之倒置 日夜之所以誓於心勵於志者 罔非復讐雪恥四字而已."

47) 《宋子大全》, 卷5, 〈己丑封事〉, "孔子作春秋 以明大一統之義於天下後世 凡有血氣之類 莫不知中國之當尊 夷狄之可醜矣 朱子又推人倫極天理 以明雪恥之義曰 … 君父之讐 不與共戴天者 … 凡有君臣父子之性者 發於至痛不能自已之同情 而非出於一己之私也."

도 빼앗을 수 없게 해야 한다고 하였다.48)

또한 그는 의리적 관점에서 《춘추》로부터 《강목(綱目)》에 이르기까지 한결같이 대일통(大一統)을 주장하였으니, 대개 대통(大統)이 밝혀지지 않으면 인도가 어그러져 어지럽게 되고, 인도가 어그러져 어지러워지면 나라가 따라서 망하게 된다 하였다. 우리나라는 병자, 정묘호란 이후로 인심이 점점 어두워져 거짓을 참이라 하고 참람(僭濫)한 것을 바른 것이라 하는 자가 많다고 하였다.49) 이처럼 대통이 밝혀져야 인도가 세워지고, 인도가 세워져야 나라가 바로 설 수 있다는 것이다. 아울러 '인통함원 박부득이(忍痛含怨 迫不得已)' 8글자를 마음에 새겨 복수설치를 기필코 실현해야 한다고 보았다.

> 나라의 형세가 이에 이르러 어찌 다른 뜻이 있으랴. 단지 주자(朱子)의 큰 가르침을 좇아 '인통함원 박부득이(忍痛含冤 迫不得已)' 8글자를 잡아 천하의 대방(大防)을 보존하고자 할 뿐이니, 이 밖에 다른 생각이 없다.50)

우암은 효종의 세도의 부탁을 받아 천리를 밝히고(明天理), 인심을 바르게 하고(正人心), 이단을 물리치고(闢異端), 정학을 부지하는 것(扶正學)을 자신의 책무로 삼고, 항상 '이 도가 나로 인해 세상에 밝혀질 수 있

---

48) 《宋子大全》, 卷5, 〈己丑封事〉, "伏願殿下 堅定於心曰 此虜者君父之大讐 矢不忍共戴一天 蓄憾積怨 忍痛含冤 卑辭之中 忿怒愈蘊 金幣之中 薪膽愈切 樞機之密 鬼神莫窺 志氣之堅 賁育莫奪."

49) 《宋子大全》, 卷5, 〈丁酉封事〉, "臣按春秋以至綱目 一主於大一統 蓋大統不明 則人道乖亂 人道乖亂 則國隨而亡 我國自丙丁以後 人心漸晦 以僞爲眞 以僭爲正者多矣."

50) 《宋子大全》, 卷56, 〈與金久之〉, 戊辰, 正月 18日, "國勢至此 寧有他意哉 只欲遵朱子大訓 把得忍痛含冤 迫不得已八字 略存天下之大防而已 此外無餘念也."

다면, 만 번 죽더라도 한이 없을 것이다'라고 하였다.[51]

그런데 어느 날 박세채(朴世采)가 우리나라는 오랑캐에 대하여 설치(雪恥)의 뜻은 있으나 복수(復讐)의 의리는 없는 것이 아니냐는 질문을 한 적이 있었다. 이에 대해 우암은 말하기를, "우리나라로 말하면 병자년의 치욕이 있고 본래 복수의 적은 없다고 할 수 있다. 중국으로 말해도 명이 유적(流賊)에게 망한 것이지 오랑캐에 직접 망한 것은 아니므로 복수의 의리는 없다고 할 수 있다. 그러나 설치의 의리를 중심으로 하면 그 속에 또한 복수의 의리도 있는 것이다"라고 하였다.[52]

여기에서 볼 때, 우암의 북벌의리는 '부끄러움을 씻어야 한다'는 설치의리(雪恥義理)를 기초로 하고 있다. 본래 《논어》에서는 '덕(德)은 덕으로써 갚고, 원망은 직(直)으로써 갚으라'[53]고 하였다. 우암은 이에 따라 청에 대한 부끄러움을 직으로써 갚고자 했다. 직으로써 원망을 갚는 것은 공정하고 욕심이 없는 자라야 가능한 것이니, 모든 사람에게 바랄 수 있는 것은 아니라고 하였다.[54] 따라서 '직으로써 원망을 갚는다'는 것은 상대에 대한 감정적 차원의 보복이 아니라 사회정의의 실현 내지 불의에 대한 미움이라는 의미를 갖는다.

우암은 또 같은 차원에서 존왕(尊王)의 의리를 강조하였다. 이 존왕의 의리는 진실로 천지의 경위(經緯)이니, 하루라도 없을 수 없다 하고, 진실로 이 이치가 밝지 못하면 인도가 금수에 들어가고, 중국이 이적(夷狄)

---

51) 《宋子大全》, 附錄, 卷13, 〈墓表〉, "先生受孝廟世道之託 以明天理正人心闢異端扶正學爲己責 嘗曰 使此道由我而明於世 雖減死萬萬無恨矣.'

52) 《宋子大全》, 附錄, 卷18, 〈語錄〉, 崔愼 錄, 下, "朴問曰 聞李之濂之言 以爲先生嘗曰 我國之於彼虜 只有雪恥之義 而無復讐之道 未知然否 先生曰 然自我國言之 只有丙丁之恥 而元無可復之讐 自中國言之 又無如宋二帝被虜之事 而大明亡於流賊 非亡於胡也 亦可謂無讐 然雪恥之事爲主 而復讐亦在其中."

53) 《論語》, 〈憲問篇〉, "或曰 以德報怨何如 子曰 何以報德 以直報怨 以德報德."

54) 《宋子大全》, 卷132, 雜著, 〈偶記〉, "以直報怨 此公而無欲者能之 豈可望於人人哉."

에 빠지게 된다고 하였다.55)

　엎드려 생각건대, 생민(生民)이래로부터 부자(夫子) 같은 성인이 없었으니, 부자의 공은 춘추(春秋)보다 큰 것이 없고, 춘추의 의리는 존왕(尊王)보다 큰 것이 없으니, 이 의리가 이미 밝혀지면 임금은 임금답고 신하는 신하답고 아비는 아비답고 자식은 자식답고 남편은 남편답고 아내는 아내다워서 삼강(三綱)이 밝혀지고 구법(九法)이 행해집니다. 그러므로 맹자가 부자(夫子)의 춘추(春秋)지으심이 대우주공(大禹周公)의 공을 이은 것인데, 자공(子貢)이 요·순(堯·舜)의 말보다 훨씬 낫다고 말하였습니다. 오호라! 요. 순의 도는 하늘과 그 크기를 같이하고, 춘추의 의리가 빛남이 수십이지만, 존왕의 의리가 가장 큽니다. … 그러므로 천리를 밝히고 인심을 바르게 해서 난신적자(亂臣賊子)가 두려워하는 것이니, 공자의 공이 큰 까닭을 믿지 않을 수 있겠습니까?56)

　우암에 있어 존왕의 의리는 춘추의 의리를 대표하는 것으로, 이 의리가 밝혀지면 군군신신부부자자(君君臣臣父父子子)의 정명(正名)이 실현되고, 삼강의 질서가 확립된다고 하였다. 따라서 우암의 북벌의리는 결국 존주대의(尊周大義), 존왕양이(尊王攘夷), 숭명배청(崇明排淸)과 그 궤를 함께하는 것이었다.

---

55)《宋子大全》, 卷18, 〈請追上徽號於太廟疏〉, 癸亥, 4月, "嗚呼 惟此尊王之義 誠所謂天之經地之緯 不可一日而無者也 … 誠以此理不明 則人道入於禽獸 中國淪於夷狄."

56)《宋子大全》, 卷18, 〈請追上徽號於太廟疏〉, 癸亥, 4月, "伏以自生民以來 未有聖於夫子 夫子之功 未有大於春秋 而春秋之義 未有大於尊王也 此義旣明 則君君臣臣父父子子夫夫婦婦 而三綱明九法行 故孟子以夫子之作春秋 繼大禹周公之功 而誦子貢賢遠於堯舜之語 嗚呼 堯舜之道與天同其大 而夫子之所以賢遠者 語其功也 春秋之義炳然數十 而尊王之義最大 … 是以天理明人心正 而亂臣賊子懼 孔子之功所以爲大者 其不信然矣乎."

(3) 의리의 부식(扶植)과 현창(顯倡)

우암은 평생을 몸소 의리의 진작에 앞장섰다. 그는 "도학이 쇠퇴하면 절의가 사라지고, 절의가 없어지면 나라가 망한다는 말은 옛사람의 법언 (法言)이다. 주자의 도학이 아니었다면 누가 원기(元氣)를 부지(扶持)함에 그처럼 정성을 다하겠는가?"[57]라고 하여, 주자 도학이 원기의 부지(扶持)와 의리의 부식(扶植)에 중요한 공헌을 하였다고 보았다.

그는 성인이 도를 닦고 가르침을 세우는 것은 삼강오상(三綱五常)뿐인데, 소위 절의는 이것을 부식(扶植)하는 것이라 한다. 그런데 후세에 의리가 밝지 못해 마침내 도학과 절의를 나누어 둘로 삼으니, 절의를 버리고 도학을 한다는 것을 보지 못했다고 하였다.[58] 결국 절의란 삼강오상을 부식하는 것인데, 후세에는 도학과 절의를 분리시켜 보는 폐단이 생겼다고 한탄하고, 도학이라 하면 이미 그 속에 절의를 포함하는 것이라 하였다. 절의가 빠진 도학은 진정한 의미에서의 도학이 아니라는 것이다. 여기에 대해서는 안방준(安邦俊)도 다음과 같이 말한 바 있다.

절의란 학문 가운데의 일인데, 지금 사람들은 이를 구분하여 별개의 일로 여기니 개탄할 일이다. 대체로 성인이 도를 닦고 가르침을 세우는 것은 삼강오륜일 따름인데, 이른바 의리는 이를 붙잡아 세우는 것이다. 후세에 의리가 밝지 못하여 마침내 도학과 절의를 둘로 나누었으니, 절의를 버리고 도학을 아는 사람을 보지 못하였다.[59]

57) 《宋子大全》, 卷171, 〈滄洲書院廟庭碑〉, "夫道學衰而節義亡 節義亡而國隨之 此古人之法言也 非朱子之道學 孰能眷眷於元氣之扶若是哉."
58) 《宋子大全》, 卷20, 〈辨誣毁牛溪之謗仍白先誣疏〉, 己巳, 正月, "夫聖人之修道立敎者 三綱五常而已 而所謂節義者 所以扶植此物也 後世義理不明 遂分道學與節義爲二 臣未見捨節義而爲道學者也."
59) 《隱峰全書》, 附錄, 卷3, 〈神道碑銘(宋時烈)〉, "又曰節義是學問中一事 而今人歧而貳之 是可慨也 夫聖人修道立敎 三綱五常而已 而所謂節義者 所以扶植此物也 後世義理不明 遂分

우암은 학문은 남음이 있는데 절의가 부족한 사람이 있는가 하면, 학문은 부족한데 절의가 남는 사람이 있으니, 학문은 남는데 절의가 부족한 사람보다는 오히려 학문은 부족한데 절의가 남는 사람이 낫다고 하였다. 명현(名賢)과 진유(眞儒)의 차이가 학문에 있지 않고 절의에 달려 있다고 하였다.60) 의리적 실천을 학문보다 더욱 중시하는 우암의 입장을 볼 수 있다.

또한 그는 우리 역사상 도학과 의리에 뛰어나고, 임진왜란, 병자호란 때 나라를 위해 싸웠던 수많은 의사, 의병, 장군들을 추모하고, 이들의 절의와 충절을 기리는 데 정성을 다했다. 고려 말의 충절을 대표하는 정몽주(鄭夢周)의 신도비명(神道碑銘)을 지었고, 목숨을 걸고 의리를 지켰던 사육신(死六臣)의 유허비(遺墟碑)를 세워 주었다. 기묘사화에 억울하게 희생된 조광조(趙光祖)의 유허비문(遺墟碑文)을 지어 주고, 을사사화 때 올곧게 살다 사사된 규암 송인수(圭庵 宋麟壽)의 묘표음기(墓表陰記)를 써 주었다. 또 임진왜란 때 장렬하게 순절한 의병장 조헌(趙憲)의 문집을 간행하고, 그의 행장(行狀)과 묘표(墓表)를 쓰고 그의 비를 세워 주기도 하였다. 마찬가지로 임진왜란 때의 의병장 장윤(張潤)의 전기를 쓰고, 포수(砲手) 이사룡(李士龍)의 전기를 쓰고, 의사(義士) 김성원(金聲遠)의 전기를 쓰고, 임진왜란 때 순절한 부호군(副護軍) 김종윤(金宗胤)의 전기를 쓰기도 했다. 특히 임진왜란 때 나라를 위해 충의를 실천한 충무공 이순신(忠武公 李舜臣) 장군의 전승비문(戰勝碑文)을 쓰고, 권율(權慄) 장군의 묘표음기(墓表陰記)를 쓰고, 황진(黃進) 장군의 시장(諡狀)을 써 주기도

道學與節義爲二 吾未見舍節義而爲道學也."

60)《隱峰全書》, 卷10, 〈牛山答問〉, "主人曰 有學問有餘而節義不足者 有學問不足而節義有餘者 與其學問有餘而節義不足 不若學問不足而節義有餘者 名賢眞儒之異 不在於學問 而在於節義而已."

하였다. 또한 병자호란 때 척화(斥和)에 앞장섰던 삼학사(三學士)와 임경업(林慶業) 장군의 전기를 쓰고, 윤황(尹煌)의 행장(行狀)을 쓰고, 이완(李浣)의 묘표(墓表)를 쓰고, 김상헌(金尙憲)의 묘지명(墓誌銘)과 묘표(墓表)를 쓰기도 하였다.

이와 같이 우암의 의리부식(義理扶植)과 충절(忠節)의 현창(顯倡) 노력은 남다른 바 있었다. 그러므로 오희상(吳熙常)은 우암을 가리켜 "간세(間世)의 영웅호걸로 대의(大義)를 잡아 백성들의 윤리를 부식(扶植)하고, 이단사설(異端邪說)을 막아 사문(斯文)을 부지(扶持)한 공로가 지대하다"고 높이 평가하였다.61)

3) 세도(世道)

우암에 있어서 평생 중요한 가치는 세도였다. 세도를 세우고 세도를 지키고 세도를 확립하는 것이었다. 세도가 사회적 질서, 도덕적 가치의 의미로서 사용된 최초의 용례는 《맹자》의 '세쇠도미(世衰道微)'로서,62) 세도가 쇠미해지고 쇠퇴했다는 말이다.

세도란 세상의 도덕과 도리가 정상적으로 통용되는 정상적 상황을 말한다. 세도란 흔히 말하는 '세상의 도덕'이라고 할 수 있고, 세자(世字)를 '인간 세자'로 해석해 보면, 세도는 곧 인도가 된다. 따라서 세도란 세태의 바른 모습, 윤리 도덕적 측면에서의 올바른 사회상황, 사회의 올바른 기풍, 올바른 풍속, 유교적 정치가 시행되는 사회의 분위기, 정치사회의 바른 질서 그 자체를 가리키는 개념이다.63)

---

61) 《老洲集》, 卷25, 〈雜識3〉, "尤庵以間世英豪 秉大義以植民彜 闢邪說以扶斯文 其功不可誣矣."

62) 《孟子》, 〈滕文公下〉, "世衰道微 邪說暴行有作 臣弑其君者有之 子弑其父者有之 孔子懼作春秋 春秋王天子之事也."

63) 김문준, 〈우암 송시열의 철학사상에 관한 연구〉, 성균관대대학원(박사), 2005, 63쪽.

우암이 세도를 시대적 과제로 인식하고 자신의 책무로 자임하게 된 것은, 17세기의 전도된 화이(華夷)시대에서 비롯된 것이다.[64] 즉 율곡이나 사계의 시대는 명나라 주도의 안정된 국제질서 속에서 화이론(華夷論)의 현실적 의미를 별로 체감하지 못했던 것과는 달리, 우암의 시대는 병자호란 이후 화이론의 가치질서가 절실히 요청되는 시대였기 때문이다. 우암이 추구한 세도란 다름 아닌 의리를 숭상하는 '상의지세(尚義之世)'[65]였다.

우암의 세도에 관한 투철한 인식은 시대적 상황과 밀접한 관계가 있다. 민생의 위기나 자연재해도 문제였지만, 윤리강상의 위기, 의리적 위기가 더욱 문제였다. 인조－숙종 연간은 두 차례의 호란, 청군의 북경(北境) 점령, 남명(南明)의 멸망 등 중국 정세의 급박한 변동가운데 중화인 명과 이적(夷狄)인 청의 실체에 대한 전통적 인식이 동요되고, 이에 따라 조선의 정체성 역시 새롭게 설정될 필요를 안고 있었던 시기였다.[66] 즉 중원대륙의 정치적 변화에 따른 조선의 대응과 인식의 변화였던 것이다. 특히 우암의 경우 그에게 가장 중요한 가치는 '의리'였고, 가장 중대한 관심사도 '의리'였다. 의리적 관점에서 그는 우환의식을 가졌고, 그것은 바로 세도에 대한 염원으로 나타났다. 우암은 1686년(숙종 12년)에 쓴 시에서 자신의 평생을 다음과 같이 회고하고 있다.

> 내 나이 팔십인데 평생 일을 회상해 보니
> 후회가 산과 같아 기록하기 어렵구나.
> … … … … … … … … … … … … …

---

64) 우경섭, 〈송시열의 세도정치사상연구〉, 서울대학원(박사), 2005, 9쪽.
65) 《宋子大全》, 卷5, 〈己丑封事〉.
66) 우경섭, 〈송시열의 세도정치사상연구〉, 서울대학원(박사), 2005, 9쪽.

망녕되게 세도(世道)의 책임을 이 몸에 자임(自任)했지만,

한 수레의 장작불을 한 잔의 물로 끌 수 있겠는가?[67]

우암은 자신이 자임했던 세도의 사업이 참으로 어려운 것임을 고백하고, 팔십 평생을 후회하면서 세도의 구현에 있어 한계를 토로하였다. 마치 맹자가 벽이단(闢異端)의 사명을 자임했던 것처럼, 우암도 세도의 사명을 자임했던 것이다.

그러면 구체적으로 우암이 말하는 세도의 내용은 무엇인가? 이에 대한 적의한 답을 문인 권상하(權尙夏)가 쓴 〈묘표(墓表)〉에서 볼 수 있다.

선생께서는 효종의 세도의 부탁을 받으시어, 명천리(明天理), 정인심(正人心)과 벽이단(闢異端), 부정학(扶正學)을 자신의 책무로 삼고 늘 말씀하시기를, '이 도가 나로 인해 세상에 밝혀질 수 있다면 만 번 죽더라도 한이 없을 것이다'라고 하셨다.[68]

우암이 자임하고자 한 세도의 구체적 내용은 효종의 '세도지탁(世道之託)'을 받아 행하려고 한 '명천리(明天理), 정인심(正人心), 벽이단(闢異端), 부정학(扶正學)'이었다. 즉 천리를 밝히고 인심을 바로 잡고, 이단을 물리치고 정학을 부식(扶植)하여 세도를 바로 세우는 것이다. 여기서 천리를 밝히고 인심을 바르게 하는 것은 내면적인 자기 수양의 문제라면, 이단을 물리치고 정학을 부지(扶持)하는 것은 사회적, 정치적 문제가 된다. 특히 벽이단(闢異端)과 부정학(扶正學)의 내면적 의미는 청의 야만문화를 배격하고, 인의(仁義)를 기초로 한 유교문화를 지키고 보위해야 한

---

67) 《宋子大全》, 卷1, 〈自警吟, 丙寅〉.
68) 《宋子大全》, 附錄, 卷13, 〈墓表〉.

다는 것이다. 나아가 그것은 청에 대한 복수설치(復讐雪恥)의 의미를 지닌 것이고, 존명(尊明), 존주(尊周)의 대의(大義)를 함축하고 있는 것이다.

그런데 이러한 우암의 세도에 대한 적극적인 인식은 주자에게서 비롯된다. 우암에 의하면 "주자께서는 세도를 자임하였으므로, 변방에 머물 때에도 벗들과 시비를 논변하여 세도를 조금이나마 부지하려 하셨으니, 맹자가 호변(好辯)한 뜻이라 할 수 있다"[69]고 하였다. 주자가 후금(後金)의 침략 앞에 무너진 세도를 근심하고 세도의 회복을 자임하였듯이, 자신도 청나라의 침략 앞에 무너진 세도를 다시 일으켜 세워야 한다고 자임했던 것이다. 뿐만 아니라 우암은 율곡의 정치사상이《대학》의 실천을 목표로 삼아 세도를 자임한 것임을 강조하고,[70] 자신의 세도 자임이 바로 율곡의 세도정신을 계승한 것이라 하였다.

우암이 얼마나 세도의 회복을 중시하였는가는, 자신이 산림처사(山林處士)로 자처하다가 효종의 북벌정책을 돕기 위해 출사(出仕)한 이유도 세도 때문이고,[71] 숙종 대에 남인, 소론과의 갈등을 빚으며 주자학에 입각한 정치노선을 고수한 까닭도 세도 때문이었다.[72] 우암은 세도의 측면에서 김상헌(金尙憲)을 존숭해 말하기를, "김상헌 선생은 난리이후 도를 행할 수 없음을 알면서도, 자신의 몸으로 천하의 중책을 자임하였다. 강상(綱常)과 세도(世道)를 늘 자신의 근심으로 삼아서, 아홉 번 죽음에 이르러도 결코 후회하지 않았다"[73]고 하였다. 현실적 성패와 세속적 이해를 초월하여 오직 강상과 세도를 자임하며, 죽음에 이르는 상황에서

---

69)《宋子大全》, 卷46, 〈答李雲擧, 癸亥 7月 27日〉.
70)《宋子大全》, 卷171, 〈紫雲書院廟庭碑銘〉, "先生亦自任以世道 常以格致誠正 爲出治之要."
71)《宋子大全》, 卷8, 〈辭贊善六疏, 丁酉 12月〉.
72)《宋子大全》, 卷19, 〈進文元公遺稿仍辨師友之誣又乞許孫疇錫歸田讀書疏, 乙丑 9月 30日〉.
73)《宋子大全》, 卷143, 〈退憂堂記〉.

도 결코 후회함이 없는 그의 삶에 대해 존숭해 마지않았다.

이렇게 볼 때, 세도는 천리(天理)가 인성에 내재하고, 인성이 그대로 실현되는 데 있다. 천리, 인성, 인도가 하나로 상통된다. 이 인도가 바로 세도가 되고, 그 내용은 인(仁) 또는 인의(仁義) 내지 인의예지(仁義禮智)를 함축하는 것이다.

제3부 | 참된 자아를 향한
성리(性理)탐구

제1장 일재 이항과 고봉 기대승의 교유와 성리탐구

1. 시작하는 말

일재 이항(一齋 李恒: 1499~1576)은 16세기 조선성리학의 전성기 호남을 대표하는 유학자이다. 또한 고봉 기대승(高峰 奇大升: 1527~1572)은 이항보다 28년 후배로서 역시 당시 호남을 대표하는 유학자이다. 일재와 고봉은 유희춘(柳希春), 노신(盧禛), 박순(朴淳)과 함께 '호남 5현'으로 불리며,1) 택당 이식(澤堂 李植)은 말하기를 "남에는 상도(上道)에 이일재(李一齋), 하도(下道)에는 기고봉(奇高峰)이 있다"고 할 만큼 일재와 고봉은 당대 호남을 대표하는 유학자였다.

일재는 서울에서 태어나 활동하다가 40여 세가 되어 호남 태인(泰仁)으로 내려와 만년을 보내고 이곳에서 생애를 마쳤다. 그는 청소년기 무예(武藝)가 출중하여 호협한 생활로 보내다가 20대 후반 백부 이자건(李自健)으로부터 깨우침을 받아 유학의 길로 들어서게 되었다. 일재는 송당 박영(松堂 朴英: 1471~1540)의 문하에서 배웠는데, 박영은 정붕(鄭鵬)의 문인이고 정붕은 김굉필(金宏弼)의 문인이므로 일재의 학문 연원은 김굉필(金宏弼)-정붕(鄭鵬)-박영(朴英)-이항(李恒)으로 이어지는 도학계열에 있다. 그리고 일재는 당대 성리학의 이론가였음을 그의 문집을 통

---

1) 이항 저, 권오영 역, 《국역 일재선생문집》, 부록, 〈청종향성묘소(고종 갑신)〉, 일재선생문집국역추진위원회, 2002, 274쪽. 고영진은 《호남사림의 학맥과 사상》(혜안, 2007, 49쪽)에서 박순 대신에 김인후를 꼽고 있다.

해 잘 알 수 있다.

또한 고봉은 숙부 복재 기준(服齋 奇遵: 1492~1521)이 기묘사화(己卯士
禍)에 연루되어 화를 당하자, 부친이 전라도 광주로 내려와 살게 되어 호
남인이 되었다. 고봉은 율곡과 마찬가지로 매우 총명하여 1559년부터
1566년까지 퇴계와 성리논변을 벌려 학계의 주목을 받았다. 그리고 고
봉의 성리학은 바로 뒤에 등장하는 율곡 성리학의 선하(先河)가 되었다
는 점에서 재인식되어야 한다.

본고는 이렇게 16세기 호남을 대표하는 두 유학자 '일재와 고봉'의 학
문적 교유를 살펴보고 이들의 학문세계를 비교 검토하는 데 목적이 있
다. 그러나 이들이 퇴계 이황(退溪 李滉)과 고봉 기대승(高峰 奇大升), 율
곡 이이(栗谷 李珥)와 우계 성혼(牛溪 成渾)처럼 본격적으로 서신 왕래를
지속적으로 하며 학술 토론을 한 것은 아니라는 점에서 전문적인 비교
연구는 어렵다고 생각된다. 다만 일재와 고봉 간에 오고 간 서신과 여타
주변 자료를 통해 양자의 학문적 입장과 학술적 차이를 어느 정도 비교
해 볼 수는 있을 것이다. 먼저 양자의 만남과 교유에 관해 살펴보고, 두
분의 학문세계를 비교해 보고자 한다.

2. 일재와 고봉의 교유와 학풍

고봉은 23세가 되던 1549년 처음 일재를 찾아뵈었지만 학문적 질의는
없었다.[2] 그로부터 9년 후 1558년(명종 13) 4월 고봉은 두류산을 유람
하고 7월에 하서 김인후(河西 金麟厚)를 배알하였다. 태인을 지나는 길에
일재를 배알하고 〈태극도설(太極圖說)〉에 관하여 논하였으나 서로 견해

---

2) 이형성, 〈고봉과 호남의 여러 유학자들〉, 《고봉 기대승 연구》, 이화, 2009, 384쪽.

가 달라 귀일하지 못했다. 이때 고봉의 나이는 32세요 일재의 나이는 60세였다. 이때 이항의 문하에서 매당 김점(梅堂 金坫)이 공부하고 있었는데, 김점은 고봉의 큰 며느리의 아버지이며 아들 효증(孝曾)의 장인으로, 고봉이 임종을 맞은 것도 바로 김점의 집이었다. 이 해 10월 고봉은 문과 을과에 1등으로 합격하여 권지승문원부정자(權知承文院副正字)가 되어 근무하다 11월에 휴가를 얻어 귀향하게 되었다. 이때 고봉은 다시 일재를 배알하고 전에 토론했던 문제를 중심으로 토론하다 끝내지 못하고 돌아왔다. 이와 같이 문헌상으로 보면 고봉이 일재를 방문한 것은 3회로 나타나 있다.

또한 두 사람이 주고받은 편지를 보면 《일재집(一齋集)》에 두 편의 편지가 실려 있는데, 기미년(1559년)에 일재가 고봉에게 보낸 편지(〈與奇明彦大升〉)와 경신년(1560년)에 고봉의 편지에 답한 글(〈答奇明彦〉)이 있다. 또 《고봉집(高峰集)》(한국문집총간40)에는 일재와의 글이 한 편도 없고 다만 《양선생왕복서(兩先生往復書)》에 퇴계와의 서한과 함께 일재에게 답한 편지 〈답일재서(答一齋書)〉 한 편만이 전해지고 있다. 이렇게 보면 일재와 고봉간의 학문적 교유는 1558년에서 1560까지 약 3년여에 걸쳐 있었던 것으로 추정되지만, 고봉과 퇴계, 율곡과 우계의 경우처럼 지속적으로 편지를 주고받으며 학술토론을 한 것은 아니다. 따라서 양자의 학문적 교유나 그 속에서의 학술적 비교는 매우 제한적임을 알 수 있다. 이때 일재의 나이는 60여 세이고 고봉의 나이는 30대 초반으로 원로 대학자와 소장학자와의 만남이라고 보아야 할 것이다. 실은 곧 벌어지는 퇴계와의 논변을 대비해 일재와 학술적인 토의를 하고 또 김인후와 학술토의를 한 셈이 되었다.

그런데 이 짧은 서신왕래 속에서 일재와 고봉 간의 학풍의 차이를 어느 정도 짐작할 수 있다. 처음 토의의 주제가 되었던 주렴계(周濂溪)의

〈태극도설(太極圖說)〉에 대한 해석에서 일재와 견해를 좁히지 못하자, 고봉은 도(道)는 곧 천지 사이의 공공(公共)의 사물이고 한 사람의 사견(私見)이 아니라 하고, 지금 마음을 비우고 기운을 화평하게 가져 지당한 귀결을 구하지 않고 한갓 강변만을 늘어놓는 것은 진실로 미안하다고 항변하였다. 고봉이 당시 학계의 대원로였던 퇴계와의 논변에서 당당하게 토론에 임했던 것처럼, 28년 선배 대학자 일재에게 할 말을 다하고 있는 것이다. 이러한 고봉의 짜증에 대해 일재는 다음과 같이 설득한다.

보내 준 편지에서 의론이 과격해서 소리 지르고 성내는 것에 거의 가깝다고 하였으니 가소롭다. 논쟁이 지극히 공변(公辨)인데, 무엇을 혐의하고 무엇을 의심하겠는가? 단지 그대가 스스로 도를 안다고 생각하여 자기를 버리고 남을 따르지 못하니 그것이 나의 우려다. 옛 사람은 아는 것으로도 알지 못하는 사람에게 물었으니, 이것은 진실로 훌륭한 곳을 본 것이다.3)

여기서 일재는 젊은 고봉이 자신만만하여 자기 주장에만 고집을 부리고 남의 얘기에 귀를 기울이지 못하는 데 대해 우려를 표하고, 옛 사람들은 자기가 알아도 모르는 사람에게 물었다고 일침을 가한다. 고봉의 이러한 태도는 율곡과 흡사하다. 자신의 견해에 대한 확신이 강하기 때문이다.

그런데 일재와 고봉 양자 간에 오고간 짧은 글속에서도 두 사람의 학풍의 차이가 잘 드러나 있다. 일재는 고봉에게 말하기를, "널리 많은 책을 보는 것은 그만두고, 거경(居敬)하고 궁리(窮理)하며 묵묵히 생각하여

---

3)《一齋先生遺集》, 卷1, 〈答奇明彦(庚申)〉.

스스로 터득해서 성(性)을 높이고 함양(涵養)하는 공이 오래되면, 리(理)와 기(氣)가 비록 두 가지 모습인 것 같으나 혼연(渾然)한 일물(一物)의 체(體)가 되는 것을 자연히 터득할 것이다"[4]라고 충고하였다. 즉 일재는 고봉을 비롯해 그 당시 학자들이 박학(博學)에 힘쓰고 선유(先儒)의 학문을 인용해 자신의 견해로 삼고자 하는 태도에 대해 강하게 비판한다. 그는 성리학 일반의 공부법인 거경궁리(居敬窮理)를 말하지만, 거기에 자득(自得), 체득(體得), 함양(涵養)의 주관적인 심사(審思)의 공을 들여야 진리의구경지(究竟地)를 이해할 수 있다고 단언한다. 이러한 일재의 주장은 여러 곳에서 나타난다.

일재는 남언경(南彦經)에게 답하는 글 속에서도 "고금의 학자가 리(理)와 기(氣)를 지나치게 둘로 나누어 둘로 하거나 지나치게 합하여 하나로 하니, 도대체 하나이면서 둘이고 둘이면서 하나인 것을 모른다. 이것은 다른 까닭이 아니라 학문의 공에 거경(居敬)과 궁리(窮理)를 하되 정미(精微)를 극진히 하지 못해서인 것이다[5]"라고 하였다. 일재는 성리학의 공부에 있어서도 선유의 말과 글만 앵무새처럼 외우고 배우면서, 스스로 자득의 노력과 깊은 사색의 공이 없으면 이기(理氣)가 하나이면서 둘이고 둘이면서 하나인 오묘한 경지를 알 수 없다고 하였다. 일재는 남언경에게 다음과 같이 또 학문하는 방법에 대해 설명하고 있다.

주자가 성인이 되는 공에 사서만을 말했고 다른 책을 말하지 않았습니다만, 지금의 학자는 그 평범함을 싫어하여 노력을 하지 않고 보고 들은 책에서 희한한 것을 구하는 데 공부하는 힘을 소비하니, 이는 자

---

4) 《一齋先生遺集》, 卷1, 〈與奇明彦大升(己未)〉.

5) 《一齋先生遺集》, 卷1, 〈答南時甫彦經〉, "古今學者 理與氣 或太分而爲二 或太合而爲一 殊不知一而二二而一焉 此無他故也 學問之功 未能居敬窮理而盡精盡微也."

신을 속이고 남도 속여 마침내 성인의 경지를 엿보지 못하는 것입니다. 그대는 사서를 정밀하게 숙독하되 반드시 먼저 《대학》을 읽어 두루 이해하고 환하게 파악하여 한 부의 《대학》을 가슴에 품어 공자, 안자의 도가 아니라 곧 나의 심사(心事)라는 경지에 이르면 다른 책을 보아도 얼음이 녹고 언 것이 풀리는 것 같아 공부를 많이 하는 수고를 하지 않아도 될 것입니다.6)

여기서 일재는 공부하는 방법으로 또 하나 사서(四書)에 대한 체득을 기초로 해야 한다고 주장한다. 그는 주자가 성인이 되는 공부로서 사서를 중시했음을 상기시키고, 공연히 이 책, 저 책을 널리 보아 잡다한 지식에 매달려 희한한 것에 현혹되는 우를 범해서는 안 된다고 경계한다. 그리고 그중에서도 특히 《대학》에 대한 온전한 이해와 체득을 강조하였다. 《대학》에 대한 이해가 투철하면 다른 책을 보아도 저절로 이해가 가능하다는 논리다. 일재는 학생들에게 "성인이 되는 공에 주자는 사서만을 말하고 다른 책을 말하지 않았으니, 바라건대 여러분은 잡서를 보지 말고 사서를 정밀하게 숙독하여 두루 이해하고 꿰뚫어 보아 자기의 도덕과 사업으로 삼은 후에 육경에 미칠 수 있도록 하라. 그리하면 크게 되면 현(賢)이 되고 화(化)하면 성(聖)이 될 것이니, 여기에 미치지 못하더라도 아름다운 이름을 잃지 않을 것이다. 아무개가 학자들에게 매번 이것을 알려 주었는데도 힘쓰는 자가 드물었다. 여러분은 믿겠는가 믿지 않겠는가?"7)라고 하였다. 여기서도 사서 공부의 정독을 강조하면서 잡서의 독서를 경계하였다.

이에 대해 고봉은 일재에게 다음과 같이 비판하고 자신과 생각에 차

6) 《一齋先生遺集》, 卷1, 〈答南張甫〉.
7) 《一齋先生遺集》, 卷1, 〈示諸生〉.

이가 있음을 토로한다.

대승의 학은 진실로 박(博)으로 흘러서 잡(雜)으로 들어갔습니다 마는, 선생의 소견도 또한 약(約)에 치우쳐서 누(陋)에 가린 듯합니다. 이 것이 바로 서로 닦아야 할 곳이니, 실로 다양한 책들을 널리 보는 것을 그르게 여기고 오로지 묵묵히 사색하여 자득하려고만 해서는 안 됩니다. … 오로지 묵묵히 사색하여 자득하려고만 한다면 석가나 노자의 견해로 유입되지 않을 사람이 몇이나 되겠습니까?[8]

고봉은 일재가 자신의 학문태도에 대해 '박(博)으로 흘러 잡(雜)으로 들어갔다'고 우려한 데 대해, 일재는 '약(約)에 치우쳐서 누(陋)에 가린 듯하다'고 비판하였다. 그리고 다양한 책들을 널리 보는 것을 그르게 여기고 오로지 묵묵히 사색하고 자득하는 공부에 치우친다면 이는 불교나 도가의 병폐에 빠지고 만다고 대답하였다. 여기서 우리는 일재와 고봉 간에 학문 방법을 놓고 매우 다른 견해로 다투는 것을 볼 수 있고, 또 양 자의 학풍의 차이를 짐작게 한다. 즉 일재는 사서를 중심으로 하되 그중에도 특히 《대학》을 먼저 온전하게 이해하고 체득해야 한다고 주장한다. 고봉을 비롯한 당시 유학자들이 선유의 글을 널리 읽어 박학을 일삼고 깊은 사색과 자득의 노력에 소홀한 것을 비판하였다. 일재도 성리학 일반의 거경궁리법(居敬窮理法)을 기본으로 중시하지만, 여기에 주관적인 사색과 체득의 노력을 통해 지식의 심화(深化)와 주체화까지 나아가야 한다고 보았다. 이에 대해 고봉은 선유의 말과 글을 널리 읽고 배우는 것이 결코 학문에 해로운 것이 아님을 강조하면서 일재처럼 묵묵히 사색하

---

8) 박경래 편역, 《고봉집 백선》, 양선생왕복서, 〈일재에게 답하는 편지〉. 고봉선생선양위원회, 2014.

고 자득하는 공부를 강조하면 결국 불교나 도가적 병폐에 빠진다고 경계하였다.

이렇게 볼 때, 고봉이 하서와 일재를 만나 학술토론을 한 것은 퇴계와의 사단칠정 논변에 큰 도움이 되었고, 퇴계도 호남에서의 이러한 학술교유가 매우 의미 있는 것임을 다음과 같이 밝히고 있다.

> 권말에 기록하여 보내준, 공이 이(李), 김(金) 양군과 태극을 논하면서 5, 6차 왕복하며 변론한 글을 받아보니, 사람의 의사와 안목을 개발하기에 충분하였습니다. 내가 사는 이곳에는 나와 더불어 학문을 강론하려는 사람이 없고, 간혹 한두 동지가 있다 하더라도 그들 역시 벼슬에 분주함을 면치 못하기 때문에, 늙고 병든 이 사람은 벗들을 잃고 쓸쓸히 지내면서 항상 무디고 머무는 근심을 품었습니다. 그런데 지금 이 논변을 보고 곧 호남에 이러한 인물과 의논이 있는 것을 알았으니, 실로 우리나라에 보기 드문 일이어서 깊이 감탄하고 흠모하여 쏠리는 마음 감당할 수 없습니다.9)

고봉은 일재, 하서와 주고받은 성리학에 관한 편지내용을 멀리 영남의 퇴계에게 보내 주면서 이에 대한 조언을 구하자, 퇴계는 위 글에서처럼 호남에 이런 훌륭한 학자들이 서로 만나 학술적 교유를 하고 있음을 부러워하고 우리나라에서 보기 드문 일이라고 감탄하고 칭찬하였다. 1559년부터 1566년까지 퇴계와 고봉이 사단칠정에 관한 논변을 하게 되는데, 젊은 소장학자 고봉이 인근 호남의 선배 유학자인 일재 이항과 하서 김인후를 배알하고 성리학에 관한 토론과 대화를 나누고 글을 주고받은

---

9)《국역 고봉집》, 제3집, 양선생왕복서, 권1, 〈答示論太極書書〉.

것은 퇴고사칠논변(退高四七論辯)에 대한 준비과정으로 큰 의의가 있었다.

일재는 "호남에서 우뚝하게 빼어나 도학을 힘쓰는 자는 그대(金麟厚)와 기군(奇君)이다"[10]라고 하여, 하서와 고봉에 대한 학문적 기대를 크게 가졌던 것이다.

3. 일재의 이기일물설(理氣一物說)과 고봉의 비판
- 계분(界分)과 계한(界限) -

일재는 주자 성리학을 충실히 계승하면서도 이기(理氣)의 유기적 구조를 강조하는 특징적인 측면이 있다. 그러므로 많은 사람들이 그의 이기설을 가리켜 명대 정암 나흠순(整庵 羅欽順: 1465~1547)을 닮았다고 하며[11], 이기일물설(理氣一物說), 이기혼연일물설(理氣渾然一物說), 이기일체설(理氣一體說), 이기일물일체설(理氣一物一體說) 등 다양하게 말하고 있다. 일재는 말하기를 "이기(理氣)는 비록 이물(二物)이나 그 체(體)는 하나이다. 둘이라 하면 옳지 않다. 고금의 학자들이 리와 기를 혹 지나치게 나누어 둘이라 하고, 혹 지나치게 합하여 하나가 된다 하였다. 특히 하나이면서 둘이요 둘이면서 하나임을 알지 못한 것으로 이는 다른 까닭이 없는 것이다"[12]라고 하였다. 여기서 일재의 이기론에 대한 관점이 분명하게 드러난다. 즉 리와 기는 비록 둘이라고 할 수 있지만 실제로는 하나의 몸 즉 일체로 존재한다는 것이다. 이러한 이기의 관계를 그는 주자

---

10)《一齋先生遺集》, 卷1, 〈答金厚之(己未)〉,

11) 유명종, 〈이일재의 리기혼일철학〉, 《철학연구》, 제21집, 해동철학회, 1975 참조.
   최영성, 《한국유학통사, 중》, 심산, 2006, 47쪽.

12)《一齋集》, 書, 〈答南時甫彦經書〉, "理氣雖是二物 而其體則一也 二之則不是 古今學者 理與氣 或太分而爲二 或太合而爲一 殊不知一而二二而一焉 此無他故也."

의 말을 빌어 '일이이 이이일(一而二 二而一)'이라고 하였다. 이런 관점에서 이기를 지나치게 일물로 보는 병폐를 비판하는가 하면, 또 이기를 지나치게 나누어 이물로 보는 병폐에 대해서도 비판하고 있다. 전자는 나흠순의 경우를 염두에 두고 하는 말인 듯하고, 후자는 퇴계류를 겨냥해 하는 말인 듯하다. 이렇게 본다면, 일재의 이기론은 주자나 율곡과 흡사하다. 그런데 일재의 이기일물설은 당시 호남의 김인후나 기대승에게 받아들여지지 않았을 뿐 아니라 멀리 영남의 퇴계도 비판하고 있다. 김인후는 일재의 이기론에 대해 비판하기를, "리와 기는 혼합하여 있다. 그러므로 천지 사이에 충만한 만물이 그 속으로부터 나오지 않음이 없고, 또 그것을 각각 구비하지 않음이 없다. 그렇다면 태극과 음양이 서로 분리되어 있다고 할 수 없다. 그러나 도(道)와 기(器)의 구별은 능히 한계가 없을 수 없으니, 태극과 음양을 한 물체라고 말할 수 없다. 주희가 '태극이 음양을 타는 것은 사람이 말을 타는 것과 같다' 했으니, 결단코 사람을 말로 여길 수 없다"[13]고 하였다. 즉 김인후는 리와 기가 혼합해 있듯이 태극과 음양도 서로 떨어져 있을 수 없다 하였다. 그러나 도(道)와 기(器)의 구별은 능히 한계가 없을 수 없으니 태극과 음양을 한 물체라고 말 할 수 없다 하였다.

또한 일재는 허엽(許曄)에게 이기일체(理氣一體)가 불가하다고 하는 것에 대해 불만하고 다음과 같이 설명하고 있다. 이기가 일체가 된다는 것을 불가하다고 했다. 그렇다면 기 밖에 리가 있는 것인가? 만약 기 밖에 리가 있다면 천지 사이에 리 일체가 있고 또 기 일체가 있어서 양체가 각각 있는 것이랴. 대개 조금만 도체(道體)를 안다면 리가 기 속에 있다

---

13) 《河西全集》, 卷11, 〈與一齋書〉, "蓋理氣混合 盈天地之間者 無不自其中出 而無不各具 不可謂太極之離乎陰陽也 然道器之分 不能無界限 則太極陰陽 恐不可謂一物也 朱子曰 太極之乘陰陽 如人之乘馬 則決不可以人爲馬也."

는 것도 거의 알 수 있다. 사람의 방촌(方寸) 사이에 또한 리 일체가 있고 기 일체가 있어, 양체가 각각 있는 것인가?[14]

  일재는 기대승과 김인후가 자신의 견해를 잘 이해하지 못하는 데 대해 불만을 토로하고 다음과 같이 설명하였다.《주역》에서 '태극생양의(太極生兩儀)'라 하였는데, 대개 양의(兩儀)가 생기기 이전에는 양의가 어디에 있으며, 양의가 이미 생긴 뒤에는 태극의 리가 어디에 있을까. 이 이면을 따라 심사명변(深思明辨)하면 이기가 혼연일물임이 거의 드러날 뿐이다. 내가 보건대 태극이 양의를 미생(未生)한 즈음에는 양의가 진실로 태극의 도내(度內)에 존재하고, 태극이 양의를 생한 이후에는 태극의 리가 또한 양의의 안에 있다. 그러므로 양의가 미생(未生)이든 이생(已生)이든 간에 원래부터 태극에서 떨어져 있지 않다. 만약 서로 떨어져 있다면 아무 물건도 없을 것이다.… 대개 천인(天人)은 일리(一理)이니, 예컨대 사람의 지각운동이나 청탁(淸濁)의 기가 한 몸에 충만한 것은 음양의 기요, 또 인의예지(仁義禮智)의 류가 기안에 구재(具在)한 것은 태극의 리이다. 그러나 리와 기는 한 몸 안에 있어야 할 것이다. 이를 이물이라 할 수 있겠는가. 그리고 이체(二體)인가 일체(一體)인가. 다시 자세히 체인함이 옳을 것이다. 그대(奇大升)가 일찍이 나에게 말하기를, "형이상자는 도가 되고 형이하자는 기(器)가 되니, 태극과 음양을 일체라 할 수 없다"고 하였는데, 대개 도(道)와 기(器)에 비록 상하(上下)의 나뉨이 있지만, 태극 양의의 경우 상하정조(上下精粗)가 원융무제(圓融無際)하여 일체가 된다. 담재(湛齋: 金麟厚) 역시 마찬가지로 도기(道器)에 상하의 나뉨이

---

14)《一齋集》, 書,〈答許參議曄書〉, "理氣所以爲一體者 叔主以爲不可 然則氣外有理耶 若氣外有理 則天地之間 有理一體 又有氣一體 兩體各存焉歟 蓋緣於道體 則理之存乎氣中 庶可知矣 人之方寸之間 亦有理一體 氣一體 兩體各存焉歟."

있음을 가지고 이물(二物)이라 하니 탄식할 노릇이다.15)

이와 같이 일재의 이기일물설(理氣一物說)에 대해 김인후(金麟厚), 기
대승(奇大升), 허엽(許曄)이 이해해 주지 않자, 그는 '계한(界限)'과 '계분
(界分)'이라는 용어를 사용하여 이에 대한 자신의 견해를 더욱 확실하게
설명하였다.

> 대개 이기(理氣)는 비록 계분(界分)은 있으나 곧 혼연한 일물(一物)
> 이다. 이 계분으로 말한다면 이기만이 계분이 있는 것이 아니라 역시
> 태극의 리에도 계분이 있다. 태극의 리는 다른 사물의 리가 아니라 곧
> 원형이정(元亨利貞)이 이것이다. 원(元)의 리가 있고 형(亨)의 리가 있
> 고 이(利)의 리가 있고 정(貞)의 리가 있다. 이 사덕(四德)에도 계분이
> 있는데, 이를 두 물건이라 할 수 있는가. 그렇다면 이기에 비록 계분이
> 있더라도 역시 두 물건이라고 할 수 있는가. 그러므로 나는 이기는 비
> 록 계분은 있으나 혼연한 일물이다 라고 말한다. 그대의 이른바 계한
> (界限)은 역시 리를 밝히기에 부족하다. 계분이라고 하면 괜찮지만 계
> 한이라고 하면 안 된다. 이기에는 바로 계분은 있으나 진실로 계한은
> 없다.16)

---

15) 《一齋集》, 書, 〈贈奇正字大升書〉, "又亦曰 太極生兩儀 盖兩儀未生之前 兩儀存乎何處 兩
儀已生之後 太極之理亦存乎何處 從這裏面深思明辨 則庶見理氣之渾然一物耳 余以爲太
極未生兩儀之際 兩儀固存乎太極之度內 而太極已生兩儀之後 太極之理 亦存乎兩儀之中
矣 然則兩儀之未生已生 元不離乎太極也 若相離則無物矣 … 且夫天人一理 如人之知覺
運動强弱淸濁之氣充滿乎一身者 陰陽之氣也 又仁義禮智之類具在乎之中者 太極之理也
然則理與氣當在一身之內 是可謂二物耶 謂一體耶 謂二體耶 更精體認可也 君抑嘗謂余曰
形而上者爲道 形而下者爲器 然則太極陰陽 不可謂一體也 蓋道器雖有上下之分 然其太極
兩儀 上下精粗 圓融無際而爲一體者也 湛齋亦狃而以道器之上下爲二物 可歎."

16) 《一齋集》, 書, 〈答湛齋書〉, "蓋理氣雖有界分 而乃渾然一物耳 以界分言之 則非徒理氣有界
分而已 抑亦太極之理有界分焉 太極之道 非他物理 乃元亨利貞是也 有元之理 有亨之理
有利之理 有貞之理 於此四德 亦有界分焉 是可謂二物乎 然則理氣雖有界分 亦可謂二物乎
余故曰 理氣雖有界分 而渾然一物也 君所謂界限字 亦燭理未盡 謂之界分則可 謂之界限則

이와 같이 일재가 말하는 계분(界分)은 하나의 사물에서의 경계선을 말하고, 계한(界限)은 두 물건이 접해 있는 경계선을 말하는 것 같다. 즉 계분은 한 물건 안에서의 구분이고, 계한은 두 물건의 접합선(接合線)이다. 사람을 예로 든다면 계분은 한 사람 안에서 머리와 몸통 등의 구분을 말하고, 계한은 두 사람이 서로 끌어안고 있는 중에 그 서로 만난 지점을 말하는 것이다.17) 일재의 이기일물설은 이기가 서로 합하여 하나의 사물이 된다는 것으로, 동일체 안에서의 구분이 있는 것으로 보는 것이다.18)

이상의 논의를 중심으로 검토해 보면 일재도 주자의 설에 따라 이기(理氣)를 '하나이면서 둘이요 둘이면서 하나(一而二 一而二)'로 보았다. 여기서 하나는 일체이고 둘은 계분상의 표현이다. 일재의 입장에서는 리나 기는 그 홀로서는 불완전한 것이다. 리는 기가 필요하고 기는 리가 필요하다. 양자의 묘합(妙合)을 통해 비로소 온전한 일체가 된다. 이러한 논리나 사유는 주자나 율곡과 결코 다르지 않다. 다만 리와 기를 독립된 실체개념으로 보느냐 아니면 불완전한 리와 기가 합해서 이 세계를 구성하는 것인가 하는데 있다. 리와 기가 결코 동일자가 아니라는 데에는 일재나 주자나 율곡이나 같은 입장일 것이다. 또 양자의 만남을 통해 비로소 한 사물이 존재 가능하고 이 세계가 존재한다고 보는 것도 마찬가지일 것이다. 다만 일재는 리와 기를 상보적 관점에서 보아 이기일물(理氣一物), 이기일체(理氣一體)를 말하고 있다면, 김인후나 기대승의 경우는 리와 기를 독립된 실체로 보면서 양자의 묘합을 말하고 있는 것으로 보인다. 필자의 견해로는 일재의 이기일물설(理氣一物說)은 그 내용상으로 보

未可也 理氣雖有界分而固無界限焉."

17) 윤용남, 〈일재 이항〉,《한국인물유학사 2》, 한길사, 1996, 528쪽.
18) 윤용남, 〈일재 이항〉,《한국인물유학사 2》, 한길사, 1996, 528쪽.

면 율곡의 이기지묘(理氣之妙)와 다를 바 없는 것으로 이해된다. 문제는 이기(理氣)를 상보적으로 보느냐 그렇지 않느냐에 있다고 보인다.

또한 일재의 경우는 '일이이 이이일(一而二 二而一)'을 계한과 계분의 관점에서 해석했다면, 여타 성리학자들의 경우는 대부분 '하나'라는 것은 존재 자체 즉 현상적 관점에서 하는 말이고, '둘'이라는 것은 존재 자체를 개념적으로 또는 가치적으로 구별해 볼 때 리와 기 둘로 나누어 본 것으로 이해된다. 아울러 일재는 하나의 측면과 둘의 측면을 아울러 말하고 있지만, 결과적으로는 주자가 말하는 이기불상리(理氣不相離)에 치중했다는 비판을 면키 어렵고, 이기(理氣)의 묘합과 불상리(不相離)의 측면을 잘 체득한 것이다.[19]

이제 이에 대한 고봉의 견해를 검토해 보기로 하자. 고봉은 말하기를, "지난 번 서로 강구할 때에는 각자의 주장이 서로 달랐습니다. 태극은 리와 기를 겸한다고 말한 것은 선생의 요지였고, 저는 천지만물의 이치를 들어 태극이라고 하였습니다. 그렇다면 이른바 태극이라는 것은 다만 리일 뿐이어서 기와는 관련되지 않는 것입니다. 우리가 비록 하루 종일 갖가지로 반복해서 논쟁하였지만, 그 요점은 이것을 벗어나지 않습니다"[20]라고 하였다. 고봉에 의하면 일재는 태극을 리와 기가 겸하는 것으로 보았고, 자신은 천지만물의 이치를 태극이라고 보았다고 말한다. 고봉은 이 글의 끝에서 다음과 같이 자신의 견해를 밝히고 있다.

주자가 "태극은 다만 하나의 리자(理字)일 뿐이다" 하고, 또 "이른바

---

19) 최영성, 《한국유학통사, 중》, 심산, 2006, 49쪽.

20) 《국역 고봉집》, 제3집, 양선생왕복서, 권1, 〈答一齋書〉, "然當時所相講究者 各自有說 以太極爲兼理氣而言者 先生之旨也 若大升之意 則以爲擧天地萬物之理 而名之曰太極 則所謂太極者 只是理而不涉乎氣者也 雖終日爭辨反覆百端 其大要不出於是也."

리와 기는 결단코 이물(二物)이다. 그러나 물 속의 측면에서 본다면 이
물(二物)이 혼륜하여 분개(分開)할 수 없어 서로 한곳에 있으나, 이물
이 각각 일물(一物)이 된다 해도 해가 되지 않는다. 반면 리의 측면에
서 본다면 비록 사물이 있지 않아도 이미 사물의 이치는 있는데, 다만
이 리만 있고 실로 이 사물이 있지 않는 경우는 없다"고 하였으니, 이
말을 깊이 음미하여 마음에 징험하면 피차의 설을 역시 스스로 터득할
수 있을 것입니다.[21]

이와 같이 고봉은 주자의 말을 근거로 태극은 리라 하고, 이기의 관계
를 하나이면서 둘이요 둘이면서 하나로 볼 수 있음을 말하였다. 즉 일재
처럼 이기일물(理氣一物)이라는 측면에서 이기의 불상리(不相離)만 볼
것이 아니라 불상잡(不相雜)의 측면도 볼 줄 알아야 한다고 보았다.

16세기는 성리학의 전성기요 회재 이언적(晦齋 李彦迪), 화담 서경덕
(花潭 徐敬德), 일재 이항(一齋 李恒), 퇴계 이황(退溪 李滉), 하서 김인후
(河西 金麟厚), 고봉 기대승(高峰 奇大升), 율곡 이이(栗谷 李珥), 우계 성혼
(牛溪 成渾), 구봉 송익필(龜峰 宋翼弼) 등 기라성 같은 유학자들이 나와
송대 성리학의 체계적 이해와 심화에 전력을 다했던 시기였다. 일재와
고봉, 그리고 하서와의 이 성리 토론은 퇴계와 고봉간의 사칠논변(四七
論辯)이나 율곡과 우계와의 성리 논변이 벌어지기 이전 성리 이해의 난
해처(難解處)요 구경지(究竟地)를 주제로 논의했다는 점에서 중요한 의
의가 있다. 즉 성리학의 대전제인 리와 기를 어떻게 규정할 것인가? 양
자의 역할과 관계를 어떻게 볼 것인가 하는 문제는 성리 이해의 난해처

---

21) 《국역 고봉집》, 제3집, 양선생왕복서, 권1, 〈答一齋書〉, "朱子曰 太極只是一箇理字 又曰
所謂理與氣 決是二物 但在物上看 則二物渾淪 不可分開 各在一處 然不害二物之各爲一物
也 若在理上看 則雖未有物而已有物之理 然不但有其理而未嘗實有是物也 深味斯言 而驗
之於心 則其於彼此之說 亦可以自得之矣."

였다. 일재와 고봉, 일재와 하서 사이에 논의되는 태극에 대한 개념 이해, 도(道)와 기(器)의 성격과 관계, 리와 기, 태극과 음양의 관계 등이 논의의 초점이 된다. 사실 성리학의 집대성자라고 할 수 있는 주자에 의해 이러한 문제는 어느 정도 정리되었다고 볼 수 있다. 주자는 리 없는 기도 없고 기 없는 리도 없다고 하면서 양자는 서로 떨어져서도 안 되고 서로 섞이어 혼동되어서도 안 된다고 하였다. 이를 이기불상리(理氣不相離), 이기불상잡(理氣不相雜)이라 표현하였다. 그리고 이러한 양자의 합간(合看)과 이간(離看)의 관점을 아울러 '하나이면서 둘이요 둘이면서 하나'라는 '일이이 이이일(一而二 二而一)'이라 표현하였다. 이러한 주자의 이기론에 대한 설명은 완벽할 만큼 균형 잡힌 것이고 종합적인 이해라고 할만하다.

그런데 왜 이러한 문제들이 제기되는 것일까? 그것은 하나는 태극을 어떻게 보느냐 하는 문제이고, 또 하나는 리와 기를 어떻게 보느냐 하는 문제라고 생각된다. 주자를 비롯한 성리학 일반의 입장에서는 태극은 곧 리를 말하고 음양은 곧 기를 말한다. 그리고《주역》〈계사(繫辭)〉의 형이상자로서의 도(道)를 리(理)라고 보고 형이하자로서의 기(器)를 기(氣)라고 본다. 따라서 태극(太極), 리(理), 도(道)는 하나로 상통되고, 음양(陰陽), 기(氣), 기(器), 오행(五行)은 하나로 상통된다. 그렇지만 기론자(氣論者)들은 태극(太極)을 곧 기(氣)로 해석하기도 하는데 이는 성리학 일반의 견해는 아니다.

그런데 리를 기보다 중시하는 관점에서는 리에 대한 이중적 개념을 사용하는 것이 일반적이다. 즉 본체상에서의 리와 현상계에서의 리를 구별해 설명하게 된다. 본체상에서의 리는 기 없이도 존재하는 리로 우주만물의 근원이다. 필자는 이를 절대리(絶對理)라고 부른다. 이 관점에서는 '리가 기를 낳았다'고 하는 '이생기(理生氣)'의 논리가 가능하며 리가 기보다 먼저라고 말할 수 있다. 또한 현상계에서는 기와 함께하는 리를 생각할 수 있다. 이를 상대리(相對理)라고 부른다. 이때 리와 기는 시간적으로 선후가 없다.

일재를 비롯한 호남의 유학자들 간의 이 논의는 리와 기를 어떻게 보느냐 하는 것이 관건이다. 일재는 리와 기를 상보적 관점에서 보아 리와 기의 일체성을 강조한 것이라면, 고봉이나 하서는 리와 기의 독립성을 강조하는 관점에서 리와 기의 유기적 관계를 설명하는 방식이라고 이해된다. 리 없는 기도 없고 기 없는 리도 없다고 보는 입장에서는 이기가 반드시 하나이어야 한다. 그러나 계한의 입장에서 보면 리도 기도 각기 독립적 존재로 설정된다. 다만 독립적이면서 하나로 만난다는 데 특징이 있다.

제2장 | 구봉 송익필의 학문의 숲

1. 불우했던 인생역정

구봉 송익필(龜峰 宋翼弼: 1534~1599)은 16세기 조선조의 대표적인 유학자로서 율곡 이이(栗谷 李珥: 1536~1584), 우계 성혼(牛溪 成渾: 1535~1598)과 더불어 기호유학의 중심적 위치에 있었다. 그의 자는 운장(雲長), 호는 구봉(龜峰), 본관은 여산(礪山)인데, 서울에서 태어났고 경기도 파주, 고양과 충남 당진을 배경으로 활동하였다.

그는 부친 송사련(宋祀連)과 어머니 연일정씨(延日鄭氏) 사이에서 4남 1녀 가운데 3남으로 태어났는데, 인필(仁弼), 부필(富弼)은 형이고 한필(翰弼)은 아우가 된다. 구봉은 신분문제로 불우한 역경 속에서 살았고, 타고난 재주와 웅지(雄志)를 펴 보지도 못한 불운의 학자였다. 이제 잠깐 그의 신분문제와 이로 인한 역경의 삶에 대해 소개하기로 하자. 구봉의 조부 송린(宋麟)은 중종 때 좌의정을 지낸 안당(安瑭: 1461~1521)의 서매(庶妹)인 순흥안씨(順興安氏) 감정(甘丁)과 결혼하여 송사련(宋祀連)을 낳았다. 구봉의 할머니인 감정은 안돈후(安敦厚)의 첩 중금(重今)의 딸이었기 때문에 결국 서얼(庶孼)의 신분에 놓이게 된 것이다.

```
             妻: 密陽 朴氏 --- 安塘(嫡子) --- 安處謙(子)
     安敦厚
             妾: 重今 ------ 甘丁(孼女) --- 宋祀連(子) ---- 宋翼弼(子)
                      宋麟(夫) 延日鄭氏(配)   昌寧成氏(配)
```

이후 송린은 잡직인 직장을 지내고 관상감 판관에까지 올랐으며, 송사
련도 외가인 안씨 집안의 도움으로 관상감 판관을 지내고 안씨 문중의
크고 작은 일을 맡아보았다.

그런데 1521년 구봉의 아버지 송사련은 안당의 아들 안처겸(安處謙)
등이 당시의 정권 실세인 남곤(南袞), 심정(沈貞) 등을 제거하려 도모한
다고 고발하여, 안당(安瑭), 안처겸(安處謙) 등 안씨 집안과 종실 시산부
정(詩山副正) 이정숙(李正淑) 및 권석(權碩), 안정(安珽), 이충건(李忠健)
등 수십 명의 선비들이 희생을 당하였는데, 이것이 이른바 신사무옥(辛
巳誣獄)이다. 그 공로로 송사련은 서얼 출신이면서도 정삼품 당상관이
되어 출세하였고, 반면 송사련의 외가인 안씨 집안은 일시에 몰락하고
말았다.1)

그러나 1586년 송사련의 무고가 밝혀지고, 간신들은 물러나고 안당의
신원이 이루어지게 됨에 따라, 이미 죽은 송사련의 관직이 삭탈되고 그
집안은 노비의 신분으로 전락하게 되었다. 안씨 집안에서는 송익필까지
노비를 삼겠다고 하자, 53세의 송익필은 은둔과 도피생활을 하게 되어
정철(鄭澈), 김장생(金長生), 이산해(李山海) 등 지인들의 보호를 받으며
간신히 연명하게 되었다.

1590년 구속에서 풀려나고 그 이듬해 동생 송한필(宋翰弼)과 함께 자
수를 하고, 평안도 희천으로 유배되었다. 1593년 유배에서 풀려나 1596
년 충청도 당진 면천(沔川) 마양촌(馬羊村)에 정착하여 살면서 제자들을
가르치다가 1599년(선조 32) 66세로 세상을 떠나 당진 북면 원당동(元堂
洞)에 묻혔다.

이와 같이 구봉은 자신과 상관없이 서얼의 자손이라는 죄로 신분상

---

1) 김창경,《구봉 송익필의 도학사상》, 책미래, 2014, 33~39쪽 참조.

차별과 핍박을 받고 불우한 일생을 보냈고, 타고난 재능과 경륜을 발휘할 기회조차 갖지 못하였다.

본고는 역사 속에 망각된 구봉 송익필, 편견과 차별 속에 정당한 평가를 받지 못한 구봉 송익필에 대한 재조명을 요청하는 데 목적이 있다. 구봉 송익필은 왜 다시 기억해야 하고, 왜 다시 새롭게 조명되어야 하고, 왜 다시 정당한 평가를 받아야 하는가를 밝히고자 한다.

2. 율곡, 우계와의 우정 속에 갈고 닦은 인품과 학문

구봉은 비록 불우한 환경에서 태어났지만 다행히 그에게는 '율곡과 우계'라는 훌륭한 친우가 있었다. 이들은 나이도 비슷하고 뜻을 같이 해 파주를 연고지로 하여 어린 시절부터 도의지교(道義之交)로 교유(交遊)했다. 또한 송강 정철(松江 鄭澈: 1536~1593)과도 친밀하게 지내고 정치적 당파를 함께했다.

《삼현수간(三賢手簡)》은 1599년 구봉이 죽기 직전 아들 취대(就大)에게 당부하여 율곡, 우계와 주고받은 편지를 모아 한 권의 책으로 엮은 것인데, 여기에는 세 분의 우정과 학문적 교유가 자세히 설명되어 있다. 구봉은 이 책의 서문에서 《삼현수간》을 엮는 취지를 이렇게 설명하였다.

나는 우계 성혼, 율곡 이이와 가장 친하게 지냈다. 지금 둘 다 세상을 떠나고 나만 살아 있다. 몇 날 더 살다가 죽을 것인가? 아들 취대가 지난 전쟁으로 두 친구의 글이 흩어지고 없어졌지만 남아 있는 나머지의 두 친구 편지와 내가 답장 한 글, 그리고 잡다한 기록을 약간 모아서 나에게 보여 주었다. 모두 모아서 질로 만들고 죽기 이전에 보고 느끼는 자료로 삼기로 하였다. 또 우리 집안에 전하기로 하고자 한다.

《삼현수간》을 엮는 소회와 심정을 잘 말해 주고 있다. 그리고 구봉, 율곡, 우계의 우정과 교유는 '도의지교(道義之交)'를 넘어 '신교(神交)'[2]의 경지임을 구봉 스스로 표현하고 있다. 우계는 구봉에게 다음과 같은 충고를 하기도 하였다.

> 현형(賢兄)은 자질과 품성이 높고 뛰어나 홀로 도달하여 남의 도움이 필요 없겠으나, 도체(道體)란 한쪽으로 치우치기 쉽고 사람의 견해는 무궁무진하니, 어찌 전혀 남에게 의뢰할 필요가 없다고 말할 수 있겠습니까. 모름지기 숙헌(叔獻)과 이러한 뜻을 서로 말씀해 보십시오. 숙헌 또한 놀라워할 것입니다. 만일 도굴(道窟)의 집이 이루어지거든 현형(賢兄)이 그 가운데에서 패(牌)를 걸어 놓고 지팡이를 잡고 후생들을 가르친다면 교학상장(教學相長)의 유익함을 실제로 체험할 수 있을 것입니다.[3]

여기서 우계는 구봉의 자질과 품성이 높고 뛰어나 홀로 도달하여 남의 도움이 필요 없다고 평가하면서도, 자신의 견해만이 옳다고 하여 남의 견해를 듣지 않는 어리석음을 범해서는 안 된다고 충고하고 있다. 우계는 구봉에게 자신의 견해에 만족하지 말고 율곡과도 대화를 해보라고 권유하였다. 우계는 또 구봉을 통해 율곡의 학문적 교만함을 고쳐 줄 것을 다음과 같이 간청하기도 한다.

> 편지에서 숙헌(叔獻)의 학문에 대해 말씀하셨는데, 그의 병통을 잘 지적하셨습니다. 정문(頂門)의 일침(一針)이라 하겠습니다. 그러나 숙

2) 《龜峰集》, 卷2, 七言律詩, 〈憶牛溪〉.(김창경, 위의 책, 68쪽)

3) 《牛溪集》, 續集, 卷3, 〈與宋雲長〉.

헌이 겸허하게 받아들인다 하더라도 그의 성향은 역시 착실하기 어렵습니다. 어떻게 하면 존형(尊兄)과 같은 분에게 매번 경책(警責)을 받도록 하여, 그가 존경하고 두려워 하면서 자신이 능하지 못했던 것에 날마다 나아가게 될 수 있겠습니까? 4)

우계는 율곡을 친우로서 존경하고 큰 기대를 하면서도 구봉과 마찬가지로 지나치게 자신만만하고 오만한 그의 태도를 우려하고 있다. 우계는 구봉으로 하여금 율곡에게 경책(警責)을 해서라도 겸양해질 수 있도록 해야 한다고 당부하고 있다. 우계는 어느 날 율곡이 구봉에게 보낸 편지를 뜯어보고 율곡이 구봉에게만은 함부로 하지 못하고 굽힌다는 사실을 토로한다.

형에게 보내는 숙헌 형의 편지가 이곳에 온 지 오래되었습니다. 지금 보냅니다. 당시 뜯어보아도 좋다는 허락을 받았는데, 감히 뜯어서 일독한 뒤 숙헌의 날카로운 성격도 오직 노형에게 만은 굽힌다는 사실을 알았습니다. 5)

율곡은 선유들조차 등급을 따져 평가하고 동료들에 대해서도 냉정한 평가를 서슴지 않았다. 이는 율곡의 장점이면서도 또 한계이기도 했는데, 이러한 율곡의 지나친 자존이 구봉에게만은 용납이 안 되었던 것이다. 이는 다음 율곡이 우계에게 보낸 편지에서 입증된다.

지금 세상에 궁리한다는 사람으로서 이것을 말할 수 있는 자가 적습

4) 《牛溪集》, 續集, 卷5, 〈與或人〉.
5) 《牛溪集》, 續集, 卷3, 〈與宋雲長〉.

니다. 괴이하게 여기고 그르게 여기는 자는 본래 말할 것도 없지만, 이 것을 보고 서로 합치된다고 말하는 사람도 역시 그 견해를 믿을 수가 없습니다. 오직 송운장(宋雲長) 형제만은 이것을 말할 수 있습니다. 이 것이 내가 깊이 사귀게 된 이유입니다. 형께서도 이 사람들을 가볍게 여기지 마십시오.6)

여기서 율곡은 성리의 오묘한 경지를 제대로 이해하는 사람이 별로 없다 하고, 오직 구봉 형제만은 성리를 함께 논할 수 있는 인물임을 말하고 있다. 그리고 이런 이유에서 구봉을 깊이 사귀는 것이라 하고, 우계에게 이들을 가볍게 여기지 말라고 당부한다. 이를 통해 율곡이 구봉의 학문적 역량에 대해 얼마나 높이 평가하고 있는가를 알 수 있다.

그러므로 구봉은 사대부로 아무리 높은 벼슬의 인물들과 사귀어도 자(字)로 불렀지 관직으로 부르지 않아, 속으로는 불만이 있어도 겉으로는 말을 못했다 한다. 자신의 신분상 약점에도 불구하고 당당했던 구봉의 모습을 알 수 있다. 그러므로 송시열은 〈묘갈문(墓碣文)〉에서 율곡과 우계가 그를 외우(畏友)로 대했다고 말하고 있다.7) 그럼에도 불구하고 구봉은 율곡을 아끼고 존경하여 이렇게 추모하기도 한다.

아! 슬프도다. 형이 평일에 내가 도체(道體)에 본 바가 있다고 허여 (許與)하였고, 만년에는 자주 논변하여 점차 견해가 다름이 없게 되었 소. 내가 학문에 있어서 혹 새로운 견해가 있으면 여러 사람들은 모두 의심하였으나 오직 형만은 나를 믿어 주었소. … 내가 말할 적에 답할 이가 누구이겠으며, 내가 행할 적에 수작할 이가 누구이겠소. 이는 주

6) 《栗谷全書》, 卷10, 書2, 〈答成浩原〉.
7) 《龜峰集》, 卷10, 附錄, 〈墓碣銘〉.

제3부 참된 자아를 향한 성리(性理)탐구

자가 이른바 "왼쪽 팔에만 맡기다가 오른쪽 팔을 잃어버렸다"는 격이
오. 이것이 슬퍼 부르짖고 몹시 애통함이 홀로 여러 사람과 다른 까닭
이오.8)

구봉은 율곡이 평소 자신을 학문적 상대로 인정해 주었다는 점을 분
명히 하면서, 이제 토론하고 대화할 짝을 잃었다고 아쉬워하고 애통해
하였다.

구봉은 당시 율곡, 우계와 더불어 친하게 지냈던 정철에 대해 무서운
비판과 충고를 하기도 하였다. 즉 버슬과 녹을 사양하는 용기로 주색을
금하고, 취하고 주는 절도를 밝히고, 남을 희롱하고 모욕함을 끊고, 남을
지나치게 미워하고 싫어하는 편협성을 억제하고, 선을 포용하는 도량을
넓히고, 청백(淸白)을 숭상하여 행실을 편벽하게 하지 말고, 동료를 가벼
이 보고 말을 무시하지 말라 비판하였다.9)

참의였던 홍경신(洪慶臣)은 형 홍가신(洪可臣: 1541~1615)이 송익필과
벗으로 사귀는 것을 보고 자신이 송익필을 만나면 모욕을 주겠다고 벼르
고 있었다. 이 말을 듣고 홍가신은 "그대가 송 아무개를 모욕할 수 있겠
는가. 반드시 못할 것이다"라고 자신했다. 그 후 아우 홍경신은 송익필을
만나게 되자 자신도 모르는 사이에 섬돌을 내려가 맞고 절을 했다 한다.
그리고 나서 "내가 절한 것이 아니다. 무릎이 저절로 굽혀진 것이다"라고
했다는 일화가 전해진다. 구봉의 인품과 사람 됨됨이를 가히 짐작할 수
있는 일화다. 계곡 장유(谿谷 張維: 1587~1638)는 구봉, 율곡, 우계 삼현
에 대해 다음과 같이 평한다.

---

8) 《栗谷全書》, 卷37, 附錄, 〈祭文2(宋翼弼)〉.
9) 《龜峰集》, 卷4, 〈答鄭季涵書〉, "辭爵祿之勇 移於酒色 明取與之節 絶其戲侮 抑疾惡之剛 弘
取善之度 勿尙淸白而僻其行 勿輕儕輩而易其言."

이이의 언론은 진솔하고 평이하며, 성혼의 언론은 온공(溫恭)하고
간절하며, 송익필은 뜻과 기상이 우뚝하고 정결하며 자신을 매우 신중
하게 대하고 그 언론은 명석하게 분변하며 그 학문은 해박하다.10)

여기서 장유는 구봉에 대해 '뜻과 기상이 우뚝하고 정결하며, 자신을
매우 신중하게 대하고, 그 언론은 명석하게 분변하며 그 학문은 해박하
다'고 가장 훌륭한 평가를 하고 있다.

반면 노서 윤선거(魯西 尹宣擧: 1610~1669)는 "대개 구봉은 재학(才學)
은 넉넉하나 덕기(德器)가 부족하였다. 율곡, 우계 두 분 선생과 말함에
상대방을 압도하고 절충하려는 의사가 많이 있었다"11)고 평가하였다.
여기서 윤선거는 구봉에 대해 재학은 뛰어나지만 덕망이 부족하다는 평
가를 하고 있고, 또 평소 언론에 있어서는 율곡과 우계를 압도하려는 기
상이 많았다고 평가하는 것이다.

이렇게 볼 때, 구봉은 신분상의 제약에도 불구하고 율곡, 우계와 평생
학문에 정진하여 도의지교를 하였고, 피차 상보적으로 격려하고 칭찬하
면서 또 비판하고 충고하면서 진유의 길, 도학지사(道學之士)의 길을 걸
었던 것이다.

3. 재조명 받아야 할 '학문의 숲'

구봉에 대한 연구나 평가는 아직 요원하다. 문학적 연구는 다소 이루

---

10)《龜峰集》, 卷10,〈墓碣銘〉, "栗谷之言 眞率坦夷 牛溪之言 溫恭懇到 而龜峰則意象峻潔 自
　待甚重 其言辨矣 其學博矣."
11)《魯西遺稿》, 卷7,〈上季兄〉.

어졌지만 철학적 연구는 매우 미흡한 편이다.[12] 구봉에 대한 평가나 유학사적 위상도 객관성을 결여하고 정당하지 못하다고 볼 수 있다. 율곡, 우계, 구봉 삼현의 경우 율곡은 이미 많은 연구 성과가 있었고 유학사적 위상이나 평가도 높게 드러나 있다. 또 우계의 경우도 우계문화재단의 노력으로 많은 연구 성과가 축적되어 새롭게 조명되고 있으며, 특히 기호유학의 한 축으로 우계학파(牛溪學派)의 존재가 우리 학계에 서서히 인정받고 있다.[13] 그러나 구봉만은 연구 논문의 양에서도 절대 부족이고 질적으로도 아직 멀었다는 생각이다. 그러므로 구봉에 대한 평가도 상당부분 편견에 치우쳐 곡해되거나 과소평가 되어왔다고 할 수 있다. 율곡, 우계에 묻혀 구봉의 존재는 미흡하고, 또 율곡, 우계와 함께 겨우 이름이 거론되는 정도에 머물러 있다.

이제 구봉의 정당한 학문적 평가를 위해 성리학, 예학, 경세학 등 제 분야에서 구봉의 학문적 진가와 위상을 가늠해 보고자 한다. 우리는 율곡의 성리학적 경지와 그의 성리학에 대해 비교적 높은 평가를 하고 있다. 율곡은 그 스스로도 성리학에 대한 자부심이 대단하였다. 그는 우계에게 말하기를, "견해를 따진다면 내가 조금 낫다할 수 있으나, 확고한 조리(操履)에 대해서는 내가 미칠 수 없다"[14]고 하여 성리의 이론에 대해서는 자신이 낫다고 자부하였다. 또 인심도심설을 우계에게 설명하면

12) 이는 구봉에 관한 철학박사 논문이 김창경의 〈구봉 송익필의 도학사상 연구(충남대, 2011)〉 단 한 편밖에 없다는 데서 분명해진다.

13) 최완기는 《한국 성리학의 맥》(느티나무, 1993)에서 '소론학파' 내지 '우계학파'를 별도로 지칭하고 있고, 유명종은 우계를 '절충파의 鼻祖'(《성우계사상논총》, 우계문화재단, 1991)로 규정하고 있으며, 고영진은 《조선중기예학사상사》(한길사, 1995)에서 '성혼학파'라 부르고 있다. 또 황의동은 《우계학파연구》(서광사, 2005)에서 본격적으로 우계학파의 연원과 학맥, 그리고 사상적 특성을 구체적으로 소개한 바 있다.

14) 《牛溪先生年譜》, 20세조.

서 '천 백의 웅변지구(雄辯之口)로도 자신의 견해를 돌이킬 수 없다'15)고 하는가 하면, '발(發)하는 것은 기(氣)요 발하게 하는 것은 리(理)라' 하여, 퇴계의 이발(理發) 불가를 '성인이 다시 일어나도 이 말은 바꿀 수 없다'고 자신하였다. 율곡은 또 우계에게 말하기를, "형이 학문에 뜻을 둔지 어언 20년에 성현의 글을 읽지 않음이 아니겠지만, 아직도 심성정(心性情)에 대한 적실(的實)한 견해가 없는 것은, 아마도 리(理)와 기(氣) 두 글자에 대해 투철하지 못한 데가 있는 까닭인 듯하다"16)고 하였다. 이 말은 율곡이 우계에게 20여 년이나 성리학을 공부하고도 아직까지 이기(理氣) 개념도 이해하지 못하느냐는 힐책이었으니 율곡의 교만과 자신을 알 수 있다. 이처럼 성리학에 대해 자신만만하고 이론에 대해 밝다고 자부한 율곡이지만 구봉에게는 용납되지 않았다. 율곡이 23세 때 과거시험에서 〈천도책(天道策)〉으로 장원급제하자, 응시생들이 찾아와 질문을 하였다. 그러자 율곡은 "송구봉(宋龜峰)의 학식이 높고 넓으니 그에게 자세히 물어 보라" 하였다고 전해진다.17) 이미 20대에 율곡이 구봉의 성리학적 식견에 대해 인정하고 있음을 말해 주는 대목이다.

또한 구봉은 〈제율곡문(祭栗谷文)〉에서 율곡과 30년 동안 편지를 주고 받으며 토론하였다 하고, "형이 평일에 내가 도체(道體)에 본 바가 있다고 허여하였고, 만년에는 자주 논변하여 점차 견해가 다름이 없게 되었고, 내 학문에 있어서 혹 새로운 견해가 있으면 여러 사람들은 모두 의심하였으나 오직 형만은 나를 믿어 주었소"18)라고 말하였다. 이처럼 구봉은 성리학에 있어 율곡의 유일한 상대였는데 상호 신뢰와 존경이 있었다.

---

15) 《栗谷全書》, 卷10, 書2, 〈答成浩原〉.
16) 《栗谷全書》, 卷10, 書2, 〈答成浩原〉.
17) 《龜峰集》, 卷10, 附錄, 〈墓碣文(宋時烈)〉.
18) 《栗谷全書》, 卷7, 〈祭文〉

구봉의 성리학에 대한 이해와 학문적 깊이는 그의 대표적 저술인 〈태극문(太極問)〉을 통해서도 입증된다.19) 이 글은 이름이 〈태극문(太極問)〉이지 실제로는 성리학에 관한 체계적인 이론서로서 문답의 형식으로 되어 있다. 구봉은 이 글을 쓰면서 《노자(老子)》, 《장자(莊子)》, 불교, 《주역(周易)》, 공자, 맹자, 《한지(漢志)》, 유종원(柳宗元), 정이천(程伊川), 소강절(邵康節), 주렴계(周濂溪), 주자(朱子), 육상산(陸象山), 북계 진씨(北溪 陳氏), 남헌 장씨(南軒 張氏), 동래 여씨(東萊 呂氏), 이연평(李延平), 《통서(通書)》, 《태극도설(太極圖說)》, 《악기(樂記)》, 한유(韓愈) 등 중국의 각종 저술과 학자들의 견해를 인용하여 성리를 전개하고 있다. 즉 유학의 경전은 물론 송대 성리학, 양명학, 당송문학, 불교, 도가를 비롯한 제자학에 이르기까지 광범한 학문을 섭렵하고 있다.

또한 내용면에서는 〈태극도설(太極圖說)〉의 '무극이태극(無極而太極)', 《주역(周易)》의 '역유태극(易有太極)', 도(道)와 태극(太極), 태극(太極)의 체용(體用), 태극(太極)과 무극(無極), 태극(太極)의 동정(動靜), 태극(太極)과 음양(陰陽), 이기(理氣)의 선후이합(先後離合), 심성(心性)의 이기론적(理氣論的) 분석, 음(陰)과 양(陽), 이기(理氣)의 관계, 오행론(五行論), 기화형화론(氣化形化論) 등 다양한 이론을 담고 있다.

이렇게 볼 때, 〈태극문(太極問)〉은 회재 이언적(晦齋 李彦迪: 1491~1553)이 태극에 관한 논쟁을 벌인 이후 태극문제에 대한 체계적 해석을 하였던 선구적인 업적이다.20) 율곡의 경우도 별도의 성리학 전반에 관한 전문적인 저술은 없다. 다만 우계와의 논변을 통해 자신의 성리이론

---

19) 곽신환은 《태극문》이 박세채의 주장처럼 구봉의 저술이 아닐 수도 있다는 문제 제기를 한 바 있다.(곽신환, 〈송익필의 《태극문》 논변〉, 《잊혀진 유학자 구봉 송익필의 학문과 사상》, 책미래, 2016.

20) 금장태, 〈구봉 송익필의 인간과 사상〉, 《한국철학종교사상사》, 원광대종교문제연구소, 1990, 596쪽.

이 소개되었고,《성학집요(聖學輯要)》속에서 일부 성리학이 소개되고 있다. 우계의 경우도 율곡과의 논변과정에서 성리학이 소개되고 있다. 퇴계의 경우도 고봉 기대승(高峰 奇大升: 1527~1572)과의 논변에서 자신의 성리이론이 정밀하게 소개되고 있다. 이렇게 볼 때, 구봉이 성리이론을 체계적으로 하나의 저술로 의도한 것은 매우 의미 있는 일이다. 〈태극문(太極問)〉은 구봉의 성리학에 관한 식견과 깊이를 짐작하는 데 중요한 근거가 된다.

그러므로 우암 송시열(尤菴 宋時烈: 1607~1689)은 구봉의 총명하고 기민한 재주는 견줄 만한 사람이 없었다 하고,《주자대전(朱子大全)》한 질을 모두 외우는 것만 보아도 학문에 대한 조예가 깊은 것을 알 수 있는데, 용모와 거동이 매우 준엄하여 남들이 가볍게 여기지 못하였다고 평하였다.21) 율곡이 왜 구봉을 학문적 동지로 삼았고 그를 외우(畏友)로 보았는지, 그리고 구봉에 대해서만은 율곡이 왜 어려워했는가를 짐작할 수 있다. 이런 점에서 구봉의 성리학적 특성이 무엇이며, 〈태극문(太極問)〉의 의의가 무엇이며, 조선조 유학사에서의 위상이 어떤가를 구체적으로 검토해 나가야 할 것이다.

다음은 예학적 측면에서 구봉의 학문적 위상을 검토해 보기로 하자. 구봉은 성리학에도 조예가 깊었지만 특히 예학에 관해서는 상당한 권위를 가지고 있었다.

그는《가례주설(家禮註說)》을 저술했는데, 이 책은 주자《가례(家禮)》의 각 조목에 대한 근거를 제 이론으로 주석을 집대성하고 자신의 의견을 안설(按說)로 붙이며, 주석의 보충과 보완 설명을 하고 있다. 주자《가례》에 대한 연구는 구봉에 앞서 하서 김인후(河西 金麟厚: 1510~1560)의

---

21)《宋子大全》, 附錄, 卷17, 〈語錄4(崔愼 錄)〉.

《가례고오(家禮考誤)》가 있으나 일부에 대한 고증으로 생활화를 위한 작업은 되지 못했다. 주자《가례》의 생활화를 위한 이해과정으로서 전반에 걸쳐 자세한 주석을 한 것은 구봉의 《가례주설(家禮註說)》이 처음이다.[22]

또한 그의 《예문답(禮問答)》은 율곡, 우계, 송강 등 친우들과의 의례 문제에 대한 정밀한 토론을 담고 있는데, 여기서 예학에 관한 한 구봉이 가장 권위적 위치에 있었음을 보여 준다. 구봉은 율곡의 《격몽요결(擊蒙要訣)》에 대해서도 '속례(俗禮)' 부분은 문제가 있다고 보고, 한 집안의 자제들이 참고하는 의미는 있을지 몰라도 한 나라의 준거(準據)가 되는 예로서는 부족하다고 혹평하였다.[23] 율곡의 입장에서 보면 불쾌할 만큼 가혹한 평가라고 할 수 있다. 이에 대해 율곡은 말하기를, "《격몽요결(擊蒙要訣)》의 잘못을 지적해 준 것은 매우 수긍이 가는 곳이 있습니다. 서서히 다시 생각하여 보겠습니다. 《소학》도 마땅히 형의 지시에 따르겠습니다"라고 하여, 율곡의 구봉에 대한 학문적 신뢰와 존경이 어떠하였는가를 짐작게 한다.

그리고 송강이나 우계와의 예 문답을 보면 상호 대등한 예 논쟁이 아니라, 거의 송강이나 우계가 묻고 이에 대해 구봉이 답하는 형식으로 되었다. 이런 점에서 당시 사우(師友)간에도 구봉의 예학에 대한 전문적 능력을 인정받고 있었던 것이며 권위를 갖고 있었음을 알 수 있다. 특히 구봉은 기묘사화 후 단절된 《소학》과 《주자가례》를 탐구하여 실천 중심의 예학파를 수립케 하고 직(直)의 철학을 수립하였다. 그의 사상은 문인 김

---

22) 배상현, 〈구봉 송익필의 예학사상〉, 《동악한문학논집》, 제2집, 동국대, 1985, 25쪽.

23) 《龜峰集》, 卷4, 〈與叔獻書〉, "聞兄許印擊蒙要訣 要訣中俗禮處 某常多不滿之意 未知兄其加删正耶 不然則只可爲一家子弟之覽 恐不可爲通行之定禮也 小學之印 更須十分商議 無如擊蒙之易 千萬幸甚."

장생(金長生), 김집(金集)을 거쳐 송시열(宋時烈)의 직(直)의 철학으로 발전하였다.24) 이렇게 볼 때, '조선 예학의 종장(宗匠)'으로 일컫는 사계 김장생(沙溪 金長生)의 예학이 구봉에 연원하고, 김집(金集)을 거쳐 송준길(宋浚吉), 송시열(宋時烈), 윤선거(尹宣擧), 이유태(李惟泰), 유계(俞棨)를 통해 기호예학을 활짝 열었던 것이다. 따라서 구봉이야말로 조선조 성리학과 예학의 선하25)로서 인정받기에 부족함이 없다 할 것이다.

또한 구봉은 성리학과 예학뿐만 아니라 경세학에도 조예가 깊었다. 그럼에도 불구하고 자신의 신분상의 문제로 율곡처럼 경세의 전면에 나아가지 못하고 항상 배후에서 율곡의 후견인으로 역할하였다. 고청 서기(孤青 徐起: 1523~1591)는 심충겸(沈忠謙: 沈義謙의 아우)의 종이었는데, 학문이 뛰어나 면천(免賤)되고 처사(處士)로 불리었다. 어느 날 서기가 제자들에게 말하기를, "너희들이 제갈공명(諸葛孔明)의 모습을 알고자 하면 모름지기 송구봉(宋龜峰)을 보라. 구봉이 제갈공명과 흡사할 뿐만 아니라 제갈공명이 구봉과 흡사하다"26)고 하였다. 서기가 구봉을 제갈공명에 비유하여 문인들에게 소개하고 있다는 데서 그의 경세적 역량을 짐작할 수 있다.

또 구봉은 목민관(牧民官)이 준수해야 할 10개조를 말한 바 있는데, 여기서도 그의 선견과 탁월한 경륜을 볼 수 있다.

1. 정치와 교화는 목민관의 일심(一心)에 있으니, 치인(治人)의 근본은
   자치(自治)에 있고 정물(正物)은 정기(正己)에 있음을 힘써라.

---

24) 배상현, 〈구봉 송익필의 예학사상〉, 《동악한문학논집》, 제2집, 동국대, 1985, 12쪽.
25) 금장태, 〈구봉 송익필의 인간과 사상〉, 《한국철학종교사상사》, 원광대종교문화연구소, 1990.
26) 《龜峰集》, 卷10, 李選, 〈行狀〉

2. 주색(酒色) 두 가지는 백행(百行)의 적이니, 도를 잃어서는 안 되고 경계하라.

3. 감사에서 읍재(邑宰), 이서(吏胥), 이정(里正)에 이르기까지 위계를 분명히 하고 직무한계를 규정하여 실적을 이루어야 한다.

4. 새로 만들어야 할 법과 개혁해야 할 법을 위해 민의를 수렴하라.

5. 각 지방의 지학자(志學者), 은일(隱逸), 유행자(有行者), 유재자(有才者) 등 인재를 천거하게 하라.

6. 70세 이상의 남녀 노인, 환과고독(鰥寡孤獨), 폐질자(廢疾者), 기한자(飢寒者), 20세 이상으로 미혼 처녀와 이미 죽은 진유(眞儒), 은사(隱士), 명환(名宦), 충신(忠臣), 의사(義士), 효자(孝子), 열부(烈婦)의 자손 및 처첩(妻妾) 및 분영(墳塋)이 있는 곳은 연대와 원근을 불문하고 일일이 기록하여 제사하고 후손에 대해 진휼(賑恤)하라.

7. 정치를 하는 데는 민정(民情) 파악이 급하고 공평한지 살펴야 한다.

8. 지성으로 마땅하면 복종하지 않음이 없다.

9. 관리로 재능이 있는 자가 횡포하는 자가 많으므로 엄명(嚴明)하여야 하고, 정대광명(正大光明)하여 조금이라도 편향(偏向)하지 말아야 한다.

10. 부지런하고 염치를 밝히면 가히 일을 이룰 수 있는데, 염치를 밝히는 요령은 사심이 없는 데 있다.[27]

여기서 구봉은 정치와 교화가 목민관(牧民官)의 한 마음에 달려 있고, 또 치인(治人)의 근본이 바로 자치(自治) 즉 자기수양에 달려 있다 하였다. 또 주색(酒色)을 백행의 적으로 규정하고 이를 경계하라 하고, 목민

---

27)《龜峰集》, 卷5,〈李仲擧別紙〉.

관의 위계 확립과 직무의 실적을 제고하라 하였다. 아울러 각 지방에 묻혀있는 인재를 천거하라 하였다.

그리고 각 고을로 하여금 남녀 70세 넘은 노인, 홀아비, 과부, 고아, 독신자 그리고 병이 들었거나 추위에 굶주려 돌아갈 곳이 없거나 의탁할 곳이 없는 자, 그리고 혼기가 지난 20세 넘은 처녀를 찾아서 방문하게 하고, 그리고 이미 죽은 진유(眞儒), 은사(隱士), 명환(名宦), 충신(忠臣), 의사(義士), 효자(孝子), 열부(烈婦)의 자손과 처첩(妻妾)들의 무덤이 있는 곳을 연대의 멀고 가까움을 따지지 말고 일일이 상세히 기록해서 보고해야 한다고 하였다. 그리고 혹은 제사상을 차려 제사를 지내 주고, 혹은 때때로 구호품을 주어 구제해 주고, 혹은 예물을 도와주어 혼인을 하도록 장려하고, 혹은 술과 음식을 보내 주고, 혹은 부역을 면제해 표창해 주고, 혹은 제사에 올릴 술과 음식을 준비하여 끊어진 제사를 잇게 해주는데, 이 모든 것을 등급에 따라 알맞게 해야 한다고 하였다.28) 이는 현대사회가 완벽한 사회복지를 추구하는 것과 일맥상통하는 것이며, 나라에 충성하고 사회에 모범이 되었던 역사적 인물들의 발굴과 현창 그리고 그 후손들에 대한 배려를 강조하였다. 이러한 구봉의 생각들은 시대를 앞서는 선구적인 것이며, 오늘날 현대에서도 배워야 할 점이 많다고 볼 수 있다.

율곡은 자타가 인정하는 국방의 전문가였는데, 구봉에게 다음과 같이 군사대비에 대한 자문을 요청하기도 하였다.

변방의 성이 함락을 당했으니 나라의 수치가 큽니다. 문무(文武)의 관원이 안일(安逸)과 유희(遊戲)에 젖어온 지 백여 년이 넘는 탓으로

---

28) 《龜峰集》, 卷5, 〈答李仲擧別紙, 山甫時按嶺南〉.

군사도 없고 먹을 것도 없어, 백 가지로 꾀해 보아도 계책이 나오지를 않으니, 참으로 이른바 '잘 하는 이가 있더라도 어찌 할 수 없다'는 격입니다. … 이런 때에 계책이 있으면 진언할 수 있으니, 형은 갖고 있는 생각을 모두 말해 주기 바랍니다.[29]

이처럼 율곡 자신이 군사에 상당한 경륜을 가지고 있었는데도, 구봉에게 국방대비책을 묻고 있는 것을 보면 율곡이 구봉의 경륜에 대해 얼마나 신뢰하고 있는가를 잘 보여 준다.

그 밖에도 구봉은 율곡이 지은《순언(醇言)》에 대해서도 혹평을 서슴지 않는다.

율곡 형께서 직접 엮은《순언(醇言)》한 질을 보았습니다. 재기(才氣)의 부림을 당한 듯하니 형을 위해서도 의아하게 여깁니다.《참동계(參同契)》주석을 낸 주회암(朱晦庵)의 유의(遺意)가 아닙니까? 거듭 세도(世道)를 위해 탄식을 합니다. 기이한 것을 굴복시키고자 하면서도 도리어 같게 되려고 하니, 노자(老子)의 본지(本旨)를 상실한 것입니다. 그리고 오도(吾道)에도 구차하게 같게 하려는 혐의가 있습니다. 또 주석은 견강부회(牽強附會)하였습니다.[30]

《순언》은 율곡이 노자의《도덕경》을 유교의 입장에서 해석한 글이다. 구봉은 이 책이 세도에 어긋난다고 탄식하면서 '기이한 것을 굴복시키고자 하면서도 도리어 같게 되려고 한' 혐의가 있다고 비판한다. 노자의 본지도 상실하고 오도(吾道)를 구차하게 같게 하려 한 혐의가 있으며, 주석

---

29)《栗谷全書》, 卷11, 〈與宋雲長〉.
30)《龜峰集》, 卷4, 〈與叔獻書〉.

또한 억지로 끌어다 붙였다고 비판하였다. 물론 이러한 구봉의 비판이 정당한 것이냐 하는 논란의 여지는 있으나, 적어도 구봉의 입장에서는 율곡의 《순언》에 대해 노자의 본지도 잃고 유학을 억지로 도가와 같게 하려한 병통이 있다고 보았다.

또한 구봉은 시작(詩作)에도 탁월하여 매월당 김시습(梅月堂 金時習), 추강 남효온(秋江 南孝溫)과 더불어 '산림(山林) 3걸(傑)'로 불리었으며, 또 이산해(李山海), 최경창(崔慶昌), 백광훈(白光勳), 최립(崔岦), 이순인 (李純仁), 윤탁연(尹卓然), 하응림(河應臨)과 더불어 '8 문장가'로 불리기도 했다. 오늘날 구봉의 시와 그의 문학에 대한 연구는 활발하게 이루어지고 있다.

4. 재평가와 위상의 복원

학자의 길은 연구와 강학인데, 구봉은 매우 일찍 강학의 길에 나섰다. 《선조수정실록》에서는 "1560년 그의 나이 27세 때 이이, 성혼을 다시 좇아 도학을 강론하고, 식견이 통투(通透)하고 논의가 영발(英發)하여 문을 열어 문도들을 받으니, 학문을 좇는 자가 날로 성하여 구봉(龜峰)선생이라 칭하였다"[31]고 적고 있다.

구봉은 27세 때 13세의 사계 김장생(沙溪 金長生: 1548~1631)에게 사서(四書)와 《근사록(近思錄)》을 강의하고 성리학을 가르쳤다. 이는 아버지 김계휘(金繼輝)의 추천에 의한 것이었다. 김장생이 율곡의 문하에 들어간 것은 20세 때로 이보다 7년 후가 된다. 사계에게 있어서 첫 스승이 구봉이요 도학의 기초를 가르쳐 준 이가 바로 구봉이었다. 그래서 송시

---

31)《선조수정실록》, 권23, 22년(1589, 기축) 12월 1일(갑술) 조.

열(宋時烈)은 구봉의 〈묘갈문(墓碣文)〉에서 송준길(宋浚吉)의 말을 인용하여 "사계(沙溪) 김선생(金先生)이 율곡 선생을 사사하여 도(道)를 이루고 덕(德)을 높이게 되었지만, 그가 빗장을 빼고 열쇠를 열수 있도록 기초를 다져 준 사람이 바로 송익필 선생이었음은 숨길 수 없는 사실이다"[32]라고 적고 있다. 송시열의 이 말을 보더라도 사계의 학문형성에 있어서 구봉의 역할이 얼마나 컸고 구봉의 학문연원을 결코 간과해서는 안 된다는 점을 확인할 수 있다. 여기서 우리는 율곡의 적전(嫡傳)을 김장생이라고 보는 사상사적 평가에 대해 균형적인 시각이 필요하며, 구봉의 입장에서 보면 객관적인 평가가 아니라는 이론이 있을 법하다. 그것은 율곡이 정치적으로, 역사적으로, 학문적으로 성공한 유학자였음에 비해, 구봉의 경우는 이와 달리 초라한 모습으로 자리 잡고 있는데 연유한 때문이다.

또한 송강 정철(松江 鄭澈: 1536~1593)은 기명(起溟), 종명(宗溟) 두 아들을 구봉에게 맡기면서 다음과 같이 훈계하였다.

지금 네가 송구봉(宋龜峰) 선생의 글방을 다니는데, 송 선생이 반드시《근사록(近思錄)》으로써 배우도록 권하는 것이 어찌 우연한 일이랴. 이는 장차 사람된 이치를 강하여 너로 하여금 착한 사람이 되게 하려는 것이다. 만일 벼슬이나 구하며 이익이나 좇을 것을 생각하고, 과거 공부에 전심하여 글 짓는 데에만 주력할 양이면, 내가 하필 너를 송 선생의 문하에서 배우도록 권하며, 송 선생 역시 너에게 의리지학(義理之學)으로써 요구하겠느냐. 너는 아비가 스승을 가린 뜻을 생각하고 또 네 스승이 착한 데로 지도하는 성의를 보아. … 일체 옛것을 배우고 성

---

32)《宋子大全》, 卷172, 〈龜峰先生宋公墓碣〉.

현을 바라는 이치로서 자신의 임무를 삼는 것이 상쾌한 일이 아니
랴.33)

구봉, 율곡, 우계, 송강은 막역한 학문적 동지요 친우였다. 이미 앞에서
김계휘(金繼輝)가 김장생, 김집 두 아들을 구봉에게 교육을 맡겼듯이, 정
철도 두 아들을 구봉에게 맡기고 있는 것이다. 정철은 아들에게 만일 벼
슬이나 구하며 이익이나 좇을 것을 생각하고, 과거공부에 전심하여 글
짓는 데만 주력할 양이면 하필 구봉 문하에서 배우도록 권했겠느냐 하였
다. 아울러 아비가 스승을 가린 뜻을 이해해 학문에 전념할 것을 당부하
고 있다. 여기서 정철도 왜 하필 구봉에게 두 아들을 맡겼을까 하는 의문
이 생기게 된다. 물론 당시 율곡이나 우계가 강학을 할 수 없는 이유가
있었겠지만, 김계휘, 정철이 두 아들들을 구봉의 문하에 보낸 것은 주목
할 만한 일이다. 이는 그만큼 구봉의 학문적 역량과 스승으로서의 자질
을 인정받았다는 예증이다.

구봉의 문인으로는 사계 김장생을 비롯하여 신독재 김집(愼獨齋 金集:
1574~1656)(율곡 문인), 수몽 정엽(守夢 鄭曄: 1563~1625)(율곡, 우계 문
인), 기옹 정홍명(畸翁 鄭弘溟: 1592~1650)(사계 문인), 약봉 서성(藥峰 徐
渻: 1558~1631)(율곡 문인), 동곽 강찬(東郭 姜燦: 1557~1603)(율곡 문인),
허우(許雨: ?~?), 허주 김반(虛舟 金槃: 1580~1640), 북저 김류(北渚 金瑬:
1571~1648), 정좌와 송이창(静坐窩 宋爾昌: 1561~1627),(율곡, 고청 문인),
지강 유순익(芝岡 柳舜翼: 1559~1632), 죽서 심종직(竹西 沈宗直), 윤담(尹
聃), 홍백순(洪百順) 등이 있다. 물론 이들 중에는 문하가 겹치는 경우도
있지만 구봉의 문하가 융성했음을 잘 보여 준다.

---

33)《松江集》, 原集, 卷2,〈戒子帖〉.

그러므로 금장태 교수는 구봉의 일생에 가장 보람 있는 일 두 가지를 지적하면서, 하나는 일찍부터 당대의 석학인 명사들과 어울릴 수 있는 기회가 주어졌다는 것이고, 또 하나는 다음 시대의 학풍을 이끌어 갈 인재들을 그의 문하에서 가르쳤다는 것이라고 말하고 있다.34)

구봉이 교유한 인물로는 율곡 이이(栗谷 李珥), 우계 성혼(牛溪 成渾), 토정 이지함(土亭 李之菡), 만전당 홍가신(晩全堂 洪可臣), 고청 서기(孤青 徐起), 송강 정철(松江 鄭澈), 중봉 조헌(重峰 趙憲), 풍애 안민학(楓崖 安敏學), 명곡 이산보(明谷 李山甫), 황강 김계휘(黃岡 金繼輝) 등 당대의 명유 석학(名儒碩學)들이 망라되어 있다. 그리고 일찍부터 강학에 나서 김장생, 김집 등 많은 제자들을 양성하여 율곡, 우계와 함께 기호학파의 씨를 뿌리고 가꾸었던 것이다. 그러므로 송시열도 그의 〈묘갈문(墓碣文)〉에서 "그의 한 몸은 비록 세상에서 곤궁하였지만, 그의 도는 빛이 없었다고 말할 수는 없다"35)고 평가했던 것이다.

다음은 구봉에 대한 후세의 평가와 그의 위상을 복원하려는 노력을 검토해 보기로 하자. 1586년, 1587년 중봉 조헌(重峰 趙憲: 1544~1592)은 연이어 상소를 올려 구봉의 억울함을 호소하고 신분의 환천(還賤)을 위해 노력하였다. 중봉은 말하기를, "송익필은 비록 송사련의 아들이지만, 늙도록 공부에 힘써 학문이 깊고 경학에 밝았으며, 언행이 바르고 곧아 아비의 허물을 덮을 만하였다"36)고 변호하였다.

또한 1624년(인조 2) 문인 김장생과 김집은 〈갑자소(甲子疏)〉에서 "신 등이 어렸을 때 송익필에게 수학하였는데, 송익필의 문장과 학식은 당대

34) 금장태, 〈구봉 송익필의 인간과 사상〉, 《한국철학종교사상사》, 원광대종교문제연구소, 1990, 593쪽.

35) 《龜峰集》, 卷10, 〈墓碣銘〉, "先生之身 雖困於世 而其道 則不可謂不有光矣."

36) 《重峰集》, 卷5, 〈辨師誣兼論學政疏〉.

에 당할 이가 없었고, 이이와 성혼과는 서로 강마(講磨)하는 사이였습니다.[37] 하고, 스승의 억울함을 풀어달라고 호소하였다. 그 이듬해 1625년 (인조 3) 김장생, 서성, 정엽, 유순익, 심종직 등이 연명(連名)으로 상소를 올려 스승의 억울함을 풀어달라고 신원소를 올렸다. 그 후 숙종 때 이종신 등 200여 명의 성균관 유생들이 상소를 올리는가 하면, 영조 때의 이주진, 정조 때의 삼남 유생 황경헌 외 3,272인이 상소를 올려 송익필의 신원을 호소하였다. 그 내용은 '경학이 일세의 표준이 되고 도학과 실제의 덕행이 모두 배향할 만한데, 문벌이 미천하다는 이유로 아직까지 포증(褒贈)의 은전이 없는 것은 실로 만고에 부끄러운 일'이라는 것이었다.[38] 이와 같이 구봉의 신분상 억울함에 대해 이를 신원하고자 하는 노력은 사림들에 의해 대를 이어 계속되었던 것이다.

송시열은 〈묘갈문〉에서 "성우계(成牛溪), 이율곡(李栗谷) 두 선생이 모두 외우(畏友)로 대하였고, 또 가르치는 방법에 있어서도 상대를 잘 일깨우고 분발시켜 느껴서 뜻을 세우게 하였다"[39] 하고 추모하였다.

그리고 또 말하기를 "그는 오직 의리를 강명(講明)하여 자신을 닦았고, 또 그것을 후세에까지 전함으로써 지금 김장생의 학문이 세상의 으뜸이 되고 있으니, 선생은 사문(斯文)에 간접적으로 큰 공을 남겼다고 하겠다. 그 밖에 선생의 가르침을 받아 성취된 사람들로서 김집(金集), 정엽(鄭曄), 서성(徐渻), 정홍명(鄭弘溟), 강찬(姜燦), 허우(許雨), 김반(金槃) 같은 이들이 도학으로 혹은 환업(宦業)으로써 후생들에게 도를 전하거나 나라를 돕고 있으며, 동춘 송준길(同春 宋浚吉)의 선고(先考)인 군수 이창(爾昌)도 선생에게 수학한 나머지 동춘을 가르쳐 결국 명유(名儒)가 되었으

37) 《宋子大全》, 卷172, 〈龜峰先生宋公墓碣〉.
38) 김창경, 《구봉 송익필의 도학사상》, 책미래, 2014, 48~49쪽 참조.
39) 《龜峰集》, 卷10, 附錄, 〈墓碣文(宋時烈 撰)〉.

니, 선생의 육신은 비록 세상에서 시달림을 받았지만, 그의 도는 빛을 냈다고 말하지 않을 수 없다"[40]고 기리고 있다.

또한 송시열이 전하는 송준길의 말에 의하면 "사계(沙溪) 김선생(金先生)이 율곡 선생을 사사하여 도를 이루고 덕을 높이게 되었지만, 그가 빗장을 빼고 열쇠를 열 수 있도록 기초를 다져 준 사람이 바로 송익필 선생이었음은 숨길 수 없는 사실이다"[41]라고 하였다. 이러한 송준길의 말은 아마도 그의 부친 송이창(宋爾昌)이 구봉의 문하에서 배운 점을 고려할 때 부친으로부터 들은 얘기일 수도 있다.

또한 토정 이지함(土亭 李之菡: 1517~1578)은 "천지의 이치를 가슴속에 간직하였으니, 공자, 맹자의 도도 진실로 멀지 않았다"[42]고 기리고 있으며, 고청 서기(孤靑 徐起)는 자기 제자들에게 "너희들이 제갈공명(諸葛孔明)을 알고 싶으면 송구봉(宋龜峰)을 보면 알 것이다. … 나는 제갈공명이 구봉과 비슷했으리라 여긴다"[43]고 존경했던 것이다.

구봉의 〈행장(行狀)〉은 김장생의 외증손인 이선(李選)이 지었고, 〈묘갈명(墓碣銘)〉은 송시열(宋時烈)이 지었으며, 〈묘표음기(墓表陰記)〉는 김진옥(金鎭玉)이 지었다. 1750년(영조 26) 충청도관찰사 홍계희(洪啓禧)가 〈청포증장(請褒贈狀)〉을 올려 서기(徐起)와 함께 증직(贈職)을 청하니, 1752년(영조 28) 비로소 면천(免賤)이 되어 신원을 회복하고 사헌부 지평의 증직을 받았다. 홍계희는 〈청포증장(請褒贈狀)〉에서 구봉을 가리켜 '일대(一代)의 유종(儒宗)이요 간세(間世)의 위인(偉人)'이라 평가하였

---

40) 《龜峰集》, 卷10, 附錄, 〈墓碣文, 宋時烈 撰〉.

41) 《宋子大全》, 卷172, 墓碣, 〈龜峰先生宋公墓碣〉, "同春宋公浚吉謂余曰 文元公金先生 師事 栗谷李先生 以至道成德尊 然考其抽關啓鍵 導迪於一簣之初 則自龜峰先生 不可誣也."

42) 《龜峰集》, 卷10, 附錄, 〈墓碣文, 宋時烈 撰〉.

43) 《龜峰集》, 卷10, 附錄, 〈墓碣文, 宋時烈 撰〉.

다.44)

　구봉이 죽은 후 20여 년이 흘러 1622년 그의 저술로《구봉시집(龜峰詩集)》을 간행하여 정엽(鄭曄), 신흠(申欽), 김장생(金長生)의 발문(跋文)을 붙였다. 그의 〈현승편(玄繩編)〉에 대해서는 장유(張維)가 논쟁적인 발문을 썼고, 박세채(朴世采)가 이를 다시 변론하여 성리설의 문제에 대한 토론을 확장시켰다. 1762년(영조 38) 그가 죽은 후 163년 만에 김장생의 현손인 현감 김상성(金相聖)에 의해《구봉선생집(龜峰先生集)》이 마침내 간행되었다.45) 그 후 1910년(순종 4) '문경(文敬)'의 시호를 받고 '홍문관 제학'에 추증되었다.

---

44)《龜峰集》, 卷10, 附錄, 〈請褒贈狀〉.

45) 김창경,《구봉 송익필의 도학사상》, 책미래, 2014, 49쪽.

제3장 | 녹문 임성주의 성리학과 그 형제들

1. 녹문 임성주의 생애와 사상

녹문 임성주(鹿門 任聖周: 1711년, 숙종 37~1788년, 정조 12)는 충청도 청풍(현 충북 제천 한수면)의 노은동에서 태어났다. 그의 자는 중사(仲思)이며 호는 녹문(鹿門), 시호는 문경(文敬)이다. 그는 본관이 풍천(豊川)이며 만년에 공주의 녹문(현 대전시 유성구 신동)에 살았기에 '녹문 선생(鹿門先生)'이라 불렀다.

그는 함흥판관을 지낸 임적(任適)의 5남 2녀 가운데 둘째 아들로 태어났다. 부친 임적은 수암 권상하(遂庵 權尙夏)의 문인이다. 그는 겨우 말을 배우자마자 곧 글자를 배워 3세 때 벽에 쓰기를, "임사동(任獅同: 임성주)은 배 안에 500자가 있다"고 할 정도로 기억력과 총명함이 남달랐다.

그는 14세 때 부친이 함흥판관으로 부임하자 함께 가서 1727년에 서울로 돌아왔다. 이 해는 그가 16세가 되는 해로 그의 학문인생에서 중요한 의미를 지닌다. 그는 "16세 때 율곡의 글을 보고 깨달음이 있었고, 하늘과 사람이 하나로 합치되는 묘리를 알았으며, 큰 뜻을 세웠다"고 하여, 천인합일(天人合一)을 지향하는 성리학의 이념으로 자신의 인생관을 정립하고, 성리학의 최고 이념인 성학(聖學)과 성인(聖人)을 향한 구도의 길을 추구하였다. 그는 이미 15세 때 〈자서(自序)〉를 쓰며 다음과 같이 말한다.

사람으로서 마땅히 그 이치를 밝히기를 추구하고, 그 도를 다하기를 추구함으로써 성인에 이르고자 기대함을 어찌 그만둘 수 있겠는가. 양자강과 한수(漢水)의 강물에 씻어 가을 햇볕에 말린 것처럼 맑고 깨끗한 것처럼 성인의 덕은 밝은데, 나는 이처럼 오염되었다. 구름을 보는 것처럼 그리워하고 태양처럼 우러러보는 것처럼 성인의 도는 높은 데, 나는 저와 같이 비천하다.

녹문의 이와 같은 마음은 성인을 지향하는 성리학의 기본 이념에 충실하고 학문관을 정립하려는 확고한 마음가짐을 말해 주는 것이다. 그는 당시 유행하던 실학이나 서학보다는 정통 성리학의 문제를 천착함으로써 '명기리(明其理)'의 격물궁리(格物窮理)와 '진기도(盡其道)'의 수기(修己)에 치중하고, 진부한 명분에 얽매이거나 이론에 치중하는 것이 아니라, 당면한 현실 문제를 성리학을 통해 해결하고자 하였다.

이에 그는 주위에서 스승을 찾다가 도암 이재(陶庵 李縡: 1680~1746)에게 다음과 같은 편지를 올렸다.

정미년(1727, 영조3) 12월 20일에 서하(풍천)의 임성주는 삼가 목욕재계하고 글을 올리며, 도암 노선생 좌하에 재배하는 예를 받아 주시기를 청합니다. 소생이 선생을 사모하여 뵙기를 원한지가 오래되었습니다. 어려서 나름대로 사람들에게 듣건대, 모두 말하기를 "오늘날 문장이 뛰어나고 도덕이 높아서 한 세상의 종주로 우러름을 받을 분은 오직 선생 한 사람이 있을 뿐이다"라고 하였습니다.[1]

이로부터 녹문은 도암 이재에게 수학하며 학문 연구에 전념하였고, 이

---

1) 임성주 지음, 이상현 옮김, 《녹문집》, 1, 한국고전번역원, 2015, 53쪽.

후 평생 그를 스승이자 정신적 지주로 생각하였다.

1729년 18세 때 형제들과 함께 청주 옥화대(玉華臺)에 들어가 형제 및 학자들과 경서를 강독하였다. 임성주가 이재와 1730년에서 1734년까지 약 5년 동안 함께 질문하고 토론 한 내용을 정리한 것이 〈한천어록(寒泉語錄)〉이며, 주요 내용은 학문의 자세와 사서삼경에 대한 부분적 토론과 그리고 《심경(心經)》의 칠정(七情)에 관한 견해 등이 수록되어 있다. 22세 때 어머니의 뜻에 따라 사마시(司馬試)에 형 명주(命周)와 함께 응시하여 합격하였다.

《녹문집(鹿門集)》〈행장(行狀)〉에서 동생 임정주(任靖周)가 그의 저술에 대해 자세하게 설명하고 있는데, 1734년에는 《중용》을 가지고 화양산(華陽山)으로 들어가 보름동안 정좌 독서하여 그 내용을 요약하여 기록한 것이 〈의의(疑義)〉이며, 1736년 겨울에는 송명흠(宋明欽: 1705~1768), 송문흠(宋文欽) 형제와 송능상(宋能相: 1710~1758), 김원행(金元行: 1702~1772), 김양행(金亮行: 1715~1779) 등과 함께 회덕의 옥류각(玉溜閣)에서 《대학》을 강독하였는데, 그 내용을 정리한 것이 〈옥류강록(玉溜講錄)〉이다. 그 뒤에도 그는 이들과 편지를 주고받으며 학문을 토론하였으며, 특히 《대학》에 대해서는 자신이 스스로 주석을 붙임과 동시에, 무려 세 차례나 다시 고쳐 쓸 정도로 큰 관심을 가지고 연구하여 자신의 학문적 지침으로 삼았다. 그리고 임성주의 저술활동은 주로 경전에 대한 주석을 중심으로 이루어졌다.

그 뒤 그는 1737년 여강(驪江: 여주)으로 이사하여 1743년 서울 근교로 이사할 때까지 주경야독하며 김원행(金元行), 민우수(閔遇洙) 등과 학문을 토론하며 함께 인격 도야에 힘썼다.

이 밖에 그는 17세 때인 1728년에 《심경》을, 그 이듬해에는 《소학》에 대해 주석하였다. 그 뒤 1729년에 《논어》, 1735년에 《중용》, 1741년

~1742년에《의례(儀禮)》, 1742년~1743년에《주역》, 1765년~1766년에 《상서(尚書)》, 1781년에《대학》을 차례로 읽고 주석하였다.

그리고 경연관(經筵官)으로 일할 때의 내용을 모은 〈경연강의(經筵講義)〉를 1751년에 저술하였으며, 그의 성리학적 관점을 대표하는 〈녹려잡지(鹿廬雜識)〉를 1759년~1760년에 저술하였다. 이때 그의 나이는 48~49세로 그가 인물성동론(人物性同論)에서 상이론(相異論)으로 관점을 바꾼 뒤 10년이 더 지난 때로, 이기론(理氣論)과 인성론(人性論)에 대한 이론적 체계를 종합적으로 정리한 저술이다.

임성주는 평생 동안 주자서(朱子書) 공부에 가장 힘썼으며, 일찍이 주자감흥시(朱子感興詩) 20편을 학자들의 학업과 수양의 요결이라 여겼고, 그 책에 대한 여러 사람들의 주해(註解)가 산만하여 참뜻을 잃은 것이 많다고 하여, 이를 절충하여 그 사이에 자기의 뜻을 붙여 이를 〈감흥시집람(感興詩集覽)〉이라 불렀다.

한편 임성주의 관직생활은 크게 세자의 시강(侍講)과 지방 관리의 두 가지 활동으로 구분된다. 그의 벼슬 생활은 그다지 화려하지 않고 대부분 지방관으로 지냈으나, 두 번이나 세자의 보도를 맡았다. 그는 처음 1750년에 사도세자(思悼世子)의 익위사세마(翊衛司洗馬)가 되었고, 1752년 음보(蔭補)로 시직(侍直)으로 부임하였으며, 당시 시강관들이 그의 학문을 존중하여, 그를 세자의 스승으로 삼았다.

1754년 가을 임실현감(任實縣監)으로 부임하여 정사를 돌봄에 자신을 바르게 하고, 사물의 이치를 바르게 하는 것을 중심으로 하였으며, 보민청(補民廳)을 설치하여 난민 구호에 힘쓰고, '군자당(君子堂)'을 설치하여 학문을 장려하고 풍속을 교화하였으며, 학풍을 진작시켰다.

그는 둘째와 셋째 형들이 잇따라 죽자, 1758년 공주의 녹문동으로 돌아와 학문에만 힘썼다. 그 뒤 1762년 사도세자가 죽고 영조의 세손이 세자로 책봉됨에 따라 그는 다시 동궁을 보위하는 직책을 제수받았다. 당시 조야의 여론을 보면 "대부분의 대신들이 번갈아가며 조정에 천거하면서 경학, 예학과 학행(學行)이 당세에는 견줄 사람이 없으니, 청컨대 이 사람에게 책임을 위임 하십시오"라고 하니, 임금(영조)이 이를 재가하고 그를 불러 본 뒤 "산야(山野)의 기상이 있다"고 칭찬하고, "진심으로 세자를 바르게 보도하라"고 하여, 그 책임을 맡았다. 그러나 4년 만에 사직하였다.

그 뒤에 1767년 태창주부(太倉主簿), 1769년 위솔(衛率), 1770년 사옹원주부(司饔院主簿), 1771년 양근군수(楊根郡守)가 되어 봉공(奉公)정신과 위민(爲民)정신으로 선정과 개혁에 노력하여 경창(京倉)에 대동미(大同米)를 납부할 때, 보잘것없는 뱃사람의 신분으로서 아전들의 착취에 시달리는 고통을 해결해 주었다. 1773년 62세에 전주판관, 영주군수를 임명받았으나 부임하지 않았다.

1774년 63세 때 성천부사(成川府使)에 부임하여 향관(鄕官)의 부조리를 방지하기 위해, 지역 장로들을 소집하여 향관 임용에 관한 세부 규정을 만들어 공포하고 공정한 인사를 시행하고자 하던 차에, 사헌부의 관리가 임성주를 "경술(經術)에는 남음이 있으나 고을을 다스리는 일은 능치 못하다"는 편파적인 보고서를 올려 20일도 못 되어 억울하게 파직되었다. 이에 성천 주민들이 비변사(備邊司)에 달려가 소청을 올리기도 하고, 그의 수레를 둘러싸고 머물 것을 간청하기도 했다. 그 후 다시 녹문으로 돌아왔다.

1782년 71세 봄에 온 집안이 누이동생 윤지당(允摯堂)이 사는 원주의 산호(山湖)로 이사한 다음, 5년 동안 지내다가 다시 공주 녹문동(鹿門洞)으로 돌아와 1788년 3월 6일에 77세로 세상을 떠났다. 그의 사후 1845년 (헌종 11년) 좌의정 권돈인(權敦仁)의 상주(上奏)에 따라 대사헌에 추증되었다.

그가 세상을 떠나자 그의 친우 상와(常窩) 이민보(李敏輔)는 동생인 임
정주에게 편지를 보내기를, "덕의도학(德懿道學)은 우리나라에 수백 년
동안 여러 현인이 물론 있었지만, 그 이치를 봄이 정미(精微)한 사람의
경우는 오직 임녹문(任鹿門) 뿐이다"라고 평가하였다.

그의 묘소는 충북 문의에서 공주 녹동으로 이장하였다가, 1816년 세
종특별시 연동면 명학리 황우산 아래에 자리하였다.

한말의 유학자 현상윤(玄相允)은 그가 쓴《조선유학사》에서 화담 서경
덕(花潭 徐敬德), 퇴계 이황(退溪 李滉), 율곡 이이(栗谷 李珥), 한주 이진상
(寒洲 李震相), 노사 기정진(蘆沙 奇正鎭)과 함께 그를 '조선 성리학의 6대
가'로 평가하고 있다.[2]

임성주는 성리학 연구에 평생을 바친 순수한 유학자였다. 위에서 보았
듯이 그는 벼슬도 미관말직에 머물렀고, 중앙 정계나 학계의 주목도 받
지 못했다. 지방에 머물며 한평생을 오로지 성리학의 계발에 바친 순정
(醇正)한 유학자요 진정한 선비였다.

조선유학의 흐름은 16세기 성리학의 전성기를 맞이하여 하나는 리
(理)를 강조하는 주리(主理)철학의 흐름이 있었는데, 그 중심 인물이 회
재 이언적(晦齋 李彦迪)과 퇴계 이황(退溪 李滉)이었다. 반면 개성 출신의
화담 서경덕(花潭 徐敬德)은 기(氣)를 중심으로 자연철학의 길을 열었다.
이에 대해 고봉 기대승(高峰 奇大升)과 율곡 이이(栗谷 李珥)는 이기(理
氣)의 조화와 균형을 추구하는 학문 태도를 보여 주었다.

그 후 17세기가 되면 시대의 변화에 맞추어 철학도 달라지게 된다. 즉
1592년 임진왜란이 일어나고 뒤이어 1627년 청나라의 침략으로 정묘호

2) 현상윤,《조선유학사》, 민중서관, 1948, 67쪽.

란, 1636년 병자호란이 일어나 인조는 굴욕적인 항복을 하게 된다. 뿐만 아니라 광해군의 패륜이 자행되고 당파싸움은 더욱 치열해지고, 이괄의 난 등으로 사회적 혼란이 가중되었다. 여기에 가뭄과 기근, 유행병의 창궐로 민생은 위기에 봉착하였다. 이러한 내우외환의 위기 속에서 성리학적인 해법으로는 시대적 과제를 해결하는 데 한계가 있었다. 이에 실학이 나오고 예학이 나오고 중국으로부터 양명학이 들어오고 한편 의리학이 강조되기도 했다.

임성주는 이러한 시대적 변화와 민생의 위기 속에서도 성리학의 근본 문제에 몰두하여 인간 심성의 철학적인 해석에 매달렸다. 그것은 성리학 자체가 인간의 내면적 이해요 자아에 대한 성찰이었기 때문이다. 즉 세상의 모든 일은 인간이 하는 것이고, 그 인간의 심성이 선악을 좌우하고 인생의 성패, 행복과 불행을 좌우한다고 보았기 때문이다.

임성주의 성리학적 종지(宗旨)는 한마디로 '이기동실(理氣同實)'과 '심성일치(心性一致)'로 귀결된다. 성리학은 이 세상의 모든 존재를 리(理)와 기(氣)로 설명한다. 리는 곧 이치라는 말로 이 세상의 모든 것은 반드시 그것의 이치가 있다는 말이다. 기는 소재개념으로 이치가 실현되어지는 모든 재료요 이치를 담는 그릇이라고 할 수 있다. 만약 리만 있다면 그것은 하나의 생각이요 이론일 뿐이다. 그 이치가 실현되려면 기가 반드시 필요하다. 이치는 기를 통해 실현되고 우리 앞에 구체적으로 드러난다. 이와 같이 이 세상의 모든 존재는 리와 기로 되어 있고, 그것은 서로 떨어질 수 없는 불가분의 관계하에 있다. 즉 리 없는 기가 없고 기 없는 리가 없는 것이다. 이처럼 리와 기의 동시동재적(同時同在的) 오묘한 관계성을 율곡은 '이기지묘(理氣之妙)'라고 불렀다.

16세기 이후 조선 성리학은 다시 리와 기를 가치적으로 나누어 보려는 경향이 있었는데, 이러한 문제를 직시하고 율곡철학의 정신으로 돌아가 이기(理氣)의 동실(同實)과 심성(心性)의 일치를 주창한 이가 바로 녹문 임성주였다.

'이기동실(理氣同實)'이라는 말은 리와 기가 동일자란 말이 아니다. 리와 기는 분명 형이상자(形而上者), 형이하자(形而下者)로 구별되지만, 현실적으로는 하나의 존재양태로 있다는 말이다. 그러므로 리와 기는 둘이지만 하나로 있게 된다. 이기(理氣)는 동반자요 공동운명체이다. 이기는 하나로 있으므로 서로 영향을 주고받는다.

인간의 심성(心性)세계도 마찬가지다. 우리들의 마음속에는 리(理)도 있고 기(氣)도 있다. 리로부터 지성과 덕성이 주어지고, 기로부터 욕망과 감성이 주어진다. 내 마음속에서도 리와 기는 서로 영향을 주고받는다. 리가 기를 주재할 때도 있고 반대로 기가 리를 주재할 때도 있다. 다시 말하면 우리들의 마음속에 지성, 덕성, 감성, 욕망이 혼재해 있는데, 이것들은 서로 영향을 주고받는다. 무엇이 주도하느냐에 따라 선악이 나타나고 군자와 소인이 된다. 인간의 심성에서 리만 얘기하면 관념론이나 이상론에 치우치기 쉽고, 기만 얘기하면 천박해지기 쉽고 너무 현실론에 치우치게 된다. 임성주가 말하는 심성일치는 이러한 리 중심의 인간이해나 기 중심의 인간 이해를 지양하고, 이기가 조화된 균형 잡힌 인간을 지향하는 메시지다. 심(心)이란 기를 중심으로 본 것이고 성(性)이란 리를 중심으로 본 것이다.

당시 학계가 리(理) 중심 즉 성(性)을 중심으로 인간을 이해하는 풍토와 기(氣) 중심 즉 심(心)을 중심으로 인간을 이해하는 풍토가 나뉘어 갈등하고 있었다. 그 하나가 18세기 기호지방에서 유행했던 호론(湖論)과 낙론(洛論)의 논쟁이다. 이것은 달리 말하면 인성(人性)과 물성(物性)이 같으냐 다르냐 하는 인물성동이(人物性同異) 논쟁이 된다. 인성과 물성이 같다고 보는 것(同論, 洛論)은 리를 중심으로 인간의 본성을 보는 것이고,

인성과 물성이 다르다고 보는 것(異論, 湖論)은 기를 중심으로 보는 것이다. 이미 율곡은 그의 이통기국설(理通氣局說)에서 이러한 문제를 극복하고 인간의 심성(心性)을 이기묘합(理氣妙合)의 관점에서 종합적으로 보아야 하고, 또 본체와 현상을 나누지 않고 함께 보아야 한다는 이론을 제시한 바 있다. 그럼에도 불구하고 당시 학계는 주리(主理), 주기(主氣)의 입장으로 양분되어 심각한 논쟁에 빠졌던 것이다.

이에 녹문은 리(理)나 기(氣), 성(性)과 심(心)을 나누어 한쪽만을 보는 인간관은 잘못된 것이라 보았다. 전인적인 인간 이해를 그는 심성일치(心性一致)라는 말로 표현한 것이다. 이러한 인간 이해는 현대적으로도 매우 중요한 의미를 갖는다. 유학 자체가 군자(君子)를 지향하고 또 인인(仁人)을 추구한다고 볼 때, 임성주의 심성일치야말로 이에 걸 맞는 인간 이해라 할 수 있다.

이러한 녹문 임성주의 자연관이나 인간관은 율곡의 철학정신을 온전히 계승한 것이면서도 성리의 깊은 바닥을 논리적으로 구축했다는 점에서 높이 평가되는 바 있다.

2. 임윤지당의 생애와 사상

임윤지당(任允摯堂: 1771~1793)은 녹문 임성주(鹿門 任聖周)의 동생이며 운호 임정주(雲湖 任靖周)의 누나이다. 그는 조선조의 대표적인 여류 성리학자로서, 동생 임정주는 그를 가리켜 '규중(閨中)의 도학(道學)이요 여인들 중의 군자(君子)'라고 칭송하였다.[3]

그는 이미 당대의 여류문인이었던 강정일당(姜靜一堂)의 흠모를 받고

---

3) 《允摯堂遺稿》, 下篇, 附錄, 〈遺事〉.

있으며, 이능화(李能和)는 《조선여속고(朝鮮女俗考)》에서 신사임당(申師任堂), 허난설헌(許蘭雪軒) 등과 함께 임윤지당을 조선의 대표적인 여성 인물로 소개하고 있다.4) 그의 '윤지당(允摯堂)'5)이라는 호는 오빠 임성주가 지어 준 것으로, 동생 임정주의 〈유사(遺事)〉에는 "대개 주자의 태임(太任)과 태사(太姒)를 존경하노라 하신 말씀에서 따오신 것이다. 그러나 그 뜻은 실상 태임(太任)의 친정이었던 지중(摯仲氏: 任氏)의 '지(摯)'라는 글자를 취한 것이니, '독신지임(篤信摯任)'이라는 말이다"라고 설명하고 있다.6)

그는 성리학자인 오빠 임성주, 동생 임정주와 함께 생장한 유교적 가정환경에서 그는 성리학을 익히게 되었고, 오빠 임성주에게서 본격적으로 성리학의 수업을 받았다. 따라서 임윤지당은 성리학의 냄새나 풍기고 성리학의 한 문장을 자랑이나 하는 여류문인들과는 달랐다. 그것은 임윤지당이야 말로 그의 문집에서 볼 수 있듯이, 성리학에 대한 전문적인 식견을 갖추었을 뿐만 아니라 임성주, 임정주와 함께 대등하게 성리를 토론할 만큼 성리학에 조예가 깊었기 때문이다.

그는 어릴 적부터 매우 총명하여 여러 형제들 곁에서 경서를 읽고는 자신의 의견을 조리 있게 밝혀 주위 사람들을 놀라게 하였다. 오빠 임성주는 일찍부터 누이동생 임윤지당의 재능을 알고, 《소학》, 《효경(孝經)》, 《열녀전(列女傳)》, 《사서(四書)》 등을 주면서 격려해 주었다. 임성주는 윤지당보다 10년 연상으로 단순히 오빠가 아니라 학문적 스승이었는데, 청

---

4) 이능화, 《조선여속고》, 한남서림, 1927, 409~419쪽 참조.

5) 允摯堂의 '允摯'는 '太任과 太姒를 독실하게 신봉한다'는 뜻인데, 이는 주자의 '允莘摯'라는 글귀에서 따온 말이다. 莘은 문왕의 부인이었던 太姒의 친정 고향이며, 摯는 太任의 친정 고향이다. 太任의 姓氏가 任씨였으므로 임윤지당과 녹문 임성주는 더욱 친근감을 느꼈을 것이다.

6) 오영교, 〈조선시대 문중 교육과 임윤지당〉, 《임윤지당 연구》, 원주시, 2015, 61쪽.

주 옥화(玉華)에 살 때(9세) 본격적으로 수업을 받았다.

임윤지당은 한 살 위인 원주의 선비 신광유(申光裕: 1722~1747)와 결혼하였으나 불행히도 27세에 남편을 여의고 혼자 몸이 되었다. 그럼에도 그는 시부모를 정성껏 모시고 신광우(申光祐), 신광조(申光祚) 두 시동생과 평생 함께 살았다. 낮에는 가사에 종사하면서도 밤이면 늦게까지 등불을 켜 놓고 학문에 몰두하여 두 시동생들이 말하기를, "부인도 저처럼 학문에 몰두하는데 우리가 어떻게 게으름을 부릴 수 있겠는가?" 하면서 분발하였다. 남녀 차별이 극심하고 여성은 교육으로부터 소외되었던 시대적 한계에서 임윤지당은 이렇게 말한다.

아아! 내가 비록 부녀자이기는 하지만 천부적으로 부여받은 성품은 애당초 남녀 간에 다름이 없다. 비록 안연(顔淵)이 배운 것을 능히 따라갈 수는 없다고 하더라도 내가 성인을 사모하는 뜻은 매우 간절하다. 그런 까닭에 알고 있는 바를 대략 서술하여 나의 뜻을 밝힌다.7)

이처럼 그는 근본적으로 남녀 간에 차이는 없다고 당당히 선언하였다.

남녀가 비록 행하는 바는 다를지라도 하늘이 준 성(性)은 일찍이 같지 않은 적이 없다. 이 때문에 경전을 공부하다가 그 뜻에 의문이 생기면 오라버니께서 반드시 친절하게 가르쳐 주시며 제가 완전히 깨우친 다음에야 그만두셨다.8)

---

7) 《允摯堂遺稿》, 上篇, 說, 〈克己復禮爲仁說〉, "噫 我雖婦人 而所受之性 則初無男女之殊 縱不能學顔淵之所學 而其慕聖之志則切 故略敍所見而述此 以寓意焉."
8) 《允摯堂遺稿》, 下篇, 祭文, 〈祭仲氏鹿門先生文〉, "男女雖曰異行 而天命之性 則未嘗不同 故其於經義 有所疑問 則公必諄諄善喻 使之開悟而後已."

그는 남녀가 유별하여 그 하는 일은 다르지만 하늘이 준 본성은 같다고 보았다. 그러므로 비록 남성인 오빠에게 배우지만 경전에 의문이 생기면 서슴없이 질문하고 토론했다는 것이다. 즉 오빠의 학문적 권위나 남성이라는 벽 때문에 자유롭게 학문을 못하지는 않았다는 것이다.

임윤지당은 말하기를, "부인으로 태어나서 태임(太任)과 태사(太姒)의 도덕실천을 자임(自任)하지 않으면 이는 자포자기(自暴自棄)한 사람이다"9)라고 하였다. 여기서 태임은 문왕의 어머니를 말하고 태사는 문왕의 부인을 말한다. 그는 또 "부녀자들이 서적에 몰두하고 문장을 짓는데 노력하는 것은 법도에 크게 어긋난다. 그러나《소학》이나《사서》등의 책을 읽고 심신을 수양하는 자산으로 삼는다면 괜찮다"10)고 하였다. 그는 여성이라는 성차별의 질곡을 알면서도 여성도 태임, 태사 같은 모범적 인간상을 향해 정진해야 한다고 강조한다.

또한 그는 여성들에게 심신수양을 위한 유학의 공부를 적극 권장하면서도 서적에 몰두하고 문장을 짓는 데 노력하는 것은 크게 법도에 어긋난다고 경계하였다. 그가 평생 시를 쓰를 쓰는 것을 좋아하지 않고, 또 그의 문집에 그 흔한 시 한편이 없는 데서 그의 학문적 경향을 어느 정도 짐작해 볼 수 있다. 윤지당이 여성들에게 시작(詩作)이나 문학적 작업을 부정적으로 말한 것은 이덕무(李德懋)가《사소절(士小節)》에서 언급하듯이, 여성들의 시나 글들이 당시 승려나 창기들의 입에 오르내리는 것을 꺼렸기 때문이기도 하다. 그리고 성리학을 하는 입장에서 당시 사장학(詞章學)을 애당초 부정적으로 보았기 때문이다.

50여 년 후배인 강정일당(姜靜一堂: 1772~1832)11)은 임윤지당의 이러

---

9)《允挚堂遺稿》, 下篇, 附錄, 〈遺事〉.

10)《允挚堂遺稿》, 下篇, 附錄, 〈後記(申光祐)〉.

11) 姜靜一堂은 본관은 晋州로 姜在洙의 딸이며 坦齋 尹光演의 부인이다. 문집으로《靜一堂

한 선견을 흠모하고 다음과 같이 그 뜻을 계승하고자 했다.

임윤지당께서 말씀하기를, "나는 비록 부인이지만 하늘에게서 부여 받은 성은 애당초 남녀의 차이가 없다"고 하였고, 또 말씀하기를, "부인으로 태어나 태임(太任)과 태사(太姒)와 같은 성녀(聖女)가 되기를 스스로 기약하지 않는 사람은 모두 자포자기(自暴自棄)한 사람들이다"라고 하셨다. 그렇다면 비록 부인들이라도 능히 노력함이 있으면 또한 가히 성인에 이를 수 있다.12)

임윤지당은 불행하게도 일찍 혼자되어 자식이 없었고, 시동생 신광우의 아들인 신재준을 양자로 얻어 키웠으나, 1787년 윤지당보다 먼저 세상을 떠났다. 그 이듬해인 1788년 그의 학문적 스승이자 든든한 후원자였던 오빠 임성주가 세상을 떠나게 됨에 윤지당의 노후는 참으로 외롭고 쓸쓸하였는데, 그도 1793년 73세의 나이로 세상을 마쳤다.

임윤지당은 당시 남성들만의 전유물이었던 성리학의 시대에 당당하게 성리학 즉 순수한 철학을 전공했던 장한 여성이요 선각자였다. 다음 글은 그가 얼마나 성리학에 깊이 매료되었고 얼마나 깊이 천착했는가를 잘 보여 준다.

나는 어릴 때부터 성리의 학문이 있음을 알았다. 조금 자라서는 고기 맛이 입으로 즐겁게 하듯이 학문을 좋아하여 그만 두려고 해도 할 수 없었다. 이에 감히 아녀자의 분수에 넘치는 일임에도 불구하고 경전에 기록된 것과 성현의 교훈을 마음을 다해 탐구하였다. 수십 년의

遺稿》가 있다.
12) 姜靜一堂, 《靜一堂遺稿》, 〈尺牘〉.

세월이 지나자 조금 말을 할 만한 식견이 생기게 되었다.13)

비록 식견이 천박하고 문장이 엉성하여 후세에 남길 만한 투철한 말이나 오묘한 해석은 없지만, 내가 죽은 후에 장독이나 덮는 종이가 된다면 또한 비감(悲感)한 일이 될 것이다.14)

임윤지당은 자신이 평생 공부한 글들이 장독이나 덮는 휴지가 되는 것을 거부하였다. 자신의 학문과 자아성취에 대한 높은 긍지에서 시대를 넘어 당당하게 살다간 한 여인의 훌륭한 모습은 감동적이다. 오늘날 우리는 그의 문집을 통해 그를 기억하고 배우고 있지 않는가?
동생 임정주가 쓴 녹문의 〈행장〉에는 임윤지당에 대한 집안의 평가가 잘 나타나 있다.

신씨 가문에 시집간 누이는 여사(女士)로서 학식과 덕행이 뛰어나 공이 기특히 여겨 사랑하셨다. 늘 말씀하시기를, "그는 우리 집안의 임사(任姒)이다. 정(程)씨의 딸은 대수롭지도 않다"고 하셨다.15) 여기서 '임(任)'은 문왕의 어머니인 태임(太任)을 말하고, '사(姒)'는 태사(太姒)로 문왕의 비(妃)를 말한다.

또한 시동생 신광우(申光祐)는 〈발문(跋文)〉에서 말하기를, "유인(孺人)은 예법을 애호하고 경전과 역사에 침잠(沈潛)하셨다. … 사색은 정밀하고 존심(存心)은 철저하였으며, 지혜는 밝고 행실은 수양되어 표리(表裏)

---

13)《任允摯堂遺稿》, 上篇, 跋, 〈文草謄送溪上時短引〉.
14)《任允摯堂遺稿》, 上篇, 跋, 〈文草謄送溪上時短引〉.
15)《鹿門集》, 附錄, 〈行狀〉.

가 한결 같으셨다. 순수하고 평화로운 경지를 성취하신 것은 오래 덕을 쌓은 큰 선비 즉 '숙덕순유(宿德醇儒)' 같았다"라고 평가하였다. 시동생 신광우는 형수 윤지당을 '숙덕순유(宿德醇儒)'라 칭송하고 있으니, 덕이 오래토록 쌓여 무르익고 오로지 순정(醇正)한 유학자라는 말이다.

또한 이민보(李敏輔: 1720~1799)는 임성주의 문집 서문에서 "여동생인 신씨부(申氏婦: 任允摯堂)는 천부적인 식견을 타고 났고, 성리학과 인의 (仁義)의 논의에 있어서는 고금의 규합(閨閤: 여성) 중에서 일인자였다. 한 시대의 맑고 깨끗한 정기가 이와 같이 한 가문에 모였으니, 어찌 그리 도 성대하고 특이한가?"16)라고 평가하고 있다. 여기서 이민보는 윤지당 을 가리켜 성리학에 있어서 '고금의 여성 중에 제 일인자'라고 칭송하는 것이다.

임윤지당은 유고집(遺稿集)《윤지당유고(允摯堂遺稿)》를 남겼는데, 동 생 임정주가 편찬하였다. 여기에는 전기, 논문, 발문(跋文), 학설, 잠(箴), 제문(祭文), 경전해석 등이 실려 있다. 그의 문집에 시가 실려 있지 않은 것도 특기할만한 일이다. 그 가운데〈이기심성설(理氣心性說)〉,〈인심도 심사단칠정설(人心道心四端七情說)〉,〈예악설(禮樂說)〉,〈극기복례위인설 (克己復禮爲仁說)〉,〈치란재득인설(治亂在得人說)〉,〈오도일관설(吾道一貫 說)〉등이 성리학에 관한 대표적인 저술이다. 또한 경학적 저술로《대학 경의(大學經義)》와《중용경의(中庸經義)》가 있는데,《중용경의》는 1786년 그의 나이 65세 때 지은 만년 작품이다.

그런데《대학경의》와《중용경의》는 그 내용을 검토해 볼 때 주자 해석 에서 크게 벗어나지 않는다고 볼 수 있다.17) 아울러 위 저술에서 보이 는 그의 성리학도 전반적으로 오빠인 임성주의 학설을 계승하고 있고,

---

16) 李敏輔,《豊墅集》, 卷6, 序,〈鹿門集序〉.
17) 김현,〈임윤지당의 경학사상〉,《임윤지당 연구》, 원주시, 2015, 230쪽.

나아가 율곡의 성리설에서 크게 벗어나지 않고 있다.

다만 당시 유행했던 호락논쟁(湖洛論爭) 내지 인물성동이론(人物性同異論)의 입장에서 보면, 기(氣)로 인한 인간과 사물의 차이성을 강조하는 측면에서 인물성이론(人物性異論)의 입장에 서 있다고 볼 수 있다.18) 이는 오빠인 임성주가 초기 인물성동론(人物性同論)의 입장에 서 있다가 이론(異論)으로 선회한 것과 무관하지 않다.

3. 운호 임정주의 생애와 사상

운호 임정주(雲湖 任靖周: 1727~1796)는 조선조 영, 정조시대의 유학자로 자는 치공(穉恭), 호는 운호(雲湖), 본관은 풍천(豊川)이며 시호(諡號)는 문경(文敬)이다. 함흥판관 임적(任適: 1685~1728)의 아들로 녹문 임성주의 아우인데 도암 이재(陶庵 李縡)의 문인이다. 부친 임적은 수암 권상하(遂庵 權尙夏)의 문인으로 문장과 시에 뛰어났다.

그는 그릇이 장중(壯重)하여 평소 영리(榮利)에 마음이 움직이지 아니하고, 옛 고인의 위기(爲己)의 학문에 전심하여 거경궁리(居敬窮理)로서 상달(上達)의 길을 삼고, 매사에 체험하고 존양(存養)이 쌓이고 정밀하게 생각하고 힘써 실천하기를 60여 년을 하루와 같이 하였다.

1762년(영조 38년) 사마시에 합격하고, 1772년 동몽교관(童蒙敎官)을 거쳐 시직(侍直)을 지내고, 서연관(書筵官)으로서 세손 정조를 보필하며 학문을 강론하여 두터운 신임을 받았다. 1776년 정조 즉위 후 홍국영(洪國榮)의 세도정치가 시작되면서는 사옹원주부(司饔院主簿), 온능령(溫陵令), 청산현감(靑山縣監) 등 미관말직(微官末職)을 맡았다.

---

18) 손흥철, 〈18세기 조선 성리학과 임윤지당의 철학〉, 《임윤지당 연구》, 원주시, 2015, 참조.

성리설에 있어서는 형인 임성주의 학설을 취하였다. 인물성동이론(人物性同異論)에서는 인물성이론을 취하였으며, 또 심체(心體)는 성인과 범부(凡夫)가 모두 같다는 원칙을 지지하였으니, 이것 역시 임성주의 학설을 따른 것이다. 이러한 입장에서 호락(湖洛)논쟁의 양쪽 모두를 비판하여 "한원진(韓元震)과 이간(李柬)의 두 견해는 스스로 모순이다"라고 하였다. 그는 성(性)에만 본연(本然)과 말류(末流)의 구별이 있는 것만이 아니라 심(心), 기(氣)에도 그러한 구별이 있다고 하였다.

수양에 있어서는 미발(未發)의 공부를 강조하였다. 미발(未發)은 성(性)이고 사물에 감응하여 움직이는 것은 정(情)이라 하고, 부동심(不動心)을 중시하여 "군자의 학문은 반드시 함양(涵養)에 근본한다"라고 하였다. 여기서 그는 미발의 공부, 함양이란 방심(放心)을 수렴(收斂)하는 것이며, 그것은 곧 인(仁)을 구하는 것이 된다고 하고, 그렇게 함으로써 본연의 성을 회복하여 천리와 일치하게 되어 자유를 얻게 되는 것이라 하였다. 그의 문집에는 《운호집(雲湖集)》이 있다.

제4장 | 간재 전우의 성리학과 유교전도

1. 시작하는 말

간재 전우(艮齋 田愚: 1841~1922)는 한말 격동기 유교의 정통을 지키
고 또 유학의 진리를 만대에 전파하고자 전도(傳道)사업에 일생을 바친
순정(醇正)한 유학자였다. 서구문화의 도전과 함께 서구열강의 힘의 논
리가 민족의 자주를 위협하고, 또 한편으로는 일본의 침략 앞에 민족의
생존이 위태로웠던 시기였다. 이러한 민족사의 위기에서 "유교의 도(道)
가 더 중요한가 아니면 민족의 생존이 더 중요한가?"라는 의리의 선택적
고민이 당시 지성사회에 불어 닥친 현실적 과제였다. 이 와중에서 간재
는 온갖 비난과 수모를 감내하고 '도가 망하면 나라도 없다'는 신념을 일
관되게 실천한 유학자였다. 그러기에 그는 존경과 함께 비난을 받았고,
자정(自靖)의 의리와 행의(行義)의 의리 사이에서 고뇌하였다. 이러한 간
재의 선택과 처신에 대한 논의는 입장에 따라 다를 수 있고, 이에 대한
시비의 판단은 매우 어려운 문제라고 생각된다.

간재는 성리학의 이론 연구에 있어서 조선시대 전체를 통틀어 말해도
대표적인 위치에 있고, 더욱이 한말 민족사적 위기에서도 흔들림 없이
유교의 도를 파종하는 데 일생을 비쳤다는 점에서 높이 평가된다. 그의
성리학적 연구는 주자, 율곡의 성리학을 충실히 계승하면서도 당시 제
학파들의 성리논변에 적극 참여하여 '심본성(心本性)', '성사심제(性師心
弟)'의 자설을 정립하게 되었다. 그리고 유학의 도를 전하고자 한 그의
강학활동은 조선시대 어느 누구와도 비견될 수 없는 의미 있는 삶이었

다. 제주도에서 북간도에 이르기까지 전국에 걸쳐 2,000여 명이 넘는 문도를 거느린 간재학파가 형성되었고, 오늘날까지 5,000여 명의 그 후예들이 연면하게 이어져 오면서 지역적으로도 전국적인 면모를 보여 주었다. 이런 점에서 유도(儒道)를 파종하고자 육지에서 바다로 동분서주했던 간재의 노력은 결코 헛된 것이 아님을 알 수 있다.

간재에 관한 연구는 비교적 많이 이루어진 편이다. 성리학은 물론이고 도학적 측면이나 처세에 관해서도 많은 연구가 이루어졌다. 특히 간재학파의 형성 전개와 강학활동에 대해서도 훌륭한 선행 연구가 많은 편이다.1) 본고는 이러한 기존 연구를 참고하여 간재의 철학정신과 함께 수도(守道)를 위한 이설(異說) 비판과 전도(傳道)를 위한 강학(講學) 활동에 관해 고찰해 보고자 한다. 특히 충청도를 중심으로 한 강학활동과 그 의의에 대해 검토해 보고자 한다.2)

2. 간재의 철학정신

간재는 우리나라 유학자 가운데 저술의 분량으로 보아도 대표적인 인물에 속하고, 또 성리학의 이론 연구라는 측면에서 보아도 한말을 대표하는 위치에 있다. 한편 일생을 분주하게 돌아다니며 강하에 주력하였고 많은 제자들을 길러 냈다. 예나 지금이나 학자의 본분은 연구와 강의라고 한다면, 간재는 그 점에서 표범이 되는 분이다. 그리고 서세동점의 위

---

1) 박학래, 〈간재학파의 학통과 사상적 특징〉(《유교사상문화연구》, 28, 한국유교학회, 2007) 참조.
   이상호, 〈간재학파 성리학의 지역적 전개양상과 사상적 특성〉(《국학연구》, 15, 한국국학진흥원, 2009) 참조

2) 이에 관한 대표적인 연구로는 서종태, 변주승의 〈간재 전우의 충청도 중심 강학활동에 대한 연구〉(《지방사와 지방문화》, 20권 1호, 역사문화학회, 2016)가 있다.

기, 일제의 침략 앞에서 유교의 도를 살리는 것이 가장 중요한 일임을 일 관되게 주장하고 그렇게 살다간 실천적 지성이었다. 그의 행의(行義)와 처세에 대해 시비가 분분하지만, 그는 일관된 신념과 철학으로 오로지 한 길을 묵묵히 걸었다. 이러한 간재의 삶에 투영된 철학정신이 무엇인 가?

간재는 한마디로 순정(醇正)한 유학자의 길을 걸었다. 그는 '나라가 망 하더라도 도는 망할 수 없다'는 위도(衛道), 수도(守道)의 입장에서 자정 (自靖)의 의리, 수교(垂敎)의 의리를 실천하였다. 화서학파(華西學派)를 비롯한 당시 일군의 지식인들은 '나라가 없으면 도도 없다'는 입장에서 항일 의리를 강조했던 것이다. '나라가 먼저냐 도가 먼저냐' 하는 의리의 선택적 기로에서 많은 지식인들은 고뇌하지 않을 수 없었다. 그런데 간 재의 경우는 나라보다 유교의 도가 먼저라는 입장에서 시대의 격동에도 불구하고, 온갖 비난에도 불구하고 오로지 전도(傳道)의 길에 전념하였 다. 물론 이러한 간재의 처세는 당시 비겁하다는 비난과 함께 역사의식 에 눈감은 답답한 지식인으로 평가받기도 했다.

그럼에도 불구하고 간재는 "만겁(萬怯)이 지나도 끝내 한국의 선비로 돌아갈 것이요, 평생을 공자의 제자가 되고자 한다"는 신념으로 강학의 고행을 멈추지 않았고, 계화도에서는 '생명을 걸고 도를 지킨다'는 뜻으 로 거실의 이름을 '수선사(守善社)'로 명명하였다. 그는 "동학에도 관심 없고 서학에도 관심 없으며, 사는 것도 묻지 않고 죽는 것도 묻지 않는 다. 오직 의(義)만 따르겠다"는 신념으로 일관하였다.

간재의 역사의식은 '도(道)'와 '의(義)'로 집약된다. 그런데 도와 의는 서로 다른 것이 아니라 하나로 상통된다. 도는 유교의 진리성을 의미하 며, 의는 유교의 가치적 척도를 의미한다. 적어도 간재는 한말의 역사적 위기에서 도를 지키고자 의에 따라 행동하고 살았다고 자부하는 것이다.

그 의가 과연 시의성에 맞는 지선(至善)의 선택이었느냐 하는 것은 별개의 문제다.3)

그런데 전우의 이러한 도(道)와 의(義)에 기초한 역사의식은 '성사심제(性師心弟)'라는 철학적 특성으로 정초되어졌다. 그는 자신의 철학정신을 요약한 '심본성(心本性)', '성체심용(性體心用)', '성사심제(性師心弟)'에 관해 다음과 같이 말하고 있다.

근세에 심학(心學)이 성행하고 성(性)은 쇠퇴하여, 마침내 치우쳐 온전하지 못하였고, 낮추어져 높여지지 못하며, 둘이 되어 하나가 되지 못하고, 서로 달라져 같아지지 못하게 되었다. 나의 불초함으로도 개탄을 이기지 못하여, 감히 힘을 다하여 '심이 성에 근본 함'과 '성이 본체요 심이 작용'이라는 것과 '성이 스승이요 심이 제자'라는 말들을 하게 되었다.4)

간재는 당시 심학이 성행하고 성보다 심이 강조되고, 또 기(氣)가 리(理)보다 강조되는 현실에 개탄하여 '심이 성에 근본 함'과 '성이 본체요 심이 작용'이라는 것과 '성이 스승이요 심이 제자'라는 말을 주장하게 되었다 한다.

간재는 말하기를, "'성사심제(性師心弟)' 네 글자는 내가 만든 것이지만, 육경의 수십만 글자가 이 이치를 밝히지 않은 것이 없어 모두 하나로 관통되니, 한밤중에 생각하면 자신도 모르게 즐거운 생각이 저절로 생겨 손과 발이 춤추게 되는 신묘(神妙)함이 있다"5)고 하였다. '성사심제(性師

3) 황의동,《위기의 시대 유학의 역할》, 서광사, 2004, 520쪽.
4)《艮齋私稿》, 卷17, 〈答姜聖文〉.
5)《艮齋私稿》, 卷32, 〈性師心弟獨契語〉.

心弟)'라는 말이 생소한 듯하지만 실은 유가의 모든 경전을 일관하는 정신이요 철학이라는 것이다. 그리고 이것을 깨달은 자신의 심정과 기쁨을 진솔하게 밝히고 있다.

간재는 말하기를, 성이 높은 지위에 있어 심이 성을 따르며 높이는 것은 유자의 학이요, 심이 성을 높이지 않고 스스로를 높여 말하는 것은 이단의 학이라 하고, 공문(孔門)의 교학(敎學)은 온전히 성을 높임에 있고, 외가(外家)의 교학(敎學)은 온전히 심을 주로 하는 데 있다고 하였다.6) 여기서 간재는 정통과 이단의 갈림길이 성(性)과 심(心)을 어떻게 보느냐에 달려 있다고 한다. 심이 성을 따르고 높이는 것이 유학으로 공문의 교학이고, 반대로 심이 성을 높이지 않고 스스로를 높여 말하는 것은 이단의 교학이라 한다. 문제는 성을 높이느냐 심을 높이느냐에 정통과 이단이 구별된다고 보았다. 그래서 간재는 늘 '심은 성을 높여야 한다'는 '심존성(心尊性)'7)과 '성은 높고 심은 낮다'는 '성존심비(性尊心卑)'8) 그리고 '성이 스승이요 심은 제자'라는 '성사심제(性師心弟)'를 자신의 철학적 요체로 삼았다.

그러면 왜 심이 스승이 될 수 없고 성이 스승이 되어야 하는가? 간재에 의하면, "심을 스승으로 삼으면 때로 혹 어긋남이 있으나, 성을 스승으로 삼으면 불선이 없다. 그러므로 성학(聖學)은 심을 근본으로 하지 않고 반드시 성을 근본으로 삼는다"9)고 하였다. 간재는 또 "심은 허(虛)하나 리는 실(實)하다. 그러므로 심을 근본으로 하면 반드시 허(虛)로 돌아

6) 《艮齋私稿》, 卷33, 〈분언 1〉.

7) 《艮齋私稿》, 卷18, 〈答梁基韶〉.

8) 《艮齋私稿》, 卷31, 〈性尊心卑的據〉, 丙辰.

9) 《艮齋私稿》, 卷9, 〈與柳確淵〉, 辛亥.

가고, 리를 주로 하면 점점 실(實)로 들어간다"[10]고 하였다. 여기서 성은 곧 리(理)로 심은 곧 기(氣)로 치환되어, 성을 주로하면 점점 실로 들어가지만, 심을 근본으로 삼으면 반드시 허로 돌아가게 된다고 경계하였다. 이러한 관점에서 간재는 "가만히 선사(先師)의 뜻으로 미루어 볼 때, 이른바 학문을 함에 마땅히 리를 주로 해야 한다는 것은 반드시 성을 심의 본원으로 삼아야 함을 말한 것이니, 심을 가리켜 리라 하고, 마침내 궁극적인 본원의 주재라고 여겨서는 안 된다"[11]고 하였다. 당시 여러 학파들의 입론이 심을 강조하는 데 대해 심각한 우려를 표했던 것이다.

간재의 문인 홍희(洪熹: 1884~1935)는 다음과 같이 간재의 학문을 평가하고 그의 유학사적 위상에 대해 말하고 있다.

심본성(心本性)의 종지(宗旨)를 세우고, 또 성사심제(性師心弟)의 법문(法門)을 주창하여, 배우는 자들에게 심종기학(心宗氣學)을 따라서는 안 됨을 분명히 알도록 하고, 반드시 존성복례(尊性復禮)의 바른 궤도로 돌아오게 하였으니, 이것이 그가 유문(儒門)에 대하여 공이 큰 점이다.[12]

이렇게 볼 때, 간재는 심보다 성을 높이고 중시하는데, 이는 바꾸어 말하면 기보다 리를 높이고 중시하는 것을 의미한다. 즉 성이 심보다 근원적이고 리가 기보다 근원적이요, 가치적으로는 성 내지 리를 순수한 선으로 잘 보존해 가야 한다는 주리존성(主理尊性)의 염원이 자리하고 있

---

10)《艮齋私稿》, 卷17, 〈與朴昌鉉〉, 甲寅.

11)《艮齋私稿》, 卷2, 〈答柳穉程〉, 丙子.

12) 洪熹,《田艮齋先生學案一班(上)》, 96쪽.

다.13) 간재는 항상 심과 리의 분변이 혼동되어 밝지 못할까를 두려워했고, 유가의 학이 혹 그 참을 잃고 육왕학(陸王學)이나 불교로 빠지지 않을까를 우려했던 것이다.14)

3. 수도를 위한 이설 비판

간재는 수도(守道) 내지 위도(衛道)의 차원에서 당시 여러 학파의 성리설 논쟁에 참여하여 적극적으로 대응하였다. 기호 영남을 막론하고 명덕(明德)을 둘러싸고 주리(主理), 주기(主氣)의 논쟁이 벌어지는가 하면, 리(理)의 동정(動靜), 기기(氣機)의 역할을 중심으로 치열한 논쟁이 벌어졌다. 간재는 33세부터 화서학파의 성재 유중교(省齋 柳重敎: 1831~1893)와 14년 동안 심성이기태극명덕설(心性理氣太極明德說)에 대한 논쟁을 했고, 〈화서아언의의(華西雅言疑義)〉, 〈화서신도비이기설(華西神道碑理氣說)〉, 〈심설정안변(心說正案辨)〉 등을 저술하여 화서 이항로(華西 李恒老: 1792~1868)의 성리설을 비판하였다. 62세부터는 노사 기정진(蘆沙 奇正鎭: 1798~1879)의 〈외필(猥筆)〉, 〈납량사의(納凉私議)〉를 비판하고 〈외필변(猥筆辨)〉, 〈납량사의의목(納凉私議疑目)〉 등을 저술하였다. 71세 때에는 〈이씨심즉리설조변(李氏心卽理說條辨)〉을 저술하여 한주 이진상(寒洲 李震相: 1818~1885)의 성리설을 비판하였다. 그리고 〈노화이동변(蘆華異同辨)〉, 〈노한이동변(蘆寒異同辨)〉 등을 저술하여 노사 기정진, 화서 이항로, 한주 이진상 세 사람의 성리설에 대한 종합적 비판을 시도하였다. 한편 61세 때에는 〈심본성설(心本性說)〉, 62세 때에는 〈이기유위무위변(理氣有爲無爲辨)〉, 66세 때에는 《분언》, 73세 때에는 〈기질체청설(氣質體淸

13) 황의동, 《위기의 시대 유학의 역할》, 서광사, 2004, 521쪽.

14) 《艮齋私稿》, 卷2, 〈答柳穉程〉.

說)〉, 74세 때에는《성사심제독계어(性師心弟獨契語)》,〈해상산필(海上散筆)〉, 76세 때에는〈성존심비적거(性尊心卑的據)〉등을 저술하여 자설의 이론을 정립하였다.15)

먼저 간재의 화서학파 비판에 대해 검토해 보기로 하자. 화서 이항로 (華西 李恒老)는 리의 능동성을 부정하고 기의 동정(動靜)을 '기자이(機自 爾)'로 말하는 것은 리를 해치고 기를 숭상하는 것이라 하여 다음과 같이 말한다.

> 선생이 임천오씨(臨川吳氏)의 태극설을 변박(辨駁)하여 말하기를, 천 지사이에는 다만 동(動)과 정(靜)이 있을 뿐이다. 그 형체가 없는 것에 입각하여 볼 것 같으면 태극이 이것이니, 태극이란 것은 즉 한번 동하 고 한번 정하는 도요, 그 형체가 있는 것에 입각하여 볼 것 같으면 기 (氣)의 기(機)니 기기(氣機)란 것은 즉 한번 동하고 한번 정하는 기(器) 이다. 이러한 동과 정이 없다면 이미 이른바 태극이라는 것이 없었을 것이니, 어떻게 소위 기기라는 것이 있을 수 있을 것인가?16)

이와 같이 화서는 태극이 만약 동정이 없고 동정은 오로지 기기(氣機) 의 역할이라고 하면, 태극은 공적(空寂)에 빠져 기기(氣機)의 근원이 될 수 없고, 또 기기는 제 멋대로 재단할 수 있는 것이 되어 자칫 태극의 주 재가 될 우려가 있다고 비판하였다. 이처럼 화서는 동(動), 부동(不動)의 기능과 역할을 기에만 둔다면 태극은 무능한 것이 된다고 보았다. 그리 고 이러한 견해야 말로 백가의 리를 해치고 기를 숭상하는 것이라 비판

---

15) 이상호,〈간재학파 성리학의 지역적 전개 양상과 사상적 특성〉,《국학연구》, 15, 한국국 학진흥원, 2009, 217쪽.

16) 이항로 저, 김주희 역,《화서집》, 대양서적, 1978, 39쪽.

하고, 이러한 이론의 단초가 임천오씨(臨川吳氏)의 '태극은 동정이 없다'라는 말에서 연유한 것이라 하였다. 이에 대해 간재는 다음과 같이 반론을 제기하였다.

임천오씨(臨川吳氏)의 말은 율곡의 "음양동정(陰陽動靜)은 '기틀이 스스로 그러한 것(機自爾)'이다. 양(陽)이 동(動)하면 리(理)는 동(動)에 타는데 리가 동한 것이 아니요, 음(陰)이 정(靜)하면 리는 정에 타는데 리가 정한 것이 아니다"라는 말과 뜻이 서로 부합되니 비난할 것이 없다. 하물며 오씨는 그 아래에서는 또 "태극은 이 기의 주재자가 된다"고 하였으니, 체용을 함께 들고 본말을 함께 갖춘 것이다. 화서가 "태극은 기기(氣機)의 본원(本源)이 되기에 부족하고, 동정(動靜)의 주재자가 오로지 기기(氣機)에 돌아간다"고 비판한 것은 아마도 오설(吳說)의 근심할 바가 아닌 것 같다. 대개 '태극은 동정이 없다'고 한 것은 다만 '리는 무위(無爲)'라는 뜻을 말한 것이요, '애초에 동정의 리가 없다'는 말이 아니다. 그렇다면 비록 '태극은 동정이 없다'하더라도 '양동음정(陽動陰靜)은 반드시 태극의 리에 근본함'은 일찍이 없어지지 않았으며, 비록 '양동음정은 태극에 근본한다'고 하더라도 '태극의 무동정(無動靜)'은 또한 진실로 변함이 없는 것이다. 주자는 진실로 '태극이 문득 동정한다'고 말한 바 있는데, 황면재(黃勉齋)는 또한 '태극은 스스로 동정할 수 없다'고 말하지 않았던가? 두 말이 각각 가리키는 바가 있으니, 마땅히 서로 회통시켜야 할 것이요, 일변만 치우치게 주장해서는 안 될 것이다.[17]

---

17) 《艮齋集》, 前編, 卷14, 〈華西雅言疑義〉.

이와 같이 간재는 율곡의 말을 인용해 임천오씨의 말을 설명하고, 화서가 임천오씨의 말을 잘못 이해하고 있다고 비판하였다. 간재는 임천오씨의 설이 율곡의 견해와 부합한다고 보고, 화서의 주장이 오히려 일변에 치우쳤다고 비판하였다. 즉 임천오씨는 '태극은 동정이 없다'고 했을 뿐만 아니라 '태극은 기의 주재자이다'라고 했다. 임천오씨의 말이 '리에 동정이 없다'고 하여 리의 주재를 부정한 것이 아니며, 리의 주재를 인정하는 것이 리는 동정이 있다는 뜻이 아니라는 것이다. 그런데 화서가 리의 능동성을 고집하는 것은 '리의 주재'를 '기를 명령함(부림)'으로 인식하고 있었기 때문이다.18) 이에 대해 간재는 리의 주재와 리의 능동성을 별개의 문제로 보았다. 화서학파는 리를 신격화하여 리가 기를 부리고 능동성을 갖는다고 보았다.

다음은 간재의 노사학파(蘆沙學派) 비판을 중심으로 검토해 보기로 하자. 노사 기정진(蘆沙 奇正鎭)은 전라도 장성출신으로 독자적인 이일분수설(理一分殊說)을 주장하여 주목을 받았다. 그는 《외필(猥筆)》, 《납량사의(納凉私議)》를 써서 자설의 논리를 주장하고 한편 율곡의 이기설(理氣說)을 비판하였다.

음정양동(陰靜陽動)은 겉으로 보면 음양이 저절로 가고 저절로 멈추는 것 같으나, 그 실제를 깊이 추구해 보면 한결같이 천명이 그렇게 시킨 것이다. … '비유사지(非有使之)'라고 말한다면 천명이 이미 끊긴 것이다. 천명이 끊겼는데도 음양은 의구(依舊)하다는 말은 듣지 못했다. 천명은 만사의 본령이다. 이제 저절로 가고 저절로 멈추어 천명과 관계가 없는 것이 있다면, 천명 바깥에 또 하나의 본령이 있는 것이다.

---

18) 이상익, 《기호성리학논고》, 심산, 2005, 312~313쪽.

두 개의 본령이 각자 추뉴(樞紐)가 된다니, 조화에는 반드시 이런 일이 없을 것이다. 또 리는 약하고 기는 강하니, 나는 '기가리의 지위를 빼앗음'이 두렵다.19)

노사는 율곡의 '기자이 비유사지(機自爾 非有使之)'에 대해 겉만 보고 근원을 살피지 못한 것이요 천명의 유행을 부정한 것이라고 비판한다. 아울러 천명 말고 또 하나의 본령을 인정하는 것이 되니 두 개의 본령을 인정하는 것이라 비판하였다. 따라서 리는 약하고 기는 강하니, 결국 기가 리의 지위를 빼앗는 문제가 발생한다고 우려하였다. 이에 대해 간재는 다음과 같이 비판하였다.

주자의 아언(雅言)은 '작용이 있으면 바로 형이하자(形而下者)'라는 것이다. 동정(動靜)은 작용이니, 그러므로 '기자이(機自爾)'라 하는 것이다. 공자는 분명히 "천이 만물을 낳음에 자라나는 것을 북돋고 쓰러진 것을 뒤엎는다"고 하였는데, 주자는 도리어 "이것은 '그렇게 시키는(使之) 것'이 있다는 말이 아니다. 다만 만물이 생겨났을 때 스스로 자라나는 것이 '마치 그것을 부지(扶持)하는 존재가 있는 것 같다'는 말이요, 그것이 노쇠(老衰)함에 이르러서는 스스로 소멸하는데 '마치 어떤 존재가 그것을 쓰러뜨리는 것과 같다'는 말로서, 리가 스스로 이와 같은 것이다"라고 하였다.20) 맹자는 분명히 "천이 만물을 낳음에, 근본이 하나이게 하였다"고 하였는데, 주자는 도리어 "자연의 리로서 마치 천이 그렇게 시킨 것 같다(若天使之然)"21)고 하였다. 이윤(伊尹)은 분

19)《蘆沙集》, 卷16, 〈猥筆〉.
20)《中庸章句》, 第17章 小註.
21)《孟子集註》, 〈滕文公上〉, 第5章 朱子註.

명히 "천이 백성을 낳음에 선지(先知)로 하여금 후지(後知)를 깨우치게 시켰다"고 하였는데, 주자는 도리어 "천리(天理)의 당연(當然)이니 마치 시킨 것 같다(若使之)"22)고 하였다. 이것은 무슨 까닭인가? 다만 사람들이 '사(使)'자를 '작용의 뜻'으로 잘못 인식하여 크게 도(道)를 해칠 것을 두려워한 것이다. 그러므로 별도로 '약(若)', '흡사(恰似)', '비유물사지연(非有物使之然)' 등을 말하여, 그 '작용이 없는 부림(無作用之使)'을 드러낸 것이다. 그러므로 '그렇게 시키는 것이 있는 것은 아니다(非有使之)'라고 말하는 것이니, 율곡이 어찌 전수(傳受)한 바 없이 함부로 말씀했겠는가?23)

이와 같이 간재는《중용》,《맹자》에 나오는 '사(使)'자의 용례에 대하여 주자의 해석을 인용하여 그렇게 시키는 의미가 아님을 강조하고 있다. 사(使)자를 작용의 뜻으로 해석하여 리가 마치 그 무엇을 부리고 시키고 하는 양 해석하는 것은 도를 크게 해치는 잘못이라고 경계하였다.

간재는 주자와 율곡의 말을 인용해서 다음과 같이 노사의 해석에 비판을 한다.

주자는 "일동일정(一動一靜)은 모두 음양(陰陽)의 소위(所爲)로서, '그렇게 하는 자(爲之者)'가 있는 것은 아니다"라고 하였고, 율곡은 "음정양동(陰靜陽動)은 기틀이 저절로 그러한 것(機自爾)으로서, '그렇게 시키는 자(使之者)'가 있는 것은 아니다"라고 하였으니, 두 선생의 말씀이 부절(符節)이 합한 것과 같다. 그런데 근래 노사는 "동정하는 것은 기이고, 동지(動之), 정지(靜之)하는 것은 리다. 동지(動之), 정지(靜之)

22)《孟子集註》,〈萬章上〉, 第7章 朱子註.
23)《艮齋集》, 前編, 卷13,〈猥筆辨〉.

가 사지(使之)가 아니고 무엇인가?"라고 하였으니, 이것이 과연 주자, 율곡의 말씀과 같은 것인가? 율곡과 다른 것에 대해서는 노사가 꺼리지 않았다. 그러나 주자와 다른 학설을 세움에 있어서는 아마도 노사 또한 편안치는 못할 것이다. 그런데 주자의 최만년설(最晚年說)이 이러하니, 이것은 마땅히 어떻게 처리할 것인가? 청컨대 노사 문하의 여러 제자들은 명백하게 설파해 주기 바란다. 왕개보(王介甫)는 "천(天)이 나로 하여금 이것을 지니게 한 것을 명(命)이라 한다"고 하였는데, 이에 대해 양구산(楊龜山)은 "그렇게 시키는 것(使然者)를 명(命)이라 할 수 있는가?"라고 논박하였다. 이에 대해 주자가 의논하기를, "'천이 나로 하여금 이것을 지니게 한다'는 것은 '상제(上帝)가 참된 것을 내려주셨다(上帝降衷)'고 하는 것과 같은 말인데, 어찌 참으로 '그렇게 시키는 것(使之者)'이 있다고 할 수 있겠는가?"라고 하였다.[24]

간재는 주자가 "일동일정(一動一靜)은 음양(陰陽)의 소위(所爲)로서 그렇게 하는 자가 있는 것은 아니다"라고 한 말과, 율곡이 "음정양동(陰靜陽動)은 기틀이 저절로 그러한 것으로 그렇게 시키는 자가 있는 것은 아니다"라는 말이 부합한다고 보았다. 그런데 노사가 "동정하는 것은 기이고 동하게 하고, 정하게 하는 것은 리이니, 동지(動之), 정지(靜之)가 사지(使之)가 아니고 무엇인가?"라고 비판하자, 이에 대해 주자의 설명을 인용해 반박하였다. 즉 "천이 나로 하여금 이것을 지니게 한다"는 말이 "상제가 참된 것을 내려주셨다"는 말과 같은 것으로, 그 무엇이 '그렇게 시킨다'는 사역(使役)의 그런 의미는 아니라고 비판하였다.

또한 간재는 노사가 명덕주기론(明德主氣論)을 명기지학(明氣之學)이

---

24)《艮齋集》, 後編, 卷13,〈觀廬沙神道碑〉.

제3부 참된 자아를 향한 성리(性理)탐구

요 이단이라고 조롱하자, 명기지학(明氣之學)을 이학(異學)이라고 비판한다면 혼기지학(昏氣之學)이 정학(正學)일 텐데, 나는 명기(明氣)의 이학(異學)을 바랄지언정 혼기(昏氣)의 정학(正學)을 바라지는 않겠다고 단언하였다. 그리고 성인의 가르침은 사람들로 하여금 그 기의 어두움을 밝혀서 그 성의 선함을 회복하도록 한 것뿐이다. 이제 그 성을 회복하고자 하면서 그 기에 어둡다면 성공할 수 없는 것이라고 하였다. 이러한 입장에서 그는 다음과 같이 명덕주기설(明德主氣說)을 주장하고 이는 주자의 가르침에 맞는 것이라 하였다.

> 명덕(明德)은 허령신명(虛靈神明)으로서 도체(道體)를 갖추고 의용(義用)을 베푸는 심(心)이다. 이른바 허령신명은 기의 정묘처(精妙處)로서 결코 리가 아니다. 왜냐하면 리로서 능히 리를 갖추는 이치는 없기 때문이다. 그렇다면 명덕은 곧 리라고 말할 수 없는 것이다. 곧 리라고 말할 수 없다면 부득불 기에 소속시켜야 할 것이다. 이른바 기에는 몇 가지 정(精), 추(麤)의 구분이 있다. 지금 사람들은 명덕을 기로 설명하는 주장을 보면 바로 혈기에 해당시키고 명기지학(明氣之學)이라고 배척하는데, 사람의 말을 곡진히 이해하지 않는 과오가 아니겠는가?[25]

간재는 리로서 능히 리를 갖추는 이치도 없고, 리로서 능히 리를 행하는 이치도 없기 때문에 구중리(具衆理), 응만사(應萬事)의 주체인 명덕은 기임이 분명하다고 보았다. 명덕은 기이지만 혈기나 형기가 아니라 기의 정상(精爽)으로서의 허령(虛靈)이라는 것이다. 명덕주기론(明德主氣論)을

---

25)《艮齋集》, 前編, 卷14, 〈蘆沙說記疑〉.

비판하는 사람들은 기를 혈기나 형기로만 인식하여 부정적으로 보는데 기의 본원에서 보면 기는 담일청허(湛一淸虛)한 것이다.

이처럼 간재는 기호학파의 '심시기(心是氣)'의 전통에 따라 명덕주기설(明德主氣說)의 입장을 견지했던 것이다. 간재는 또 영남의 한주학파(寒洲學派)에 대해서도 비판을 서슴지 않았는데, 먼저 한주의 심즉리설(心卽理說)에 대해 보기로 하자.

무릇 옥은 천하의 지극한 보배이다. 그런데 세상에는 돌을 옥으로 인식하는 사람들이 있다. 형산(荊山)의 옥은 돌 가운데 간직되어 있었는데, 오직 변화(卞和)만이 그것이 옥임을 알고, 가져다 왕에게 바쳤던 것이다. 왕이 옥공(玉工)을 불러 보여 주자, 옥공은 그것이 돌이라고 말했다. 이것은 그 외면의 돌만 보고 그 가운데의 옥을 알지 못한 것이다. 옥석(玉石)의 구별을 조금 아는 조정사람들도 모두 돌이라 하였다. 그런데 오직 지난날 돌을 옥으로 인식하는 사람들만이 이것은 옥이다라고 말하니, 이것이 어찌 참으로 옥을 아는 것이겠는가? 그들이 옥이라고 말한 것은 다른 사람들이 돌이라고 말한 것과 차이가 없는 것이다. 이로 말미암아 보건대, 유현(儒賢)들이 심(心)을 기(氣)로 여기는 것은 옥공이 돌이라 말한 것에 해당하고, 세상의 학자들이 그 말에 쏠려 따르는 것은 조정사람들이 모두 돌이라고 한것에 해당하며, 선가(禪家)가 심(心)을 리(理)로 여기는 것은 돌을 옥으로 아는 자가 옥이라 말한 것에 해당된다. 따라서 사실 이제까지 심을 리로 여긴 경우나 심을 기로 여긴 경우나, 기(氣)만 보고 리(理)를 보지 못했음에 있어서는 동일하다.26)

---

26)《寒洲集》, 卷32, 雜著, 〈心卽理說〉.

이와 같이 한주(寒洲)는 겉은 돌이나 그 속에는 옥이 들어 있는데, 겉의 돌만 보고 그것을 돌이라고 하는 어리석음을 비유적으로 설명하였다. 이는 겉의 기만 보고 속의 리를 알지 못하고 심을 기라고 보는 잘못을 비판하고, 또 선가나 양명학이 심을 리라고 보는 것도 겉의 돌을 옥으로 아는 것과 마찬가지라고 보았다.

또한 한주는 심합이기(心合理氣)를 전제로 속의 리와 겉의 기를 잘 분변(分辨)한 다음에야 참으로 올바른 심즉리설(心卽理說)을 정립할 수 있다고 보았다. 불가의 선학이나 양명학이 심즉리(心卽理)를 말하지만 이 점에서 문제가 있다고 본 것이다. 이에 대해 간재는 다음과 비판한다.

'심(心)은 한 몸의 주재가 된다'는 말은 반드시 자세히 살펴야 한다. 만약 이른바 심이 비록 잠시 성(性)에 반항하여 자용(自用)한다면, 사지(四肢)와 백체(百體)가 장차 떼지어 일어나 자웅(雌雄)을 다툴 것이니, 어떻게 주재자가 될 수 있겠는가? 반드시 경(敬)을 지키고 성(性)을 높여야만 비로소 한 몸을 관섭(管攝)할 수 있는 것이다. 만약 '주재(主宰)'라는 명목 때문에 곧장 심을 가리켜 리라 한다면, 주자는 일찍이 귀신(鬼神)과 호연지기(浩然之氣)에 대해서도 주재자(主宰者)라고 설명한 바 있는데, 이 또한 모두 리라고 간주해야 하겠는가? 무릇 심(心), 귀신(鬼神), 호연지기(浩然之氣) 등이 주재함은, 혹은 인의(仁義)를 흠모하여 받들음(欽承仁義)으로써, 혹은 실리(實理)에 의착함(靠著實理)으로써, 혹은 의(義)와 도(道)에 짝함(配義與道)으로써 작용함을 말하는 것이다. 어찌 감히 천리(天理)를 굴복시켜 자기에게 청명(聽命)하도록 시키는 것이겠는가? 또한 주재를 기에 소속시킨 것이 어찌 일찍이 형기(形氣)에 해당시킨 것이겠는가? 한주는 바로 천리가 형기에게 청명(聽命)한다고 말했는데, 어찌 대가(大家)의 거칠고 경솔함이 아니겠는가? 대개 이미 기의 영각(靈覺)을 리로 오인(誤認)했기 때문에, 남들이 '기(氣)'자를 말하는 것을 보기만 하면 바로 지목하여 '거친 자취'라고 여긴다.27)

간재는 한주가 말하는 대로 주재자는 모두 리라고 규정한다면, 주자는 귀신과 호연지기(浩然之氣)에 대해서도 주재자라고 말한 바가 있는데, 이것들이 과연 리라고 말할 수 있느냐 반문하였다. 또 기의 주재란 기가 리를 명령한다는 뜻이 아니라, 기가 리를 받들어 실천한다는 뜻이라고 보았다. 아울러 기가 주재한다고 할 때의 기는 형기(形氣)가 아니라 허령지각(虛靈知覺)의 주체로서 기의 정상(精爽)을 말하는 것이라 하였다. 그런데 한주는 기의 허령지각(虛靈知覺)을 리로 잘못 보았기 때문에 그 밖의 '기(氣)'자는 모두 거친 자취로서의 형기로 보았다고 비판하였다.28)

4. 전도를 위한 강학활동

간재의 강학활동은 충청도를 중심으로 펼친 강학활동, 전라도를 중심으로 한 강학활동, 해도(海島)를 중심으로 펼친 강학활동으로 등 세 시기로 나누어진다.29) 여기서는 충청도 지역에서의 강학 활동에 국한하여 검토하기로 한다.

간재는 1861년 부친의 뜻에 따라 아산 신양(新陽)에서 강학하던 전재 임헌회(全齋 任憲晦: 1811~1876)를 찾아가 집지(執贄)의 예를 갖추고 사제관계를 맺었다. 그 후 스승을 따라 다니며 배우던 간재는 1862년부터

---

27)《艮齋集》, 前編, 卷13, 잡저, 〈분언〉2.

28) 이상익,《기호성리학논고》, 심산, 2005, 327쪽.

29) 박학래, 〈간재 전우의 충청도 중심 강학활동에 대한 연구〉135쪽.

강학을 시작했는데 오강표(吳剛构: 1843~1910)가 처음이다. 이어 청주의 김학회(金學會)와 청양의 안회식(安晦植)이 그의 문인이 되었고, 1871년 임헌회의 셋째 아들 임양재(任艮宰)의 교육을 맡게 되었다.

그가 본격적으로 강학활동을 전개한 것은 1878년 스승 임헌회의 3년 상을 치르고 난 후였다. 이에 관한 기사는 그의 〈연보〉에 상세히 기술되어 있고, 서종태, 변주승의 논문은 이에 대해 매우 상세한 설명을 하고 있는 바30) 이를 참고 요약 정리하고자 한다.

1876년 11월 임헌회는 임종 때 간재에게 천년 유학의 학맥과 도학을 지키라는 간곡한 유언을 남겼다.31) 스승의 유언에 따라 간재는 본격적으로 강학활동에 나서게 된다. 1878년 4월에 간재는 연기 죽안에서 충북 음성 삼현으로 옮겨 강학을 했는데 임석영, 홍주원 등 모두 12명이 배웠다. 1879년 2월 공주 성전에 가서 임헌회의 길제에 참석한 뒤 강회를 열었다. 간재는 1880년 다시 음성 삼현 문곡강당으로 옮겨 강학활동을 하였는데, 회덕에 살던 송정구가 이곳으로 이사와 수학하였다.

간재는 1880년 8월 공주 월하동에 가서 강회를 열고 사상견례(士相見禮)를 행하였으며, 그 다음날 심기택, 서정순 등과 함께 공주 마곡사에 가서 약 100여 명의 사우들과 여러 날 강론한 뒤, 윤치중, 서정순과 함께 공주 성전에 가서 다시 강회를 열었다. 1881년에는 보은 법주사에 머물며 강학활동을 하기도 하였다.

1882년 간재는 진천으로 이사해 강학하였고, 1883년에는 경북 상주와 문경에서 강학활동을 하였다. 1886년 3월 간재는 다시 진천으로 이사해 강학을 하였는데 이때 한도성과 김영건이 가족들과 함께 와서 배웠다.

---

30) 서종태, 변주승, 〈간재 전우의 충청도 중심 강학 활동에 대한 연구〉, 《지방사와 지방문화》, 20권 1호, 역사문화학회, 2016.

31) 《艮齋全集》, 13冊, 附錄, 〈家狀〉.

간재는 진천 만죽에 살면서 죽산 칠현사에 머물며 강학을 했는데, 이때 오희상(吳熙常)의 족질인 오치성(吳致性)이 음성에 사는 손자 오진영(吳震泳)을 보내 간재의 문하에 보내 배우게 했다. 6월에는 속리산에서 강학을 했는데 30여 명의 문도가 배웠다. 1887년 4월에는 괴산 공림사에서 《주자대전》을 읽으며 강학을 했다. 그해 10월 간재는 괴산에서 살았는데, 이때 상주의 오광돈(吳光燉)이 두 아들 오배근(吳培根)과 오한근(吳漢根)을 간재에게 맡겼다. 1888년 3월부터 그 이듬해까지 여러 문인들을 데리고 진천 영수사(靈水寺)에서 강학을 했는데 문도가 매우 많아 수용하기가 어려울 정도였다.

1890년 간재는 공주 정안, 진천으로 옮겨 다니며 강학을 했는데, 이때 진천의 문인 권영손이 전지(田地)를 마련해 선생을 봉양하였다. 6월에는 목천 은석사(銀石寺)에 머물며 강학을 했는데, 이때 문인 김준영(金駿榮), 박준회(朴準晦) 등이 와서 배웠다. 또 이때 거처를 증평 율리로 옮겨 강학을 하였다.

1893년 9월 간재는 거처를 단양 용진으로 옮겨 강학했는데, 이때 유신환(俞莘煥)의 문인인 민태호(閔台鎬)의 아들 민영선(閔泳璇)이 가족을 데리고 와서 배웠다. 1894년 3월 문인 임석영이 멀리 함흥에서 부모를 모시고 동생을 데리고 와서 수학하였다. 1894년 7월 간재는 진천으로 옮겨 강학을 했는데, 이때 김영섭(金永爕)이 평남에서 가족들을 데리고 와서 배웠다. 1895년 12월 청주 태봉에 사는 문인 이휴(李畦)의 집에서 강학을 하다가 그 이듬해 이신촌(李臣村)으로 돌아왔다. 1896년 고종이 러시아공사관에서 환궁하지 못하자 간재는 분개하여 괴산 화양동에 들어가 머물며 강학을 하다가, 5월 괴산 청안의 문인 최동준(崔東晙)의 서실 성산서사(惺山書社)에 머물며 강학을 했는데, 이때 이회식(李會軾)과 연장희(延壯熙) 등이 배웠다.

1896년 7월 간재는 문인 최명희(崔命喜)의 초대로 충남 태안에 가서 그의 일가 최용희(崔龍熙)가 독서하는 연천서당(蓮泉書堂)에 머물며 강학을 하였다. 10월에는 거처를 태안 수창(洙滄)으로 옮겨 강학을 했는데, 최명희가 정성을 다해 수창서사(洙滄書社)를 세워 사우(士友)들을 모았다. 이때 문인 심능협(沈能浹), 전홍(全弘), 맹면술(孟冕述), 이경우(李絅雨) 등이 저마다 가족들을 거느리고 따라와 배웠다. 또 관직을 버리고 고향에 돌아간 교리 김약제(金若濟)가 간재에게 감복하여 아들 김동훈(金東勳)을 데리고 와서 맡겼다. 1898년 여름 태안의 백화산 흥주사(興住寺)에 머물며 강학을 했는데, 이때 문인 최명희와 심능석 등이 따라와서 배웠다.

1899년 2월 간재는 천안 광덕 금곡으로 이사해 강학을 했는데, 이때 문인 정인창, 온재관(溫在寬) 등이 따라와 배웠다. 1900년 3월 전의에 사는 문인 김준영(金駿榮)의 집에서 강학을 하였는데, 이때 문인 정인창, 정해관(鄭海寬), 온재관(溫在寬), 손자 전일건(田鎰健), 진사 오한응(吳翰膺) 등 수 십명이 배웠으며 모인 사람들이 천 수백 명이나 되었다. 5월에는 광덕의 흥룡암(興龍巖)에 머물며 강학을 했는데, 이때 문인 오진영, 가두영(賈斗永), 김회선(金晦善), 전명석(全朋錫) 등이 배웠다. 1901년 3월에는 천안 한산리 이유흥의 집에서 강학을 했는데, 이때 문인 최종화(崔鍾和), 오진영 등이 따라와 배웠다. 4월에는 청주 강외의 덕절에 가서 문인 정해관(鄭海寬), 정두헌(鄭斗憲)의 전숙(田塾)에서 강회를 열었는데, 이때 문인 김준영(金駿榮), 김사우, 최종화(崔鍾和), 오진영(吳震永), 이회식(李會軾) 등이 따라가 배웠으며, 모인 사람이 300~400명에 달하였다. 이어 공주 나성의 독락정(獨樂亭)에 가서 머물며 강회를 열었는데, 이때 문인 임장우(林章佑), 최종화(崔鍾和), 정인창 등이 따라가 배웠으며, 모인 사람이 300명에 달하였다. 여름에는 천안 병천의 검계(儉溪)가에 있는 전씨(全氏) 강당에서 강학을 했는데, 이때 문인 김종호, 전붕석, 김동훈(金東勳), 손자 전일건(田鎰健) 등이 따라와 배웠다.

이와 같이 간재는 1878년 4월부터 1901년 8월까지 무려 23년 동안 충청도를 중심으로 경상도 상주, 문경 일대를 옮겨 다니며 강학을 하였다. 이 밖에도 간재의 강학활동은 전라도 지역, 해도에서도 이처럼 활발했던 것이다.

위에서 살펴 본 것처럼 간재는 강학활동에 평생을 바쳤다 해도 지나치지 않는다. 서종태, 변주승의 분석을 참고해 간재 강학활동의 배경과 그 의의에 관해 생각해 보기로 하자.[32]

위에서 간재의 강학활동에 대해 자세히 살펴보았는데, 강학의 횟수, 강학활동을 했던 공간, 강학에 참여했던 문인들의 숫자에서 놀라지 않을 수 없다.

먼저 지역적으로 보면 충남에서는 전의 배일, 연기 죽안, 청양, 공주 명강, 공주 성전, 공주 월하동, 공주 마곡사, 공주 정안, 목천 은석사, 태안 연천서당, 태안 수창서사, 태안 백화산 흥주사, 천안 광덕 금곡, 전의 천서, 천안 광덕 흥룡암, 천안 수신 한신리, 공주 나성 독락정, 천안 병천 검계 전씨 강당으로 총 18곳에서 강학을 했다.

충북에서는 청주, 음성 삼현, 보은 법주사, 진천 죽전리, 진천 공절리, 제천 봉양 백련사, 진천 만죽, 보은 속리산 중사자암, 괴산 공림사, 괴산 이동, 진천 영수사, 증평 율리, 단양 용진, 진천 백곡 대삼, 진천 만뢰산 아래, 청주 낭성 태봉, 괴산 화양동, 괴산 청안 성산서실, 청주 강외 덕절 등 모두 19곳에서 강학을 했다.

그 밖에 충청도 외에도 경북의 상주 장암, 문경 심원사, 문경 청화산

32) 서종태, 변주승, 〈간재 전우의 충청도 중심 강학 활동에 대한 연구〉,《지방사와 지방문화》, 20권 1호, 역사문화학회, 2016 참조.

시동, 문경 원적사, 전라도 고창 고흥 유씨 재실 화수재, 경기도 안성 죽산 칠현사 등에서 강학을 했다. 이렇게 볼 때, 간재는 충청도 곳곳을 누비며 강학활동을 해 왔고 심지어는 경북, 경기도, 전라도까지 옮겨다니며 강학을 했다.

그런데 간재의 강학활동에서 특징적인 것은 간재 스스로 거처를 옮겨가며 강학을 했고, 또 문생들도 거리에 상관없이 가족들이 함께 이사와 배웠다는 사실이다. 이는 그의 연보에 구체적으로 적시되어 있고, 이미 위에서 밝힌바 있다. 예를 들면 간재가 1880년 충북 음성 문곡강당에서 강학을 하자 충남 회덕에 사는 송정구(宋正求)가 이사를 와서 배운다. 또 1887년 간재가 충북 괴산 이동에서 강학을 하자 생원 오광돈(吳光燉)이 두 아들을 경상도 상주에서 와 배우게 했다. 1894년 3월 간재가 충북 단양 용진에서 강학을 하자 함경도 함흥에 살던 임석영이 부모를 모시고 동생과 함께 배웠다. 이 해 7월 간재가 진천 대삼에서 강학을 하자 평남 용강의 김영섭(金永燮)도 가족들을 데리고 와서 함께 배웠다. 이처럼 먼 곳에서 이사를 와서 배우는가 하면, 대부분의 문도들이 가족들까지 함께 이사를 와서 배웠다는 것은 매우 특이한 일이다. 아마도 이러한 교육사례는 우리나라 뿐 만 아니라 세계적으로도 보기 드문 사례라고 할만하다.

간재의 강학활동이 본격적으로 이루어지게 된 배경은 수도(守道)와 전도(傳道)를 겸한 측면이 없지 않다. 즉 한편으로는 스승 임헌회(任憲晦)의 유훈(遺訓)에 따라 유교의 도(道)를 만대에 전해야 한다는 전도(傳道)의 의미가 있고, 또 다른 한편으로는 당시 시국에 대한 견해와 처세에 관해 화서학파(華西學派)와 심하게 갈등하면서 이에 대한 대응이 필요했기 때문이다. 즉 화서학파에 대응할 만한 강력한 문인집단을 형성하여 화서학파의 명덕주리설(明德主理說)을 물리치기 위한 것이었다.[33]

그 밖에도 노사학파(蘆沙學派), 한주학파(寒洲學派), 연재학파(淵齋學

派) 등 한말 제 학파와의 성리논쟁에서 우위를 점하기 위해서도 이러한 강학을 통한 이론적 무장과 학파적 결속은 절실히 필요했다.

또한 간재가 강학에 바친 시간과 강학의 횟수만 보아도 간재의 강학 활동은 역사상 그 유례를 찾기 힘들다. 그의 강학의 횟수를 정확하게 파악하는 것은 무리인 것 같으나, 그가 스승 임헌회의 3년 상을 마친 후 1878년 이후 1922년 82세로 세상을 떠날 때까지 약 40여 년간 강학이 이루어졌고, 충청도에서 다시 전라도 계화도로 무대를 옮겨 육지와 바다를 넘나들며 강학활동을 멈추지 않았다. 조선조 어느 유학자도 간재처럼 한 평생을 강학에 전념한 이는 드물다. 그것도 전국을 넘나들며 거처를 옮겨가며 강학을 하고, 또 간재의 강학에 감동한 학인들은 가족들을 데리고 이사를 하면서까지 강의를 들었다는 것은 참으로 놀라운 일이다.

또한 강학을 통해 입문한 제자들을 살펴보면 1887년부터 1901년까지 충청도에서 113명이 간재의 문인으로 입문하였고, 호남에서 30명, 경상도에서 5명이 입문하였다.34) 그 밖에도 서울, 개성, 경기도에서 3명이 입문하고, 함경도, 북간도에서 29명, 평안도에서 9명, 강원도에서 1명이 각각 입문하였으니,35) 가히 전국적이라 할 만하다.

다음은 간재의 이러한 강학활동의 결과 수많은 문인들 그리고 재전(再傳), 삼전(三傳)의 문인들이 이어져 간재학파를 형성했는데 이에 관해 검토해 보기로 하자. 이에 대해서는 박학래의 〈간재학파의 학통과 사상

---

33) 서종태, 변주승, 〈간재 전우의 충청도 중심 강학 활동에 대한 연구〉, 《지방사와 지방문화》, 20권 1호, 역사문화학회, 2016, 154쪽.

34) 서종태, 변주승, 〈간재 전우의 충청도 중심 강학 활동에 대한 연구〉, 《지방사와 지방문화》, 20권 1호, 역사문화학회, 2016, 146쪽.

35) 서종태, 변주승, 〈간재 전우의 충청도 중심 강학 활동에 대한 연구〉, 《지방사와 지방문화》, 20권 1호, 역사문화학회, 2016, 146쪽.

적 특징〉을 통해 잘 알 수 있는데 이를 참고하였다.36)

《화도연원록(華嶋淵源錄)》의 〈종유록(從遊錄)〉에 의하면 그가 종유(從
遊)했던 학자들이 375명에 이른다. 여기서 직전 문인에 대한 내용은 〈관
선록(觀善錄)〉, 〈급문(及門)〉, 〈존모록(尊慕錄)〉으로 나누어 수록하고 있
다. 〈관선록〉에 등재 된 문인이 총 1,575명에 이르고, 〈급문〉에 등재된 문
인은 총 186명이다. 이렇게 볼 때, 급문에 등재된 문인을 포함한 직전 제
자는 1,500여 명이 넘고, 〈존모록〉에 등재된 사람 577명을 포함하면 간
재의 학문적 영향을 받은 제자가 무려 2,000여 명에 달한다.37) 또한 《화
도연원록》에 등재된 문인은 삼전(三傳) 제자까지를 포함하여 총 5,020명
에 달하는 것으로 집계된다.38)

이렇게 볼 때, 간재의 40여 년에 걸친 강학활동을 통해 뿌린 씨앗이 일
제강점기의 혹독한 역경에서도 연면하게 이어져 20세기 중후반까지 그
영향을 미쳤음을 알 수 있다.

---

36) 박학래, 〈간재학파의 학통과 사상적 특징〉, 《유교사상문화연구》, 28, 한국유교학회,
   2007.
37) 박학래, 〈간재학파의 학통과 사상적 특징〉, 《유교사상문화연구》, 28, 한국유교학회,
   2007, 85쪽.
38) 박학래, 〈간재학파의 학통과 사상적 특징〉, 《유교사상문화연구》, 28, 한국유교학회,
   2007, 85쪽.

제5장 | 존재 유진하의 의리와 성리

1. 시작하는 글

존재 유진하(存齋 俞鎭河: 1846~1906)는 한말 충남 서산을 중심으로 위정척사(衛正斥邪)에 앞장서고 강학에 힘썼던 유학자이다. 그의 자는 천일(千一), 호는 존재(存齋)인데, 아버지 유치섬(俞致暹)과 어머니 이씨(李氏) 사이에서 경기도 고양군 벽제면에서 태어났다. '존재(存齋)'라는 호는 잠시라도 존심(存心)의 도(道)를 잊어서는 안 되고 항상 경외(敬畏)가 있어야 한다는 뜻에서 나온 것이다.[1]

그는 7세 때부터 이계종(李啓種)과 더불어 할아버지에게서 배웠고, 어려서부터 남녀의 분별을 지키고 어른의 말씀에 순종하고 독서에 부지런하여 그 천성이 아름다웠다고 전한다.[2] 1871년 26세 때 성재 유중교(省齋 柳重教: 1831~1893)를 가평 한보서사(漢浦書社)로 찾아가 그의 문하에 들어감으로써 화서학단에 참여하였다.[3] 28세 때 경기도 광주로 이사하고, 37세 때에는 강원도 춘천 가정정사(柯亭精舍)로 유중교를 문안하였는데, 이때 그가 쓴 〈삼강오상설(三綱五常說)〉의 화이지분(華夷之分), 인수지판(人獸之判), 도기지별(道器之別) 등의 의리를 배우고, 이로부터 뜻을 더욱 굳게 하고 학문이 더욱 정심(精深)하여졌다. 39세 때 또 유중교를 배알하고 변복(變服)의 의리에 관해 가르침을 받았다. 1895년 50세

---

1) 《存齋先生文集》, 卷7, 〈先生略系及遺事〉.
2) 《存齋先生文集2》, 卷7, 〈先生略系及遺事〉.
3) 《存齋先生文集2》, 卷7, 〈先生略系及遺事〉.

때 충남 서산군 대산면 대로리로 이사하였고, 52세 때 천안으로 이사하였다. 1896년 1월 유인석의 의병 격문을 보고 동문 노정섭과 함께 의병소에 나갈 것을 밝혔다. 그러나 그는 의병에 직접 참전하지는 못했던 것 같고 의병 지원활동을 한 것으로 짐작된다.4) 그 후 서산의 금병산에 은거하다가 1899년 서산시 운산면 거성리 추계마을로 이사하여 후진 양성을 위한 강학활동을 하였고, 김복한, 김상덕 등 인근의 유생들과 교유하며 척사론을 폈다. 1901년 56세 때에는 〈서령향약(瑞寧鄉約)〉을 중수(重修)하여 향풍(鄉風) 진작에 힘쓰고, 57세 때 주자의 백록동서원(白鹿洞書院)을 본 따 동암강회(銅巖講會)를 열어 후학을 지도하였다. 1905년 60세 때 을사보호조약이 체결되자, 면암 최익현(勉庵 崔益鉉)을 대신해 척왜(斥倭)의 격문을 쓰기도 했다. 1906년에는 당진의 대호지면 풍곡(風谷)마을에 의령 남씨들이 세운 도호의숙(桃湖義塾)에 초빙되어 강학을 하기도 했는데, 61세를 일기로 서산 추계정사(秋溪精舍)에서 생애를 마쳤다.

유진하의 학풍은 한 마디로 '척사위정(斥邪衛正)'에 있다고 해도 지나치지 않는다. 그것은 한말 서세동점(西勢東漸)과 일제의 침략 앞에서 민족의 생존을 지키려는 우환의식과 유교적 의리의 표출이라고 할 수 있다. 그는 한말 위정척사의 선봉였던 화서 이항로(華西 李恒老)의 문인인 성재 유중교(省齋 柳重教)의 문하에서 많은 영향을 받았다. 유진하는 말하기를, "근세의 양왜(洋倭)에 이르러서는 홀로 우리 화서(華西), 중암(重庵), 성재(省齋) 세 선생께서 성명(性命)을 버리고 위정척사하시는 것이니, 이는 공자, 주자, 송자(宋子) 세 성현의 뒤를 계승한 것이다"5)라고 하여, 척왜, 척양이 곧 공자, 주자, 송자의 뜻을 계승하는 성스런 사업임을

4) 김상기,《민족교육의 산실 도호의숙》, 당진문화원, 2013, 64쪽.

5)《存齋先生文集 1》, 卷2,〈與柳毅庵別紙(乙未 至月 二十日)〉, "至於近世之洋倭 則獨我華西 重庵省齋三先生 捨性命而衛斥之 以承三聖賢之後者也."

천명하고 있다.

특히 그는 우암 송시열(尤庵 宋時烈: 1607~1689)을 매우 존숭하여 "선유 소위 여러 성인을 집대성(集大成) 한 이가 공자요, 여러 현인을 집대성 한 이가 주자요, 여러 유자(儒者)를 집대성한 이가 송자(宋子)이다"[6] 라고 말하였다. 그는 화서가 공자-주자-송자의 학통을 말하듯이[7] 공자-주자-송자의 학통을 말하고 있다. 그러므로 유진하는 "이제 송자(宋子)의 사공(事功)은 공자나 주자에 짝할 것이 있다"[8]고 하여, 퇴계, 율곡을 뛰어 넘어 공자, 주자의 학통을 우암으로 연결하고 있다.

그는 학문에 전념하여 성리학의 깊은 경지를 이해하고 있고, 다른 한편으로는 강학에 힘써 많은 제자를 양성하였다. 그의 문인으로는 남상익(南相翊), 남상범(南相範), 남상집(南相集), 남상돈(南相敦), 심원성(沈遠聲), 이철승(李喆承), 이철영(李喆榮), 민태직(閔泰稷), 정재학(鄭在學), 정재화(鄭在華), 민태용(閔泰瑢), 박영원(朴榮遠), 이순일(李順一), 이인손(李麟孫), 하후택(河厚澤) 등이 있다.[9]

그의 문집《존재선생문집(存齋先生文集)》을 검토해 보면, 당대 명유(名儒)였던 성재 유중교(省齋 柳重教), 면암 최익현(勉庵 崔益鉉), 의암 유인석(毅庵 柳麟錫) 등과 주고받은 편지가 있고, 기타 여러 문인들과 주고받은 편지가 수록되어 있다.

잡저로는 유아교육에 관한 글로서〈동자교략(童子教略)〉, 사회교육 자료로서〈서령향약중수의(瑞寧鄉約重修議)〉그 밖에〈정학이단설(正學異端說)〉,〈대최면암격고(代崔勉庵檄告)〉,〈대학전도(大學全圖)〉,〈제성재선

---

6)《存齋先生文集》, 卷2,〈上閔山清載鼎書1(辛丑 十二月 二十九日)〉, "先儒所謂集群聖而大成孔子 集群賢而大成朱子 集群儒而大成宋子 …"

7) 황의동,《한국유학사상연구》, 서광사, 2011, 271쪽.

8)《華西雅言》, 卷10,〈尊中華〉.

9) 김기영 등,《근현대 대전충남의 한학가》, 충남대인문과학연구소, 2004, 113쪽.

생문(祭省齋先生文)〉 등이 있다.

또 부록으로 〈동암강기(銅巖講記: 沈遠聲 錄, 壬寅)〉는 성리학과 경학에 대한 내용을 담고 있으며, 문인 심원성(沈遠聲), 정재화(鄭在華), 이철승 (李喆承), 민태직(閔泰稷) 등이 기록한 〈어록(語錄)〉도 그의 성리학을 알 수 있는 귀중한 자료다. 또한 〈선생약계급유사(先生略系及遺事)〉는 유진하의 세계(世系)와 연보를 간략히 소개하여 그의 삶의 자취를 알 수 있는 자료다.

이렇게 볼 때, 유진하는 한말 화서학파의 일원으로 위정척사에 앞장섰던 실천적 지성이었으며, 한편 성리학에도 조예가 깊었던 유학자였다. 본고는 그의 문집을 중심으로 그의 성리학을 소개하는 데 목적이 있다. 이기론, 심성론, 수양론의 순서로 서술해 보고자 한다.

2. 주리론적 세계관

유진하는 삼라만상의 이 세계를 어떻게 보았는가? 하늘과 땅, 인간과 동식물 그리고 사물을 어떻게 보고 있는가? 유진하도 다른 성리학자들과 마찬가지로 이 세계를 형이상(形而上)과 형이하(形而下), 리(理)와 기 (氣)로 이루어진 유기체(有機體)로 이해하였다. 그에 의하면 "대개 형이상자는 볼 수 없고, 형이하자는 볼 수 있다"[10]고 말한다. 본래《주역》〈계사전(繫辭傳)〉에서는 "형이상을 일러 도(道)라 하고, 형이하를 일러 기 (器)라 한다"[11]고 하였다. 보고 듣고 만질 수 있는 형상의 것은 형이하라 하고, 그것의 배후 저 너머에 감추어 있는 볼 수도 없고 들을 수도 없고 만질 수도 없는 초월적 존재는 형이상이라 한다. 형이상은 도(道)요 형이

---

10)《存齋先生文集 1》, 卷3, 〈答鄭道卿書〉, "蓋形而上者 不可見 形而下者 可見 …"
11)《周易》, 〈繫辭傳〉, "形而上者謂之道 形而下者謂之器."

하는 기(器)로서 성리학에서는 이를 다시 리(理)와 기(氣)로 바꾸어 표현
하였다. 유진하는 이 세계가 리와 기가 서로 분리될 수 없는 유기적 관계
임을 다음과 같이 설명한다.

> 대개 천하에 기(氣) 없는 리(理)가 없고 또한 리 없는 기가 없으니,
> 기 없는 곳을 골라 이름하고자 리라고 말한다면 마침내 리를 말할 수
> 없고, 리 없는 곳을 골라 이름하고자 기라고 말한다면 또한 기를 말할
> 수 없다. 하물며 리는 형상이 없는 것을 가히 말하고 기는 형상을 볼
> 수 있는 것인 즉, 이제 형상이 없는 것을 밝혀 논하고자 하면 어찌 형
> 상 있는 곳에 나가지 않고 가리키랴. 그러므로 옛 성현이 리를 논한 곳
> 에 따르면 모두가 기 위에 나아가 말했는데, 원두유행(源頭流行)을 논
> 할 것 없이 그 작위가 없는 체는 진실로 자약(自若)하다.12)

여기서 유진하는 기 없는 리가 없고 리 없는 기가 없다 하여, 이 세계
는 리와 기가 반드시 있어야 하나의 존재가 성립한다고 보았다. 리나 기
는 그 홀로서는 불완전하고 반드시 둘이 함께 있어야만 온전한 존재가
생성된다고 보았다. 이러한 존재 이해는 리와 기가 존재 구성의 필수적
요소임을 의미하는 것이고, 양자의 구족(具足)만이 존재를 드러내고 존
재를 생성하는 것임을 말해 주는 것이다. 그리고 리와 기는 상보적으로
이해된다. 또 유진하는 "리는 자취가 없고 기는 자취가 있다"13)고 말한
다. 이는 위에서 말한 대로 리는 형상이 없고 기는 형상이 있다는 말의

---

12) 《存齋先生文集 1》, 卷3, 〈答鄭道卿書(丁亥)〉, "蓋天下無無氣之理 亦無無理之氣 欲擇無氣
之地而名之曰理 則終無言理之物矣 欲指無理之地而名之曰氣 則亦無言氣之物矣 況理乃
無形象之可言者 氣乃有形象之可見者 則今欲論無形者而明之 則豈不就有形者而指之耶
是以從古聖賢論理處 皆就氣上說 而勿論源頭流行 其無爲之體 固自若矣."
13) 《存齋先生文集 1》, 卷3, 〈答鄭道卿書(丁亥)〉, "蓋理無迹 而氣有迹故也."

다른 설명이다.

그런데 유진하는 이기(理氣) 가운데 특별히 리의 역할, 리의 기능, 리의 위상에 주목한다.

> 리는 본래 작위가 없어서 리가 주재가 된다고 할 수 없다는 것에 이르러서는, 그 말이 같은 듯 하지만 그러나 소위 리는 이것이 비록 형상이 없으나 실은 형상 있는 것의 주재가 되고, 이것이 비록 지극히 은미(隱微)하지만 실은 지극히 드러난 것의 체가 된다. 이것이 비록 작위가 없지만 실은 만화(萬化)의 본원(本源)이 됨을 알 수 있다. 그러므로 주자가 무극(無極)의 뜻을 해석하기를, '상천(上天)의 일은 소리도 없고 냄새도 없다'고 하였고, 또 말하기를, '태극은 스스로 동정한다' 하였으니, 그 소리도 없고 냄새도 없다고 말한 것은 진실로 이 리가 작위가 없음이다. 그 스스로 동정한다는 말이 어찌 리가 스스로 주재가 된다는 것이 아니랴.14)

일반적으로 성리학에서 리는 응결(凝結), 계탁(計度), 조작(造作)이 없는 것으로, 기는 능히 응결, 계탁, 조작하는 것으로 규정해 설명한다.15) 달리 말하면 리는 무위(無爲)로 발하지 않는 것이고, 오로지 기만 유위(有爲)로 발하는 것16)으로 설명된다.

그런데 유진하는 리는 형상이 없으나 실은 형상 있는 것의 주재가 되

---

14) 《存齋先生文集 1》, 卷3, 〈答鄭道卿書(丁亥)〉, "至於理本無爲 不可以理爲主者 其言似矣 然所謂理者 此雖無形 實爲有形之主 此雖至微 實爲至顯之體 此雖無爲 而實爲萬化之本源 可知也 是以朱子釋無極義 曰上天之載 無聲無臭 又曰太極自會動靜 其曰無聲無臭者 固是 理之無爲者也 其曰自會動靜者 豈非理之自爲主宰者耶."

15) 《朱子語類》, 卷1, 〈理氣〉, "蓋氣能凝結造作 理却無情意 無計度 無造作."

16) 《栗谷全書》, 卷20, 〈聖學輯要2〉, "理無爲 氣有爲 故氣發而理乘."

고, 비록 지극히 은미하지만 실(實)은 지극히 드러난 것의 체(體)가 된다고 하였다. 이는 율곡이 "무형무위(無形無爲)하되 유형유위(有形有爲)의 주재가 되는 것이 리요, 유형유위(有形有爲)하되 무형무위(無形無爲)의 기(器)가 되는 것이 기이다"17)라고 한 말을 계승한 것이다. 그리고 그는 주자의 말을 인용해 리가 소리도 없고 냄새도 없다는 말이 곧 작위가 없다는 말이고, 태극은 스스로 동정한다는 말이 곧 리가 스스로 주재가 된다는 말이라 이해하였다. 여기서 우리는 유진하가 리의 주재성에 많은 관심을 가지고 있고 이를 강조하는 것을 알 수 있다. 이런 관점에서 그는 마침내 '리위기주(理爲氣主)'를 다음과 같이 말하게 된다.

아! 성현의 천언만어가 '리위기주(理爲氣主)' 네 글자에 벗어나지 않는데, 하물며 대본의 지위를 단지 일개 기권(氣圈)에서 인정한다면 소위 한 몸의 주재라는 것이 과연 무엇이며, 소위 만사에 벼리가 된다는 것이 과연 무엇인가? 천하에 리보다 높은 것이 없고 리보다 귀한 것이 없는데, 단지 빈 자리를 끌어안고 억지로 존호(尊號)를 보태고 동정(動靜)을 남에게 맡기고 저의 말을 들어 절제한다면, 율옹(栗翁) 소위 '유위지주(有爲之主)', 우옹(尤翁) 소위 '주재지재(主宰之宰)'라는 것이 과연 편안함이 있으랴.18)

그는 성현의 천 마디 만 마디 말이 '리위기주(理爲氣主)' 네 글자에 벗

---

17) 《栗谷全書》, 卷12, 書4, 〈答安應休〉, "無形無爲而爲有形有爲之主者 理也 有形有爲而爲無形無爲之器者 氣也."
18) 《存齋先生文集 1》, 卷3, 〈答鄭道卿書(丁亥)〉, "噫 聖賢 千言萬語 盖不外於理爲氣主四字 而況大本之地 只認得一箇氣圈子 則所謂主於一身者 果何物也 所謂綱於萬事者 果何物也 天下莫尊於理 莫貴於理 而只擁虛位 强加尊號 任他動靜 聽彼節制 栗翁所謂有爲之主 尤翁所謂不宰之宰者 果安在哉."

어나지 않는다고 말한다. 하물며 리가 대본(大本)의 지위를 단지 일개 기권(氣圈)에서 인정한다면 소위 한 몸의 주재라는 것이 과연 무엇이며, 소위 만사에 벼리가 된다는 것이 과연 무엇이냐고 반문한다. 그리고 천하에 리보다 높은 것이 없고 리보다 귀한 것이 없는데, 단지 빈 자리를 끌어안고 억지로 존호(尊號)를 보태고 동정을 남에게 맡기고 저의 말을 들어 절제한다면, 율곡이 말하는 소위 '유위지주(有爲之主)', 우암이 말하는 소위 '주재지재(主宰之宰)'라는 것이 과연 옳겠느냐 하였다. 여기서 유진하의 성리학적 특색은 '리가 기의 주재가 된다'는 '리위기주(理爲氣主)'에 있다. 리가 기의 주재가 되고 대본이 되고 만사의 벼리가 된다는 리의 주재적 역할과 위상을 매우 강조하는 것이다. 이러한 유진하의 리에 대한 이해는 율곡이나 우암보다 훨씬 강화된 의미다. 즉 리의 주재성이나 기에 대한 리의 위상을 가치적으로 높여보는 입장이라 할 수 있다. 이러한 주리적(主理的) 관점은 스승인 유중교나 이항로의 입장을 계승한 것이라 할 수 있다. 또한 유진하는 리를 체용(體用), 본말(本末)과 연관하여 다음과 같이 설명한다.

소위 리(理)는 무엇인가? 단지 천명의 한 근본으로 찬연(燦然)한 조리(條理)이다. 이미 조리라 말하면 자연히 본말(本末)이 있고 경위(經緯)가 있으니, 나무에 비유하면 본은 진실로 나무지만, 말도 나무가 아니라고 할 수 없다. 실에 비유하면 날줄도 진실로 실이지만, 씨줄도 실이 아니라고 할 수 없다. 그 체를 논하면 한 근본은 진실로 리고 그 용을 논하면 만수(萬殊)만 홀로 리가 아닌가?[19]

---

19)《存齋先生文集 1》, 卷3,〈答鄭道卿書(丁亥)〉, "所謂理者何也 只是天命之一本 而燦然有條理者也 旣曰條理 則自然有本有末 有經有緯 譬之木 則本固木也 而不可以末爲非木也 譬之絲 則經固絲也 而不可以緯爲非絲也 論其體 則一本者 固是理也 論其用 則萬殊者 獨非理乎."

이는 그가 이일분수(理一分殊)의 관점에서 리의 체용과 본말을 설명한 것이다. 리에도 체용이 있고 본말이 있다. 이때 본과 체로서의 리는 리일지리(理一之理)이고, 말과 용으로서의 리는 분수지리(分殊之理)라 할 수 있다.

그는 또 "분수(分殊)는 많고 적음의 이름이고, 많고 적음은 분수(分殊)의 실(實)이다"[20]라고 하여, 분수의 명(名)과 실(實)을 구별해 설명하기도 한다. 또 "만수(萬殊)의 그 당체(當體)를 논하면 기요, 그 본체를 말하면 리다"[21]라고 하여, 만수(萬殊)를 당체(當體)와 본체(本體)로 구별해 설명하였다. 만수(萬殊)나 분수(分殊)는 결국 기의 소위(所爲)다. 리의 분수(分殊)나 만수(萬殊)라는 것도 기와의 관계 속에서 하는 말이다. 그러므로 만수(萬殊) 내지 분수(分殊)의 당체(當體)는 기라고 말하게 되는 것이다. 반면 만수나 분수가 그렇게 되어지는 소이는 리라는 점에서 리는 분수의 본체가 된다. 그는 또 "일원(一原)의 이름은 만수(萬殊)에서 생기고, 만수(萬殊)의 이름은 일원(一原)에 근본한다"[22]고 하였다. 이는 일원(一原)과 만수(萬殊)를 유기적으로 설명한 말이다. 이미 송대 성리학이나 율곡을 비롯한 선유들에게서 많은 논의가 있었던 이일분수(理一分殊)와 체용일원(體用一源)의 논리를 다시 자신의 생각으로 정리한 것이라 할 수 있다.

그는 또 "소이연(所以然) 소당연(所當然) 이 둘이 리다. … 소이연은 리에 주재가 있다는 설이고, 소당연은 리에 준칙(準則)이 있다는 설이니, 이자(以字)는 심(心)에 속하고 당자(當字)는 성(性)에 속한다"[23]고 하였

---

20) 《存齋先生文集 2》, 卷7, 〈語錄〉, "分殊者 多寡之名 多寡者 分殊之實."

21) 《存齋先生文集 2》, 卷7, 〈語錄〉, "萬殊 論其當體則氣 語其本體則理也."

22) 《存齋先生文集 2》, 卷7, 〈語錄〉, "一原之名 起於萬殊 萬殊之名 本於一原."

23) 《存齋先生文集 2》, 卷7, 〈語錄〉, "所以然所當然 此二者理也 … 所以然者 理有主宰之說也 所當然者 理有準則之說也 以屬心 當屬性."

다. 이는 그가 주자의 설에 입각해 리를 소이연과 소당연으로 설명한 것이다. 유진하는 리의 주재적 기능을 중심으로 말하면 소이연이라 하고, 리가 준칙이 된다는 관점에서 보면 소당연이라 보았다. 그리고 이를 심성 속에서 이해하면 소이연의 '이자(以字)'는 심에 속하고 소당연의 '당자(當字)'는 성에 속한다고 보았다.

또한 유진하는 "천지 사이에 단지 리와 기가 있을 뿐이니, 리는 순선무악(純善無惡)하고 기는 선도 있고 악도 있다"[24]고 하였다. 이는 이기(理氣)를 가치개념으로 보고 리는 순선무악한 것, 기는 유선유악(有善有惡)한 것으로 설명한 것이다. 같은 맥락에서 유진하는 "유자(儒者)의 학은 단지 리자(理字)의 불활(不活)을 두려워함에 있다"[25]고 한다. 이는 그의 철학적 관점, 성리학적 입장을 잘 대변한 말이라고 생각된다. 유학자의 학문은 단지 리자(理字)가 아무 역할도 하지 못하는 무능한 것이라고 잘못 보는 것을 두려워하는 것이라 하였다. 일부 학자들은 '발(發)하는 것은 기요 리는 발하지 않는 것', 또 '리는 작위(作爲)가 없고 기는 작위가 있는 것'이라 보아 리를 아무 역할도 하지 않는 무능한 것으로 보았다. 반대로 기의 역동성과 활동성 나아가 역할이 강화되어 인간의 심성에 있어 리의 무능이 마침내 도덕적 심성과 도덕적 행동을 그르친다고 심각히 우려한 것이다. 나아가 정통과 이단, 중화(中華)와 이적(夷狄)의 가치적 구별에 있어서도 일대 혼란과 혼동을 초래한다고 우려했던 것이다. 이러한 주리적(主理的) 전통은 화서학파의 전통을 계승한 것으로, 한말 서세동점의 위기에서 민족의 자주와 도학의 정통성을 지키려는 역사의식의 표현이라고 할 것이다.

---

24)《存齋先生文集 1》, 卷5, 雜著, 〈正學異端說〉, "天地之間 只有理與氣而已 理者 純善無惡 氣者 有善有惡."
25)《存齋先生文集 2》, 卷7, 〈語錄〉, "儒者之學 惟恐理字之不活."

3. 주리적 인간관

유진하의 성리학에서는 자연의 이해보다 인간의 심성에 관한 논의가
더 활발하였다. 물론 이러한 경향도 당시 한말에 유행하였던 명덕(明德)
논쟁이나 '심즉리 심즉기(心卽理 心卽氣)'의 논쟁26)과 무관하지 않다. 유
진하는 인간을 어떻게 보고 있는가? 이에 대한 그의 견해를 보기로 하
자.

> 대개 사람은 오직 만물의 영장으로 그 성(性)이 가장 귀하다. 비록
> 기품이 진실로 청탁수박(淸濁粹駁)의 다름이 없을 수 없으나, 진실로
> 능히 배워서 밝히고 그 기질과 물욕의 가리움과 방종, 풍기습속(風氣習
> 俗)의 구애를 제거해서 본연의 바름을 회복하면, 안연(顔淵)이 말한 소
> 위 '순임금은 어떤 사람이며 나는 어떤 사람이냐' 하는 말이 과연 빈
> 말이 아닌 것이다.27)

그는 인간을 만물의 영장으로 규정하고, 인간의 본성이 가장 귀하다고
하였다. 이 본성이야말로 하늘이 준 것으로 천리(天理)를 말한다. 천리가
인성으로 주어진 것으로 그것은 본래 착하다. 비록 기품이 맑고 흐리고
순수하고 잡박한 차이가 없을 수 없으나, 배워서 밝히고 기질과 물욕의
가리움과 방종 그리고 잘못된 습관이나 구애를 제거해서 본연의 올바름
을 회복하면 누구나 요순(堯舜)과 같은 성인이 될 수 있다고 하였다. 여

---

26) 이상호, 〈주자학적 심설 논의에 대한 수정주의와 정통주의의 대립〉,《논쟁으로 보는 한국
철학》, 예문서원, 1995.

27) 《存齋先生文集 1》, 卷5, 雜著, 〈金東麟字序〉, "蓋人惟萬物之靈 而其性最貴 雖氣稟不能無
淸濁粹駁之異 苟能學而明之 去其氣質物欲之蔽溺 其風氣習俗之囿 以復其本然之正 則顔
淵所謂舜何人也予何人者 果非虛語也."

기서 인간은 천리의 순선(純善)을 지닌 인간으로 다른 동물과 차별화되는데, 다만 기질에 차이가 있기 때문에 이를 제거해 본연의 본성을 회복해야 한다는 것이다. 인간을 만물의 영장으로 보아 특수화시켜 본다든지, 기질의 변화 노력을 통해 본성의 회복을 도모한다든지, 인간은 결국 후천적인 노력을 통해 성인이 되고 군자가 될 수 있다는 것은 전통적인 유학의 인간관을 계승한 것이다.

그러면 유진하는 인간 정신의 내면세계를 어떻게 이해하고 있는지 검토해 보기로 하자. 그는 말하기를, "성(性)은 심(心)이 아직 발하지 않은 것이요, 정(情)은 심이 이미 발한 것이다. 발자(發字)는 이 심에 근거해서 말한 것이다"28)라고 하였다. 그는 심이 아직 발하지 아니한 미발(未發)의 상태를 성이라 하고, 심이 이미 발한 이발(已發)의 상태를 정이라고 보았다. 그리고 이 발자(發字)는 심에 근거해서 말한 것이라 하였다. 그는 또 "성은 진실로 심의 리이다. 그러나 가리키는 바가 같지 않으니, 성이라고 말하면 이는 정의(情意)도 없고 조작(造作)도 없는 리일 뿐이다. 심의 리라고 말하면 이는 소위 이 마음이 주재하는 리이다"29)라고 하였다. 여기서는 성을 심의 리로 보면서 이것은 정의도 없고 조작도 없는 리일 뿐이라 한다. 그런데 심의 리라고 말하면 이것은 이 마음이 주재하는 리라 하였다. 심에서의 리가 비록 정의, 조작, 계탁(計度)이 없는 리지만 그것은 마음을 주재하는 리라는 점을 강조하는 것이다.

그는 또 말하기를, "대개 옛 성현이 심성(心性)을 논한 곳에 나누고 합해 설명한 것이 있으니, 소위 나누어 설명한 것은 심은 음양(陰陽)과 같

---

28) 《存齋先生文集 2》, 卷7, 〈語錄〉, "性者 心之未發者也 情者 心之已發者也 發字 是據心而言."
29) 《存齋先生文集 2》, 卷7, 〈語錄〉, "性固心之理也 然所指不同 謂性則是無情意無造作理而已 謂心之理 則所謂此心主宰之理也."

고 성은 태극(太極)과 같다는 류가 이것이고, 합해서 설명한 것은 심과 성이 한 이치라고 하는 류가 이것이다"30)라고 하였다. 이것은 심과 성을 하나로 보기도 하고 나누어 보기도 하는 관점을 설명한 것인데, 주자의 설명을 그대로 인용한 것이다.

다음은 유진하의 심(心) 즉 마음에 대한 견해를 고찰해 보기로 하자. 그는 "심은 본래 체용을 겸한 물(物)이다. 체가 있으면 반드시 용이 있고, 용이 있으면 반드시 체가 있다"31)고 하였다. 이것은 심을 체용 양면으로 설명한 것인데, 심의 체는 미발(未發)의 성이 되고 용은 이발(已發)의 정(情)이나 의지(意志) 등이 된다. 그러나 심 자체는 체용을 겸해 있는 것이라 할 수 있다.

그는 또 "심은 동정체용(動靜體用)을 겸하고 능히 크고 작은 바를 포함한다. 심 밖에 다시 물(物)이 없고, 리가 유행해서 물에 주어진 것을 일러 성이라 하고, 리가 유행해서 사람을 주재하는 것이 심이다"32)라고 하였다. 여기서는 심 밖에 다시 물이 없다고 하여 인식 주관과 대상의 불가분성을 말하였다. 그리고 천리가 유행해서 어떤 사물에 주어진 것이 성이고, 이 천리가 유행해서 특별히 사람을 주재하는 것이 심이라고 했다. 이처럼 심은 지각의 능력을 갖는 것이고 또 우리의 몸을 주재하는 것이다. 마찬가지로 유진하에 의하면 "마음이란 한 몸을 주재하는데, 실은 천지 위육(位育)의 추뉴(樞紐)가 되고 귀신감응(鬼神感應)의 기괄(機栝)이니,

---

30) 《存齋先生文集 1》, 卷3, 〈答鄭道卿書〉, "蓋古之聖賢論心性處 有分合說 所謂分說者 如心
猶陰陽 性猶太極之類是也 合說者 如心也性也一理之類是也."

31) 《存齋先生文集 2》, 卷6, 附錄, 〈銅巖講記〉, "心者 本兼體用之物也 有體則必有用 有用則
必有體."

32) 《存齋先生文集 2》, 卷7, 〈語錄〉, "心者 該動靜體用 包能所大小者也 心外更無物 理之流行
而賦於物者謂之性 理之流行而主於人者謂之心."

또한 소위 조화의 근원자가 아니겠는가"33) 하였다. 마음은 나의 한 몸을 주재하는 것으로 천지가 바른 위치에 있고 만물을 잘 육성하는 추뉴(樞紐)요 귀신이 감응하는 기괄(機栝)이며 조화의 근원인 것이다. 여기서 유진하가 얼마나 마음을 중시하는가를 잘 알 수 있다.

유진하는 또 "대개 심의 타는 바는 기로 정상혼백(精爽魂魄)에 속하는 것들이 이것이고, 갖춘 바는 리니 인의예지(仁義禮智)의 성이 이것이다"34)라고 하였다. 여기서는 심을 이기론적 구조로 설명하는 것인데, 심도 이기합일(理氣合一)의 물(物)로35) 심의 리는 인의예지의 성이고, 그것을 담는 그릇으로 작용하는 당체(當體)가 곧 기인데 정상혼백(精爽魂魄)이 이것이라 하였다. 유진하는 심의 주재와 천리인욕(天理人欲)의 관계에 대해 다음과 같이 설명한다.

　　심을 주재하는 것을 일러 리라 한다. … 천리인욕의 구분은 중절(中節)과 부중절(不中節)의 구분이니, 특별히 마음의 주재와 주재하지 못함에 있을 뿐이다. 이는 모두가 심은 리가 주재하므로 특히 주재로써 리를 삼은 것이다. 선유의 '심통성정(心統性情)'이란 말이 있고, 또 '심묘성정(心妙性情)'이란 말이 있는데, 그 통(統)이라고 말하고 묘(妙)라고 말한 것은 또한 주재운용(主宰運用)의 뜻인데, 특히 리로써 설명했으므로 리로써 보는 것을 해치지 않는다.36)

그는 심을 주재하는 것이 리라 하고, 천리와 인욕의 구분은 중절과 부중절에 있다고 보았다. 즉 마음이 주재를 잘 하면 이것이 중절된 천리요,

---

33) 《存齋先生文集 1》, 卷2, 〈與盧蓮谷書(乙未 十月 晦日)〉, "至於心之爲物 主於一身 而實天地位育之樞紐 鬼神感應機栝 亦非所謂造化根源者耶."

34) 《存齋先生文集 1》, 〈答鄭道卿書〉, "蓋心之所乘者 氣也 精爽魂魄之屬是也 所具者 理也 仁義禮智之性是也."

35) 《存齋先生文集 2》, 卷7, 〈語錄〉, "心是理氣合一之物 不無眞妄邪正之錯雜 …"

마음이 주재하지 못하면 이것이 부중절의 인욕이라는 것이다. 그리고 선유의 '심통성정(心統性情)', '심묘성정(心妙性情)'에서 그 통(統), 묘(妙)의 의미가 주재운용(主宰運用)의 뜻인데 이것이 바로 리라 하였다.36)

그는 또 "심은 리로써 말하는 자도 있고 기로써 말하는 자도 있다. 기로 말하는 것은 본위(本位)요 본명(本名)이고, 리로 말하는 것은 그 주된 바로써 말하는 것이니, 만약 혹 말에 집착하거나 뜻을 헤매는 것은 두 가지 설 모두 병통이다"37)라고 하였다. 심을 리로 보느냐 기로 보느냐 하는 논란이 많지만, 유진하는 리로 볼 수도 있고 기로 볼 수도 있다고 한다. 즉 심을 기로 발하는 것은 본위(本位)요 본명(本名)이고, 리로 말하는 것은 그 주된 바로써 말하는 것이니 이것을 가지고 혼동해서는 안 된다 하였다.

또한 유진하는 "심 밖에 리가 없고 리 밖에 심이 없다"38)고 하여, 심과 리의 불가분성을 말하고 있다. 물론 심은 이기론적으로 보면 분명 이기(理氣)의 합이다. 그러나 심을 떠나 리가 있을 수 없고 리를 떠나 다시 심이 없다는 것이다. 여기서도 그가 심속에서 기보다 리의 주재성, 역할에 더 강조점을 두고 있음을 알 수 있다.

또한 유진하는 심의 지각적(知覺的) 기능에 주목하고 이를 매우 중시하였다. 그는 말하기를, "지각(知覺)은 심의 직사(職事)이다. 또 말하기를, 지각은 성정(性情)의 전지(田地)이다. 또 말하기를, 지각은 천하의 리를

---

36)《存齋先生文集 2》, 卷7, 〈語錄〉, "心之主宰 謂之理者 … 天理人欲之判 中節與不中節之分 特在乎心之宰與不宰耳 此皆心之主宰理者 故特以主宰謂之理者也 先儒有曰 心統性情 又 曰心妙性情 其曰統曰妙者 亦主宰運用之意 而特以理說 故不害以理看."

37)《存齋先生文集 2》, 卷7, 〈語錄〉, "心有以理言者 有以氣言者 謂之氣者本位也本名也 謂之 理者 其所主而言也 若或執言迷意二說皆病."

38)《存齋先生文集 2》, 卷7, 〈語錄〉, "心外無理 理外無心."

관섭(管攝)하고 천하의 일을 재할(宰割)한다"[39]고 하였다. 지각을 심의 역할로 보고 지각은 천하의 이치를 관섭하고 천하의 일을 통할한다고 하여 지각의 중요성을 강조하였다. 이러한 것은 종래 심의 도덕적 주재 기능에 주목해 온 것과는 다소 구별되는 것으로 근대적 성격을 갖는다. 결국 현대사회는 과학기술의 시대이고 인간의 인지능력이 매우 중요하다. 이런 점에서 지각을 천하의 이치를 관섭하고 천하의 일을 통할한다고 본 것은 심의 인지적 기능에 주목한 것으로 높이 평가된다.

다음은 유진하가 심의 주재에 있어 이기(理氣)의 역할과 위상을 어떻게 보고 있는지 검토해 보기로 하자.

　　이미 이기합일(理氣合一)의 물(物)이므로 둘 가운데에서 만약 그 무엇이 주재한다고 말하고 무엇이 종노릇한다고 말한다면, 리가 마땅히 주재하고 기가 마땅히 종노릇하는 것이니, 이는 삼척동자가 한번 보아도 가히 다 이해할 수 있는 것이다.[40]

심은 이기의 합일인데 무엇이 주재하고 무엇이 종이 되는가? 그는 리가 마땅히 주재하고 기는 마땅히 종노릇하는 것은 누구나 다 알 수 있는 일이라 하였다. 여기서도 그의 주리적(主理的) 특성은 잘 나타나 있다. 같은 맥락에서 그는 "명덕(明德)을 비록 허령불매(虛靈不昧)라 말할지라도 그 가리키는 바는 반드시 리에 있고, 심을 비록 기라고 말할지라도 그 주재체통(主宰體統)을 가리키는 것 또한 반드시 리에 있음을 알아야 한

---

39) 《存齋先生文集 2》, 卷7, 〈語錄〉, "知覺 心之職事 又曰知覺者 性情之田地 又曰知覺 能管攝天下之理 宰割天下之事."
40) 《存齋先生文集 1》, 卷3, 〈答鄭道卿書(丁亥)〉, "旣理氣合一之物 故於二者之中 若言其孰爲主宰 孰爲僕役 則理當爲主宰 而氣當爲僕役 此使三尺童子一見而可解破也."

다"41)고 한다. 즉 명덕을 허령(虛靈)하여 어둡지 않다고 말하더라도 그 가리키는 바는 반드시 리에 있고, 또 심을 비록 기라고 말할지라도 그 주재하고 통할하는 것은 반드시 리를 가리키는 것이라 하였다. 따라서 여기서도 그는 명덕이나 심이나를 막론하고 리의 주재성, 리의 가치적 순선함, 리의 준칙성을 망각해서는 안 된다고 보아 주리적(主理的) 관점을 일관하고 있다.

또한 그는 "심의 발에 두 형태가 있으니, 리를 주로해서 발하는 것은 이것을 마땅히 발휘해 확충하고, 기를 주로 해 발하는 것은 마땅히 성찰하고 극치(克治)해야 한다"42)고 하였다. 심의 발이란 결국 감정의 발이요 의지의 발인데, 이때 리를 주로해서 발하는 경우는 마땅히 이것을 확충하고 기를 주로 해서 발하는 경우에는 마땅히 성찰(省察)하고 극치(克治)해야 한다 하였다. 다음은 유진하가 인심도심(人心道心)을 어떻게 보는지 검토해 보기로 하자.

심(心)과 형(形)을 상대해서 말하면 대체소체(大體小體)의 구별이 있고, 심(心)과 기(氣)를 상대해서 말하면 장수와 졸병의 구분이 있다. 심 위에서 나아가 나누어서 말하면 성명형기(性命形氣)의 구별이 있으니, 소위 인심(人心)은 형기(形氣)를 좇아서 발한 것이고, 도심(道心)은 성명(性命)을 좇아서 발한 것이다. 대개 인심은 아직 간택(揀擇)하지 않은 마음이고, 도심은 이미 간택한 마음이다.43)

41)《存齋先生文集 1》, 卷3, 〈答鄭道卿書(丁亥)〉, "知此則知明明德雖曰虛靈不昧 而其所指者 必在於理矣 心雖曰氣而其主宰體統所指者 亦必在於理也.

42)《存齋先生文集 2》, 卷7, 〈語錄〉, "心之發有兩樣 有主理而發者 此當發揮擴充 有主氣而發者 此當省察克治."

43)《存齋先生文集 2》, 卷7, 〈語錄〉, "心與形對言 則有大小體之別 心與氣對言 則有帥與卒之分 就心上分言 則有性命形氣之別 所謂人心從形氣而發者也 道心從性命而發者也 蓋人心未揀擇底心 道心已揀擇底心."

여기서 그는 심(心)을 대체, 형(形)을 소체로 보고, 또 심을 장수, 기를 졸병으로 상대시켜 설명하였다. 그리고 심 위에 나아가 구별해 말하면 성명(性命)과 형기(形氣)의 구별이 있으니, 인심은 형기를 좇아서 말한 마음이고, 도심은 성명을 좇아 발한 마음이라 하였다. 또 인심은 아직 간택하지 않은 마음이고, 도심은 이미 간택한 마음이라 하였다. 인심과 도심을 형기와 성명으로 설명한 것은 멀리 주자의 《중용장구》 서문을 인용한 것이다. 다만 그가 인심과 도심을 간택(揀擇) 여부로 설명한 것은 특이한 바 있다. 인심은 신체적 욕구에서 생긴 마음으로 아직 선악이 가려지지 아니한 마음이란 뜻이고, 도심은 도덕적 욕구에서 생긴 마음으로 이미 선을 지향한 마음이란 뜻이다.

그러면 유진하는 성(性)에 관해 어떻게 보고 있는가. 그는 "개와 개가 같고 소와 소가 같고 사람과 사람이 같은 것은 본연지성(本然之性)이고, 개와 개가 다르고 소와 소가 다르고 사람과 사람이 다른 것은 기질지성(氣質之性)이다. 이것이 기질로써 묶어 말한 바이다"[44]라고 하였다. 다시 말하면 개, 소, 사람의 성은 각각 하나의 그 성으로부터 말한 것이니, 이것이 기질의 성이라 하고, 각각 전체를 갖춘 것으로부터 말하면 이것이 본연의 성이다. 이것이 기질로써 한정해 말한 바라고 하였다.[45] 그는 사람, 동물, 식물, 사물 등 일체 존재의 보편성을 본연의 성이라 하였고, 그것들이 각기 구별되는 개별적인 성을 기질의 성이라 하였다.

그러면 정(情)과 의(意)에 대해서는 어떻게 보고 있는가? 그는 정의(情意)의 경우도 단지 발해서 중(中)하고 중하지 못하고, 마땅하고 마땅하지

---

44) 《存齋先生文集 2》, 卷7, 〈語錄〉, "犬與犬同 牛與牛同 人與人同 是本然之性也 犬與犬異 牛與牛異 人與人異 是氣質之性也 此氣質以所累言者也."

45) 《存齋先生文集 2》, 卷7, 〈語錄〉, "犬牛人之性 自各一其性而言 則是氣質之性也 自各具全體而言 則是本然之性也 此氣質以所限言者也."

못하여 주리(主理), 주기(主氣)의 구분이 있게 되는 것이라 하였다.46) 즉 감정이나 의지의 경우도 그것이 중절하느냐 못하느냐, 마땅한가 마땅하지 못한가에 따라 주리, 주기의 구분이 생기는 것이라 하였다.

다음은 당시 유행했던 '명덕(明德)'에 대한 유진하의 관점을 검토해 보기로 하자. '명덕(明德)'이란 본래 《서경》이나 《대학》에 나오는 말인데, 명덕의 이기론적 해석을 둘러싸고 많은 논쟁이 일어났다.47) 먼저 그의 이에 대한 설명을 들어 보기로 하자.

> 대저 명덕이란 무엇인가? 소위 사람이 하늘에서 얻은 바로 허령불매(虛靈不昧)하여 중리(衆理)를 갖추고 만사에 응하는 것이 아니랴. 묻는 이가 말하기를, 허령(虛靈)은 기(氣)이지 리(理)가 아니다. 그것은 기이지 리가 아니므로 명덕은 마땅히 기에 속한다는 이 말은 그럴듯하다. 그러나 자세히 전(傳)의 글을 해석한 것과 주자의 본 뜻을 보면 명덕은 사람 몸 가운데 지극히 순수무잡(純粹無雜)한 하나의 혼륜(渾淪)한 태극이다. 왜냐하면 전에 말하기를, '극명덕(克明德)'이라 말하고, '고시천지명명(顧諟天之明命)'이라 말하고, '극명준덕(克明峻德)'이라 말하니, 이 세 덕자(德字)가 비록 크고 작은 구분이 있을지라도 그리 됨은 일찍이 같지 않음이 없는 것이다. 하물며 〈태갑(太甲)〉명명주(明命註)에 말하기를, "명명(明命)은 상천(上天)이 드러난 이치가 나에게 주어진 것으로, 하늘에 있어서는 명명(明命)이 되고 사람에 있어서는 명덕(明德)이 된다" 하였다.48)

---

46) 《存齋先生文集 2》, 卷7, 〈語錄〉, "至於情意字亦然 只以發而中不中 當不當 有主理主氣之分."

47) 19세기 중엽 李恒老의 문하와 洪直弼의 문하를 중심으로 '明德을 主理로 볼 것인가, 主氣로 볼 것인가' 하는 논쟁이 벌어졌다.(이상익, 《기호성리학논고》, 심산, 2005, 391쪽.

48) 《存齋先生文集》, 卷3, 〈答鄭道卿書(丁亥)〉, "夫明德何爲者也 非所謂人之所得乎天 而虛

유진하는 명덕(明德)을 사람의 몸 가운데 지극히 순수무잡(純粹無雜)한 하나의 혼륜한 태극이라고 보았다. 그것은《서경》의 이른 바 '극명덕(克明德)', '고시천지명명(顧諟天之明命)', '극명준덕(克明俊德)'의 '덕자(德字)'가 바로 리라고 해석하였다. 당시 명덕을 기(氣)라고 보는 견해에 대해 그는 명덕을 리라고 본 것이다. 이러한 까닭으로 만약 과연 주자가 명덕은 기라고 말했다면, 또 어떻게 '도리가 마음속에 있어 밝게 비춘다'는 등의 말을 할 수 있겠느냐 반문하고, 대개 명덕은 사람의 몸 가운데 한 개의 혼륜한 태극임을 단연코 의심할 수 없다고 하였다.[49]

그는 또 "이제 사서로써 말하더라도《논어》수장(首章) 집주(集註)에 말하기를, '인성은 본래 선하다' 하였고,《맹자》수장도 '인의(仁義)'를 말하였고,《중용》수장도 '천명지성(天命之性)'을 말하였고,《근사록(近思錄)》수편(首篇),《태극도설(太極圖說)》,《소학》제사(題辭)도 '원형이정(元亨利貞)'을 말하여 하나도 리로써 시작하지 않음이 없는데, 하물며 대인(大人)의 수기치인지도(修己治人之道)인데 다만 기로써 시작하겠는 가?"[50]라고 하였다. 즉 유학의 경전들이 모두 리로써 시작했는데 어떻게 《대학》만이 기로써 시작할 수 있겠느냐 반문하고 있다.

유진하는 선유의 설을 인용해서 명덕을 심성과 연관해 다음과 같이 설명하고 있다.

靈不昧 以具衆理 而應萬事者歟 詰之者 曰虛靈氣也 非理也 以其氣而非理也 故明德當屬之氣也 此言似矣 然細以傳文所釋及朱子本旨觀之 則明德乃人身中至純無雜 一箇渾淪底太極也 何也 傳曰克明德 曰顧諟天之明命 曰克明峻德 此三德字 雖有大小之分 其爲理則未嘗不同也 況太甲明命註 曰明命者 上天顯然之理 而命之在我者 在天爲明命 在人爲明德 …"

49)《存齋先生文集 1》, 卷3,〈答鄭道卿書(丁亥)〉, "蓋明德 … 其爲人身中一箇渾淪底太極 斷斷無疑矣."

50)《存齋先生文集 1》, 卷3,〈答鄭道卿書(丁亥)〉, "今以四書言之 論語首章集註曰人性本善 孟子首章曰仁義 中庸首章曰天命之性 近思首篇 太極圖說 小學題辭 元亨利貞 無一不以理起頭 況乎大人修己治人之道 而顧以氣起頭乎."

이제 저 명덕은 사람이 하늘에서 얻어 마음에 갖추어진 것인 즉, 어찌 심성(心性)을 합해 설명한 것이 아닌가? 그러므로 주자가 어떤 사람의 물음에 답해 말하기를, '명덕은 이 심이 합해 있고 이 성(性)을 합한 것이니, 심과 성을 어찌 어떻게 분별하겠는가?'라고 하였고, 율옹(栗翁)이 말하기를, '명덕은 심성(心性)을 합해 통틀어 이름한 것'이라 하였고, 우옹(尤翁)이 말하기를, '명덕은 심성정(心性情)의 총칭(摠稱)인데 저절로 빈주(賓主)의 구분이 있다' 하였으니, 이것이 모두 명덕(明德)의 정론(定論)으로 백세를 기다려도 의심이 없는 것이다.51)

그에 의하면 명덕은 하늘에서 얻어 마음에 갖추어진 것이므로 심성(心性)을 합해 설명한 것이라 하였다. 이는 주자, 율곡, 우암의 말로 입증되는데, 명덕에 관한 백세의 정론이라 확신하였다.

다음은 유진하의 호락론(湖洛論)에 대한 입장과 견해를 살펴보기로 하자. 그는 말하기를, "호론(湖論)을 일일이 거론할 수 없으나 그 강령을 말하면 리(理)는 같고 성(性)은 다르며, 편전(偏全)이 본연의 설이라는 데 불과하고, 낙론(洛論)을 일일이 거론할 수 없으나 그 강령을 말하면 성(性)은 같고 기(氣)는 다르며, 편전(偏全)이 기질의 설이라는 데 불과하다"52)고 하였다. 그리고 "대개 성(性)이 다르다고 주장해 논하는 자는 단지 만수(萬殊)의 다름만 보기 때문에 일원(一原)의 같음을 알지 못해 위로 한 급을 미루어 리의 같음으로 돌아간다. 성이 같다고 주장해 논하는

---

51) 《存齋先生文集 1》, 卷3, 〈答鄭道卿書〉, "今夫明德者 人之得乎天 而具於心者 則豈非心性之合說者乎 是以朱子答或人問 曰明德合是心 合是性 心與性如何分別 栗翁曰 明德合心性而摠名 尤翁曰 明德者 心性情之摠稱 而自有賓主之分矣 此皆明德之定論 而俟百不惑者也."

52) 《存齋先生文集 2》, 卷6, 附錄, 〈銅巖講記〉, "湖論 不可一一枚擧 而語其綱領 則不過曰理同性異 偏全本然之說也 洛論 不可一一枚擧 而語其綱領 則不過曰性同氣異 偏全氣質之說也."

자는 단지 일원(一原)의 같음만 보기 때문에 만수(萬殊)의 다름을 알지 못해 아래로 한 급을 굴러 기의 다름으로 돌아간다"[53]고 비판하였다. 이는 유진하가 호론, 낙론을 떠나 객관적으로 양론을 비교한 탁견이라 할 수 있다. 즉 우리가 성을 논함에 있어서는 일원의 같음만 보아서도 안 되고, 또 만수의 다름만 보아서도 안 된다는 말이다. 일원과 만수, 같음과 다름을 아울러 볼 줄 알아야 성에 대한 바른 이해라 할 수 있다는 말이다. 이렇게 균형 잡힌 호락론에 대한 시각은 화서 이항로의 영향과 무관치 않다.[54] 이상에서 그의 인간 심성에 대한 견해를 두루 살펴보았는데, 역시 마음, 명덕에 관한 논의가 주류를 이루고 있다. 그중에서도 마음의 리가 주재가 되어야 한다든지, 명덕을 리로 이해하여 주리론적(主理論的) 색채가 매우 짙게 나타난다.

4. 주리(主理), 주경(主敬)의 수기론

유학은 수기치인지도(修己治人之道)요 내성외왕지도(內聖外王之道)라고 할 때 수기가 근본이 된다. 유학은 먼저 자기관리를 통해 군자가 되고 성인이 되어야 한다. 그러므로 수기는 만사의 근본으로 중시되어 왔다.[55] 유진하도 이런 입장에서 수기와 관한 견해가 그의 저술 속에 산견되고 있다.

그는 먼저 "사람이 배움에 뜻이 있으나 용감하지 못한 것은, 뜻이 서지

---

53) 《存齋先生文集 2》, 卷6, 附錄, 〈銅巖講記〉, "盖主性異之論者 只見萬殊之異 故不識一原之同 而推上一級歸同於理 主性同之論者 只見一原之同 故不識萬殊之異 而轉下一級歸異於氣也."

54) 유권종, 〈화서 이항로의 인물성동이론〉, 《인성물성론》, 한길사, 1994.

55) 《大學》, "自天子至於庶人 壹是皆以修身爲本."

못했기 때문이다. 그러므로 먼저 뜻을 세워야 한다"56)고 하였다. 공부의 첫째가 입지(立志)라는 말이다. 율곡을 비롯한 선유들도 학문에 있어서 입지의 중요성을 많이 강조해 왔다.57)

유진하는 "《격몽요결(擊蒙要訣)》, 《소학(小學)》 등의 책으로써 《대학(大學)》, 제 경전에 점점 나아가 그 가르침이 반드시 덕행(德行)으로써 근본을 삼고, 문예(文藝)는 말단으로 삼아 그 추향(趨向)을 정립해야 한다"58)고 하였다. 여기서 그는 율곡의 《격몽요결》과 《소학》을 학문의 기초서로서 중시하고 있음을 알 수 있다. 그리고 《대학》을 비롯한 여러 경전으로 나아가 반드시 덕행을 근본으로 삼고 문예는 말단으로 여겨야 한다고 하였다. 이는 그가 학문에 있어서 덕행 즉 실천을 중시하였음을 말해준다. 또한 그는 학문에 있어서 정학(正學)과 이단(異端)을 구별해야 한다고 하여 다음과 같이 설명하였다.

> 천지 사이에 단지 리(理)와 기(氣)가 있을 뿐이다. 리는 순선무악(純善無惡)하고 기는 선도 있고 악도 있다. 리를 주로 하는 것은 정학(正學)이 되고, 기를 주로 하는 것은 이단(異端)이 된다. 정학이단(正學異端)의 변별은 단지 리와 기에 있을 뿐이다.59)

그는 천지 사이에는 리와 기만 있을 뿐이라 한다. 리는 순선무악하고

---

56) 《存齋先生文集 2》, 卷7, 〈語錄〉, "人之有志於學 而不能勇決敢果 是志不立故也 故先要立志."

57) 율곡은 《聖學輯要》, 〈自警文〉, 〈東湖問答〉, 〈擊蒙要訣〉, 〈學校模範〉 등 곳곳에서 학문과 수기에서 '立志'를 우선으로 삼고 있다.

58) 《存齋先生文集 1》, 卷5, 〈瑞寧鄉約重修議(辛丑)〉, "以擊蒙要訣小學等書 以次漸進於大學諸經 而其教必以德行爲本 文藝爲末 立定其趨向也."

59) 《存齋先生文集 1》, 卷5, 雜著, 〈正學異端說〉, "天地之間 只有理與氣而已 理者 純善無惡 氣者 有善有惡 主於理者爲正學 主於氣者爲異端 正學異端之辨 只在於理與氣而已矣."

기는 선도 있고 악도 있다. 리를 주로 하는 것이 정학(正學)이고 기를 주로 하는 것이 이단이라 하였다. 따라서 정학과 이단의 구별은 선과 악의 구별이며 동시에 리와 기의 구별이다. 이렇게 리를 선으로 기를 악으로 보는 그의 관점은 당시 시대적 상황과 무관하지 않다. 서세동점의 위기에서 정학을 지키고 서학을 배척해야 한다는 당시 화서학단의 입장이 이기론적으로 잘 표현된 것이다.

이러한 벽이단(闢異端), 위정척사(衛正斥邪)의 입장은 다음 글에서도 분명하게 드러난다.

유학은 리(理)로써 성도(性道)를 삼아 리는 본래 두 체가 없다. 그러므로 천성(千聖)의 성(性)을 논함이 단지 일치해서 다시 이론이 없는 것이다. 이단의 학은 모두 기(氣)를 성도(性道)로 알아 기에 만 가지 다름이 있기 때문에 제자(諸子)가 말한 성도(性道)가 각각 보는 바에 따라서 같지 않고 기를 성도로 아는 것은 마찬가지다. 유자(儒者)의 학은 리로써 기를 제어해서 기가 리의 명령을 듣기 때문에 행하는 바가 도에 합하지 않음이 없다. 이단의 학은 기로써 리를 부려 리가 도리어 기의 명령을 듣기 때문에 행하는 바가 반드시 미쳐 날뛰어 방자함에 이르는 것이다. 리는 순선하나 기는 맑고 흐리고 순수하고 잡박해 만 가지로 같지 않음이 있으니, 이에 반드시 모름지기 기질을 변화한 연후에 가히 본성의 처음을 회복할 수 있는 것이다.[60]

---

60) 《存齋先生文集 1》, 卷5, 雜著, 〈正學異端說〉, "儒者 以理爲性道 而理本無二體 故千聖論性 只是一致 而更無異論矣 異端之學 皆認氣爲性道 而氣有萬殊 故諸子之言性道 各隨所見而不同 其認氣爲性道則同矣 儒者之學 以理御氣 而氣聽命於理 故所行無不合於道矣 異端之學 以氣役理而理返聽命於氣 故所行必至於猖狂自恣矣 理則純善 而氣則淸濁粹駁有萬不齊 此必須變化氣質 然後可以復性初矣."

그에 의하면 유학은 리로써 성도(性道)를 삼고, 이단의 학은 기를 성도로 삼는다고 단언한다. 유학은 리로써 기를 제어해 기가 리의 명령을 듣기 때문에 행하는 바가 도에 합하지 않음이 없다 하였다. 반면 이단의 학은 기로써 리를 부려 리가 도리어 기의 명령을 듣기 때문에 행하는 바가 방자함에 이르게 된다는 것이다. 따라서 기질의 변화를 통해 본성의 처음을 회복해야 한다 하였다. 그러므로 "공부는 단지 기질의 변화일 뿐이다. 만약 강한 것을 부드럽게 변하지 못하고 부드러운 것을 강하게 변하지 못 한다면, 비록 평생 다소의 책을 다 읽었을 지라도 옛 그대로의 사람됨을 면치 못 할 것이니, 어떻게 중화(中和)의 기(氣)를 길러서 능히 도(道)와 하나가 되랴"61) 하였다. 유진하는 공부란 다만 기질의 변화일 뿐이라고 말하는 것이다. 강한 것을 부드럽게, 부드러운 것을 강하게, 게으른 것을 부지런하게 변하는 것이 곧 기질의 변화요 수기의 첩경이라고 보았다. 다음 글은 이에 관한 유진하의 글이다.

대개 인성이 비록 본래 선하다 할지라도 성의 탄 바는 기이다. 청탁수박(淸濁粹駁)의 구애가 없을 수 없으니 기의 생한 바이고, 욕(欲)은 소리, 색, 냄새, 맛의 폐해가 없을 수 없다. 이 두 가지가 서로 인하여 반복해 고질이 되고, 천리가 물러나기를 바라지 않는데 날로 물러나고, 인욕이 나아가기를 바라지 않는데 날로 나아간다. 오직 그 가림에 두텁고 엷음이 있으므로 그 허물에 크고 작음이 있어서 성찰극치(省察克治)를 할 수 없은 즉, 숨어서 자라고 마침내 천지가 바뀌고 사람과 금수의 분별이 없어지게 되니, 이것이 병근(病根)의 소재로 경계하고

---

61) 《存齋先生文集 2》, 卷7, 〈語錄〉, "工夫 只是變化氣質而已 若不能變剛爲柔 變柔爲剛 則雖平生讀盡多小書 未免依舊一樣人矣 烏可養得中和之氣 而能與道爲一哉."

두려워하지 않을 수 있으랴.62)

　인성은 누구나 선하지만 그 성은 기에 타 있는 것이다. 기로 인해 맑고
흐리고 순수하고 잡박한 차이가 생기고 신체적 욕구가 생기게 되는 것이
다. 여기서 천리와 인욕의 갈등이 끊임없이 생기게 된다. 그러므로 천리
를 잘 보존하면 인욕이 물러나고 인욕이 물러나면 천리가 잘 보존되는
것이다. 이러한 마음공부가 곧 성찰극치(省察克治)라 할 수 있고, 이는 기
질변화의 방법이라 할 수 있다. 그런데 그는 학문에 있어서 '실천(實踐)'
의 중요성을 다음과 같이 강조하였다.

　사람의 학문은 대개 실천하는 데 있으니, 저것을 밝게 알자마자 곧
이것을 행하고, 한 글자를 읽을 때 한 글자의 뜻을 체득하고, 한 구절
을 읽을 때 한 구절의 뜻을 체득하라.《소학》을 배우면 실제로《소학》
을 본받고,《대학》을 배우면 실제로《대학》을 본받으며, 공맹의 말씀을
연구하면 공맹의 성을 다하고, 정주(程朱)의 교훈을 연구하면 정주의
행(行)을 다하여, 두 가지 공부를 한결같이 배우면 마치 양 수레바퀴와
같고 새의 두 날개와 같아 하나라도 없으면 그 덕을 이룰 수 없다.63)

유진하는 학문은 실천에 있다 하고, 저것을 알자마자 이것을 곧 실행

<hr>

62)《存齋先生文集 1》, 卷5, 〈瑞寧鄕約重修議(辛丑)〉, "盖人性雖曰本善 而性之所乘者氣也 不
能無淸濁粹駁之拘 氣之所生者 欲也 不能無聲色臭味之弊 二者相因 反覆沈痼 天理不期退
而日退 人欲不期進而日進 惟其蔽有厚薄 故其過有大小 而不能省察克治 則潛滋暗長 終焉
天壤易處 人獸無分矣 此乃病根之所在者也 可不戒懼哉."

63)《存齋先生文集 1》, 卷5, 雜著, 〈童子敎署〉, 讀書章第五, "人之問學 蓋欲天理 纔明乎彼 卽
行乎此 讀一字時 體一字義 讀一句時 體一句義 學了小學 實小學效 學了大學 實大學效 究
孔孟言 盡孔孟性 究程朱訓 盡程朱行 雙下工夫一此學 則如車兩輪 如鳥兩翼 不可闕一以
成闕德."

하고, 한 글자를 읽을 때 한 글자의 뜻을 체득해야 한다고 하였다. 마찬가지로 《소학》을 배웠으면 실제로 《소학》을 실천하고, 공·맹의 말씀을 연구하면 공·맹의 가르침을 몸소 실천해야 한다 하였다. 그래서 아는 것과 행하는 것은 수레의 양 바퀴와 같고 새의 두 날개와 같아, 어느 하나라도 없어서는 결코 그 덕을 이룰 수 없다 하였다. 이처럼 그는 학문의 지적 유희를 거부하고 몸소 체득 실천하는 데 강조점을 두었다. 이는 당시 유교사회의 관념적 병폐와 성리학적 사변화의 문제점을 통절히 비판한 것이며, 참된 유학의 길, 참된 도학의 길을 가야 한다는 유진하의 통절한 반성의 표현이라 할 수 있다. 지행병진(知行竝進), 지행일치(知行一致)를 강조하는 유진하의 학문적 입장이야 말로 실학적 태도라 할만하다. 그는 또 말하기를 "사람이 백행(百行)에서 하나하나 맹성(猛省)해서 진퇴동작(進退動作)과 동정어묵(動靜語默)이 반드시 예(禮)에 맞고 반드시 도(道)에 말미암아야 한다. 경의(敬義)를 서로 기르고 언행(言行)을 독실히 하여, 잠깐이나 지극히 미세한 일이라도 구차할 수 없고 또한 폐기할 수 없다"[64]라고 하였다. 온갖 행실에서 하나하나 맹성(猛省)해서 예에 맞아야 하고, 도에 어긋나지 말아야 한다는 것은 곧 예의 실천을 말하는 것이다. 유학은 예에 맞는 행동, 도에 일치된 행실을 요구한다. 이런 점에서 역시 그가 실천을 강조한 것이라 할 수 있다. 그리고 경의(敬義)를 서로 기르고 언행(言行)을 독실히 하여, 잠깐 동안이나 매우 작은 일이라도 이에 어긋나서는 안 된다고 하였다. 경(敬)은 내면적인 마음자세요 의(義)는 외적인 행위라고 할 수 있다. 즉 언행의 일치는 잠시라도 멈출 수 없고, 아무리 작은 일이라도 어긋나서는 안 된다는 것이다.

---

64) 《存齋先生文集 1》, 卷5, 雜著, 〈童子敎畧〉, 愼行章第六, "人於百行 一一猛省 進退周旋 語默動靜 必中於禮 必由於道 敬義交養 言行慥慥 造次顚沛 至微細事 不可苟且 不可廢棄 ···"

그는 수기의 방법으로 또 거경(居敬), 궁리(窮理), 역행(力行)을 강조하였다. 이는 주자 내지 율곡의 수기론을 계승한 것이라 할 수 있다.

석담(石潭) 선생이 이르지 않았는가? 거경(居敬)으로써 그 근본을 세우고, 궁리(窮理)로써 선을 밝히고, 역행(力行)으로써 실천하는 것, 이 세 가지 말이 실로 오유(吾儒)의 구경(究竟) 법문(法門)이다.65)

그는 율곡의 말을 인용하여 거경(居敬)으로써 그 근본을 세우고, 궁리(窮理)로써 선을 밝히고, 역행(力行)으로써 실천하는 것이 우리 유가의 최선의 법문이라고 하였다. 여기서 궁리는 지적(知的)인 작업이라면 거경은 실천의 작업이라고 할 수 있다. 특히 그가 주자나 율곡의 말을 좇아 역행을 궁리, 거경에 보탠 것은 중요한 의미를 갖는다. 학문에 있어서의 실천을 강조한 것이다. 실천이 없는 궁리, 실천이 없는 거경은 한갓 생각에 불과하고 이론에 불과하기 때문이다. 실천을 통해 구체적인 덕행으로 드러나고 지식으로 쌓이는 것이다. 이런 관점에서 그는 다시 "거경(居敬)으로 근본을 세우는 것은 전체가 되고, 궁리, 역행은 양 다리가 되니, 이 세 말이 학문하는 종지(宗旨)이다"66)라고 말하였다. 여기서 그는 거경을 궁리, 역행 양자의 근본으로 중시하였다. 즉 궁리에도 경(敬)이 필요하고 역행에도 경이 근본이 된다는 말이다.

유진하의 공부론, 수기론에서 경(敬)은 매우 중요한 방법론으로 제시되어 강조된다. 그는 말하기를 "일신을 주재하는 것은 오직 심(心)이라고 말할 뿐이고, 일심을 주재하는 것은 오직 경(敬)에서 그친다고 말한다.

65) 《存齋先生文集 1》, 卷5, 〈瑞寧鄕約重修議(辛丑)〉, "石潭先生不云乎 居敬以立其本 窮理以明乎善 力行以踐其實 此三言者 實吾儒究竟法門."
66) 《存齋先生文集 2》, 卷7, 〈語錄〉, "居敬立本爲全體 窮理力行爲兩脚 此三言爲學之宗旨也."

안으로는 구사(九思)에 전념하고 밖으로는 구용(九容)으로 바르게 하며, 밤낮으로 부지런하고 삼가며 반드시 공경하고 공경하라"67)고 하였다. 한 몸을 주재하는 것이 마음이고, 한 마음을 주재하는 것이 곧 경(敬)이다. 그래서 안으로는 구사(九思)에 전념하고 밖으로는 구용(九容)을 바르게 해서 밤낮으로 부지런히 힘써야 한다 하였다. 여기서 구용(九容)과 구사(九思)는 경(敬)의 구체적인 방법론으로 제시된 것이다. 그는 "경(敬)은 사람의 도(道)요 성(誠)은 하늘의 도(道)이다"68)라고 하였다. 이는《중용》에서의 "성(誠)은 하늘의 도요 성을 행하는 것은 사람의 도이다"라는 말을 그 나름으로 달리 표현한 것이다. 즉 성(誠)은 천도(天道)의 본질이고 그 천도의 본질인 성(誠)을 본받아 행하는 것이 사람의 도라는 말이다. 이때 성을 본받는 노력 이것이 곧 경(敬)이 되는 것이다. 여기서 경(敬)은 성(誠)을 실천하는 방법으로 중시된다.

그는 경(敬)을 이렇게 해석한다. "경(敬)은 하나를 하고자 해 항상 주(主)에 있는 것이고, 성(誠)은 이 체단(體段)의 순일(純一)함인데, 경이 아니면 그 마음이 있을 수 없고, 성이 아니면 그 성을 다 할 수 없다"69)고 하였다. 경(敬)은 정주(程朱)의 말대로 마음이 '그 하나를 주로 하는 것'70)이고, '그 하나를 주로 해서 이리저리 나아감이 없는 것'71)이다. 경(敬)이 아니면 그 마음이 있을 수 없고, 성(誠)이 아니면 그 성(性)을 다할 수 없다. 경은 여러 가지로 표현되는데 유진하는 "공부는 단지 본원을

---

67)《存齋先生文集 1》, 卷5, 雜著, 〈童子教畧〉, 愼行章第六, "一身主宰曰唯心爾 一心主宰曰唯敬止 內存九思 外整九容 日乾夕惕 必欽必恭."

68)《存齋先生文集 2》, 卷7, 〈語錄〉, "敬者 人之道也 誠者 天之道也."

69)《存齋先生文集 2》, 卷7, 〈語錄〉, "敬 是欲一而常存主者也 誠 是體段之純一者也 非敬 無以存其心 非誠 無以盡其性."

70)《性理大全》, 卷37, 〈誠〉, "程子曰 … 主一者 謂之敬 一者 謂之誠."

71)《性理大全》, 卷46, 〈存養持敬附〉, "程子曰 … 所謂敬者 主一之謂敬 所謂一者 無適之謂一."

함양하고 의리를 사색하는 두 가지일 뿐이다"72)라고 말한다. 본원을 함양하는 일과 의리를 깊이 사색하는 것이 공부의 방법으로 제시되었다. 마찬가지로 그는 "학문은 함양(涵養)으로써 제일의(第一義)를 삼는다"73)고 하여 함양을 중시하였다. 일찍이 성리학에서는 함양(涵養)과 성찰(省察)이 경(敬)의 방법으로 중시되어 왔다. 율곡은 "무릇 몸과 마음을 거두어 잡는 것은 모두 함양이라고 할 수 있다. 그러므로 움직일 때나 고요할 때나 할 것 없이 모두 함양은 실천에 있다고 말한 것이니, 실천 가운데에 함양이 있다"74)고 하였다. 율곡에 의하면 함양과 성찰은 상대적으로 말하면, 함양은 오로지 고요한 곳만을 가리켜 말한 것이라 할 수 있지만, 단지 함양만을 들어 말한다면 동정(動靜)을 겸한다고 하였다.75) 따라서 함양과 성찰은 상대적으로 보면 함양은 정적(靜的)인 방법이고, 성찰은 비교적 동적(動的)인 방법이라 할 수 있다. 그러나 단지 함양만을 가지고 논한다면 동정을 겸한다고 보는 것이다. 성찰은 마음에서 발단하는 선악의 은미(隱微)한 기미(幾微)를 잘 살피는 것이요, 천리와 인욕의 경계를 잘 살피는 것을 의미한다.76)

이상에서 유진하의 수기론에 대해 검토해 보았다. 그는 학문에 있어 입지를 강조하고,《격몽요결(擊蒙要訣)》,《소학》을 공부의 기초로 삼고 덕행을 중시하였다. 또한 정학과 이단을 엄격히 구별하고, 리는 선한 것 기는 악한 것으로 보아 주리적 학문태도를 분명히 하였다. 그리고 기질변

---

72)《存齋先生文集 2》, 卷7,〈語錄〉, "工夫 只是涵養本源 思索義理 二者而已."

73)《存齋先生文集 2》, 卷7,〈語錄〉, "學以涵養爲第一義."

74)《栗谷全書》, 卷31,〈語錄〉, 上, "凡收斂身心 皆可謂之涵養 故勿論動靜皆謂涵養在踐履 則
    踐履中有涵養矣."

75)《栗谷全書》, 卷31,〈語錄〉, 上, "涵養省察對擧 則涵養專指靜處而言 單擧涵養 則兼動靜
    也."

76) 황의동,《율곡사상의 체계적 이해 1》, 서광사, 1998, 327쪽.

화를 통해 인간되어짐을 추구하고 특히 경(敬)을 통한 실천을 강조하였다. 지행병진(知行竝進), 언행일치(言行一致)를 강조하고, 거경(居敬), 궁리(窮理), 역행(力行)을 수기의 방법으로 중시하였는데, 이는 율곡의 견해를 계승한 것이다. 이렇게 볼 때, 유진하의 수기론에서도 주리론적(主理論的) 색채가 분명하고, 실천을 중시하는 데 특징이 있다. 이는 당시 한말 민족적 위기, 도학의 위기상황 속에서 실천적 유자(儒者)의 길, 행동하는 지성의 길을 걸었던 화서학파의 입장이 그대로 표현된 것이라 생각된다.

제6장 | 농산 신득구와 연재 송병선의 성리 논변

1. 시작하는 말

농산 신득구(農山 申得求: 1850~1900)는 한말의 유학자로서 연재 송병선(淵齋 宋秉璿: 1836~1905)과 성리논변을 벌리다 사문난적(斯文亂賊)으로 몰려 스스로 목숨을 끊은 불우한 학자다. 그는 아직 세상에 잘 알려지지 않은 유학자지만, 그의 저술과 논변으로 보면 성리학에 매우 조예가 깊었다. 그의 자는 익재(益哉), 호는 온지(溫知), 농산(農山)이며 본관은 고령(高靈)[1]이다. 그는 1850년(경술) 9월 19일 전라남도 고흥 마륜리(馬輪里) 덕촌(德村)에서 출생하였는데, 부친은 매산 홍직필(梅山 洪直弼)의 문하를 출입한 병호 신제모(屛湖 申濟模)이고, 모친은 여산송씨(礪山宋氏) 인채(麟采)의 딸이다.[2] 1870년(고종 7) 21세 때 전라도 장성으로 노사 기정진(蘆沙 奇正鎭)을 찾아뵙기도 했고, 충남 아산 성전(星田)의 고산 임헌회(鼓山, 全齋: 任憲晦)의 문하에 집지(執贄)하여 그의 제자가 되었다. 1871년(고종 8) 22세 때 임헌회가 거처하는 공주 명강동에서 20일간 수학하였는데, 임헌회는 농산에게 '온지(溫知)'라는 호를 지어 주었는데 이는 '온고지신(溫故知新)'의 의미를 담고 있는 것이다. 1876년(고종 13) 27세 때 임헌회가 1년간의 경비를 주고 자신의 문집 초고 25책의 교정을 명하여, 삼기(三岐, 星田)에 머물며 4~5권을 교정하다가 모친의 병환으

---

1) 《天說. 天人辨》, 〈農山申先生行狀〉, 고령신씨대종회, 2018.

2) 《天說. 天人辨》, 〈農山申先生行狀〉, 고령신씨대종회, 2018.

로 교정을 다 마치지 못하고 돌아왔다.

1891년(고종 28) 42세 때 송병선이 중암 김평묵(重庵 金平默)과 입재 송근수(立齋 宋近洙)의 교정을 거친 자신의 편저《근사속록(近思續錄)》의 교정을 농산에게 부탁하였다. 이에 그는《근사속록》에 160여 곳을 부첨(付籤)하여 보내어 연재에게 칭송을 받았다. 그러나 권1 〈도체편(道體篇)〉에 인용한 율곡 이이(栗谷 李珥)의 〈어록(語錄)〉 중 '천지유도심이이(天只有道心而已)'에 관한 이견으로 이후 연재학파(淵齋學派)와 논쟁하면서 1890년대 후반기에는 사문난적(斯文亂賊)으로 몰리게 되었다.3) 송병선은 우암 송시열(尤庵 宋時烈)의 9대손으로 임헌회 문하에서 신득구와 함께 수학한 동문이며, 또 가학으로는 수종재 송달수(守宗齋 宋達洙)에게서 배웠다. 송병선은 나이로 보면 농산보다 14년 연상이었는데,《유학연원록》에 의하면 송병선의 문생이 981명이나 될 만큼4) 당대 연재학파는 막강하였고, 1905년 을사보호조약이 체결되자 분을 참지 못하고 자결하였다.

농산은 1900년(고종 37) 51세 때 〈신설(新說)〉을 지은 이후로 연재학파와 사류(士類)들의 압박이 점점 심해져 집과 가재(家財)가 불살라지게 되었고, 6월 28일 금강산에 갔다가 돌아오는 길에 '돌아가도 또한 집이 없다'는 유서를 남기고 자결하였다.

신득구는 임헌회의 고제(高弟)로 '오도남의(吾道南矣)'라고 할 만큼 그를 아끼면서 도학을 당부하였고, '경례사문형기신리(經禮史文形氣神理)' 8글자를 써주며, 경의(經義)와 예문(禮文)과 사기(史記)와 문장(文章)은 유자(儒者)로서 반드시 배워야 할 바요, 형기신리(形氣神理)는 유자(儒者)로서 마땅히 힘써야 할 것이라 하였다.

---

3)《天說. 天人辨》,〈農山新得求先生 年譜〉, 43세조, 고령신씨대종회, 2018.

4) 김병호,《유학연원록》, 역경연구원, 단기 4313년, 604~639쪽.

이처럼 농산은 매산 홍직필(梅山 洪直弼)-고산 임헌회(鼓山, 全齋: 任憲晦)의 학통을 이어받은 율곡학파 낙론계의 유학자다. 스승 임헌회가 자신의 문집 교정을 맡길 만큼 촉망을 받았고, 또 연재 송병선이 자신의 편저《근사속록(近思續錄)》의 교정을 맡길 만큼 역량 있는 학자였다. 그럼에도 불구하고, 율곡의 설에 대한 견해 차이와 시비로 사문난적으로 몰리고, 마침내는 스스로 목숨을 끊게 되었으니 참으로 안타까운 일이요 불우한 생애를 살았다 할 것이다.

필자는 농산 신득구 선생을 처음으로 알게 되었고, 또 그의 문집과 저술을 처음 접하게 되었다. 문집《농산집(農山集)》과《천설. 천인변(天說. 天人辨)》을 통해서 농산의 학문적 깊이와 성리학에 대한 조예를 어느 정도 짐작할 수 있었다. 특히 연재와 그 문인들과 맞서서 당당하게 학문적 정의를 세우는 모습은 진유(眞儒)가 가야 할 모범을 보여 주고 있다는 점에서 높이 평가된다.

본고는《천설. 천인변》을 중심으로 농산과 연재와 그 문인들과의 성리 논변에 대해 검토해 보고자 한다. 아울러 사문난적 시비에 관해서도 비판적 시각에서 검토해 보고자 한다.

2. 연재 송병선과의 논변

1891년(고종 28) 송병선은 자신의 편저《근사속록》에 대한 교정을 신득구에게 다음과 같이 부탁한다.

내가 일찍이 다섯 선생의 글 가운데에서 골라 이를 하나의 책으로 엮었으며, 그래서 책은 일단 다 완성되었소. 그러나 거기에는 아직도 첨삭해야 할 곳이 많은 형편이니 바라옵건대 농산께서 상세히 검토하시되, 조금도 주저하지 말고 고칠 것은 고치고 깎을 것은 깎아 내어, 이 책이 아주 정확한 내용의 것이 되도록 하여 주십시오. 그렇게 되면 이 보다 더 다행한 일이 없겠소.

이 《근사속록》은 송병선이 정암 조광조(靜庵 趙光祖), 퇴계 이황(退溪 李滉), 율곡 이이(栗谷 李珥), 사계 김장생(沙溪 金長生), 우암 송시열(尤庵 宋時烈) 오현(五賢)의 학설을 간추려 편집한 것이다. 이미 김평묵(金平默)이 교정을 세 번이나 보았으며, 송근수(宋近洙)의 교정을 거쳤음에도 다시 농산에게 마지막으로 부탁했던 것이다.

이에 농산은 성실하게 교정 작업에 참여하여 혹은 잘못된 곳을 바로잡고, 혹은 마땅히 빼야 할 것 같다는 주장을 한 것이 무려 160여 군데가 되었다. 이에 송병선은 말하기를, 글에 담겨진 뜻과 내용을 꿰뚫어 보는 데 있어 이보다 더 치밀하고 자세할 수가 없다고 칭찬하였다. 그리하여 160여 군데 중에서 87군데의 것을 그대로 받아들였다. 그러나 단 한 곳에서 견해가 달랐으니 《율곡전서(栗谷全書)》 권31 〈어록(語錄)〉의 다음 글이었다.

"問 天人之性一也 而其發也 人有人心道心之分 天則無人心 何也 曰 天無血肉之氣 故只有道心而已 人則 有血肉之形 故有人心之發也."

송병선은 자신이 엮은 《근사속록》에 이 글을 실었다. 이에 농산은 이 내용 자체가 문제가 있으며, 이 대목은 빼는 것이 옳다고 주장하였다. 농산은 율곡이 이렇게 잘못된 주장을 할 리도 없고, 아마도 후일 율곡의 문인들이 유고(遺稿)를 정리하는 과정에서 실수를 한 것으로 생각하였다. 그러나 송병선은 이러한 농산의 주장을 수용하지 않고, 《근사속록》을 간행해 버렸다.

이후 송병선과 그의 문인들과 신득구 간에 무려 전후 10년 동안 이를 둘러싼 성리 논쟁이 벌어졌다. 먼저 안성환(安成煥)과 연재의 아들 송철헌(宋哲憲)과의 서신왕래를 통한 논쟁에 이어서 연재와의 논쟁이 이어졌다.

송병선과 그의 문인들은 율곡의 설을 의심하는 신득구를 집단적으로 비판하자, 신득구는 자신의 견해를 증명하기 위해 방대한 성리학의 자료들 속에서 이에 관련된 부분을 뽑아 이른바 《신설(新說)》, 즉 천설(《天說. 天人辨》)을 썼다. 이는 그가 감정적 차원이 아니라 학술적 논거로서 자신의 주장이 정당함을 밝히기 위한 것이었다.

그러나 송병선의 문인들은 집단의 힘으로 신득구를 '사문난적(斯文亂賊)'으로 몰아붙였으며, 다양한 방법으로 압박을 가하였다. 심지어는 그의 집과 모든 서적 그리고 가재(家財)를 불사르게 되니, 1900년 (고종 37) 6월 28일 신득구는 금강산 여행을 나섰다가 돌아오는 길에 '돌아갈 집도 없다' 하고, 유서를 남긴 채 51세의 나이로 자결하였다.[5]

이제 천인(天人)의 인심도심(人心道心)에 관한 신득구와 송병선 측과의 논변에 대해 검토해 보기로 하자. 먼저 농산은 "하늘에는 혈육(血肉)의 기(氣)가 없기 때문에 도심(道心)만 있고 인심(人心)은 없다"는 율곡의 설에 문제가 있다는 것을 증명하기 위해 송병선, 그의 문인들과 서신왕래를 통해 수차례 논변을 했고, 송대 성리학자들의 견해를 통해 이를 입증하고자 《신설(新說)》을 썼다.

그런데 이 논변의 중요한 핵심은 '사람에게는 인심도심이 있지만, 하늘에는 도심만 있지 인심이 없다'는 율곡의 설이다. 이에 대해 농산은

---

5) 〈농산신득구선생 연보〉, 고령신씨대종회, 2018, 664쪽.

《율곡전서》〈어록〉에 있는 이 율곡의 설이 문제가 있다고 보았고, 아마도 후일 문인들이 잘못 편집해 수록된 것이라고 보았다.

손수 쓰신 편지와 〈어록(語錄)〉은 결단코 의미가 서로 같지 않은데, 두 기록 중 비교적 의심이 없는 것은 손수 쓰신 편지가 〈어록〉보다 만배나 됩니다. 보잘 것 없는 제가 앞의 편지에서 망령스럽고 경솔한 말을 많이 하였는데, 본래의 의미는 선생이 손수 쓰신 편지에 근거하여 문인의 기록을 의심한 것인데, 도리어 타인들로부터 율곡 선생을 압도탄박(壓倒彈駁)한다는 죄를 불러 일으켰으니, 너무나도 부끄럽고 두려워 다시 무슨 말을 감히 하겠습니까? 알지 못하겠지만, 손수 쓰신 편지는 비록 남아 있지만 그 내용을 믿을 수 없으니 반드시 그것을 내친 다음, 이치가 통하지 않은 〈어록〉을 좇는 것이 선현을 경외(敬畏)하는 것입니까?6)

농산은 《율곡전서》의 〈어록〉은 후대 문인들이 기록한 것으로 손수 쓴 글과는 달리 오류가 있을 수 있다고 보았다. 오히려 율곡의 글을 해석해 보면 하늘에도 도심뿐만 아니라 인심이 있다고 보는 것이 옳다고 보았다.

어떤 이가 "하늘과 사람의 성은 한가지인데, 그 성이 드러날 때 사람에게는 인심과 도심의 구별이 있으나 하늘에 있어서는 인심이 없으니 그 까닭은 무엇입니까"라고 물었다. 이에 율곡 선생이 대답하였다. "하늘은 혈육의 기(氣)가 없기 때문에 다만 도심만 있으며, 사람은 혈육의

---

6) 《천설, 천인변》, 권18, 천인변, 상, 〈연재에게 답함〉, 고령신씨대종회, 2018, 299쪽.

형(形)이 있기 때문에 인심의 발함이 있다."(《栗谷全書》, 卷31, 〈語錄〉金振綱 所錄)

이에 대해 내가 찌지를 붙여 이르기를, "추위, 더위, 재앙, 상서(祥瑞)가 그 바름을 얻지 못한 것은 하늘에 있어서 위태로움이 아니겠는가? 그것을 사람에게 비교하여 말한다면, '인심의 유행'이라고 할만하다. 이 단락은 응당 생각해 보아야 할 듯하니, 혹 빼 버리는것이 어떠한가?"라고 하였다.[7]

농산은 율곡의 〈어록〉에 "하늘은 혈육의 기가 없기 때문에 다만 도심만 있으며, 사람은 혈육의 형이 있기 때문에 인심의 발함이 있다"는 말에 대해 천지자연의 추위, 더위, 재앙, 상서(祥瑞)가 그 바름을 얻지 못한 경우 그것을 천지의 인심으로 보는 것이 옳다고 주장하였다. 따라서 〈어록〉의 이 말은 수록하지 않는 것이 좋겠다고 보았다.

송병선은 아들 송철헌과 문인들과 주고받은 편지를 보고 손수 자신의 견해를 다음과 같이 피력하였다.

고명(高明, 農山)이 내 아들(宋哲憲)에게 답한 편지를 가만히 살펴보니, "하늘도 또한 인심이 있다. …"의 말이 있었습니다. 내가 이에 대해 대단히 의아하게 생각하였습니다. 이 논설이 어찌 앞 시대에 밝히지 못했던 것을 밝히려 그런 것이겠습니까? 옛날부터 성현들이 셀 수도 없이 하늘을 논하였지만, 어찌 일찍이 인심을 가지고 억지로 이름을 붙인 사람이 있었습니까? 그 리(理)의 통함과 막힘은 차치하고, 다만

7) 《천설, 천인변》, 권18, 천인변, 상, 〈근사속록〉, 고령신씨대종회, 2018, 266쪽.

이 해당 문구가 말이 되지 않습니다. 하늘의 심(心)은 마땅히 천심(天心)이라 말해야지 인심이라 말할 수 없기 때문입니다.

율곡 선생께서 '하늘은 혈기가 없다. 그러므로 다만 도심만 있다. 사람은 혈육의 형(形)이 있기 때문에 인심이 있다'는 말은 명백하여 조금도 이치에 어긋난 곳이 없는데, 그대는 기록한 사람의 잘못이라고 합니다. 또한 추위, 더위, 재앙, 상서가 그 바름을 얻지 못한 것을 선생은 이미 기수(氣數)에 해당시켰는데, 그대는 홀로 '인심의 유행이다'라고 하였습니다. 혹시 분명하고 확실하게 알아서 이와 같이 논의를 세웠습니까?

근세의 학자들은 이따금 자기의 견해를 스스로 주장하는데, 선현의 말과 부합하지 않는 점이 있으면 왜곡된 증거를 끌어와 장황하게 설명합니다. 이것은 선현의 말을 경외(敬畏)하는 도리가 아닙니다. 그런데 뜻하지 않게 고명(高明) 또한 이러한 혐의를 면하기 어렵게 되었으니, 정말 이해하지 못할 일입니다.8)

연재는 〈어록(語錄)〉의 율곡의 말에 문제가 없다고 본다. '하늘의 인심'이라는 말을 억지로 붙여서도 안 되고, 하늘의 심은 마땅히 천심(天心)이라 해야지 인심(人心)이라 할 수 없다는 것이다. 아울러 농산이 말하는 천지자연의 추위, 더위, 재앙, 상서가 바르지 못한 것은 인심의 유행이 아니라 율곡의 설명대로 기수(氣數)의 탓으로 돌려야 한다고 보았다. 선현의 말을 왜곡된 증거로 비판하고 의심하는 것은 선현을 경외하는 태도가 아니라고 나무랐다. 거듭되는 연재와 그 문인들의 집단적 규탄에 대해 농산은 자신의 불편한 심기를 다음과 토로하였다.

---

8) 《천설, 천인변》, 권18, 천인변, 상, 〈연재에게 답함〉, 고령신씨대종회, 2018, 288쪽.

사우(師友)들이 공격하여 사방으로 에워싸고 있으니, 나의 몸이 문드러지지 않은 것이 다행일 정도입니다. 부끄러운 마음이 들어 추운 날씨에도 뜨거운 땀이 등을 적십니다. 당초 잘못으로 빠진 것은 자사(子思)에게서 말미암았고, 뒤에 증거를 보탠 것은 주자에게서 말미암았습니다.9)

농산은 《중용》 제12장의 "천지지대야 인유유소감(天地之大也 人猶有所憾)"을 인용해 천지의 인심을 설명하였다. 즉 "위대한 천지에 대해서도 사람들은 오히려 유감스러워 하는 바가 있다"고 보았다는 말이 이를 의미한다고 보았다. 또 농산은 여기서의 주자의 해석인 "어천지 여복재생성지편 급한서재상지부득기정자(於天地 如覆載生成之偏 及寒署災祥之不得其正者)" 즉 "하늘이 덮어주고 땅이 실어주고 생성하는 것의 편벽됨과 추위, 더위, 재앙, 상서가 그 바름을 얻지 못하는 것이다"라는 말을 가지고 천지자연의 인심을 설명했던 것이다. 농산은 자신의 학설의 정당성을 다음과 같이 주장하였다.

대저 하늘은 참으로 성인이 법을 받는 것입니다. 이러한 하늘에 대해 인심을 말하는 것이 어찌 대단히 미안하고 두려운 일이 아니겠습니까마는 그 실상은 그렇지 않은 것이 있습니다. 또한 '하늘의 추위, 더위, 재앙, 상서가 그 바름을 얻지 못한 것은 없는가? 천지의 조화가 어긋난 것은 없는가? 사람이 유감스럽게 여기는 것은 없는가?'라고 물을 때, 만약 '없다'라고 대답한다면, 자사의 말과 주자의 설명이 모두 도를 어지럽힌 것이 됩니다. 만약 '있다'라고 한다면 옳고도 틀림이 없습니

9) 《천설, 천인변》, 권18, 천인변, 상, 〈연재에게 답함〉, 고령신씨대종회, 2018, 289쪽.

다.10)

　농산은《중용》의 글과 이에 대한 주자의 해석을 근거로 하늘에도 부조
화의 현상 즉 천지자연의 이변(異變)현상이 나타나는데 이것을 사람에
비유하면 인심으로 볼 수 있다는 것이다. 농산은 이기론(理氣論)의 논리
로 하늘에도 인심도심이 가능하다는 것을 다음과 같이 설명한다.

　하늘에는 태극의 리(理)가 있으며 음양의 기(氣)가 있습니다. 그렇다
면 태극은 하늘의 마음이 됩니까? 아닙니다. 그렇다면 음양이 하늘의
마음이 됩니까? 이 또한 아닙니다. 리와 기를 합쳐 주재를 하는 것이
천심(天心)입니다. 사람들의 말에 인심도심이라고 하는데, 지금이 말
을 하늘에서 같은 종류를 취하면, 리와 기를 합해 주재하는 것이 도심
이 됩니까? 인심이 됩니까? 인심도 아니고 도심도 아닙니다.

　그렇다면 이른바 인심과 도심이란 것은 끝내 하늘에서 그와 비슷한
것을 볼 수 없단 말입니까? 어떻게 그렇겠습니까? 리와 기를 합해 주
재하는 것이 발(發)과 미발(未發)을 겸하는데, 발하는 것이 리에서 근
원하는 것이 하늘의 도심이라고 이를 수 있으며, 기에서 발생하는 것
은 하늘의 인심이라 이를 수 있습니다. 하늘과 사람이 비록 다르지만
그 발용이 리에서 근원하는 것과 기에서 발생하는 것은 같지 않을 수
없으니, 하늘이 기에서 발생하는 것을 가지고 사람이 기에서 발생하는
것에 비유하면 '이 또한 하늘의 인심'이라고 할 수 있습니다.11)

---

10)《천설, 천인변》, 권18, 천인변, 상, 〈안치장에게 답함〉, 고령신씨대종회, 2018,
　　267~268쪽.
11)《천설. 천인변》, 권18, 천인변 상, 〈천심설, 안치장에게 부침(을미년, 1895, 4월)〉, 고령
　　신씨대종회, 2018, 270~271쪽.

여기서 농산은 리와 기를 합해 천심(天心)이라 하고, 이 천심은 인심도 아니고 도심도 아니라고 보았다. 다만 이 천심이 발함에 리에 근원해 발하는 것이 하늘의 도심이고, 기에서 발생하는 것은 하늘의 인심이라고 보았다. 따라서 하늘과 사람이 비록 다르지만 그 발용이 리에서 근원하는 것과 기에서 발생하는 것은 같지 않을 수 없으니, 하늘이 기에서 발생하는 것을 가지고 사람이 기에서 발생하는 것에 비유하면 이 또한 '하늘의 인심'이라고 말할 수 있다 하였다.

　농산은 《주자어류(朱子語類)》의 주자의 말을 통해 다음과 같이 '하늘의 인심'을 말할 수 있다고 논증한다.

　　일반적으로 인심과 도심은 본래 사람에게서 생긴 것으로, 인심이 도심을 쓰면 악이 없습니다. 인심은 선과 악이 있는데 일반 사람이 악을 하는 것은 인심에서 말미암아 발생한 것입니다. 이것이 사람에게 있어 인심과 도심의 본래 양상입니다. 이것을 하늘에서 찾아보면, 주자가 말한 '천지의 정은 조금도 사악한 곳이 없다'는 한 종류가 있을 뿐입니다. 나 또한 일찍부터 '다만 도심만 있다'는 말을 인정하였습니다. 그런데 주자는 또한 '그 바름을 얻지 못하였다'라고 하였으며, 또한 '천지의 조화도 어긋난 곳이 있다'라고 하였으며, 또한 '건곤(乾坤)에 과불급(過不及)의 어긋난 것이 있다'라고 하였으며, 또한 '하늘이 마음을 다잡지 못해 흔들린다'라고 하였으니, 이런 말들을 장차 어떻게 이해하시겠습니까?[12]

　여기서 농산은 천지자연에도 사람에게서처럼 인심이 있다는 것을 《주

12) 《천설, 천인변》, 권18, 천인변 상, 〈송원명에게 답함(무술년, 1898, 정월)〉, 고령신씨대종회, 2018, 283쪽.

자어류》의 주자의 말을 인용해 논증하고 있다. 농산은 자신도 주자가 말한 '천지의 정은 조금도 사악한 곳이 없다'는 말이나 율곡의 '다만 도심만 있다'는 말을 인정하였다고 한다.

그런데 《주자어류》에 '그 바름을 얻지 못하였다', '천지의 조화도 어긋난 곳이 있다', '건곤에 과불급의 어긋난 것이 있다'. '하늘이 마음을 다 잡지 못해 흔들린다' 등 주자의 말을 볼 때 천지자연에도 부조화 현상이 있고, 그것을 사람의 마음에 비유하면 하늘의 인심이라고 볼 수 있다는 것이다.

또한 농신은 〈어록〉의 신빙성에 대해서도 의문을 제기한다.

대개 〈어록〉이라는 것은 사실에서 벗어나기 쉬우니, 정자와 사상채 (謝上蔡, 謝良佐)도 오히려 잘못된 곳이 있는데, 율곡 선생의 문인들이 어찌 반드시 선생의 뜻을 제대로 파악하였다는 것을 보장할 수 있겠습니까?13)

농산은 율곡이 하늘에 인심을 부정한 것은 그의 학설이 아닐 것이라 믿고 싶었다. 오히려 문집 편집과정에서 문인들이 잘못 기록한 것으로 보았다.

또한 농산은 이 문제를 율곡의 '본연지기(本然之氣)' 이론을 인용해 율곡도 천지의 인심을 인정하고 있다고 보았다.

율곡 선생이 사람의 기를 논하면서 '본연으로 본연을 변하게 한다' 는 말이 있고, 천지의 기를 논하면서 '본연이 본연을 잃었다'는 말이

---

13) 《천설, 천인변》, 권18, 천인변 상, 〈연재에게 답함〉, 고령신씨대종회, 2018, 295쪽.

있는데, 사람의 본연으로 도심을 삼고【율곡 선생이 말하기를, "기가 본연의 리를 따르면 기 또한 본연의 기가 된다. 그러므로 '리가 본연의 기를 타서 도심이 된다'라고 하였으며, 또한 "도심으로써 본연의 기를 삼는다. 이것은 또한 새로운 말 같지만 이 말에 의심이 없다면 서로의 논의가 합치되지 않음이 없다"라고 하였다.】본연을 변하게 한 것으로 인심을 삼았습니다.【율곡 선생이 말하기를, "기가 본연의 리에서 변하면 또한 본연의 기에서 변하게 된다. 그러므로 리 또한 변한 바의 기를 따라서 인심이 된다"라고 하였다.】그렇다면 하늘에도 또한 이러한 논의가 똑같이 적용됩니다. 본연으로써 하늘의 도심을 삼고 본연을 잃은 것으로써 하늘의 인심을 삼는 것이 또한 너무나도 명백하지 않습니까? 이것이 선생이 손수 쓰신 편지의 내용이며, 내가 앞뒤로 주장한 것입니다.14)

원계(遠溪, 宋秉璿)의 서신: 율곡 선생이 '천지의 기는 본연을 가지고 있는 것도 있고 본연을 잃어버리는 것도 있다'고 논한 말은, 그 요점이 그것을 사람의 도심과 인심의 구분에 돌린 것일 뿐이니, 일찍이 명백하게 하늘도 또한 도심과 인심이 있다고 설파한 것이 아닙니다(세 번째 편지).

농산의 안설: '하늘은 다만 도심만 있다'는 것은 바로 공의 주장이 아니었습니까? 무슨 명백입니까? 그런데도 문득 이 '일찍이 하늘도 또한 도심이 있다고 설파한 것이 아니다'라는 말을 내놓으니, 율곡 선생을 존경하고 믿는다고 하는 것이 맞습니까? 아니면 율곡 선생에 배치

---

14)《천설, 천인변》, 권18, 천인변 상, 〈연재에게 답함〉, 고령신씨대종회, 2018, 297~298쪽.

된다고 하는 것이 맞습니까?15)

  율곡은 말하기를, "인심과 도심이 모두 기발(氣發)인데, 기가 본연의 리에 순하면 기 또한 이것이 본연의 기이므로 리가 본연의 기를 탄 것이 도심이 된다. 또한 기가 본연의 리에 변함이 있으면 본연의 기에도 변함이 있어 리 또한 변한 바의 기에 타게 되어 인심이 되니, 지나치거나 부족함이 있게 된다"16)고 하였다. 인간의 마음은 본연에 있어서도 이기지묘(理氣之妙)의 구조이므로 본연의 리와 본연의 기가 함께 있는 것이다. 또 현상계에 있어서는 소변지리(所變之理)와 소변지기(所變之氣)의 묘합을 상정해 말할 수 있다. 물론 이때 소변지리란 리 자체의 변함이 아니라 기로 인한 간접적인 장애현상을 의미하는 말이다. 본연에서나 현상에서나 문제는 기에 있다. 기가 리에 잘 순응하여 발현되면 그것이 본연지기(本然之氣)가 되고 리가 이 본연지기에 타면 도심이 되는 것이다. 반대로 기가 리에 어긋나게 발현하면 리가 소변지기에 타게 되는데 이것이 인심이다.

  이러한 율곡의 본연지기, 인심도심론에 대해 송병선은 인간의 심성에 한해 적용되는 이론이라고 보는 데 대해, 농산은 인간의 심성과 함께 천지자연에도 적용 가능하다고 보았다.

  또 송병선은 '천지의 기는 본연을 가지고 있는 것도 있고 본연을 잃어버리는 것도 있다'는 율곡의 말은 사람의 인심도심에 국한해서 한 말이지 하늘에까지 함께 적용해 한 말은 아니라고 주장한다. 이에 대해 농산

---

15) 《천설, 천인변》, 권20, 천인변 하, 고령신씨대종회, 2018, 333쪽.
16) 《栗谷全書》, 卷10, 書2, 〈答成浩原〉, "人心道心俱是氣發 而氣有順乎本然之理者 則氣亦是本然之氣也 故理乘其本然之氣而爲道心焉 氣有變乎本然之理者 則亦變乎本然之氣也 故理亦乘其所變之氣而爲人心 而或過或不及焉."

은 '하늘은 다만 도심만 있다'는 말은 송병선 그대의 말이지 율곡의 말은 아니니, 율곡 선생을 존경하는 것이 아니라 배치되는 것이라고 비판한다.

> 원계(遠溪)의 서신: 예로부터 성현들이 하늘을 논한 것이 매우 많았지만, 어찌 인심으로 억지 이름을 붙인 분이 있었습니까? 예로부터 천지를 논하는 사람이 어찌 한이 있었겠습니까마는 그 변고(變故)를 말한 곳이 모두 기수(氣數)로 배당하였지, 그대와 같이 인심과 사악(邪惡)을 가지고 말한 것이 아니겠습니까?

> 농산의 안설: 하늘의 인심에 대한 견해는 주자가 불행히도 나와 동일한 것이 위와 같습니다.17)

송병선은 뭇 성현들은 천지의 변고를 모두 기수(氣數)의 문제로 설명했지 농산처럼 인심과 사악으로 설명하지 않았다고 나무랐다. 이에 대해 농산은《주자어류》(卷第12, 學6, 持守)의 "세상에는 단지 선과 악의 두 가지만 있을 뿐이다. 비유컨대 음양이 천지 사이에 존재하는 것처럼 바람이 온화하고 해가 따스하여 만물이 생기는 것이 바로 선의 의미이다. 수많은 음의 기가 무리지어 작용할 때는 만물이 시들어 버린다. 사람에게 있어서 악함도 역시 그렇다"는 말을 가지고 하늘의 인심을 논증하고 있다. 물론 여기서도 주자가 직접 '하늘에도 인심이 있다'는 표현은 없지만, 사람의 마음에 인심과 도심이 있듯이 천지자연의 현상에도 정상적인 경우와 비정상적인 경우를 상정할 수 있으니, 이를 비유해 말하면 천지에

---

17)《천설, 천인변》, 권20, 천인변 하, 고령신씨대종회, 2018, 335쪽.

도 인심, 도심이 있다고 말할 수 있다고 보는 것이다.

농산은 6, 7월에 눈이 내리고 4월에 서리가 내리는 것은 보편적으로 춥거나 덥다고 말할 수 없다 하고, 하늘의 마음도 마치 사사로움이 있는 것 같다고 하여 하늘의 인심을 말하고 있다.[18]

이와 같이 농산은 율곡의 설과 주자의 설을 인용하여 '하늘에도 인심이 있다'는 것을 논증하였다. 이 논증을 위해《신설(新說), 천설(天說)》을 저술하여 연재와 그 문인들의 공격에 학술적으로 대응하였던 것이다.

조선조 유학사에서 대표적인 학술논쟁으로는 1559년부터 1566년까지 전개된 퇴계 이황(退溪 李滉)과 고봉 기대승(高峰 奇大升) 간의 성리논변이 있었고, 이어 1572년 율곡 이이(栗谷 李珥)와 우계 성혼(牛溪 成渾) 간의 성리논변이 있었다. 그리고 1709년부터 수암 권상하(遂庵 權尙夏)의 문하에서 외암 이간(巍巖 李柬)과 남당 한원진(南塘 韓元震) 간에 벌어진 인물성동이(人物性同異) 논변을 들 수 있다. 이 밖에도 한말 심설(心說)과 명덕(明德)을 가지고 벌어졌던 성리논변을 말할 수 있다.

농산 심득구(農山 申得求)와 연재 송병선(淵齋 宋秉璿, 그 문인들)과의 성리논변은 그동안 잘 알려지지도 않았고, 학계에 거의 소개되지도 않았다. 최근 이에 관한 연구가 시도되고 학회까지 만들어 활동하게 된 것은 매우 다행한 일이다. 더욱이 여타 논변들과는 달리 농산이 사문난적(斯文亂賊)으로 매도되어 자결까지 하게 된 것은 다시 한 번 짚어 봐야 할 과제라고 생각된다.

---

18)《천설, 천인변》, 권20, 천인변 하, 고령신씨대종회, 2018, 343쪽.

3. 농산과 연재와의 율곡설 시비 관견

이미 위에서 살펴본 것처럼 농산과 연재(그 문인들)와의 성리 논변은 《율곡전서》〈어록〉의 다음 글이 문제된 것이다.

問 元亨利貞 天之性也 仁義禮智 人之性也 天人之性一也 而其發也 人
有人心道心之分 天則無人心何也 曰 天無血肉之氣 故只有道心而已 人
則有血肉之形 故有人心之發也(《栗谷全書》, 卷31, 〈語錄〉上)

농산은 율곡이 말한 "하늘은 혈육의 기(氣)가 없으므로 단지 도심만 있을 뿐이고, 사람은 혈육의 형(形)이 있으므로 인심의 발(發)이 있다"고 한 이 글을 율곡의 잘못된 글이라고 보아 《근사속록(近思續錄)》에 넣지 말 것을 주장하였다. 그러나 연재는 율곡의 이 말은 전혀 문제가 없다고 보고, 이 말을 문제 삼는 농산을 오히려 강하게 비판하였다.

그러면 '단지 하늘에는 도심만 있다'고 하는 율곡의 말을 어떻게 보아야 할 것인가? 유학에서의 천(天)은 인성의 근원으로, 또 자연의 실재로, 만물의 근원으로, 만물을 주재하는 인격신적인 천으로 다양하게 이해되어 왔다. 천은 그 사용하는 관점과 위치에 따라 달리 해석될 수 있다. 그 것은 유학의 제 경전 속에 등장하는 천에 대한 해석도 마찬가지다. 공자나 맹자의 언설 속에 나타나는 천도 상황에 따라 사례에 따라 다양한 해석이 가능하다.

《율곡전서(栗谷全書)》〈어록(語錄)〉에 나오는 '단지 하늘은 도심만 있다'고 한 글은 분명 사람에게 인심도심이 있는 것처럼, 하늘에도 인심도심으로 비유해 말할 수 있음을 보여 준 것이다. 다만 율곡은 하늘은 혈육의 기(氣)가 없으므로 단지 도심만 있을 뿐 인심은 없다고 언표한 것이다. 농산은 사람에게 인심도심이 있는 것처럼 하늘에도 인심도심이 있다고 확신한다. 그것을 천지자연의 부조화 현상에서 찾고 있다. 특히 그는 주자의 여러 말들을 인용하여 이를 입증하고 있다. 이에 대해 연재는 천(天)은 인심이 아니라 천심(天心)으로 보아야 옳다는 입장이다. 천심(天心)이 곧 도심(道心)이라고 보는 것이다. 이렇게 볼 때, 송병선은 천에서의 도심을 '실재(實在)'라는 관점에서 보았다면, 농산은 '가차(假借)' 내지 '비유'의 의미로 해석하였다고 볼 수 있다.[19]

또한 농산은 "본연(本然)으로써 하늘의 도심을 삼고, 실본연(失本然)으로써 하늘의 인심을 삼는 것이 또한 너무나도 명백하지 않습니까?' 이것이 (율곡)선생이 손수 쓰신 편지의 내용이며, 제가 전후로 주장한 것입니다'라고 하였다.[20] 율곡이 본연지기(本然之氣), 본연지리(本然之理), 도심(道心), 인심(人心)을 연관해 설명한 글을 통해 '본연(本然)'으로 하늘의 도심을 삼고, '실본연(失本然)'으로 하늘의 인심을 삼는 것이 율곡의 말이요 자신의 일관된 주장이라고 말한다.

율곡의 경우 천(天)에 대한 용례는 매우 다양하다. 기본적으로 율곡도 천인합일(天人合一)의 관점에 서 있다.

사람은 천지의 마음이다.[21]

천지는 사람의 형체요 사람은 천지의 마음이다.[22]

---

19) 최영성, 〈농산 성리설의 의미와 한국철학사에서의 위치〉, 《농산학회창립기념학술대회발표집》, 남원시청 등, 2019. 11. 21.

20) 《천설. 천인변》, 권18, 천인변 상, 〈연재에게 답함〉, 고령신씨대종회, 2018, 298쪽.

21) 《栗谷全書》, 卷14, 〈天道策〉, "人者 天地之心也."

22) 《栗谷全書》, 拾遺卷5, 〈壽天策〉, "天地者 人之形體也 人者 天地之心也."

천지만물이 본래 나와 한몸이다.23)

천지 또한 인물(人物)의 부모가 된다.24)

하늘과 사람이 한 이치이니 감응이 어긋나지 않는다.25)

율곡은 "사람은 천지의 리(理)를 받아 성(性)을 삼고, 천지의 기(氣)를 나누어 형(形)을 삼는다. 그러므로 내 마음의 작용이 곧 천지의 변화이다. 천지의 변화가 두 근본이 없으므로 내 마음의 발용도 두 근원이 없다"26)고 한다. 사람이 천지의 이기(理氣)를 받은 존재다. 천지의 리(理)가 사람의 성(性)이 되고 천지의 기(氣)가 형(形)이 되었다고 본다. 그러므로 천지의 변화와 내 마음의 작용이 곧 하나라고 생각한다. 이러한 관점에서 천지의 변화와 오심(吾心)의 발(發)이 기발이승(氣發理乘) 아님이 없다고 한다.27)

천지의 변화가 곧 오심(吾心)의 발(發)이다. 천지의 변화에 만약 이화(理化), 기화(氣化)가 있다면 오심(吾心) 또한 마땅히 이발(理發), 기발(氣發)이 있게 될 것이다. 천지가 이미 이화(理化), 기화(氣化)의 다름이 없으니, 오심(吾心)에 어찌 이발(理發), 기발(氣發)의 다름이 있겠는가?(이 단락이 가장 영오(領悟)해야 할 곳이니, 여기에서 합하지 못하면

---

23)《栗谷全書》, 拾遺卷5, 〈神仙策〉, "天地萬物 本吾一體."
24)《栗谷全書》, 卷10, 書2, 〈答成浩原〉, "天地又爲人物之父母矣."
25)《栗谷全書》, 拾遺卷6, 〈天道人事策〉, "天人一理 感應不差."
26)《栗谷全書》, 卷10, 書2, 〈答成浩原〉, "夫人也 稟天地之帥以爲性 分天地之塞以爲形 故吾心之用 卽天地之化也 天地之化無二本 故吾心之發無二原矣."
27)《栗谷全書》, 卷10, 書2, 〈答成浩原〉, "天地之化 吾心之發 無非氣發而理乘之也."

아마도 하나로 돌아가기를 기약할 수 없을 것이다.)**28)**

율곡이 퇴계의 이기호발(理氣互發)을 비판하고 자신의 기발이승(氣發理乘)을 주장한 대표적인 글이다. 천지의 변화에 이화(理化), 기화(氣化)가 없듯이 사람의 마음도 이발(理發), 기발(氣發)이 없다는 것이다. 천지 자연도 기화이승(氣化理乘)일 뿐이고 인간의 심성도 기발이승(氣發理乘)일 뿐이다.

그래서 율곡은 "이기(理氣)의 설과 인심도심(人心道心)의 설은 모두가 일관된다. 만약 인심도심에 밝지 못하면 이는 이기(理氣)에도 밝지 못한 것이다. 이기(理氣)가 서로 떨어지지 않는다는 것을 이미 밝게 보았다면 인심도심에 두 근원이 없다는 것을 이로 미루어 알 수 있을 뿐이다"**29)**라고 하였다.

그러면 《율곡전서》〈어록〉에 나오는 '단지 하늘은 도심만 있을 뿐이다'라는 이 말을 어떻게 이해해야 할까? 이 말을 이해하기 위해 다음 율곡의 말을 참고해 보기로 하자.

리(理)는 작위(作爲)가 없으나 기(氣)는 작위가 있다. 그러므로 기가 발함에 리가 타고 음양(陰陽)이 동정(動靜)함에 태극(太極)이 탄다. 발(發)하는 것은 기요 그 기를 타는 것은 리다. 그러므로 사람 마음은 깨침이 있고 도체(道體)는 작위가 없다. 공자가 말하기를, "사람이 도

---

28) 《栗谷全書》, 卷10, 書2, 〈答成浩原〉, "天地之化卽吾心之發也 天地之化 若有理化者氣化者 則吾心亦當有理發氣發者 天地旣無理化氣化之殊 則吾心安得有理發氣發之異乎(此段最可 領悟處 於此未契 則恐無歸一之期矣)."

29) 《栗谷全書》, 卷10, 書2, 〈答成浩原〉, "理氣之說與人心道心之說 皆是一貫 若人心道心未透 則是於理氣未透也 理氣之不相離者 若已灼見 則人心道心之無二原 可以推此而知之耳."

(道)를 넓히지 도가 사람을 넓히는 것이 아니다"라고 했다.30)

　천지의 변화와 내 마음의 발용이 기발이승(氣發理乘) 아님이 없다.
만약 기발이승일도(氣發理乘一途)가 아니어서 리(理) 역시 다른 작용이
있다면 '리(理)가 작위(作爲)가 없다'라고 말할 수 없다. 공자가 어찌
'사람이 도(道)를 넓히는 것이지 도가 사람을 넓히는 것이 아니다'라고
하였겠는가. 이와 같이 간파하면 기발이승일도(氣發理乘一途)가 명백
탄연(坦然)하다.31)

　위 두 글은 율곡이 '이무위(理無爲)' 즉 '리(理)는 발하는 것이 아니고
발하는 것은 오로지 기(氣)'라는 그의 기발이승일도설(氣發理乘一途說)을
설명한 말이다. 다만 여기서 "인심(人心)은 지각(知覺)이 있고 도체(道體)
는 작위(作爲)가 없다. 공자가 말하기를, 사람이 도를 넓히는 것이지 도
가 사람을 넓히는 것이 아니다"라는 구절을 유의해 볼 필요가 있다. 여기
서 율곡은 인심은 지각하는 것, 도체(道體)는 작위가 없는 것으로 보면
서, 공자의 '인능홍도 비도홍인(人能弘道 非道弘人)'을 인용하고 있다. 여
기서 율곡은 천(天)은 도체(道體)로서 무위(無爲)의 존재로, 인심(人心)을
가진 인간은 지각(知覺)하는 유위(有爲)의 존재로 설명하고 있다. 즉 천
은 무위의 도체로, 인간은 지각하는 유위의 존재로 대비해 설명하고 있
는 것이다. 이때 천은 완전자의 개념이요 도덕적으로는 순선(純善)이다.
이에 대해 인간은 선악의 두 가능성을 지닌 즉 인심과 도심을 아울러 지

---

30)《栗谷全書》, 卷10, 書2, 〈答成浩原〉, "理無爲而氣有爲 故氣發而理乘 陰陽動靜而太極乘之
　　發者 氣也 乘其機者 理也 故人心有覺 道體無爲 孔子曰 人能弘道 非道弘人."

31)《栗谷全書》, 卷10, 書2, 〈答成浩原〉, "天地之化 吾心之發 無非氣發而理乘之也 若非氣發
　　理乘一途 而理亦別有作用 則不可謂理無爲也 孔子何以曰 人能弘道 非道弘人 如是看破
　　則氣發理乘一途 明白坦然."

닌 존재가 된다. 따라서 율곡이 위 〈어록〉에서 천은 혈육지기(血肉之氣)가 없어 도심만 있다고 한 말도 옳다고 볼 수 있는 것이다. 여기서는 율곡이 천을 자연적인 천지로 본 것이 아니라 무위의 형이상적 존재, 무위의 도체로 본 것이다. 이에 대해 인간은 변화 가능한 형이하의 존재, 즉 인심, 도심과 선과 악을 아울러 가질 수 있는 존재로 본 것이다.

이와 같이 율곡의 천을 무위(無爲)의 도체(道體)로 본다면 농산이 천을 천지자연(天地自然)으로 보아 부조화의 현상을 마치 사람의 인심으로 비교해 설명한 것은 연재학파의 비판을 받을 수밖에 없다.

농산은 천을 천지자연으로 보고, 자연적인 천의 부조화 현상이나 재변(災變)현상을 인심의 유행으로 이해한 것인데, 율곡은 자연현상이나 인간의 심성이나 마찬가지로 일체의 차별성 즉 청탁(淸濁), 후박(厚薄), 편정(偏正), 선악(善惡)을 기(氣)의 소위(所爲)로 이해하였다.

천지의 기(氣)가 비록 본래 맑지만, 순환하여 그치지 않는 가운데 온갖 변화가 생긴다. 그러므로 또한 혹은 맑고 혹은 흐리다.[32]

문: 천지는 일정한 성(性)이 있다는 말은 무슨 뜻입니까?
답: 사람의 성은 닦는 사람은 현인도 되고 성인도 되며, 어지럽히는 사람은 어리석은 사람도 되고 불초한 사람도 되지마는, 천지초목은 그 성을 밀어 옮길 수 없기 때문에 일정한 성이 있는 것이다.

문: 추위와 더위가 제 때를 잃고 재상(災傷)이 바르지 못한 것으로써 보면 천지도 또한 일정한 성이 없는 것 같습니다.

---

32) 《栗谷全書》, 卷31, 〈語錄〉, 上, "天地之氣 雖曰本淸 而循環不已之中 萬變生焉 故亦或淸或濁焉."

답: 추위와 더위가 제때를 잃고 재상이 바르지 못한 것은 곧 기수(氣數)와 인위(人爲)의 탓이지, 어찌 천지의 본성이겠느냐.33)

율곡은 천지초목은 일정한 성이 있어서 그 성을 변화시킬 수 없으나, 인간은 노력에 따라 변화 가능하다는 것이다. 또한 농산이 바로 천의 인심으로 이해했던 추위와 더위가 제때를 잃고 재상(災傷)이 바르지 못한 것에 대해서 율곡은 기수(氣數)와 인위(人爲)의 소치로 이해하였다. 여기서 잠깐 율곡의 기수론(氣數論)에 대해 검토해 보기로 하자.

리(理)는 기(氣)에 깃들이고 기는 리에서 나오고 수(數)는 기(氣)에 인(因)한다. 그 소위 기는 리의 기요 그 소위 수는 기의 수다. 그런데 기의 두텁고 얇음은 배양(培養)할 수 있으나 수의 길고 짧음은 인력으로 할 수 없다.34)

리(理)와 기(氣)와 수(數)는 그 체(體)가 서로 인(因)하고 그 용(用)이 서로 통해서 그 어긋남을 알 수 없다. 리를 알고서 기를 알지 못하면 리를 알지 못하는 것이고, 기를 알고서 수를 알지 못하면 기를 알지 못하는 것이다. 대개 천지만물의 리는 한 태극일 뿐이고 그 기는 한 음양일 뿐이다.35)

33) 《栗谷全書》, 卷31, 〈語錄〉, 上, "問 天地有定性之說 曰 人之性則修之者 爲賢爲聖 汨之者 爲愚爲不肖 天地草木 則不能推移而有定性矣 又問 以寒署之失時 災傷之不正觀之 則天地 亦似無定性 曰 寒署失時 災傷不正 是乃氣數 人爲所致 豈天地之本性哉."

34) 《栗谷全書》, 拾遺卷5, 〈壽夭策〉, "理寓於氣 氣出於理 數因乎氣 其所謂氣者 理之氣也 其 所謂數者 氣之數也 然而氣之厚薄 可以培養 而數之修短 不容人力矣."

35) 《栗谷全書》, 拾遺卷5, 〈壽夭策〉, "理也氣也數也 其體相因 而其用相通 不知其乖戾也 知理 而不知氣 則不知理者也 知氣而不知數 則不知氣者也 蓋嘗論之 天地萬物之理 則一太極而 已 其氣則一陰陽而已."

율곡은 철저하게 이기론(理氣論)의 시각에서 리(理), 기(氣), 수(數)의 이론을 이해한다. 즉 리는 기에 깃들이고 기는 리에서 나오고 수는 기에 인(因)한다. 리와 기와 수는 그 체가 서로 인(因)하고 그 용이 서로 통(通)한다. 리를 알고서 기를 알지 못하면 리를 알지 못하는 것이고, 기를 알고서 수를 알지 못하면 기를 제대로 알지 못하는 것이라 하였다. 율곡은 천지자연의 부조화, 재변(災變)현상을 기수(氣數)의 문제로 이해한 것이다.

그러면 농산이 율곡의 천을 인심도심으로 이해한 것이 틀린 것인가? 물론 율곡의 진의가 무엇인가는 논란의 여지가 있으나 농산처럼 천을 자연적인 천 즉 천지자연으로 이해하고 천의 유선유악(有善有惡), 천의 인심도심을 주장하여 천의 절대성을 부정하는 것도[36] 가능하다고 본다.

율곡의 천을 형이상의 도체로 보아 무위(無爲)의 존재, 순선무악(純善無惡)의 절대선(絶對善)으로 보면 율곡이 '천은 도심만 있다'고 한 말이 옳다. 이와는 달리 천을 천지자연으로 보아 천의 부조화 현상, 재변현상을 사람의 인심으로 보는 것도 옳다고 볼 수 있다. 다만《율곡전서》〈어록〉의 원문으로 보면 율곡이 "천은 혈육의 기가 없으므로 단지 도심만 있을 뿐이고 사람은 혈육의 형이 있기 때문에 인심의 발함이 있다"고 한 것은, 천과 사람의 구별, 도심과 인심의 구별을 혈육의 기, 혈육의 형에서 찾고 있다는 점이다. 이 혈육의 기나 혈육의 형이란 결국 무형(無形)의 존재냐 유형(有形)의 존재냐, 무위((無爲)의 존재냐 유위(有爲)의 존재냐의 관건이 되는 것이다. 그러므로 여기서는 율곡의 천은 혈육의 기가 없는 무형의 존재, 즉 형이상의 도체(道體)임이 분명한 것이고, 사람은 혈육의 형(形)을 지닌 형이하의 존재, 육신의 존재로서 지각하는 존재임을 분명히 한 것이다. 이런 점에서 볼 때 율곡이 천을 도심만으로 이해한 것

---

36) 최영성, 〈농산 성리설의 의미와 한국철학사에서의 위치〉, 《농산학회창립기념학술대회발표집》, 남원시청 등, 2019. 11. 21.

은 문제가 없다고 생각된다.

반면 농산은 인격천(人格天)을 인정하면서도 논의의 초점을 점차 자연천(自然天) 쪽으로 이끌려 했다[37]는 점에서 특징이 있는 것이다. 그리고 농산은 자신의 설을 입증하기 위해서《중용》과 주자의 주 그리고《주자어류》의 많은 주자 글을 인용해 논증하고자 했던 것이다. 말도 안 되고 논리도 없는 억지 주장이 아니라, 선유들의 이론적 기반위에서 자설의 논리를 세우고 입증하였다는 점에서 농산의 학자적 양심과 기개는 높이 평가되어야 할 것이다. 무엇보다 당대 연재 송병선의 위상과 그의 학단의 규모로 볼 때, 농산의 싸움은 매우 외로운 여정일 수밖에 없고 위협과 수모가 빗발치는 가운데에서도《신설(新說)》을 저술해 자신의 학설을 당당하게 논증한 것은 참 선비, 진유(眞儒)의 모습을 보여 준 것이라 생각된다.

4. 글을 맺으며 −농산 사문난적 단죄에 대한 비판−

농산은 한말 간재 전우(艮齋 田愚)처럼 오로지 학문연구에 전념한 독실한 유학자였다. 그의 문집을 보면 평생 성리학의 연구에 바친 노력과 흔적이 잘 나타나 있다. 농산은 학연(學緣)으로 보면 전재 임헌회(全齋 任憲晦)의 촉망받는 고제(高弟)였고, 연재 송병선(淵齋 宋秉璿)과는 전재(全齋)의 문하에서 함께 공부한 동문 선배였다. 그러나 엄밀히 말하면, 농산은 도암 이재(陶庵 李縡)계열로 매산 홍직필(梅山 洪直弼)−전재 임헌회(全齋 任憲晦)의 학맥을 잇고 있고, 연재는 율곡학파 직계로 우암(尤庵)의 학맥을 따라 송치규(宋穉圭)−송달수(宋達洙)의 학맥을 잇고 있었다. 범율

---

37) 최영성, 〈농산 성리설의 의미와 한국철학사에서의 위치〉,《농산학회창립기념학술대회발표집》, 남원시청 등, 2019. 11. 21.

곡학파라는 점에서는 같았지만, 당시 시국에 대처하는 방법론에서는 많은 차이가 있었다. 즉 화서학파(華西學派)나 연재학파(淵齋學派)는 한말 서세동점의 위기와 일본의 침략 앞에서 적극적인 항의(抗義)의 방법을 택했다면, 전재(全齋), 간재(艮齋), 농산(農山)의 계열들은 소극적인 자정(自靖)의 의리로 대처하였다. 이 과정에서 양측의 갈등과 대립은 매우 심각하였다.

농산에 대한 사문난적(斯文亂賊)의 시비는 외형상으로만 보면 《근사속록(近思續錄)》 교정 과정에서 율곡 설에 대한 시비가 발단이 된 것이 분명하다. 농산의 율곡설 부정이 마치 선유에 대한 도전으로 인식되어 집단적인 비판과 공격으로 이어지고, 마침내는 유림사회의 공론으로 농산을 응징하는 단계에 까지 이르렀던 것이다. 심지어는 가재도구를 불사르고 집을 부수는 상황에서 농산은 스스로 죽음을 선택하기에 이르렀던 것이다. 다음 〈영유통문(嶺儒通文)〉은 그 당시의 분위기를 잘 보여 준다.

아! 저 남원의 신득구(申得求)라는 자 또한 중정(中正)한 일물(一物)을 받았을 것인데, '겉으로는 유자(儒者)의 행색을 하고 있으면서 속으로는 묵자(墨子)의 도를 따라' 부정한 학설을 인도하여 하늘을 욕보이고 성인을 업신여기니, 어찌 그렇게 이 지경에 이르렀는가? 이러한데도 쳐서 제거하지 않으면 건곤(乾坤)의 변화가 혹 거의 종식될 것이며, 성인의 학문이 반드시 장차 없어지게 될 것이다.[38]

신득구가 '40년 성현의 글을 읽고는 임고산(任鼓山, 任憲晦) 문하의 후진으로써, 또 연재(淵齋) 선생의 문하에 거의 수십 년 가까이 출입하

---

38) 《천설, 천인변》, 권20, 〈嶺儒通文〉, 고령신씨대종회, 2018, 364쪽.

였다'고 스스로 말하더니, 논의를 펼칠수 없자, 흉험(凶險)한 마음을 품고 이내 뼈에 사무치는 깊은 원수로 삼으니, 어찌 사문난적(斯文亂賊)이 아니겠는가?39)

이제 농산에 대한 사문난적(斯文亂賊) 시비에 관해 비판적 검토를 해보고자 한다. 유학의 역사에서 벽이단(闢異端)의 전통이 일찍이 있어 왔다. 《맹자》에 보면 당시 중국 천하를 양주(楊朱)의 위아(爲我)사상과 묵자(墨子)의 겸애(兼愛)사상이 양분했다 한다. 이에 맹자는 양주의 위아와 묵자의 겸애를 모두 이단이라 단정하고, 이단을 물리쳐야 한다는 벽이단론(闢異端論)을 펼쳤다.40) 이것은 다름 아닌 유학만이 정통이라는 독존적 사고를 갖게 되는 것이다.

우리나라의 경우에도 여말선초 유교 입국을 준비하면서 정도전(鄭道傳) 등에 의해 도가나 불교를 이단으로 배척하였다. 조선조 내내 이러한 전통은 이어져 왔고, 심지어는 신유학으로서의 양명학마저 배척당하게 되었다. 17세기 우암 송시열(尤菴 宋時烈)은 백호 윤휴(白湖 尹鑴)의 경전 해석을 문제 삼아 사문난적으로 단죄하였고, 영남에서도 퇴계학파 내에서 한주 이진상(寒洲 李震相)을 단죄하는 사건이 벌어졌던 것이다.

또한 19세기 서양문물이 들어오면서 다시 천주교를 배척하고 신부들과 천주교 신자들의 희생을 가져왔다. 농산과 연재학파의 시비는 아마도 마지막 갈등이 아니었나 짐작된다.

이러한 유학의 벽이단론(闢異端論)은 정통과 이단을 구별하고, 정통은 선이고 이단은 악이라는 이분법적인 논리에서 연유한다.

그것이 어떤 사상이든 만약 절대성을 주장하게 되면 그것은 학문이 아

---

39) 《천설, 천인변》, 권20, 〈嶺儒通文〉, 370쪽.
40) 《孟子》, 〈滕文公章 下〉.

니라 이미 신앙이라고 보아야 한다. 학문이란 비판이 가능한 것이고 얼마든지 다양한 시각에서 이해와 평가가 가능한 것이다. 나와 다른 사상, 나와 다른 입장에 있다고 사문난적으로 단죄하는 것은 결코 옳지 않다.

농산의 경우도 율곡의 〈어록〉에 있는 "천은 단지 도심뿐이다"라는 말이 옳기도 하고, 또한 농산의 주장이 옳을 수도 있다. 율곡의 말이 틀린 것이냐 하는 문제는 전문적인 검토가 필요한데, 위에서 언급했듯이 필자의 소견은 율곡이 '천을 도심만 있고 인심은 없다'고 한 것은 천을 형이상의 도체, 사람을 형이하의 가변적 존재로 보았기 때문이다. 그러나 농산처럼 천을 천지자연으로 보아 천지의 정상적인 현상과 비정상적인 현상을 구분하여 사람의 도심과 인심으로 비유해 볼 수도 있는 것이다. 농산이 《신설(新說)》이라는 하나의 책을 만들어 논증하고자 한 것은 그의 학문적 신념과 학자적 양심을 잘 보여 주는 것이다. 나만 옳고 너는 틀렸다는 흑백논리로 반대편을 단죄하는 것은 결코 학문세계의 정의는 아니다. 비록 공자, 예수, 석가의 말씀이나 사상이라 하더라도 비판할 수 있는데, 하물며 왜 율곡의 설을 비판할 수 없단 말인가? 농산의 억울함이 신원되어야 하겠고, 농산의 학문과 사상이 다시 새롭게 조명되기를 기대한다.

참고문헌

〈경서류〉

《論語》,《大學》,《孟子》,《中庸》,《書經》,《周易》,《禮記》,《荀子》,《性理大全》,《朱子語類》,《傳習錄》,《中宗實錄》,《宣祖修正實錄》

〈문집류〉

《艮齋集》,《艮齋私稿》,《艮齋全集》,《經世遺表》,《龜峰集》,《圭庵集》,《南溪集》,《蘆沙集》,《魯西遺稿》,《老洲集》,《鹿門集》,《農山集》,《德村集》,《明齋遺稿》,《明齋先生年譜》,《牧民心書》,《眉巖集》,《思齋集》,《西溪全書》,《星湖集》,《松江集》,《宋子大全》,《鵝溪遺稿》,《陽村集》,《與猶堂全書》,《尤蕃堂遺稿》,《一齋先生遺集》,《五洲衍文長箋散稿》,《慵齋叢話》,《牛溪集》,《栗谷全書》,《隱峰全書》,《一齋集》,《靜庵集》,《貞梵閣集》,《存齋先生文集》,《重峰集》,《重峰遺事》,《芝峰集》,《草廬集》,《春亭集》,《沖庵集》,《土亭遺稿》,《退溪集》,《河西集》,《河西全集》,《寒洲集》,《抗義新編》,《華西雅言》

〈학술 저서류〉

강재언,《근대한국사상사연구》, 미래사, 1983.

고영진,《조선중기예학사상사》, 한길사, 1995.

고영진,《호남사림의 학맥과 사상》, 혜안, 2007.

김기영 등,《근현대대전충남의 한학가》, 충남대인문과학연구소, 2004.

김병호,《유학연원록》, 역경연구원, 단기 4313년.

김상기,《민족교육의 산실 도호의숙》, 당진문화원, 2013.

김용덕,《조선후기사상사연구》, 을유문화사, 1987.

김창경,《구봉 송익필의 도학사상》, 책미래, 2014.

박경래 편역,《고봉집 백선》, 고봉선생선양위원회, 2014.

박승규, 박성규,《사육신 박팽년》, (재)순천박씨장학회, 2015.

박종홍,《한국사상사논고(유학편)》, 서문당, 1977.

봉우사상연구소,《봉우선인의 정신세계》, 정신세계사, 2001.

송하경,《왕양명철학 연구》, 청계, 2001.

신득구 저, 박금규, 이후영 역,《천설. 천인변》, 고령신씨대종회, 2018.

신병주,《이지함 평전》, 글항아리, 2008.

양계초,《王陽明知行合一之敎》, 대만중화서국, 민국57.

오석원,《한국 도학파의 의리사상》, 유교문화연구소, 2005.

유명종,《한국의 양명학》, 동화출판공사, 1983.

윤정중 편저,《파평 윤씨 노종오방파의 유서와 전통》, 선문인쇄사, 1999.

이능화,《조선여속고》, 한남서림, 1927.

이상익,《기호성리학논고》, 심산, 2005.

이용규 편저,《강화학파 학인들의 발자취》, 수서원, 2007.

이이 저, 성낙훈 등 역,《국역 율곡전서》, 한국정신문화연구원, 1988.

이항 저, 권오영 역,《국역 일재선생문집》, 일재선생문집국역추진위원회, 2002.

이항로 저, 김주희 역,《화서집》, 대양서적, 1978.

임성주 지음, 이상현 옮김,《녹문집》, 1, 한국고전번역원, 2015.

정재승,《봉우일기》, 2, 정신세계사, 1998.

조동일,《한국문학통사》, 2, 지식산업사, 1983.

최영성,《한국유학통사》, 중, 심산, 2006

충암 김정 저, 김종섭 역,《국역 충암집》, 충암 문간공 종중, 1998.

최완기,《한국성리학의 맥》, 느티나무, 1993.

현상윤,《조선유학사》, 민중서관, 1948.

황의동,《역사의 도전과 한국유학의 대응》, 책미래, 2015.

황의동,《우계학파연구》, 서광사, 2005.

황의동,《위기의 시대 유학의 역할》, 서광사, 2004.

황의동,《율곡사상의 체계적 이해》, 1, 서광사, 1998.

황의동,《율곡사상의 체계적 이해》, 2, 서광사, 1998.

황의동,《한국유학사상연구》, 서광사, 2011.

〈학술 논문류〉

강만길, 〈정약용의 상공업정책론〉, 《한국의 사상가 10인, 다산 정약용》, 예문서원, 2005.

김지선, 〈21세기 한국 신선설화로서 바라본 봉우 권태훈〉, 《2014년 한국도교문화학회춘
　계학술대회논문집》, 한국도교문화학회, 2014.

민혜진, 〈정제두의 誠사상에 관한 연구〉, 부산대대학원(박사), 2005.

박학래, 〈간재 전우의 간재학파 연구 현황 및 과제〉, 《공자학》, 제30호, 한국공자학회,
　2014.

박학래, 〈간재학파의 학통과 사상적 특징〉, 《유교사상문화연구》, 28, 한국유교학회,
　2007.

곽신환, 〈송익필의 〈태극문〉 논변〉, 《잊혀진 유학자 구봉 송익필의 학문과 사상》, 책미
　래, 2016.

금장태, 〈구봉 송익필의 인간과 사상〉, 《한국철학종교사상사》, 원광대종교문화연구소,
　1990.

김문준, 〈우암 송시열의 수양론과 의리 실천〉, 《송자학논총》, 제3집, 송자연구소, 1996.

김문준, 〈우암 송시열의 철학사상에 관한 연구〉, 성균관대대학원(박사), 1995.

김용덕, 〈박제가의 경제사상〉, 《진단학보》, 52, 1981.

김창경, 〈구봉 송익필의 도학사상 연구〉, 충남대대학원(박사), 2011.

맹현주, 〈율곡철학에 있어서 실학적 성격에 관한 연구 -무실론을 중심으로-〉, 충남대
　대학원(박사), 2006.

배상현, 〈구봉 송익필의 예학사상〉, 《동악한문학논집》, 동국대, 1985.

서종태, 변주승, 〈간재 전우의 충청도 중심 강학활동에 대한 연구〉, 《지방사와 지방문
　화》, 20권 1호, 역사문화학회, 2016.

신병주, 〈토정 이지함의 학풍과 사회경제사상〉, 《규장각》, 19, 서울대규장각한국학연구
　원, 1996.

오석원, 〈문열공 중봉 조헌〉, 《동국 18현》, 하, 율곡사상연구원, 1999.

오석원, 〈19세기 한국 도학파의 의리사상에 관한 연구〉, 성균관대대학원(박사), 1991.

오영교, 〈조선시대 문중교육과 임윤지당〉, 《임윤지당 연구》, 원주시, 2015.

우경섭, 〈송시열의 세도정치사상 연구〉, 서울대대학원(박사), 2005.

유권종, 〈화서 이항로의 인물성동이론〉,《인성물성론》, 한길사, 1994.

유명종, 〈이일재의 리기혼일철학〉,《철학연구》, 제21집, 해동철학회, 1975.

유명종, 〈절충파의 비조 우계의 이기철학과 그 전개〉,《성우계사상연구논총》, 우계문화
　　재단, 1991.

윤사순, 〈율곡사상의 실학적 성격〉,《한국사상총서》, 5, 한국사상연구회, 1982.

윤사순, 〈이수광의 무실사상〉,《실학의 철학》, 예문서원, 1997.

윤영철, 〈봉우선생의 사상과 고구려정신〉,《봉우선인의 정신세계》, 정신세계사, 2001.

윤용남, 〈일재 이항〉,《한국인물유학사》, 2, 한길사, 1996.

윤태현, 〈토정의 사회개혁사상연구〉, 동국대대학원(석사), 1992.

이동준, 〈16세기 한국 성리학파의 역사의식에 관한 연구〉, 성균관대대학원(박사), 1975.

이봉규, 〈송시열의 성리학설 연구〉, 서울대대학원(박사), 1996.

이봉호, 〈봉우 단학에서 '씨알'의 의미와 그것을 회복하는 수련법〉,《2014년 한국도교문
　　화학회춘계학술대회논문집》, 한국도교문화학회, 2014.

이상익, 〈해제〉,《역주 기해봉사》, 심산, 2007.

이상호, 〈간재학파 성리학의 지역적 전개양상과 사상적 특징〉,《국학연구》, 15, 한국국학
　　진흥원, 2009.

이상호, 〈주자학적 심설 논의에 대한 수정주의와 정통주의의 대립〉,《논쟁으로 보는 한
　　국철학》, 예문서원, 1975.

이응규, 〈토정비결의 현대적 활용〉,《토정 이지함 선생 탄신 500주년 학술세미나》, 순천
　　향대, 017.

이해준, 〈초려 이유태의 향약과 정훈〉,《초려 이유태의 삶과 선비정신》, 대전광역시,
　　2009.

이형성, 〈고봉과 호남의 여러 유학자들〉,《고봉 기대승 연구》, 이화, 2009.

정재서, 〈봉우 권태훈과 한국도교 간론〉,《봉우선인의 정신세계》, 정신세계사, 2001.

정재서, 〈조선 단학파 최후의 선인 봉우 권태훈〉,《2014년 한국도교문화학회춘계학술대
　　회논문집》, 한국도교문화학회, 2014.

채무송, 〈퇴율성리학의 비교 연구〉,《율곡사상논문집》, 율곡문화원, 1973.

최영성, 〈농산 성리설의 의미와 한국철학사에서의 위치〉,《농산학회창립기념학술대회발

　표집》, 고령신씨대종회, 2019.

한명기, 〈유몽인의 경세론 연구〉, 《한국학보》, 67, 1992.

황의동, 〈노서 윤선거의 무실사상〉, 《유학연구》, 제18집, 충남대유학연구소, 2008.

황의동, 〈우계의 도학사상〉, 《우계학보》, 제16호, 우계문화재단, 1995.

황의동, 〈우암의 성리학과 의리사상〉, 《송자학논총》, 제3집, 송자연구소, 1995.

황의동, 〈율곡과 중봉의 도학정신〉, 《유학연구》, 제26집, 충남대유학연구소, 2012.

황의동, 〈율곡의 무실사상〉, 《인문과학논집》, 제8집, 청주대인문과학연구소, 1989.

황의동, 〈중봉 조헌〉, 《우계학파연구》, 서광사, 2005.

황의동, 〈중봉 조헌의 의리정신〉, 《한국유학사상연구》, 서광사, 2011.

황의동, 〈현대사회와 중봉의 철학정신〉, 《제8회 중봉조헌선생선양학술대회발표집》, 김
　포문화원, 2016.

조선 유교지식인의 꿈과 실천

발행일 | 1판 1쇄 2020년 6월 25일

지은이 | 황의동
주　간 | 정재승
교　정 | 홍영숙
디자인 | 배경태
펴낸이 | 배규호
펴낸곳 | 책미래

출판등록 | 제2010-000289호
주　소 | 서울시 마포구 공덕동 463 현대하이엘 1728호
전　화 | 02-3471-8080
팩　스 | 02-6008-1965
이메일 | liveblue@hanmail.net

ISBN 979-11-85134-59-8　93130

이 도서의 국립중앙도서관 출판예정도서목록(CIP)은 서지정보
유통지원시스템 홈페이지(http://seoji.nl.go.kr)와 국가자료종합
목록 구축시스템(http://kolis-net.nl.go.kr)에서 이용하실 수 있
습니다.(CIP제어번호: CIP2020023838)